耿传明 著

20世纪文化大师与学术流派丛书

鲁迅 与鲁门弟子

大象出版社

图书在版编目(CIP)数据

鲁迅与鲁门弟子/耿传明著.—郑州:大象出版社,2011.1
(20世纪文化大师与学术流派)
ISBN 978-7-5347-6025-9

Ⅰ.①鲁… Ⅱ.①耿… Ⅲ.①鲁迅(1881~1936)—传记 Ⅳ.①K825.6

中国版本图书馆CIP数据核字(2010)第180972号

策划组稿	张前进
责任编辑	张前进
责任校对	霍红琴 裴红燕
装帧设计	刘&王
出版发行	大象出版社(郑州市开元路18号 邮政编码450044)
	发行科 0371-63863551 总编室 0371-63863572
网　　址	www.daxiang.cn
印　　刷	河南新华印刷集团有限公司
版　　次	2011年1月第1版 2011年1月第1次印刷
开　　本	787×1092 1/16
印　　张	27.25
字　　数	350千字
定　　价	38.00元

若发现印、装质量问题,影响阅读,请与承印厂联系调换。
印厂地址 郑州市经五路12号
邮政编码 450002　　电话 (0371)65957860-351

总序

中国的20世纪是一个天翻地覆、波澜壮阔的世纪,在这个现代百年里,涌现出为数不少的改变历史和文化的伟人和大师,他们的出现不仅重塑了中国形象,而且对此后中国人的思维方式、价值观念、文化信仰等产生了深刻的影响。本丛书以"20世纪文化大师与学术流派"为写作对象,力图以现代文化大师及其弟子们的文化、政治、学术活动为中心,梳理近现代知识分子的精神谱系,描绘现代中国的文化地图,在对历史的回顾中,理解现在,展望未来。

本丛书可以说是对以师徒关系为中心形成的现代知识群体的研究。中国文化素有"尊师重道"的传统,所谓"道"者,意指"终极真理"、"一切的本原",为师者担负着"传道、授业、解惑"的责任,其所担负的社会文化角色的重要性是不言而喻的,故而"重道"也就意味着"尊师"。现代中国是一个革故鼎新的时代,旧的一切在时代浪潮的冲击下土崩瓦解、走向没落,而新的一切方兴未艾、势不可当。在此前所未有的巨大变革中,出现了一些为现代中国文化奠定下基本格局的具有开创性的文化大师,他们的出现填补了传统退位后留下的精神信仰的空白,成为现代人仰慕、尊崇的导师、传统"圣人"一般的人物。这些大师级人物大都带有马克斯·韦伯所谓的"克里斯马"人物的神采和魅力,"克里斯马"(charisma)一词,最初用来形容宗教领袖,意思是指具有特殊魅力和吸引力的人,后来泛指各类具有超凡魅力的领袖人物。马克斯·韦伯认为"克里斯马"人物以其表现出的某种超凡的品质,所以"高踞于一般人之上,被认为具有超自然、超人或至少是非常特殊的力量和能力"①。"克里斯马"现象的出现在其时代也是一种特殊的社会机制的表现,无论是认为"英雄造时势"还是强调"时势造英雄","英雄"与"时势"的关系是极为密切、不可分割的,它彰显的是一种人与时代的互动:一方面"王纲解纽"的时代使这类创世精英脱颖而出,以天下兴亡为己任,锐意求变、率先垂范,成为得时代风气之先的先觉者、预言家和精神导师,吸引众人成为他的追随者;另一方面,新旧转型期的精神信仰危机呼唤着这类人物的出现,以满足人们迫切的精神需求,使人们的心灵不因固有信仰的崩解而陷入空虚、迷茫,获得一种新的精神归宿感。处于由传统向现代转换之际的中国社会,出现了严重的政治、伦理、宗教、文化信仰的危机,人们对传统的价值观念和信仰体系发生根本动摇,社会亟须一种新的信仰,来重新凝聚散乱的人心,这就为"克里斯马"人物的出现提供了众多的受众和适宜的时代土壤。"克里斯马"人物的出现,可以为人们的心灵提供一种导向,进而转变人们的信仰和行为,使他们"以全新的观点去看待各种问题",因此,"克里斯马"可以表现为一种变革时代的"强大的革命力量"。马克斯·韦伯认为人类社会迄今共有三种权威类型,它们分别是:传统的权威、"克里斯马"的权威和法理的权威。"克里斯马"权威是介于传统权威和现代法理权威之间的过渡期的文化现象。

本丛书所包括的文化大师:康有为、章太炎、胡适、鲁迅、周作人、钱穆等大都是在近现代文化学术上创宗立派、开一代风气、具有超凡魅力的领袖人物,其中康有为、章太炎两位是活跃于清末民

---

① 转引自汝信:《现代外国哲学》,人民出版社1986年版,第97页。

初的政学两界的文化大师,对后世影响甚巨。康有为自幼期为圣贤,及长更是以"圣人"自居,不屑于词章考据之学,而专注于义理之学,养心静坐。他曾于"静坐时,忽见天地万物皆我一体,大放光明,自以为圣人,则欣喜而笑"①,自谓进入了"得道成圣"之境。康有为融会中西,由现代"公同平等"原理,推演出世界"大同"之说,在其时代起到了一种石破天惊的破旧立新效果;他积极投身政治、倡导维新变法,并吸引众多弟子讲学论政,其中以梁启超、陈焕章、徐勤等最为著名,他们形成"康门弟子"这一晚清著名政治、文化门派,影响之大,自不待言。晚年的康有为成为现代中国的政治、文化保守主义的代表人物,在清末民初时代变局中也是一位自成一派、不可忽略的研究对象。章太炎则以清末"有学问的革命家"名标青史,他率先倡导民族革命,曾因"苏报案"入狱三年,出狱之后,革命之志更坚,流亡日本、宣传革命、聚众讲学、深得进步青年学子的敬仰,在他身边聚拢了不少杰出人才,其门下弟子钱玄同、周氏兄弟等成为了其后新文化运动的主力军,影响也不可不谓之深远。章太炎的学问"以朴学立根基,以玄学致广大",在现代思想史、学术史上具有重要地位。他具有一种"究元决疑"的思想家的气质,以《俱分进化论》、《五无论》、《四惑论》等名篇,对时代思潮、人生真谛等进行了深入的哲学思考和独特判断,留下了弥足珍贵的思想遗产。至于胡适,则是五四新文化的先锋,"文学革命"的倡导者。青年时代的胡适就是一位颇有使命感的人物,他在1916年4月12日,就填了《沁园春·誓诗》一词,其中写道:"文章革命何疑!且准备搴旗作健儿。要前空千古,下开百世,收他臭腐,还我神奇。为大中华,造新文学,此业吾曹欲让谁?"②1917年年初,他在《新青年》2卷5号发表了《文学改良刍议》,成为了中国新文化运动最初"发难的信号"。胡适的自由主义政治、文化立

---

① 《康有为年谱》,《戊戌变法》(四),上海人民出版社1957年版,第114页。
② 胡适:《胡适留学日记》下册,安徽教育出版社2006年版,第211页。

场,使他成为现代中国重"问题"不重"主义"的自由主义改良派的代表,在他身边也围绕着不少的追随者,以傅斯年、顾颉刚等最为著名。在学术上,胡适提出"大胆的假设,小心的求证"的治学方针,对现代学术的发展起到了导引、示范作用。至于周氏兄弟,则分别是新文学的开山祖师和巨石重镇,鲁迅是一位始终走在时代前列的思想家、文学家、革命家,深得进步青年的爱戴,去世时获得了中国"民族魂"的盛誉,围绕他的鲁门弟子胡风、冯雪峰、萧军等人也都在现代文学画卷上涂下了浓重的色彩,做出了独特的贡献。周作人在五四时期也是新文化、新文学运动的重要人物,其《人的文学》成为新文学的纲领性文献,但五四之后的周作人做出了和鲁迅不同的选择,1922年,在"非基督教运动"高潮中,周作人和钱玄同、沈士远、沈兼士及马裕藻发表《信仰自由宣言》,重申信仰自由的精神,这标志着周作人在文化立场上开始向主张宽容的自由主义靠拢,他其后的散文创作也开始褪掉五四时期的"浮躁凌厉之气",走向平和冲淡,苦涩闲适。在他身边,围绕了俞平伯、废名等著名作家,形成了现代文学史上一个独特的带有闲适、冲淡、唯美色彩的文学流派,具有其不可忽视的审美价值和意义。周作人又是中国民俗学、古希腊文学、明清文学的拓荒者和研究者,继承并发展其民俗学研究的弟子有江绍原,继承其明清文学研究的则有沈启无等。另一位国学大师钱穆也是现代文化史上极具代表性的人物,他生活的20世纪是中国文化上急剧的"西进东退"时代,但他逆时代潮流而行,秉持文化民族主义的立场,"一生为故国招魂",为中国文化的传承、延续做出了重要贡献。他在抗战时期撰写的《国史大纲》,开篇即言"国人必对国史具有一种温情和敬意",对其时代盛行的民族文化虚无主义进行了正面的交锋和批驳。他一生思考的中心问题是中国文化是否在现代还能占据一席之地的重大时代问题,他以其一生杰出的学术成就被尊为学界的"一代宗师",也有学者称其为中国最后一位士大夫、国学宗师。他的弟子余英时、严耕望等也都成为在学术文化领域声名显赫的学者。

　　古人讲:"物以类聚,人以群分。"人们在选择老师、朋友时,会本能地倾向于选择那些和自己志趣相投、性情相近的人,师生关系也是如此。特别是私学传统中在师生双向选择下形成的师生关系,更是一种情同父子的关系,选择什么人为师,也就意味着对为师者的志向、人格、学问的整体性的尊崇和认同,所谓"一日为师,终生是父"。学生对老师有一种孺慕之情,而为师者对学生担负的是与父母一样甚至大于父母的责任,所以这种私学传统中的师生之间、同学之间的关系,非常密切,成为一种犹如家族血缘关系一样的文化群落。每个师徒群体自有其特质,成员的目标也基本相同,价值观比较相近,在思想行为上也表现出较强的一致性,成员对群体有强烈的认同感和归属感。这种师徒群体的存在除了有利于他们戮力同心、共同担负起时代赋予他们的重大使命之外,还具有满足其群体成员的多种需要的功能:如使群体成员满足亲和与认同的需要;满足成就感和自尊心的需要并在此基础上产生自信心和力量感。学生为自己所属的师徒群体感到骄傲和自豪,为师者对于学生也是关怀备至、提携扶持,不遗余力。像胡适的弟子罗尔纲专门写了一本书《师门辱教记》,十分动情地回忆了在胡适门下五年得到的言传身教。胡适对弟子的这本小书也十分看重,曾说此书带给他的光荣比他得到的35个名誉博士学位还要大。直到1958年,胡适在台湾任"中研院"院长时还自费印行了这个小册子,分赠亲朋。再如萧军直到晚年还骄傲地向世人宣称:"我是鲁迅的学生!"当别人问他20世纪30年代文坛宗派有哪些时,他的回答是:别人"有没有宗派我不知道,知道我也不说,但是我萧军有宗派——'鲁宗鲁派'!"① 由此可见师生关系对于一个人的整个人生可能产生的深刻影响。这种知识群体中的师生关系一般情况下是亲密、融洽的,但师生之间也会出现龃龉,像梁启超与康有为在

---

① 秋石编著:《聚讼纷纭说萧军》,学林出版社1997年版,第64页。

"张勋复辟"立场上截然对立、公开辩难,梁启超情急之下直言其师乃"大言不惭之书生,于政局甘苦,毫无所知"。这使得一向刚愎自用的康有为大为光火,骂梁启超为"梁贼启超",并将他比喻为专食父母的枭獍,并作诗曰:"鸱枭食母獍食父,刑天舞戚虎守关。逢蒙弯弓专射羿,坐看日落泪潸潸。"当然,两人多年的师生关系、患难之情并不会就此割舍,事过境迁后,仍会重修旧好,做学生的还是要向老师表示歉意和依顺。再如周作人1926年也因为不满于老师章太炎赞成"讨赤",写了《谢本师》一文,表示不再认章太炎先生为师。这虽然从师生感情上来看不无遗憾之处,但也可从中看到现代个人独立意识对于传统单向服从性的师生关系的突破。与此相应的是为师者将学生革出师门的事也时有发生,像鲁迅之于高长虹、周作人之于沈启无等,其中的原因比较复杂,但这种现象本身也提示我们现代文坛上的作家多是以群体而非个体的方式参与文学活动的,发表作品的报纸、杂志多带有同人的性质,社会文化资源也多控制在名家之手,所以被革出师门的沈启无等于被驱逐出了文教界,一时间只能靠变卖东西为生;高长虹则因为受了鲁迅的迎头痛击,长期被视为文坛异类,声名狼藉。总之,以这种自然形成的知识群体为单位,从文化社会学等角度,深入分析近现代文学、文化的生产机制和文化生态,对我们深入了解近现代文学、文化也是大有裨益的。

  本雅明曾经说过,"所有文明的文献都同时就是野蛮的文献"[①],也就是强调文明与野蛮的判断不能简单地以"时代"为标准,时间并不能将"野蛮"阻断于过去而在未来造出一个至善无恶的"美丽新世界"。章太炎早在清末就发表了他的《俱分进化论》,认为:"进化之所以为进化者,非由一方直进,而必由双方并进。……若以道德言,则善亦进化,恶亦进化;若以生计言,则乐亦进化,苦亦进化。双方并进,如影之随形……进化之实不可非,而进

---

① 转引自马丁·杰:《阿多诺》,中国社会科学出版社1992年版,第45页。

化之用无所取。"①故而至善无恶之境无从达致。历史乐观主义的虚妄在于其以对历史进步主义的信仰放过了对内在于人性深处的"恶"的警觉；以"新旧之别"、"传统与现代的冲突"取代了"文明与野蛮"、"善与恶"的价值判断。历史乐观主义所持有的线性不可逆的时间观及源于进化论的人性可臻无限进步论的信念构成了现代性的核心，也成为了中国现代文学、文化的主导叙事。对这种现代主导叙事的重新审视和反省也是我们今天更为深入地思考现代性问题的必要环节。我们力图走出那种特定的、单一的、目的性过强、缺乏距离感的"第一人称叙事"，以一种更为客观、多元、审慎的态度来重审、讲述中国的"现代百年"，以加深对历史的认识以及对现实和未来的理解。

"旧学商量加邃密，新知培养转深沉"，学术的进步依赖于一个可以商榷、辩难、交流对话的公共空间，因此"科学"意义上的真理不在于将某种特定时期的、特定结论固化为绝对真理，而表现为不断地证伪与验错的过程，在假设与求证、质疑与抗辩中逐渐切近真实、将认识引向深入。从"20 世纪文化大师与学术流派"入手研究近现代知识群体的形成及对文化发展的影响，是一件很有意义的事情。本丛书的写作只是一个抛砖引玉的尝试，更为坚实的佳作尚有望于未来。

耿传明
2010 年 7 月 5 日于天津

---

① 章太炎：《俱分进化论》，载《民报》第七号，1906 年 9 月。

目录

引　言　鲁迅:现代文化的"创世英雄"/001

第一章　故乡记忆与文化渊源/013
　　　　1."居移气,养移体"/014
　　　　2.儒、道、墨、释之间/033
　　　　3.门第、家世与"遗传"/039

第二章　"英哲之士"与"大独"人格/057
　　　　1."私学":作育"大师"的文化温床/059
　　　　2."学堂":制造"人才"的教育工厂/093
　　　　3."帝国之眼"的凝视与超乎国族的立场/097

第三章　苏生与毁灭之间的二元选项/119
　　　　1."应然"与"实然"之间的紧张和对立/125

2. 个人感情生活的灰暗与亮色/153

3. "借琐耗奇"与颠覆及构建/165

4. "跟上时代"与"四面受敌"/175

5. 小说:改造人生与"苦闷的象征"/180

6. 杂文:"寸铁杀人"与"活体解剖"/200

7. 散文、散文诗:幽深峭拔与独出机杼/203

第四章 "寻找革新的破坏者"/209

1. "桃李不言,下自成蹊"——鲁迅与授业弟子/210

2. "嘤其鸣矣,求其友声"——鲁迅与文学社团/252

3. "真的恶声"——高长虹其人/270

4. "朝花社"和柔石/286

第五章 "衣钵弟子"与"精神朝圣"之旅/297

1. "刑天舞干戚,猛志固常在"——胡风/301

2. "识得这个雪峰后,人不言愁我只愁"——冯雪峰/325

3. "男儿脸刻黄金印,一笑心轻白虎堂"——聂绀弩/348

4. "传薪卫道庸何易?喋血狼山步步踪!"——萧军/364

结语/399

后记/410

引言

鲁迅：现代文化的『创世英雄』

> 疯子是乌托邦的发明家,未来社会的制造者……我们带着孩子,跟着疯子走——走向光明去。
>
> ——傅斯年
>
> 我劝同志们看看鲁迅的杂文。鲁迅是中国的第一个圣人。中国第一个圣人不是孔夫子,也不是我,我算贤人,是圣人的学生。
>
> ——毛泽东

中国的20世纪是一个为理想和激情所主导的世纪,激情催发文学,文学促生激情,故而以情感表达为主旨的文学被推到了时代的风口浪尖之上,一个激昂高亢而又波谲云诡的"文学政治"时代也就此开启。鲁迅作为五四新文化运动的主将、五四新文学的创始人,在满打满算不过三十年出头的创作生涯中,以近千万字的著述成为"中国文化革命"的旗手,其人其作对现代中国的深刻影响是毋庸多言的。1936年10月19日,他病逝于上海时,成千上万的民众自发地来为他送行,在他的灵柩上覆盖着一面旗帜,上书"民族魂"三个大字,这在古今中外的文学史上都是一种罕见的殊荣。鲁迅的贡献与影响绝不限于文学自身,他更是一位在进步青年心目中享有崇高地位的、始终走在时代前列的"思想家、文化批评家、社会批评家和民族解放运动的导师"①。他也是现代中国的革命领袖毛泽东给予最高评价的中国人,毛泽东在 1937 年 10 月纪念鲁迅逝世一周年时就曾说过:"鲁迅在中国的价值,据我看要算是中国的第一等圣人。孔夫子是封建社会的圣人,鲁迅则是现代中国的圣人。"②1940 年 1 月,毛泽东在他的著名著作《新民主主义论》中,再次给予了鲁迅以极高的评价。他指出:"鲁迅,就是这个文化革命的主将。他不但是伟大的文学家,而且是伟大的思想家和伟大的革命家。鲁迅的骨头是最硬的,他没有丝毫的奴颜和媚骨,这是殖民地半殖民地人民最可宝贵的性格。鲁迅是在文化战线上,代表全民族的大多数,向着敌人冲锋陷阵的最正确、最勇敢、最坚决、最忠实、最热忱的空前的民族英雄。鲁迅的方向,就是中华民族新文化的方向。"毛泽东还曾说过他"跟鲁迅的心是相通的"。直到毛泽东晚年,1971 年他再次旧话重提并作了进一步的发挥:"我劝同志们看看鲁迅的杂文。鲁迅是中国的第一个圣人。中国第一个圣人不是孔夫子,也不是我,我算贤人,是圣人的学生。"③毛泽东是深刻地改变了中国历史的现代伟人,他对于鲁迅的情有独钟、高度评价显然不是偶然的、凭空而发的,而是建立在某种深层的心灵契合之上的,两人都是 20 世纪中国时代精神的最为杰出的代表。

鲁迅之所以获得如此的殊荣,被冠于"民族魂"的称谓,决非偶然,这是一个需要英雄的时代所产生出的一个空前的文化英雄,鲁迅可以说是晚清革命以来激烈变革文化的集大成者,一种渴求进步、永远进击的时代精神的象征。作为作家,他的创作具有一种

---

① 李何林:《近二十年中国文艺思潮论》,桂林生活书店 1940 年版。
② 《毛泽东文集》第二卷,人民出版社 1993 年版,第 43 页。
③ 1971 年 11 月 20 日,毛泽东同参加武汉地区座谈会人员谈话。

截断众流、睥睨一世的"王者风范"和一种代表了时代的最高美德的高贵气质,其人其作成为文学史上的一个划时代的标志,其耀眼的艺术才华使其后的文坛都笼罩在他的强光之下;作为以笔为剑的文化斗士,他具有一种纵横捭阖、杀伐决断的"凌厉之气",他将素不起眼的杂文锻造成了得心应手、能以寸铁杀人的利器,在文坛取得了所向披靡的傲人战绩。他始终走在时代前列、至死保持旺盛的斗志,因而被其时代的新生力量视为导师和领袖。他总是站在弱者和被压迫的一方,"横眉冷对千夫指,俯首甘为孺子牛",成为时代最高的美德和高山仰止的典范。……这样的鲁迅是如何产生的?为什么20世纪的中国文学、文化会成就一个"大写"的鲁迅?为什么鲁迅在现代中国拥有那么多的读者和知音,具有如此广泛深远的影响力?为什么已辞世七十余载的鲁迅仍是我们这个时代最敏感的神经,以至要将"爱护鲁迅"提高到"道义"的高度?……这都是需要我们探究、思考的问题。

废名曾说一个大作家必须兼具"天才"、"豪杰"、"圣人"三种禀赋、品质,才能成就,是有其道理的。所谓"天才"者,指拥有卓越的才能和智慧;"豪杰"者,指具有敢于"推倒一世之智勇,开拓万古之心胸"的豪气和特立独行、不合众器的大独人格;"圣人"者,指具有博大之爱心、宽阔之胸怀,能够达到一种"心事浩茫连广宇"的天地境界。以这些标准来衡量现代作家,的确只有鲁迅能庶几近之。鲁迅的伟大和杰出首先来自他"心力"的强大,他是一种主观意志力极为强大的人,兼具古人所讲的"剑气"、"奇气"、"侠气"、"豪气"这类创世英雄的人格气质,这是他能够成为开一代风气的文坛巨人的重要原因。从清末以来,龚自珍就开始呼唤这种拯救衰世的豪杰人格的出现,他极端强调的就是这种"心力"的作用,认为"心无力者,谓之庸人。报大仇,解大难,谋大事,学大道,皆以心之力。"其后谭嗣同的"以心力挽劫运"、章太炎的"自贵其心"也都是这种呼唤的继续,鲁迅也可以说是近代以来这种浪漫主义创世文化的发扬光大者,他以别开生面、撼动人心的刚健之作,一扫衰世文坛的萎靡绮丽之态,从文学史的意义上来说起到了振衰起弊的作用,为中国文学的新生开辟了道路。

作为中国现代文化的巨人,"鲁迅"之成为"鲁迅"的关键在于其对于"现代"之为"现代"的深刻理解与领悟,按照毛泽东早年的说法鲁迅可谓是"圣人"级的人物,所谓"圣人"就是得"大本"者,即宇宙终极真理之洞察者,而毛则自谦为自己只是"略得大本",所以只是"圣人"的弟子——"贤人"级的人物。古代所说的"圣人",指的是才德全尽的完人,儒家认为像夏禹、商汤、周武王、周公、孔子那样的人可谓圣人,古之圣人多与天道有关,所谓圣人被视为是一种带有神秘主义色彩的"得天命之人"。进入现代之后,宗教式微,圣人也完成了由"神"到"人"的进化,如西哲理查德·罗蒂所言"救赎真理的衰落和文学文化的兴起"①是一个重要的现代性现象。在前现代社会,给人们提供人生价值和意义支撑的是宗教信仰,正如《圣经》中耶稣说:"我就是道路、真理、生命;若不藉着我,没有人能到(天)父那里去。"在传统中国提供这种人生价值意义支撑的则是指示天道的圣贤经传。作为宗教信仰和传统习俗的颠覆者,"现代性"突出表现为以一种人与神的对抗,未来与过去的对抗。人本主义的文化,赋予每个个人以探询真理、坚持真理的权利,肯定人的意志自由和自我本位。这就引发了人的思想、情感的大解放,而文学正是这种人性大解放的自由的表现天地。如此,文学文化的兴盛就成为了现代性时代到来的标志。再则传统文化中的价值观来自具超越性的天道,而现代性的文化则是一种废黜了来世和超验的现世的文化,其价值观和是非标准来自杰出的个人以及由这种个人所揭示的时代的真理,由此这种杰出的个人——"圣哲大士"以及其所代表的时代真理也就成为众人寻找、追随、尊崇的对象。来世文化由此转换为一种现世的由杰出人物引导的"兼生文化",也就是说人们希望从现世诸多的生存方式

---

① 美国哲学家理查德·罗蒂 2004 年 7 月 6 日在南开大学的学术演讲。

中选择一种自己认为是最有意义的生活方式,或通过尝试不同的生活方式来丰富自己的人生体验。这种现代生活方式的主要发明者就是以往被宗教、传统贬斥为异端的"文人"、"学者"、"哲学家"、"诗人"等传统社会的边缘人物。"诗人成为世界的未冕立法者",是对传统世界的一个彻底的翻转。而鲁迅之成为现代中国革故鼎新时代的"圣人",主要在于他是现代中国时代精神的杰出代表,他洞察古今之变,以移星换斗之力刷新了中国文化的面貌。从"才"上讲他以一支"金不换"笔,横扫古今、所向披靡,扫清了文化变革的障碍;从"德"上讲他"横眉冷对千夫指,俯首甘为孺子牛",以爱憎分明、疾恶如仇以及至死"一个也不饶恕"的决绝,将时代的革命道德推向了极致,所以时代将其誉为现代中国的才德双全的"第一等圣人",并非过誉之辞。

　　五四时期的鲁迅是作为时代的先知先觉者、中国历史上从未出现过的"第三种时代"——"人的时代"的预言人而受到尊崇的,五四新青年的领袖人物傅斯年在《狂人日记》发表不久就写下了这样的评述:"疯子是乌托邦的发明家,未来社会的制造者……我们带着孩子,跟着疯子走——走向光明去"①。《狂人日记》在文坛一炮打响之后,鲁迅虽然也曾遭受过来自诸如"前期创造社"、"现代评论派"、"太阳社"和"后期创造社"中某些人的攻击、非议,但总的来说,拥护者、追随者、崇敬者还是占了多数,特别是在青年人当中,他成为了与传统决裂,彻底否定现实,追求国家民族和个人乃至人类新生的精神象征。20世纪20年代的鲁迅已被普遍视为"青年叛徒的领袖"、"思想界的权威者"。虽然鲁迅此后专门写了一篇《所谓"思想界先驱者"鲁迅启事》,声明"此等名号,乃是他人暗中所扣,别有作用,本人事前并不知情,事后亦未尝高兴。倘见者因此受愚,概与本人无涉"。但其在当时思想文化界的巨大影响力是毋庸置疑的。30年代的鲁迅成为左翼文学运动的主盟者,被

---

① 傅斯年:《新潮》第一卷第四号。

瞿秋白视为是完成了"从进化论到阶级论的转换"的"前进作家"的代表,"愈老愈坚强的战士"、"民族魂",这类称号代表了进步文化界对他的共识。新中国成立之后的鲁迅不仅被视为是新文化运动的旗手,还被视为是政治革命的先觉者,从"辛亥革命"的失败中吸取了没能充分发动农民参加革命的教训。"文革"之后的鲁迅从政治革命向思想革命回归,他被视为是五四时代启蒙与革命双重变奏中的一重——"启蒙"变奏的大师,而政治革命之所以会出现挫折就是因为启蒙这一变奏被革命变奏压倒。因此"回到五四",完成反封建的思想革命,成为避免"文革"重演的当务之急。新时期的鲁迅研究将鲁迅定位为"反封建思想革命的"集大成者,"反抗绝望"的现代中国"西西弗斯"精神的象征,"现代中国最痛苦的灵魂"。鲁迅其人其作也被视为是"中国现代知识分子话语的基石",而"爱护鲁迅"则被当做"是我们共同的道义"。由此看来,辞世多年的鲁迅并没有离我们远去,有关他的一切仍然占据着我们时代精神生活的中心,而对他的评价总是会触及我们心灵的敏感区域,激起层层波澜。

　　鲁迅在现代文化上的崇高地位不只来自死后的政治追认,而是在其生前就已形成,这从他去世时当时海内外媒体的唁电中,就可以强烈地感受到。如当时的《大沪晚报》的标题是:"中国文坛巨星陨落!"《上海铁报》的标题是:"文化巨人鲁迅去世!"香港《珠江日报》的标题是:"中国新文化运动领导者鲁迅先生在沪逝世"。香港《港报》则为:"文化界顿失领导——世界前进文学家鲁迅先生逝世!高尔基去世后又一震惊世界的噩耗,中国民族解放运动突失一英勇战士!"即使是与鲁迅立场有异的上海《华美美报》也这样写道:"中国左翼文坛领袖鲁迅先生于今晨五时二十分逝世,我们抛开一切见解的歧异,以及私人友谊的冲突,对于他的死,谨致沉痛的哀悼!"另外,新闻媒体对鲁迅的称谓还有如"中国文坛之唯一领袖"、"文坛唯一权威者"、"一代文豪"、"我国文坛最英勇的战士"等等。苏联对外文化协会的唁电中则称:鲁迅的逝世"为中国文化界与全人类之极大损失。"①与这种举世的哀悼与颂扬不协调的一个富于讽刺意味的事实是:鲁迅到死都是被南京国民政府下令秘密通缉了7年的"堕落文人"②,其书、其文被政府查禁,更是家常便饭。虽然鲁迅去世,当时上海市长孔祥熙也送了挽联,但南京国民政府对鲁迅的戒惧之心是不言而喻的。从这个简单的事实,也可看出那个时代的"时势权力"、"道义力量"的空前强大和当时掌握"实存权力"者的无可奈何、不得人心。

因此,谈论鲁迅的伟大,不能不从鲁迅对时代心灵的深刻感应及由此形成的巨大的人格感召力谈起,鲁迅的影响在很大程度上在于他代表着一种现代的理想人格,他以他的生命玉成了这种人格理想,从而成为一个"道成肉身"的现代圣者。这种现代的人格理想由两个看似矛盾的方面组成,一是追求真正的个体自由的"大独"人格;一是"舍身饲虎"的兼爱、救世精神。前者的自由独立精神可以说是现代性文化的精髓所在,鲁迅最早从西方摩罗诗人那里吸收了这种个人主义文化的精义,从而形成了"是非审之于己、毁誉听之于人、成败委之于天"的独立自主的人生哲学。这为他冲决网罗、摆脱束缚、张扬自我、塑造自我提供了巨大的支持,但是解放了的个人仍然需要一个高出个人的目标来作为精神的归属、人生的目标,所以兼爱、利他又会成为他更高的价值关怀。这两者的统一是需要艰难的探索的,所以鲁迅自己也讲他的思想是经常徘徊在"个人的无治主义"和"人道主义"之间,他一直在试图找到从"个人主义"通到"集团主义"的桥梁。他无法放弃自我,因为那意味着成为"非人";但他也不能认同宗教或传统的"人道主义",因为那对于不相信来世或天理的他意味着"自欺"。他选择的是一条执著于在现世、人间实现永久的公平和正义的现代性人生改造

---

① 鲁迅先生纪念委员会编:《鲁迅先生纪念集》,上海书店1979年版,第7页。
② "通缉"一说主要来源于鲁迅自述,说鲁迅1930年因参加进步团体"中国自由运动大同盟"而被国民党浙江省党部诬为"堕落文人",提请通缉。现有学者查核民国政府档案,未发现相关记录,又结合一些旁证,对此说提出质疑。参见倪墨炎《国民政府是否通缉过鲁迅》一文,《新文学史料》2009年第1期。

之路,但他在现实中又苦于无法找到能够充分信任、让人可以以性命相托付的"新世界"的创造者。从某种意义上讲,鲁迅可以说是一个高度政治化的人物,然而他所从事的却是一种"反政治的政治"①,他自称要写的是"遵命文学",但所遵的对象绝非金钱和指挥刀。他是要在金钱和武力的政治之外开出一条以文化为主导、为中心的政治,而这种文化政治得以存在的前提则是文化自主性场域的确立。正如布尔迪厄说:"知识分子,正是通过克服纯文化和入世之间的对立,并在这一克服的过程中,历史地出现的。"因此,知识分子的文化政治只能在自主和入世之间的二律背反的框架内得以存在和发展。对于这种知识分子存在的吊诡性,鲁迅及其同代人因急迫于社会的进步尚虑不及,或缺乏重视。知识分子并不习惯也不喜欢对自己的行动进行社会学的分析,他们倾向于以绝对真理的追求者自居,而并不将自己视为是某种独特的价值观的代表,这种以绝对真理改造世界的热情会引发知识分子拆除文化与政治间的藩篱,使文化完全地政治化,从而挖掉自己赖以立足的文化自主性的根基。这是从现代文化政治的历史的挫折中才能得到的启示。陈寅恪"自由共道文人笔,最是文人不自由"的诗句也正道出了这种现代知识分子追求自由的悖论。

作为后发国家文化现代性的推动者和创造者,鲁迅对"现代"的理解首先来自对西方现代世界的理解和认识,对西方近现代文明的领悟、接受、取舍,直接决定了其不同于"传统"的现代品格。所以与西方异质文化的相遇是周树人成为鲁迅的必备条件,而鲁迅对于西方文学文化中最有感应的思潮和人物的接受、融合,如与"摩罗诗人"、尼采等人的相遇是周树人成为鲁迅的第一步。但来自西方的启示对于鲁迅只是一个方面,鲁迅作为现代中国文化精神的集大成者,还在于他充分吸收了中国固有的反传统的精神资

---

① 这一概念来自布尔迪厄,其在《现代世界知识分子的角色》一文中指出:这种反政治的政治活动的基础,乃是自主性场域的存在,其根本法则,就是拒绝经济和政治的高高在上,拒绝金钱、权力、荣誉这些目标和价值在自主性场域的支配地位。

源,从而整合了现代性的本土文化资源,以"弗失固有之血脉"的方式将现代性推向极致,从而推动了现代性文化的本土化进程。鲁迅并不是以一种"白板状态"去接受西方文化的,而是以与西方遥相呼应的"前有"、"前见"和"前设"来达成其对于中国现代的领悟和理解的。鲁迅式现代意识形成的一个重要契机来自他与章太炎的相遇,并成为章门弟子中的一员,这也是周树人之成为鲁迅的重要一环。他不仅从精神气质上深受章太炎依自不依他的"大独"人格的影响,而且章门弟子在五四文化界的合力作用推动鲁迅登上了新文化的舞台。其次,鲁迅对于其所生长的古越文化的认同与浸染,特别是在魏晋文人嵇康、阮籍著作中的精神共鸣,使鲁迅的反礼教得到了精神上的奥援,这种与"反名教"的古人的文化血脉的贯通使得鲁迅具有了一种来自历史深处的郁勃不平之气,所以与一般出于政治功利主义的反传统主义者不同,他的忧愤深广无人可及。古越文化是与传统儒家主导文化相对立的边缘、异质、反叛文化的代表,鲁迅对于古越文化的认同、发扬与他对传统主导文化儒家文化的颠覆和反叛是一脉相承的。这种对于古代反传统的文化资源的充分吸收,也是鲁迅成为现代文化巨人的重要原因。

　　作为中国现代文学的奠基者,鲁迅非常注重对青年作家的培养,他在青年作家中具有极大的影响力,以他为中心也形成了一个具有极强文化反叛性、前卫性的知识分子群体,这个群体将自己视为是鲁迅事业的继承者,将鲁迅视为由他们自己遴选的精神之父,以自己属于"鲁宗"、"鲁派"(萧军语)而自豪。这些在鲁迅的直接指导与影响下出现的文学社团、作家群体,具有一些共同的特点,在现代文学史上代表着一种狂飙突进式的文化冲击力。从时间段上来看,前期受鲁迅影响较大的文学社团有"狂飙社"、"未名社"和"莽原社"等。狂飙社的高长虹和未名社的韦素园、韦丛芜、李霁野等可以说是从两个方面体现着鲁迅的文学理念和创作精神,高长虹推崇天才,甚至以天才自居,相信"艺术就是暴动!艺术就是起义!"代表着新文学中狂飙突进、自我扩张的进取性的个人主义;而未名社的志趣则表现在对西方文学经典的引进和介绍,翻译的多是在西方已有定评文学大家的名著,这些名著的引进对中国新文学的发展具有重要的借鉴意义。注重现实的批判和着眼于长远的文化建设,这两种倾向在鲁迅身上是并存的。

后期"鲁派"作家群体则以胡风、冯雪峰、聂绀弩、萧军、萧红等为代表。其基本创作倾向既继承了前期鲁迅那种"率性而言,凭心立论,忠于现世,望彼将来"文化批判和社会批判精神,又传承了后期鲁迅的左翼文化倾向。相对于再现论的现实主义,他们强调作家的"主观战斗精神";相对于民粹主义的平民崇拜,他们在挖掘民众身上的反抗性的同时,仍然强调要揭示他们内心深处存在的"精神奴役的创伤";相对于以民间文学形式为民族形式的中心源泉的主张,他们认为民间形式充满了封建意识的毒素,新文学应从世界进步文艺移植其思想、方法和形式。总之,他们的文学精神和理念既继承了五四精英主义的反传统精神,又力图将这种精英主义的文学与时代的集体主义结合,从而构建起一座从个人主义到集体主义的桥梁。他们的左翼文学精神更多地表现为一种为被压迫者求解放的道义担当和"文化"救世主义的政治色彩。从与世界左翼文学的比较来看,他们与超越政党组织的法国的左翼文学有更多的相通之处,而不同于其他政党色彩鲜明的左翼文学。他们的左翼文化诉求带有更多的自发性的人道主义、个人主义色彩。

具体而言,鲁门弟子对鲁迅精神遗产的继承是各有侧重的,简要来说,胡风得其对于文学事业的庄重严肃,他将鲁迅以文学改造人生的宏愿以及现实战斗精神推向了高潮;冯雪峰得其心灵的纯净和自由,身处政治漩涡中,终生保持了诗人的本色;聂绀弩则得其嘲讽、诙谐、戏谑的天才,以元气淋漓、妙趣横生、嬉笑怒骂、犀利辛辣的杂文继承了鲁迅的事业;萧军则得其血性刚勇和侠义性格,不但用笔,也用"拳头"来书写他的"文章",成为文坛以血性和刚勇著称的"独行侠"。他们的精神共同点就是思想的自由和人格的独立,这使他们在进步文化界中也具有一种卓尔不群的独特气质。

与成为了文坛"至尊"的鲁迅相比,鲁迅衣钵的承传者大多陷入了一种"被废黜的"命运,他们承传的来自鲁迅的高贵气质使他们无法再像庸人那样度过唯唯诺诺的一生,而这种高贵又往往成为他们命运坎坷、四处碰壁的根源。作为后五四的知识分子,理想主义的抗争与悲情贯穿了他们的一生。以鲁迅为中心形成的这一现代知识分子群体在现代文学史上留下了色彩最为浓烈的图画,因此理解现代中国,不能不从认识鲁迅开始,而要考察以鲁迅为代表的这种现代精神的流变,也不能不从鲁门弟子入手。本书试图通过对鲁迅及围绕其身边的弟子们的切近观察、综合考察来描绘出这一在现代文坛上个性鲜明、举足轻重的激进知识分子群体的精神图谱和人生轨迹。

第一章 故乡记忆与文化渊源

> "会稽乃报仇雪耻之乡",身为越人,未忘斯义,肯在此辈治下,腾其口说哉。
>
> ——鲁迅

> 别人我不论,若是自己,则曾经看过许多旧书,是的确的,为了教书,至今也还在看……但自己却正苦于背了这些古老的鬼魂,摆脱不开,时常感到一种使人气闷的沉重。就是思想上,也何尝不中些庄周韩非的毒,时而很随便,时而很峻急。孔孟的书我读得最早,最熟,然而倒似乎和我不相干。
>
> ——鲁迅

1. "居移气,养移体"

作为"京派作家"之一员的沈从文在1933年10月18日的天津《大公报·文艺副刊》第九期上发表了《文学者的态度》一文,对上海文人进行批评,而被归为"海派"的文人对这种批评颇为不满,于是有苏汶(杜衡)在同年12月上海《现代》月刊第四卷第二期发表《文人在上海》一文,为在上海的文人辩护,否认"海派"的存在,文中还以鲁迅的话为佐证:"仿佛记得鲁迅先生说过,连个人的极偶然而且往往不由自主的姓名和籍贯,都似乎也可以构成罪状而被人所讥笑、嘲讽。"但苏汶对鲁迅这段话的理解显然不够全面,后来鲁迅也走上前台,发了这样一番议论。他首先说明那种以为作者的籍贯,与作品并无关系的断言,是不足以让人信服的,因为"所谓'京派'与'海派',本不指作者的本籍而言,所指的乃是一群人所聚的地域,故'京派'非皆北平人,'海派'亦非皆上海人。……但是,籍贯之都鄙,固不能定本人之功罪,居处的文陋,却也影响于作家的神情,孟子曰:'居移气,养移体',此之谓也。"①鲁迅以前确曾批评过那种因为他是绍兴人,就说他有"师爷气";因为绍兴是"酒乡",就把他说成是"醉眼陶然"的无理取闹,但他从未否定一个人的籍贯与其个人性情之间存在的深刻联系。因为人是不能脱离其生存的环境而独立存在的,被抛入这个世界的人与世界是浑然一体的,脱离于其所置身的环境的个人自主、遗世独立只是一种幻觉。

具体而言,作家与其所成长的故乡的关联,可以是自觉的、显层次的,也可以是不自觉的、潜意识的;它可以附着于故乡特有的人情风物之上,也可以表现为一种深沉的文化精神血缘。从鲁迅公开的言论来看,他对于故乡绍兴的态度是颇为矛盾的:首先是对于现实中的故乡,他以厌恶、逃离的态度为主,如:"S城人的脸早经看熟,如此而已,连心肝也似乎有些了然。总得寻别一类人们去,去寻为S城人所诟病的人们,无论其为畜生或魔鬼。"(《琐记·朝花夕拾》)再如:"时候既然是深冬;渐近故乡时,天气又阴晦了,冷风吹进船舱中,呜呜的响,从蓬隙向外一望,苍黄的天底下,远近横着几个萧索的荒村,没有一些活气。我的心禁不住悲凉起来了。阿!这不是我二十年来时时记得的故乡?"(《故乡》)另外

---

① 鲁迅:《鲁迅全集》第五卷,人民文学出版社2005年版,第453页。

如"故里寒云恶,炎天凛夜长"(《哀范君三章》)等都是如此。也就是说,鲁迅对于现实中的故乡很难说有什么好感,基本上持否定、批判态度,当然,这与他对整个中国社会现实的否定、排斥态度是相一致的。但鲁迅在现实的故乡之外还有一个精神意义上的故乡,且对此不乏溢美之辞。如在致黄苹荪信中所言:"'会稽乃报仇雪耻之乡',身为越人,未忘斯义";再如《女吊》中引明末王思任说的这段话:"'会稽乃报仇雪耻之乡,非藏垢纳污之地!'这对于我们绍兴人很有光彩,我也很喜欢听到,或引用这两句话。但其实,是并不的确的;这地方,无论为那一样都可以用。不过一般的绍兴人,并不像上海的'前进作家'那样憎恶报复,却也是事实。"文末,他再次明确地断言:"被压迫者即使没有报复的毒心,也决无被报复的恐惧,只有明明暗暗,吸血吃肉的凶手或其帮闲们,这才赠人以'犯而勿校'或'勿念旧恶'的格言,——我到今年,也愈加看透了这些人面东西的秘密。"这都表明鲁迅对于故乡是厌恶其现实,而颂扬其精神的。辛亥革命后他在为故乡报纸《越铎》撰发刊词时也曾这样描述他心中应该如此的故乡:

> 于越故称无敌于天下,海岳精液,善生俊异,后先络驿,展其殊才;其民复存大禹,卓苦勤劳之风,同勾践坚确慷慨之志,力作治生,绰然足以自理。世俗递降,精气播迁,则渐专实利而轻思理,乐安谧而远武术,鸷夷乘之,爱忽颠陨,全发之士,系踵蹈渊,而黄神啸吟,民不再振。辫发胡服之虏,旃裘引弓之民,翔步于无余之旧疆者盖二百余年矣。已而思士笃生,上通帝旨,转轮之说,弥沦大区,国士桓桓,则首举义旗于鄂。诸出响应,涛起风从,华夏故物,光复太半,东南大府,亦赫然归其主人。越人于是得三大自由,以更生于越,索虏则负无量罪恶,以底于亡。民气彭张,天日腾笑,孰善赞颂,庶猗伟之声,将充宙合矣。

"于越"是越国的古称,文章主旨是讲我们绍兴得山海之气,人杰地灵,俊异之才,层出不穷,然而到了近世,精气流失、衰微,变得重实利、轻思想、乐安逸、远武功,结果被满族征服。现在革命先觉出现,振臂一呼,群起响应,华夏神州,大半光复。越人得到了"集会自由、出版自由、思想自由"三大自由,重获新生。作为越人我们应将弘扬祖先的精神,使之不致专美于前,还要光大于后……

而且鲁迅还不惮繁琐,穷数年之功,专门编成《会稽郡故书杂集》,并为序曰:

> 史传地记之逸文,编而成集,以存旧书大略也。会稽古称沃衍,珍宝所聚,海岳精液,善生俊异,而远于京夏,厥美弗彰。……而会稽故籍,零落至今,未闻后贤为之纲纪。乃剟就所见书传,刺取遗篇,絫为一袠。中经游涉,又闻明哲之论,以为夸饰乡土,非大雅所尚。谢承虞预且以是为讥于世俯仰之间,遂辍其业。十年已后,归于会稽。禹勾践之遗迹故在。士女敖嬉,睥睨而过,殆将无所眷念,曾何夸饰之云,而土风不加美。是故叙述名德,著其贤能,记注陵泉,传其典实,使后人穆然有思古之情,古作者之用心至矣!

从这种不避自我夸饰之嫌,将有关故乡的佚文辑成专书的做法中,可见鲁迅是深以有绍兴这样的文化精神深厚、卓越的故乡为自豪和骄傲的。

西方解释学中有一个重要的概念叫"前理解",所谓"前理解",顾名思义,就是相对于某种理解之前的理解,也就是说,人的任何具体的理解活动开始之前,我们就已经有了对要理解的对象的某种带有主观倾向性的理解框架,通俗来说,它可以称之为一种先入之见。海德格尔将"前理解"的结构分为"前有"、"前见"和"前设",他认为:一切理解都是在"前理解"的基础上所达到的理解。故而,只要某事物被解释为某事物,解释就将本质地建立在前有、前见和前设的基础上。一个解释从来不是无预设地把握呈现在我们面前的东西①。

鲁迅作为中国现代文化的奠基人之一,关键在于其对于"现代"之为"现代"的深刻、独到的理解,而他的对"现代"的理解又直接受制于他对其的前理解,这就需要考察鲁迅在接触"现代"时的前有、前见和前设。这就涉及鲁迅在接触西方文化之前所受到的传统的乡土的文化熏陶。它对鲁迅如何理解现代也具有某种内在的规定性。这就涉及对越文化的特质的认识和理解。

说起越文化,已有不少学者特别是越籍的学者对此进行了较为深入、全面的研究。一般认为:越文化相对于中原文化而言,具有较强的边缘文化特色。鲁迅所出生的绍兴地处杭州湾南岸,会稽山北麓,靠山近海,得海岳之气,是古代越人的居住之地。在史籍中直到周成王二十四年(公元前11世纪),今本《竹书纪年》才有"于越来宾"的记载,这是越族与中原地区第一次明确见之于文字记录的接触。这种边缘性有助于其免于被中原文化完全同化,而失去其自性。越文化在周公礼乐教化圈外独立发展的历史,也使其保留下了一种与中原礼教文化不同的异质性的文化特质,如崇武、尚勇、重才,包容俊异之士,为得个性的存在留下较大的空间等等,而这与中原尚贤、尚德,排斥个性的文化是有很大不同的。正因为此,越文化才产生出像王充、嵇康、徐渭这样的异端人物和俊异之士,从而构成了对儒家主导文化的挑战和反叛,并构成了某种文化演变中的变与常的互补性。在主导文化于时代大气候影响下动摇、衰落之际,这种边缘异端文化会主动出击,与其他反主流文化的潮流会合,一举推翻儒家文化的独尊、主导地位。

关于越地文化这种非儒学的异质性,《越绝书·记地传》中曾有这样有趣的演义,其书托言孔子往见越王,说:"丘能述五帝三王之道,故奉雅琴至大王所。"而越王答曰:"夫越性脆而愚,水行而

---

① 海德格尔著,陈嘉映译:《存在与时间》,三联书店1987年版,第191页。

山处,以船为车,以楫为马;往若飘风,去则难从;锐兵任死,越之常性也。夫子异则不可。"这一记载盖出自文人的虚构,但也足以反映出越人对中原礼乐文化并不买账,它有其自己的不同于中原文化的个性、趣味和偏好,如《吕氏春秋·遇合篇》记载:"客有以吹籁见越王者,羽角宫徵商不谬,越王不善;为野音,而反善之。"①这种对野音的欣赏趣味,也正反映出越地文化的纵情任性、崇尚自然的文化空气。基于以上原因,越文化就在无形之中隐然成为历史上挑战反叛儒家主流文化的一个大本营,鲁迅呼吸着这种文化空气长大,后来成为反主流文化的"新文化"的开路先锋也就不难理解了。

从"鲁迅"这个笔名的由来也可以看出作家的个人性情以及某种自我期许:他的原名为周樟寿,字豫山,后改名为周树人,字豫才。1918年在《新青年》杂志发表小说《狂人日记》时,始用"鲁迅"为笔名。小说发表后,反响强烈,人们开始猜测它的作者"鲁迅"究竟是谁?连鲁迅最好的朋友许寿裳也特地从外地写信给北平的"周豫才"打听此事。鲁迅在给老友回信中答复说:"《狂人日记》确系拙作。"关于这个笔名的来由,许寿裳在《亡友鲁迅印象记》记载说鲁迅曾当面给他做过这样的说明:"(一)母亲姓鲁,(二)周鲁是同姓之国,(三)取愚鲁而迅速之意。"这便是人们通常所理解的周树人以鲁迅作为笔名的含义。后来历史学家侯外庐写过一篇文章说"迅"字并非像人们通常所理解的"快、迅"那么简单,因为《尔雅·释兽》篇中对于"迅"的解释是:"牝狼,其子激,绝有力,迅。"注云:"狼子绝有力者,曰迅。""激"即激,从犬言兽性,从水言水性。都是激烈的意思。"也就是说狼之子中的绝有力者才被称为"迅",迅者,强有力的狼之子也,这个寓意可谓鲁迅这一笔名中的微言大义。这种解释虽有过分穿凿的嫌疑,但也有合乎情

---

① 以上引文和论述参考了沈刚《试论越文化对鲁迅的生成性影响》一文,载《江西社会科学》2007年第3期。

理之处，原因一是鲁迅本人幼时就读过《尔雅》，后又从章太炎先生专门学过文字学，对"迅"字这一寓意显然不会陌生。而且他本人确可以说是有一种"猛兽"情结，作为世俗社会的叛逆者，他极为推崇野兽、"野人"的那种强大的原始生命力。20世纪30年代他对瞿秋白借罗马神话典故将其称为吃狼奶长大的莱谟斯就颇为认同，终身以瞿为难得的人生知己，这种种现象至少表明他对这个强有力的"狼之子"的寓意并无恶感。其次，这种寓意可以说是属于他个人的内心秘密，即使是很亲近的朋友也未必愿意对其作多此一举的解释，所以即使是密友许寿裳自然也就无从得知。① 鲁迅是一个内心激进但外表基本守常之人，他并不愿意用诸如"排圣"、"斥贤"之类在其时代很"前卫"的名字来惊世骇俗，所以用"鲁迅"这个看似寻常实则非同一般、寓意深刻的名字来做笔名是符合他的性格的。

当然，意识形态化的儒家在传统中国是占据着牢固的主导地位的，绍兴自然也不会例外，但儒家的这种主导地位在很大程度上是靠"学而优则仕"的科举制度来维系的，它的弊病在于导致其自身的异化，使真正的读书人对其敬而远之。据考察，晚清江南读书人中真正研读儒家义理之学的人并不多见，以"作幕僚"、"当师爷"著称的绍兴人尤对儒家正统持一种疏离态度。真正有意做学问的人热衷的是杂书和考据、训诂之学，他们对于"八股文"之类颇为不屑，视其为科举敲门砖而已，不是真正的学问。据周作人的回忆："鲁迅对于古来文化有一个特别的看法，凡是'正宗'或'正统'的东西，他都不看重，却是另外去找出有价值的作品来看。"这也可以说是科举制度之下所造成的儒学看似红火实则冷清的被异化的命运。越文化历史上有不少名人都是鲁迅崇敬的对象，卧薪

---

① 许寿裳虽是鲁迅密友，但与鲁迅的个性、气质相映成趣，他是一位笃实、质朴到非常单纯的人，在日本留学时，鲁迅看到许寿裳吃面包要剥皮，不忍浪费，就说自己爱吃面包皮，让许把剥下的面包皮给他，结果许信以为真，每吃面包，就把皮剥下，留给鲁迅。晚年鲁迅给朋友聊天时才把此事揭穿。

尝胆而终成复仇大业的越王勾践、写过《论衡》的东汉思想家王充等等，但对于鲁迅影响最大的应该说是魏晋时代的嵇康以及虽非越人，但与嵇康齐名的阮籍。

据孙伏园回忆，刘半农曾赠送鲁迅一副联语："托尼学说，魏晋文章"，上联似是生拉硬扯的皮相之论，因为鲁迅自己也坦承自己与托氏并非同类；但下联"魏晋文章"说得确实是非常准确、到位的。鲁迅在"竹林七贤"特别是其精神领袖阮籍、嵇康那里是得到了某种精神共鸣的，那么这种精神共鸣的基础何在呢？笔者认为即在于其所共同拥有的"越名教而任自然"与"非汤武而薄周孔"的立足于自然人性论之上的审美主义的人生理想，其表现于政治思想上就会发展出一种与传统君主中心论相对抗的"无君论"，这种"无君论"可以说是中国原发的无政府主义思想的源头。对嵇阮的"老庄"之学和传统"无君论"政治的青睐与认同可以说构成了鲁迅邂逅西方现代自然人性论时的重要的前识，两者内在的相通性使其一拍即合，达到了中西自然人性论思想的有机结合。也就是说，通过嵇康、阮籍，鲁迅对西方自然主义人性论特别是卢梭的思想产生了极大的共鸣，由此形成他自己的倡导人性解放的文明批判立场。

"自然人性论"和"社会人性论"的对立，与人类文明的本质及其固有的缺憾有关。一般而言，认为任何文明的产生都是以对人的自然欲望本能的程度不同的压抑为前提的，无压抑的文明并不存在，问题在于把握压抑的尺度，区分必要的压抑与不必要的压抑，理解文明与本能之间角力的两难处境。没有对人的欲望本能的必要的规范和压抑，人类无法进入文明时代；而"文明"的僵化、绝对化，又会窒息人类的生存和发展，造成文明自身的异化，蜕变成为桎梏人性的枷锁。因此社会的进步通常以"反文明"的方式来突破既往的束缚，以求得人性的解放和社会的进步。

中国传统对于人性的看法大致可分为两派，一派可称之为"情其性"派，另一派可称之为"性其情"派，这两派在漫长的历史长河中一直聚讼纷纭、难分胜负、争执不休。所谓"情其性"派即主张以情统性,一切纯任自发自主的自然情感;所谓"性其情"派则强调以性统情,而所谓性则是"天命之谓性","性即理",理是对于自然人性的超越与升华。所谓"道德"的本意也就是"道者通物之名,德者得理之称"(《礼记·正义》)。道德源于天理,它是通过礼来体现的,然而过分拘泥于礼却往往会造成德的异化,由此出现《老子》第三十八章中的说法:"失道而后德,失德而后仁,失仁而后义,失义而后礼。夫礼者,忠信之薄而乱之首。"这也可以说是一种礼的异化,失去内涵徒留形式,如何摆脱这种异化和缺憾,老庄开出的路是抛弃文明的回归自然之路,而儒家坚持的则是在入世中通过礼乐教化来实现天道。所以虽然孔子也认为"事君尽礼,人以为谄也",但是人之具有社会性的本质属性决定人只能在人世间来实现其天道理想,因此也就无法放弃以礼来求道的教化天下的手段,所谓"一日克己复礼,天下归仁焉",就是因为作为社会中人的求道的过程只能是将老子的话倒转过来,即由礼到义、由义到仁、由仁到德、由德到道,而不可能直接由道一以代之,那就可能陷入每个人都以自己所认为"道"才是"道"的分裂状态,社会共识也就无从维系。老庄以超越社会的方式去追求至善之路,有缘木求鱼之嫌,因为人只能生活于社会之中,所以道德完善也只有在社会中实现才有意义。道家式的回归原始的"至德论"的文明批判,其意义并非是正面的求道,而是否定主义的看待现实,对现实保持绝对距离,从而凸显现实与理想间的距离。打个比喻来说,它不是因为钟馗本身可爱而喜欢钟馗,而是因为钟馗能使自己所憎恶的牛鬼蛇神闻风丧胆,所以将狰狞的钟馗当成了自己的偶像。这也就是鲁迅自己所讲的:"S城人的脸早经看熟,如此而已,连心肝也似乎有些了然。总得寻别一类人们去,去寻为S城人所诟病的人们,无论其为畜生或魔鬼。"[①]由此其所追求的新的价值具有极强的虚

---

① 鲁迅:《鲁迅全集》第二卷,人民文学出版社2005年版,第303页。

拟性,只是为了反叛主流,所以才会认同另类。这种反抗本身带有极大的虚幻性和自虐色彩,所以看似逍遥出世的名士并不希望其后代和亲属步他们的后尘,它更多的是一种出于精神心理上的怨愤之情而出之的权宜之计、虚无的反抗,并非可以正面坚守的价值立场。

关于这一点,鲁迅在他的文章里也曾有极深入的剖析:

> 凡人们的言论,思想,行为,倘若自己以为不错的,就愿意天下的别人,自己的朋友都这样做。但嵇康、阮籍不这样,不愿意别人来模仿他。竹林七贤中有阮咸,是阮籍的侄子,一样的饮酒。阮籍的儿子阮浑也愿加入时,阮籍却道不必加入,吾家已有阿咸在,够了。假若阮籍自以为行为是对的,就不当拒绝他的儿子,而阮籍却拒绝自己的儿子,可知阮籍并不以他自己的办法为然。……当嵇康被杀时,其子方十岁,算来当他做这篇文章的时候,他的儿子是未满十岁的——就觉得宛然是两个人。他在《家诫》中教他的儿子做人要小心,还有一条一条的教训。有一条是说长官处不可常去,亦不可住宿;官长送人们出来时,你不要在后面,因为恐怕将来官长惩办坏人时,你有暗中密告的嫌疑。又有一条是说宴饮时候有人争论,你可立刻走开,免得在旁批评,因为两者之间必有对与不对,不批评则不像样,一批评就总要是甲非乙,不免受一方见怪。还有人要你饮酒,即使不愿饮也不要坚决地推辞,必须和和气气的拿着杯子。我们就此看来,实在觉得很希奇:嵇康是那样高傲的人,而他教子就要他这样庸碌。因此我们知道,嵇康自己对于他自己的举动也是不满足的。所以批评一个人的言行实在难,社会上对于儿子不像父亲,称为"不肖",以为是坏事,殊不知世上正有不愿意他的儿子像自己的父亲哩。试看阮籍嵇康,就是如此。这是,因为他们生于乱世,不得已,才有这样的行为,并非他们的本态。

鲁迅最为佩服而精神气质上也最为接近的故乡人物可以说是嵇康,他曾费了不小的工夫专门辑校了《嵇康集》,于1924年出版。可见鲁迅对于嵇康其人其文,都是情有独钟的。嵇康(223—263),字叔夜,三国时曹魏文学家,"竹林七贤"之一。祖籍会稽,其先人因避仇迁家谯国铚县。他早年丧父,家境贫困,但励志勤学,精通文学、玄学、音乐等。自幼养成"旷迈不群,高亮任性,不修名誉,宽简有大量,学不师授,博洽多闻"的个性与学风。嵇康曾娶曹操曾孙女长乐亭主为妻。当过中散大夫,故史称"嵇中散"。这种与曹氏的关系使他成为了当时炙手可热、准备篡位的司马氏集团的对立面。鲁迅在《魏晋文章及风度及药与酒》一文中曾讲了关于钟会见嵇康的这个很有名的故事:"有一次,他(嵇康)在家打铁,他的性情是很喜欢打铁的。钟会来看他了,他只打铁,不理钟会。钟会没有意味,只得走了。其时嵇康就问他:'何所闻而来,何所见而去?'钟会答道:'闻所闻而来,见所见而去。'这也是嵇康杀身的一条祸根。"钟会是司马昭的心腹,慕嵇康的大名,想结交嵇康,却受到如此冷遇,于是两人从此结下仇隙。时值嵇康的友人吕安被其兄诬以不孝,嵇康出面为吕安辩护,钟会即劝司马昭乘机除掉吕、嵇。当时太学生三千人请求赦免嵇康,愿以康为师,司马昭不许。临刑,嵇康神色自若。奏《广陵散》一曲,从容赴死。

嵇康在其《幽愤诗》中曾自述其孤傲性情的由来:因为父亲早逝"母兄鞠育。有慈无威。……凭宠自放。抗心希古。任其所尚。托好老庄。贱物贵身。志在守朴。养素全真。"他反对名教的态度较之阮籍更为激烈,所以敢于"非汤、武而薄周、孔"(《与山巨源绝交书》),"越名教而任自然"《释私论》。他认为社会上之所以存在虚伪和欺诈,都是因为纲常名教及其教育所产生的,所以纲常名教及其教育是产生社会罪恶与破坏"自然"的根源。"昔洪荒之世,大朴未亏,君无文于上,民无竞于下,物全理顺,莫不自得。饱则安寝,饥则求食,怡然鼓腹,不知至德之世也。若此,则安知仁义之端,礼律之义?"源于这样一种"至德论者"的道德忧愤,嵇康对于礼教的存在进行了激烈的抨击,这种抨击和批判基本上都属于一种以回归自然为旨归的审美主义的文化批判。这种"至德主义"的批判后来发展出一种政治思想上的"无君论",以东晋鲍敬言的《无君论》和唐末五代时期无能子的思想为代表。鲍敬言认为君主制度的本质是强凌弱、智诈愚的暴力征服的结果,并非是什么神秘的"天授":"夫强者凌弱,则弱者服之矣;智者诈愚,则愚者事之矣。服之,故君臣之道起焉;事之,故力寡之民制焉。"(鲍敬言:《无君论》)而无能子的激愤使他写出唐末五代的《狂人日记》式的惊人之作:他甚至对人成为人都进行了否定,认为"自然而虫之,不自然而人之"《无能子·圣过》,也就是说人应该向虫回归,因为虫更合乎自然。《无能子·纪见》中记述了这样一位古之"狂人":

> 樊氏之族有美男子,年三十,或被发疾走,或终日端居不言。言则以羊为马,以山为水。凡名一物,多失其常名。其家及乡人狂之,而不之录焉。无能子亦狂之。
> 或一日遇于丛翳间,就而叹曰:"壮男子也,貌复丰硕,惜哉病如是。"狂者徐曰:"吾无病。"无能子愕然曰:"冠带不守,起居无常,失万物之名,忘家乡之礼,此狂也,何谓无病乎?"狂者曰:"被冠带,节起居,爱家人,敬乡里,岂我自然哉?盖昔有妄作者,文之以为礼,使人习之至于今。而薄醨固醇酎也,知之而反之者,则反以为不知,又名之曰'狂'。且万物之名,亦岂自然著哉!清而上者曰天,黄而下曰地,烛昼者曰日,烛夜者曰月;以至风云雨露,烟雾霜雪;以至山岳江海,草木鸟兽;以至华夏夷狄,帝王公侯;以至士农工商,皂隶臧获;以至是非善恶,邪正荣辱,皆妄作者强名之也。人久习之,不见其强名之初,故沿之而不敢移焉。昔妄作者或谓清上者曰地,黄下者曰天,烛昼者月,烛夜者日,今亦沿之矣。强名自人也,我亦人也,彼人何以强名,我人胡为不可哉!则冠带起居,吾得以随

意取舍；万状之物，吾得以随意自名。狂不狂吾且不自知，彼不知者狂之亦宜矣！

由此可见"疯癫与文明"是人类文明进程中一个永恒的主题，理性与非理性的冲突也贯穿于整个的人类文明史，鲁迅《狂人日记》是文化鼎革之际的政治浪漫主义与伦理自然主义的传统资源和西方现代性的价值重估精神及理性自我主义伦理学的结缘和重组，两者结合形成了一种以追求"至善社会"为目标的激进的社会文化变革思潮。庄子式的"至德之世"乌托邦与孔子"汲汲鲁中叟，弥缝使之醇"的道德态度显然是迥然异趣的，这也可以说是划出了道德上的浪漫主义和现实主义的分野。而现代性的兴盛在很大程度上意味着这种浪漫主义的道德态度由出世向入世的转换。这种"至德主义"的道德批判在西方是以卢梭为代表的，被普遍视为是西方浪漫主义之父的卢梭认为："人天生来是善的，让种种制度才把人弄恶。"因此"文明是道德的沦丧，理性是感性的压抑，进步是人与自然的背离，历史的正线上升，必伴有负线的倒退，负线的堕落"。因此，他推崇一种"高贵的野蛮人"，呼唤回到自然状态，认为唯此才能实现人类的至善理想。此说与其时代尊崇理性的启蒙主义者产生了尖锐的冲突，1755 年卢梭曾将其《社会契约论》送给伏尔泰，而伏尔泰的回复是：

> 我收到了你的反人类的新书，谢谢你。在使我们都变得愚蠢的计划上面运用这般聪明伶巧，还是从未有过的事。读尊著，人一心想望四脚走路。但是，由于我已经把那种习惯丢了六十多年，我很不幸，感到不可能再把它拣回来了。[1]

卢梭曾流亡英国，但这位"高贵的野蛮人"在英国的境遇也终

---

[1] 罗素：《西方哲学史》（下册），商务印书馆1996年版，第229页。

不如意,据罗素介绍:

> (他)在英国最初一切顺利。他在社会上非常得志,乔治三世还给予了他一份年金。他几乎每天和柏克(E. Burke)见面,可是他们的交情不久就冷到让柏克说出这话的程度:"除虚荣心而外,他不抱任何原则,来左右他的感情或指导他的理智。"休谟对卢梭的忠诚最长久,说他非常喜爱他,可以彼此抱着友谊和尊重终生相处。但是在这时候,卢梭很自然地患上了被害妄想狂,终究把他逼得精神错乱,于是他猜疑休谟是图害他性命的阴谋的代理人。有时候他会醒悟这种猜疑的荒唐无稽,他会拥抱休谟,高叫:"不、不!休谟决不是卖友的人!"对这话休谟(当然弄得非常窘)回答道:"Quoi, moncher Monsieur!(什么,我亲爱的先生!)"但是最后他的妄想得胜了,于是他逃走了。他的暮年是在巴黎在极度其困中度过的,他死的时候,大家怀疑到自杀上。两人绝交以后,休谟说:"他在整个一生中只是有所感觉,在这方面他的敏感性达到我从未见过任何先例的高度;然而这种敏感性给予他的,还是一种痛苦甚于快乐的尖锐的感觉。他好像这样一个人,这人不仅被剥掉了衣服,而且被剥掉了皮肤,在这情况下被赶出去和猛烈的狂风暴雨进行搏斗。"这话是关于他的性格有几成和真相一致的最善意的概括。①

卢梭的这种性情、气质、命运、遭际在浪漫主义的文化批判者中似乎具有极强的典型性,他的唯情主义、自我中心、特立独行以及由自卑导致的高度的敏感和自尊等,都是他一生四处碰壁的原因,但他却以他的失败和受难为后世提供了一种忠实于自我的生活方式,为人类久被压抑的个人情感打开了通道。

卢梭在中国近现代知识分子心目中一直享有极为崇高的地

---

① 罗素:《西方哲学史》(下册),商务印书馆1996年版,第232页。

位,在晚清时它被视为是世界"革命老祖",五四时也被视为是人性解放的先驱。1927年前后,受美国新人文主义的文化保守主义倾向影响的梁实秋撰文对卢梭及其所代表的浪漫主义的唯情化倾向等进行了批判,此举立即激起了鲁迅和郁达夫激烈的反应,他们写了数篇文章为卢梭辩护,两人都引了美国作家 Upton Sinclair 的话来表达对卢梭的认同与维护:"无论在那一个卢梭的批评家,都有首先应该解决的唯一的问题。为什么你和他吵闹的?要为他的到达点的那自由,平等,调协开路么?还是因为畏惧卢梭所发向世界上的新思想和新感情的激流呢?使对于他取了为父之劳的个人主义运动的全体怀疑,将我们带到子女服从父母,奴隶服从主人,妻子服从丈夫,臣民服从教皇和皇帝,大学生毫不发生疑问,而佩服教授的讲义的善良的古代去,乃是你的目的么?"可见对卢梭的态度实际上触及人性解放时代的"政治正确"问题,要与这种时代潮流作对,显然是有些不识时务的,极容易使自己堕落成为大众眼中的"封建主义"乃至"丧家的资本家的乏走狗"。

鲁迅一生专喜与社会上的新旧"正人君子"为敌,他对"正人君子"之流的鄙夷与不屑,与魏晋时代嵇阮如出一辙,看阮籍的《大人先生传》,就可感受到鲁迅与中古名士的这种精神上的继承性:《大人先生传》开篇即推出一位与世俗庸碌小人或尼采所谓的"末人"相对应的、得老庄精神真传的世外高人,阮籍尊称其为"大人先生",此先生"盖老人也,不知姓字。陈天地之始,言神农黄帝之事,昭然也;莫知其生年之数。尝居苏门之山,故世或谓之闲。养性延寿,与自然齐光。其视尧、舜之所事,若手中耳。以万里为一步,以千岁为一朝。行不赴而居不处,求乎大道而无所寓。先生以应变顺和,天地为家,运去势颓,魁然独存。自以为能足与造化推移,故默探道德,不与世同。自好者非之,无识者怪之,不知其变化神微也。而先生不以世之非怪而易其务也。先生以为中区之在天下,曾不若蝇蚊之着帷,故终不以为事,而极意乎异方奇域,游览观乐非世所见,徘徊无所终极。遗其书于苏门之山而去。天下莫知其所如往也。"然后由这位大人先生俯视"小人国"里所推崇的圣贤君子,都成为不入眼的奴才。阮籍也以"双簧信"式的方式列出正人君子对大人先生的讥评:"或遗大人先生书,曰:'天下之贵,莫贵于君子。服有常色,貌有常则,言有常度,行有例程。立则磬折,拱若抱鼓。动静有节,趋步商羽,进退周旋,咸有规矩。心若怀冰,战战栗栗。束身修行,日慎一日。择地而行,唯恐遗失。颂周、孔之遗训,叹唐、虞之道德,唯法是修,为礼是克。手执珪璧,足履绳墨,行欲为目前检,言欲为无穷则。少称乡闾,长闻邦国,上欲图三公,下不失九州牧。故挟金玉,垂文组,享尊位,取茅土。扬声名于后世,齐功德于往古。奉事君上,牧养百姓。退营私家,育长妻子。卜吉宅,虑乃亿祉。远祸近福,永坚固己。此诚士君子之高致,古今不易之美行也,今先生乃披发而居巨海之中,与若君子者远,吾恐世之叹先生而非之也。行为世所笑,身无自由达,则可谓耻辱矣。身处困苦之地,而行为世俗之所笑,吾为先生不取也。'"接下来就引出了中国文化史上对"正人君子"们最为痛快、著名的嘲讽,阮籍把他们称为是"裈中之虱","裈"者,"合裆裤"也,此裤学自胡人,因为穿着干活方便,所以传入中土,但主要是下等人干活方便穿的。大人先生对自以为是、自命非凡的正人君子说:"且汝独不见夫虱之处于裈中,逃乎深缝,匿乎坏絮,自以为吉宅也。行不敢离缝际,动不敢出裈裆,自以为得绳墨也。饥则啮人,自以为无穷食也。然炎丘火流,焦邑灭都,群虱死于裈中而不能出。汝君子之处区内,亦何异夫虱之处裈中乎?悲夫!而乃自以为远祸近福,坚无穷已。亦观夫阳乌游于尘外,而鹪鹩戏于蓬艾,小大固不相及,汝又何以为若君子闻于余乎?"这不只是对某种沽名钓誉的伪善者的讽刺,也进而上升到对文明本身的拒绝,但这种讽刺挖苦再尖刻也并不足以使真正的"正人君子"们改弦易辙:看《论语·微子十八》中的楚狂接舆、长沮、桀溺、荷蓧丈人都对孔子之徒进行过类似的规劝讽刺,孔子之徒也早就作出过回答:"鸟兽不可与同群,吾非斯人之徒与而谁与?天下有道,丘不与易也。"被训过的子路经乃师点拨后又专门原路折回去要告诉老丈的是:"不仕无义。长幼之节,不可废也;君臣之义,如之何其废之？欲洁其身,而乱大伦。君子之仕也,行其义也。道之不行,已知之矣。"显然,以出世的价值观来批评否定入世的价值观,不是一个孰对孰错的问题,而是一个各有千秋、各具怀抱的问题。在文化鼎革之际,总是需要有反文化开路,而当文化重建之时,反文化又会为常态文化吸收。如此周而复始,分别承担起追求自由与追求秩序的功能和使命。

绍兴名士文化之根相当深厚,它形成了一种士风,这种士风以一种潜移默化的方式影响着当地读书人的人格性情。20 世纪 40 年代的一位匿名者曾撰文这样谈到绍兴的文人:"绍兴有些读书人不大以做官为荣,而以捧官场为辱。绍兴师爷早上起来必打好铺盖,以便一语不和就可搬走。不肯趋奉,言语顶撞,勃然变色。他们有十分发达的洁癖,好像怕有污物会沾到身上似的。不喜欢声明、声辩,不会交际,同乡间,也少团结,所过生活大部分是隐遁的,名士脾气和明末反清失败后的教训有关。"①从鲁迅身上,也可以清楚地看到这种传统狷介之士的影子,这从他在私立厦门大学任教时与校长林文庆和校董会的冲突中可以鲜明地感受到这一点②。旧时读书人的狂狷、孤傲主要在于其"以道自命"的自圣情结以及进退裕如的文化生态,所以他们与上司一言不合,就会挂冠而去,"不为五斗米折腰"。他们的拂袖而去并无后顾之忧,因为他们"有田可耕,有子可教",不必求"嗟来之食",看别人眼色行事,这种人格的独立性并无新旧之分、古今之别。近代出现一种比较吊诡的文化现象就是出世者的入世化与入世者的出世化这样一种文化反向运动。本是出世的哲学成为重组社会的基本价值理想,"以出世的精神从事入世的事业"成为入世的社会改造者的口

---

① 《鲁迅的故乡》,无名《鲁迅风》18 期,1939 年 8 月 20 日。
② 鲁迅在厦大时,校长林文庆以学校基金缺乏为由,决定裁减国学院的经费预算,会上有多人表示异议,林文庆生气地说:"学校经费是有钱人拿出来的,只有有钱的人,才有发言权!"鲁迅当即掏出两个银角,"啪"的一声,摔在桌上,说:"我也有钱,我有发言权。"鲁迅此举,出乎林文庆的意料之外,令其十分尴尬。

号,而本是入世的哲学却转向了神秘化、心性化,这大概也是历史大变动时代文化进行重新整合时必然出现的症状。以出世的价值观来进行现实世界的改造,其所造成的结果往往具有悲剧性,因为它的超现实的虚幻性,所以最后可能造成了对所有人利益的无视和伤害。完美主义的出世道德因为陈义过高,往往会走向其反面。所以它的存在意义犹如屠龙之技并不在于其能改造现实人生,而是在于其超越现实的哲学、审美意义,正如嵇阮诸人也只是被世人看做是"方外之人"的放浪形骸而已,具有比较强的审美意义,而非政治、道德意义。正如《阮籍传》所言:

> 籍虽不拘礼教,然发言玄远,口不臧否人物。性至孝,母终,正与人围棋,对者求止,籍留与决赌。既而饮酒二斗,举声一号,吐血数升。及将葬,食一蒸肫,饮二斗酒,然后临诀,直言穷矣,举声一号,因又吐血数升,毁瘠骨立,殆致灭性。裴楷往吊之,籍散发箕踞,醉而直视,楷吊唁毕便去。或问楷:"凡吊者,主哭,客乃为礼。籍既不哭,君何为哭?"楷曰:"阮籍既方外之士,故不崇礼典。我俗中之士,故以轨仪自居。"时人叹为两得。籍又能为青白眼,见礼俗之士,以白眼对之。及嵇喜来吊,籍作白眼,喜不怿而退。喜弟康闻之,乃赍酒挟琴造焉,籍大悦,乃见青眼。由是礼法之士疾之若仇,而帝每保护之。
>
> 籍嫂尝归宁,籍相见与别。或讥之,籍曰:"礼岂为我设邪!"邻家少妇有美色,当垆沽酒。籍尝诣饮,醉,便卧其侧。籍既不自嫌,其夫察之,亦不疑也。兵家女有才色,未嫁而死。籍不识其父兄,径往哭之,尽哀而还。其外坦荡而内淳至,皆此类也。时率意独驾,不由径路,车迹所穷,辄恸哭而反。尝登广武,观楚、汉战处,叹曰:"世无英雄,使竖子成名!"登武牢山,望京邑而叹,于是赋《豪杰诗》。景元四年冬卒,时年五十四。

显然，阮籍与礼教之士的分歧在于道德与否是在于个人内心真挚、自发的情感还是在于"礼"的形式，他是宁愿以"举声一号，吐血数升"来表达他的真挚的"孝心"，而不屑于遵循俗礼的。也正因为他有这种异乎常人的表达孝心的方式，所以他得到了"外坦荡而内淳至"的评语，从而避过了来自社会的进一步的非议。假如一个人像加谬《局外人》中的主人公那样对母亲去世漠然无感，做不出阮籍那样的举动，而又不肯依从俗礼，表达孝心，那他就可能难逃非议。所以阮籍并非众人可以模仿的对象，而"礼"的存在并不会因为这种阮籍式的挑战而被抛弃，因为礼的价值就在于它为人们疏解七情六欲提供了一种公用的标准的形式，礼是追求普遍性、排除个体性，追求标准化、反对独创性的，因为只有这样它才具有普遍适用性，而这也使它与文人追求独创的个性正相冲突。阮籍的意义在于他揭示礼所造成的对人的个人自然情感的扭曲和压抑，揭示了以礼代情之弊，这也是鲁迅认同嵇阮的原因所在，它彰显出一种情与礼的剧烈冲突。从鲁迅的创作中，可以看出很多他与阮籍的这种精神联系，如：《孤独者》中的魏连殳在祖母下葬前逾出常例、出人意料地长号、痛哭；《在酒楼上》中吕纬甫将邻家女孩喜欢剪绒花的事记在心上，跑了好几个城市才终于买到、带回，然而女孩已被冷酷的人情世态吞噬。这与阮籍在"母丧"和"兵家女"上的态度颇有神似之处。再如：鲁迅对弟媳羽太信子的态度显然不像礼教所规定的那样刻意规避；而他与女弟子聊天高兴时"以拳击其掌"的随意、亲切，与阮籍的与嫂话别、醉卧邻家少妇之侧等都有可比性。也就是说他如阮籍一样把心灵的纯净、情感的自然当做是道德的最高标准，而把礼教视为供俗人信奉的伪善之举。这种以情抗礼、以情代礼的倾向进入现代之后汇成了一股人性解放的大潮，对礼的颠覆和摒弃也是题中应有之义，这也可以说是嵇阮以来的反礼教传统的延续，而且其又从西方浪漫主义文化那里得到了充分的支持，于是"本我"的"超我"化就日渐成为了现代性文学、文化的主流。民间流行的"宁为真小人，不作伪君子"的箴言也正表明了这种世俗主义的文化趋势,"真小人"和"伪君子"虽然同样不可取,但"伪君子"毕竟认同"君子"所代表的正面价值,所以还要以他的"伪"来为这种崇尚君子的文化风尚"交税",而"真小人"则为自己真正的小人行径,沾沾自喜,则尤为可忧。"真"和"善"是两种不同的价值,并不能相互混淆,与主张性本善的孟子不同,荀子从经验事实上更多地看到的是人性恶的现实,故而他强调:"人之性恶,其善者伪也。今人之性,生而有好利焉,顺是,故争夺生而辞让亡焉;生而有疾恶焉,顺是,故残贼生而忠信亡焉;生而有耳目之欲,有好声色焉,顺是,故淫乱生而礼义文理亡焉。然则从人之性,顺人之情,必出于争夺,合于犯分乱理,而归于暴。故必将有师法之化,礼义之道,然后出于辞让,合于文理,而归于治。用此观之,人之性恶明矣,其善者伪也。"所以他认为:"今人之化师法,积文学,道礼义者为君子;纵性情,安恣睢,而违礼义者为小人。用此观之,人之性恶明矣,其善者伪也。"《性恶篇》也就是说,"善"是一个人的"化性起伪"的过程,是一种文明的造物,是需要人克服其本性,凭着人为的、艰苦的努力,才能达致的境界,它是一个艰难爬坡的过程,而不是靠着打滑梯式的随心所欲就可以得到的。荀子的这种道德哲学与浪漫主义将道德放置在自然人性之上的理想恰成对照,对我们认识浪漫主义道德理想中存在的问题不无裨益:人性之真并不等于人性之善。鲁迅去世后,其母曾哭着对周作人说:"老二,我以后要全靠你了!"而周作人的回答则是:"我苦哉!我苦哉!"平心而论,这也许正是周作人的"真情流露",而且这种真率在某种程度上不无"可爱"之处,但这种"真",显然与道德无干,如以此行事也就偏离了作为人子的基本道德,虽然他并不见得真的想逃避这种道德义务。

2. 儒、道、墨、释之间

俗语云:"治世用儒,乱世用法",也就是说"儒、法"也是有它的时代适应性的,中国的 20 世纪面临的是一个"三千年未有之巨大变局",在这个时代,"儒门淡泊,收拾不住",并不奇怪,"非常之世"需要的是"非常之道",所以变革之世的思想家着重寻找的也是儒家之外的思想文化资源,借此来推动社会的变革。与儒家的衰落恰成对照的是传统时代被压抑甚至被遗忘的"墨家"、"法家"乃至出世的"佛家"都进入了一个参与现代性建构的复兴时期,同盟会的机关报《民报》的创刊号上就印着"墨子"的画像,章太炎对于法家曾颇有好评,对于佛学更是情有独钟。鲁迅也不例外,他对儒家之外的学说也都表示出一定的好感和认同。

据鲁迅自言:"若是自己,则曾经看过许多旧书,是的确的,为了教书,至今也还在看。因此耳濡目染,影响到所做的白话上,常不免流露出它的字句,体格来。但自己却正苦于背了这些古老的鬼魂,摆脱不开,时常感到一种使人气闷的沉重。就是思想上,也何尝不中些庄周韩非的毒,时而很随便,时而很峻急。孔孟的书我读得最早,最熟,然而倒似乎和我不相干。"①也就是说出于对占据社会主导地位的儒家文化的极度厌恶,鲁迅对任何反儒家的文化都颇具好感,并将其整合到自己反传统的思想之中。老庄在其中占有一定成分,法家、墨家这些成分也都存在。对法家的兴趣,鲁迅大概最早受到乃师章太炎的影响,章太炎曾有专文为商鞅翻案,认为:"商鞅之中于谗诽也两千年,而今世为尤甚。其说以为自汉以降,抑夺民权使人君纵恣者,皆商鞅法家学说为之倡。呜呼!是惑于淫说也甚矣。"(《商鞅论》)与儒家相比,法家的学说与现代精神也有更多契合之处,如韩非子认为:"上古竞于道德,中古逐于智谋,当今争于气力。"(《韩非子·五蠹》)近代进化论延伸出的物竞天择、适者生存的"力本论"与此颇为相通。法家对人性的看法是相当低调的,认为人的本性就是趋利避害,"民者,好利禄而恶刑罚",因此因情而治,赏罚分明就可,礼乐教化是完全无用的东西。情感之类的东西也都是虚妄的,人与人之间的关系就是一种利害

---

① 鲁迅:《鲁迅全集》第一卷,301页。

关系,父母亲人之间也不例外。如《韩非子·外储说左上》说:"人为婴儿也,父母养之简,子长而怨。子盛壮成人,其供养薄,父母怒而诮之。子、父,至亲也,而或谯或怨者,皆挟相为而不周于为己也。"也就是说人在婴儿时,父母对他不好,儿子长大了就要埋怨父母;儿子长大成人,对父母的供养微薄,父母就要发怒责备儿子。父子是至亲骨肉,但也会相互埋怨、责备,都是因为利害关系在起作用,认为对方未能善待自己。所以韩非对于"人之初,性本善"之类的话是嗤之以鼻的,他提醒君王对于最亲近的人"同床"、"父兄"、"在旁"(亲信)都不要信任。他认为,人的趋利避害的本性是不可改变的,是自然而成的,政治就是要利用这种本性来进行有效的统治。鲁迅在其早年论著《文化偏至论》中盛赞反民主的个人主义英雄:"若夫尼佉(即尼采——引者注),斯个人主义之至雄桀者矣,希望所寄,惟在大士天才;而以愚民为本位,则恶之不殊蛇蝎。意盖谓治任多数,则社会元气,一旦可斵,不若用庸众为牺牲,以冀一二天才之出世,递天才出而社会之活动亦以萌,即所谓超人之说,尝震惊欧洲之思想界者也。"可以说,法家的学说为鲁迅接近尼采的超人说也提供了某种桥梁作用。

法家之弊在于其反伦理的极端功利主义,秦人在商鞅变法后风俗大变,遗礼义,弃仁恩,并心于进取,官府号召大义灭亲,结果王权大增,亲情沦丧。家庭之内出现了这样的怪象:"借父耰锄,虑有德色;母取箕帚,立而谇语。抱哺其子,与公併倨(踞);妇姑不相说(悦),则反唇而相稽。"(贾谊:《治安策》)大意是:儿子借给父亲锄头用就好像施了恩德一样,婆婆用了一把儿子家的扫帚,儿媳妇就破口大骂;儿媳妇公然与公公平起平坐地给孩子喂奶,婆媳关系紧张,动辄反唇相讥。这种颇为"现代"的功利主义伦理也被很多史家认定是秦国迅速灭亡的一大原因。

与道家、法家相比,鲁迅与墨家的关系更为紧密,因为他完全地认同、肯定墨家的精神,到其晚年更是如此。对墨家的认同代表了鲁迅精神中"兼爱"、"侠义"、"刚烈"的一面,像鲁迅《治水》、

《非攻》《铸剑》中的大禹、墨子、宴之敖者,可以说是鲁迅作品中为数不多的正面英雄人物,而这些人物身上都带有浓厚的墨家文化色彩。可以说,如果让鲁迅自己在儒、法、道、墨中选择的话,估计他会选择墨家。但做墨家实在是很不容易的事,其创始人墨子姓墨名翟,生卒约公元前468年—公元前376年,鲁国人,出生于社会下层。最初受业于儒家,《淮南子·要略》载:"墨子学儒者之业,受孔子之术。"后因不满儒家维护强权、尊尊亲亲、压抑人性的思想,对儒家强调的繁文缛节和靡财害事的丧葬也颇为反感,故"背周道而用夏政",强调要学习大禹刻苦俭朴的精神,从而脱离了儒家的"其君用之,则安富尊荣",创立墨家。儒墨同为春秋战国时显学,战国后期其影响甚至超过儒家,但到汉代之后墨家已基本消亡。晚清时期,墨学重新复兴,晚清民族主义革命者推崇的就是"摩顶放踵,以利天下"的墨家精神,同盟会机关报《民报》的创刊号上就有"墨子"的画像,其他的画像则是"黄帝"和"华盛顿",可见墨子在近代革命者心中享有的崇高地位。墨家讲兼爱,与儒家的亲亲之说对立,是与基督教相似的博爱;讲为天下"兴利除害","赴火蹈刃,死不还踵",他们不是单纯的言辞人,而是行动人,不但说,更要去做的。鲁迅晚年对墨家的亲近,与他更多地投身于实际的政治活动有关。墨家之弊在于其将人性看得过高,过于理想化,违逆一般人情,其道德只适用于一种事业联盟性的精英群体,不可能推向一般大众和日常生活。社会公义是不可能只靠着少数人的行侠仗义和拳打脚踢就能实现的,所以它的消亡也是一种历史自然淘汰的结果。墨家具有一种明快、刚爽的精神气质,它是一种义之所在,生死以之,无曲无忍的生存态度。按照牟宗三的说法,这是一种在人文化成的系统之外的生存态度,在民间江湖社会影响深远,如《水浒传》中的梁山好汉即是其代表。

鲁迅对于儒、道、法、墨的这些看法显然对他如何看待现代提供了某种内在的规定性,使他对"现代"的理解打上了个人情感价值偏好的印记,从而有选择地接受与其思想情感相投者的影响而排斥与其思想情感格格不入的东西,这也是文化接受中一种很自然的现象。

鲁迅对佛教的兴趣也源于章太炎的启发,章太炎在清末革命时就推崇佛教,他认为:"孔教、基督教既然必不可用,究竟用何教呢? 我们中国本称为佛教国,佛教的理论,使上智人不能不信,佛教的戒律,使下愚人不能不信,通彻上下,这是最可用的。"他推崇的佛教主要是佛教中的华严宗和法相宗,对当时比较流行的无约束的净土宗持否定态度,他认为:"现在我们必须用华严和法相二宗来改革旧法。"①华严宗提倡普度众生,说应施头、目、脑髓,一切于众生,这与救国救民的晚清革命精神是相适应并产生共鸣的,而法相宗提倡的"万法惟心"即一切有形的物质的存在,无形的理法的存在,总之都是主观的幻想,绝不是真实存在的东西,从这里导致了无差别、绝对平等的世界观,其归结点成了逐满兴汉的论据。因此,他认为佛教徒的义务就是要逐满兴汉,打倒君主权力,这就是现代的"菩萨行",因此提倡佛教不仅对社会道德,而且对革命道德也极为有效。② 鲁迅晚清对佛教就比较尊重,在《破恶声论》中就讲:"夫佛教崇高,凡有识者所同可。"进入民国之后,人生的烦恼苦闷使他进一步走近佛教,看了大量佛经,对佛教有了较为全面的了解。据许寿裳介绍:"民国三年以后,鲁迅开始读佛经,拼命学习,不和别人接近。一年买进的佛学书籍不下80部。……他还对我说过,释迦牟尼确是一位伟大的哲人,我平时抱有的对人生难解的许多问题,令人吃惊的是,他早就大部分启示清楚了,的确是伟大的哲人! 但是后来鲁迅说,佛教和孔教一样,已经是死了的东西,永远不能再复活了。"③佛教给予鲁迅一个看待人生问题的"界外"视角,这种超越性的眼光对他超越人性的有限性提供了支持。"彻底消解与彻底重建"的时代精神,正是从佛教的救世精神的世

---

① 章太炎:《演说录》,1906年《民报》第六号。
② 章太炎:《演说录》,1906年《民报》第六号。
③ 许寿裳:《亡友鲁迅印象记·看佛经》,人民文学出版社1959年版。

俗化演变而来的。

如上种种基本构成了鲁迅迈入"现代"时的"前有"、"前见"和"前设",所谓"前设"亦即他希望从现代中找到的东西,或说他所希望的"现代"是一个什么样的"现代"。鲁迅主要是一个否定性的思想家,也就是说,他是一个清楚地知道自己不要什么而并不明确需要什么或可能得到什么的思想家,他不知道未来可能会是什么样子,他只知道"一切都不应该如此"。只有变革是势在必行的,哪怕这种变革带来的可能是灾难和毁灭。他对传统的恶感使他所认定的现代首先就应该是彻底地与传统决裂的现代,这使他成为了传统的决绝的反叛者和埋葬者。而这种传统的现实载体就是由儒家价值观主导的宗法家族秩序,所以"家族制度和礼教的弊害"就成为他首先憎恶、申讨的对象。作为这种礼教制度的受害者,他所向往的"现代"应该首先是一个礼教等级制度荡然无存的清平世界。其次在"进化论"影响下的鲁迅所想象的世界是一个有变无常的世界,对于"变"和"进化"的迫切期待,使他对不变的一切都持怀疑、排斥态度,由此导致的可能是一切人都成为相对于未来理想世界的"多余人"和"残次品",一切都是进化链条中的一个环节,都是失去自身独立存在价值的献给终极世界的祭品,由此"反叛"最终转化为一种"皈依"。从"立人"的意义上来说,鲁迅坚信将来的世界应该是一个个人自由得到充分实现的世界,任何对于个人的压抑,都不应存在。世界会成为一个由完全解放的自由人组成的共同体,而对这种共同体如何建成,何以维系、是否可能,都是他无暇顾及的;他只是本着他个人的自由的天性、情感、意志力冲破一切挡路的障碍而已。这样一种重自由而轻秩序、重感性轻理性的浪漫主义的自由观与西方自由主义着重在社会自然演进的基础上建立起维护自由的社会秩序并非同趣的。他所理解、追求的"自由"是"冲决一切网罗"的"解放",而非一种人文化成系统之内的秩序、规则中的"自由",这一方面给其理想带来了非现实性色彩,另一方面也给其追求带来了审美超越性。

3. 门第、家世与"遗传"

鲁迅于 1881 年 9 月 25 日（清光绪七年）出生于浙江绍兴府会稽县东昌坊口新台门周家。他的祖父周福清，字介孚，是清同治年间进士，翰林院庶吉士，做过县知事，后在北京任内阁中书。他的父亲周伯宜，是位秀才，考过几次举人但都未考取，在家闲居。他的母亲鲁瑞是绍兴当地举人鲁希曾的三女，出身于绍兴近郊安桥头一户官宦人家，没读过书，但"以自修得到能够看书的学力"。绍兴新台门周家在当地算得上是一门望族，周介孚的翰林出身，为其家赢得一块钦点"翰林"的横匾，标明了周家"官宦之家"、"书香门第"的身份和地位。而且周家祖传有四五十亩水田，即使没有周

绍兴城内东昌坊口原貌（鲁迅故居新台门所在地）。

介孚的做官收入，也不愁吃穿，这可以说是一个位于社会中上层的典型的士绅之家。

鲁迅就在这样的家庭里度过了他的童年时代。幼时的他聪明伶俐、活泼好动，因此宗党皆呼之曰"胡羊尾巴"（"小而灵活"之意）。他6岁入塾读书，接受传统教育。幼时的他即表现出超常的聪慧和勇敢，他曾自述："我幼年时，在乡下海塘上，用竹竿打动塘上芦苇，且打且跑，蛇从芦丛中出来，在人后追得很快，人到一个地方转弯，就见蛇向前行，几十条不断。"①他从小就有很强的正义感和反抗精神，曾和三味书屋的同学一起策划惩罚恃强凌弱的"贺家武秀才"。少年鲁迅对于科举所需要的制艺、试帖诗毫无兴趣，喜欢绘画和读《山海经》、《花镜》之类的杂学书籍。他的祖父和父亲也不是那种很迂执、刻板的道学家，在孩子教育上比较开明，并不禁止他们去读与科举无关的闲书，周介孚还特别喜欢《西游记》，甚至将其列入子孙们的必读书。

鲁迅家族的一世祖周逸斋是明朝正德年间始迁居绍兴的，到鲁迅是第十四代，已延续了400多年。据近人编的《绍兴县志资料》载，从第一代到第七代，是其家世的兴盛时期，第六代祖宗周煌考上了举人，为周家赢得了第一块"文魁"的匾额，从此跻身于仕林。周煌的儿子周乐庵，承续了其父的辉煌，使周家的第七代成为家族的极盛期。其后从第八代到第十一代，未能有所发展，属于株守旧业时期。从第十二代到第十四代，开始衰落，以至破产，是其家世的没落时期，这种破落是从鲁迅的祖父（第十二代）开始的。

鲁迅的祖父周福清是周家清代在科举之路走得最成功的人士，本来是很受族人尊崇的，但他在仕途上并不顺利，他考中进士后，初为翰林院庶吉士，三年之后（1874年）外放，改任江西金溪县知县。在金溪任上，他因为性情关系顶撞上司，结果被参奏革职改

---

① 《鲁迅家中后面的荒园——百草园·与孙福熙的谈话》，1937年1月长沙《潇湘涟漪》第2卷第10期。

充教官。遭此挫折,周福清并未气馁,凭了进士出身,又进京考取了内阁中书(内阁中,管草拟文稿、缮写、记录的官员),此后一直做了10多年京官。鲁迅出生的时候,他的祖父正在京官任上。周福清中进士之时,他的母亲九老太太,闻报放声大哭曰:"拆家者,拆家者。"据鲁迅堂叔周冠五的评述,这位老太太"孤僻任性,所言所行多出常人意料以外"。但后来老太太的话似乎果然应验,周家原有田产300多亩,因为周福清捐官候职,变卖得只剩下四五十亩水田。而且穷京官的收入甚薄,不仅长年于家无补,反要家里接济,同时周福清还先后有"两妻三妾四仆"(除了鲁迅的生祖母孙氏、继祖母蒋氏外,周福清还先后纳妾薛氏、章氏、潘氏),所以经常是借债度日。

像周家这样的官绅之家虽然在当时已开始走下坡路,但还是很讲排场、极重规矩的,鲁迅童年、少年时代生活在这样的大家庭之中,是深感压抑的,这是一种被"礼"压得喘不过气来的生活,据周冠五的描述,当时像周家这样的绍兴大家族的日常生活情景是这样的:

> 周氏有三个大台门,两家典当,有几千亩田,无数的市房,往来的俱是巨商豪族,风尚所趋,当然也少不了这一套。不但讲究排场,而且繁文缛节地层出不穷。……平时的每天早晨小辈见到长辈,不管年龄,不分性别,不问亲房堂族,凡是长一辈的都得恭立,按着辈份喊一声:"某叔、某伯或者某公公";如果短视戴着眼镜,还需把眼镜除下,否则就是不敬尊长。
>
> 至于自己的直系尊长,那必须在其起床后,特地跑到面前恭恭敬敬地叫一声"爹爹,姆妈"。在街路上碰到任何尊长还要照样再来一套,不能以早晨已经喊过,马虎了事。吃饭时,长辈没举筷,小辈只好坐着等,长辈未经动过筷的菜,小辈不能随便乱搛。就是搛,也只限于摆在眼前的几样,还必须斯斯文文地搛,摆在对面比较远点的尽管是爱吃的也只好望之而

已。遇到喝酒的时候，小辈不经长辈的特许，只有端坐着尽斟酒、温酒的义务，不可能享参加饮酒的权利。一直要等长辈喝完了酒，这才一同吃饭。吃过饭后，长辈如果还没有吃完，就要把筷子比得很齐。双手捏着筷子，筷头朝向长辈按照次序一位一位地轮转过来，对每一位长辈说一句"某某慢慢吃，然后把筷子很整齐地轻轻放下"。……

晚上到了应该睡眠的时候，也要得父母的允许，才可自由入房，如须要出外也应得到许可，不能自由行动，回来了，也还得再到父母面前喊一声，站一站，作一个结束，这叫做出必告，返必面。

……另外有"父母在，子不得自专"，遇到父母在责备的时候，纵然父母是百分之百的错，儿、媳是百分之百的是，但还要心平气和毫无愠色地自承错误，这叫做天下无不是的父母。……①

如何来认识在中国延续了几千年的礼治文化，在今天已主要由一个现实问题转变为历史文化课题，在历史离我们远去之后，我们可以并且也应该重新客观地来分析评判之。首先应该承认的是它是在中国延续了几千年的、曾经行之有效的一种特有的社会治理方式，与西方从古罗马时期就开始兴盛的法治文化不同，"礼治"是数千年之久的中华文明的重要标志。它曾给传统中国带来了社会的安定、人际关系的和谐和精神上的庄敬、从容。但到其末期，其弊病也暴露无遗。所以五四人喊出了"礼教吃人"的口号，对其进行全盘否定，出于"现代性"的社会变革的需要，是有其充分的合理性的。但是，从学理上讲："吃人"与否并不能成为评价一种文明的标准，因为无压抑的"不吃人的文明"在历史和现实中都并不存在。所以以一种非现实的、悬空乌有的标准来评价既有的文明，就显得陈意过高，不切实际，但是它也起到了一种昭示未

---

① 《鲁迅堂叔周冠五回忆鲁迅全编》，上海文化出版社2006年版，第93—94页。

来的"应然世界"的启蒙之效。这也是外源性、后发展国家将救亡与启蒙汇为一体,实行现代性的整体性变革所通常采取的方式,在这种变革之中,知识分子的价值文化变革诉求成为推动现代化的首发、主导性动力,缺乏足够的来自社会自身的现代性推动力。

古罗马的法治文化立足于斯多葛派哲学对于理性的信仰之上,认为正义和公理化身自然呈现为一种合理的秩序,所有的人就其天性而言都能发展出健全的理性,都有资格享有某种基本权利,对于这些权利政府无权违背。西塞罗甚至认为自然法对所有的时代和所有的民族都一样有效。法律高于任何权威之上,蔑视自然法的统治者是暴君。公元3世纪时,罗马法就在西方扎根,其中形成的凡是疑案的判决都应当有利于被告;嫌疑犯在罪证未确定之前不得被视为罪犯,至今仍是西方法律最为基本的两项原则。在英国,"非法"、(ILLEGAL)"犯法"(YOU ARE BREAKING LAW)之类的警示触目皆是,涉及的都是像"骑自行车必须有车灯"、"看电视必须购买许可证"之类诸如此类的中国人眼中的琐事,可见对法律的信仰及公民对之的敬畏是根深蒂固的,这种信仰并不是西方启蒙主义运动之后才出现的新生事物。中国礼治文化的本质在于它希望建立起一种"以德服人"而非"以力服人"的王道文化,所以它相信礼教感化的力量,希望借此来实现其社会和谐的理想。具体的、烦琐的"礼制"是可以根据时势删削变更的,重要的是维护"礼义"之中所蕴涵的永恒的人文精神。任何宗教、文化信仰都有理想和现实两个层面,现实形态并不足以否定理想形态,正如不能因为个别和尚的犯戒、不轨就否定佛教一样,儒生的某种现实形态也不足以构成对其精神信仰"天道"的否定。儒家的"政教合一"的确导致了被其批判者视为是"以富贵利禄为心","其教弟子也,惟欲成就吏材"的流弊。当然礼治并非是万能的,对于礼治文化的有限性和缺陷也应该有充分的认识。

与西方法治文化相比,传统礼治文化最为现代人所无法接受的是其无视个人存在的价值意义及相应的地位和权利。即使是在一生都坚持为"中国文化说话"的梁漱溟那里,他也深切地感到:"中国文化最大之偏失,就在个人永不被发现这一点上,一个人简直没有站在自己立场上说话机会,多少情感要求被压抑。"①因为礼治文化中人与人的关系是一种不平等的伦理关系,而非法治文化中平等的契约关系,所以它给非伦理化个人情感要求没有留下应有的空间。而个人的解放又是变革的首要任务,假如人人都被束缚于家族之中,社会变革、救国救民也就无从谈起。

至于礼治文化之下的旧家族是不是只有阴风凄凄、鬼气森森的狰狞一面,也不尽然,它与个人的性格气质、境遇遭际有关。即使是同一文化习俗之下,人对之的感受、体验也会呈现出多样性、差异性,那种认为一种文化下只有一个"典型"的想法是源于文化决定论的简单化的观念。同是从旧式大家庭中长大,有人的感受就与鲁迅等大不相同。同是五四青年、留美多年又以研究中西政治为业的政治学家萧公权,尚未满月之际,母亲就猝死,以姑为母;长到6岁时,祖父又去世;12岁时,父亲再去世,改由大伯抚养;等其到上海求学时,则是由二伯父照顾。所以他说:"余虽早失双亲,仍得教养成人,拜旧家庭之赐也。"从这种自身体验出发,他在《问学谏往录》中认为"'新文化'的攻击旧家庭有点过于偏激。因为人类的社会组织本来没有一个是至善尽美的,或者也没有一个是至丑极恶的。'新家庭'不尽是天堂,旧家庭也不纯是地狱"。

传统大家庭的存在有其社会历史的根源,在社会生产力水平较低、缺乏任何社会保障的情况下,只有集大家庭之力,才能使家族延续下去,因此相对于生存的需要,其他都只能放置一边。现代文学中的大家:"鲁、郭、茅、巴、老、曹"中,竟然有四位都是早年丧父,1949年前后中国人平均寿命才35岁左右,民国初年更低,没有家族的照顾,失去父母的孤儿存活下来会极为困难。在社会保障阙如的情况下,家族实际担负起了这种社会责任。但既然家族

---

① 《梁漱溟学术论著自选集》,北京师院出版社1992年版,第383页。

出力将其养大，他自然须对家族尽相应的职责，所以明代李贽在云南当知府时，故乡遭灾，族中上百口到云南找他吃饭，使他大受其苦，但又无可奈何。

再则对礼治的理解既往也有偏颇和简单化倾向，礼治是因礼而治，并非在上者可以作威作福、为所欲为，而在下者只能忍气吞声、哭告无门，上下的行为必须都符合礼，才具有合法性，所以它对双方都具有一定的约束力。像鲁迅的祖父介孚公在礼治之下也并非总能孤行己意，为所欲为，周冠五的回忆中曾谈到这样一件事情，介孚公与他的续弦蒋夫人关系非常紧张、冷淡，他将"蒋夫人"称为"长毛妇"（因为其曾被太平军掳掠），经常辱骂。他在金溪做县令时，曾把全家都带去赴任，但是他总是与妾同住，不理会夫人，蒋夫人有一次听窗，结果还被介孚公骂作"王八蛋"。蒋夫人也不甘示弱，第二天设计邀婆婆戴老夫人同往，结果介孚公又骂"王八蛋"，蒋夫人马上说："母亲在这里，你敢骂母亲是王八蛋！"介孚公即刻出去跪倒，但戴老夫人已因为意外挨骂，痛哭失声！后来介孚公被免职，据说也与此事有关。

还据周冠五记述，周福清其人个性极强：

> 介孚公清癯孤介，好讽刺，喜批评，人有不当其意者，辄痛加批评不稍假借。是非曲直纯出于己意。琐碎啰嗦，奴奴不休，人多厌而避之。偶值邂逅，则遮道要执以倾之，愿不愿听不问焉。多有不待其词毕托故引去，这亦只有辈份和他相并的才可以这么做，若系小辈只好洗耳恭听，非至其词罄不可。①

周福清这种个性也使他吃亏不小，一次他与上司争吵，知府搬出皇上来压他，他在气头上脱口而出："皇上是什么东西，什么叫做

---

① 周冠五：《鲁迅家族和当年绍兴民俗》，上海文化出版社2006年版，第14页。

皇上。"结果以"大不敬"被参。

介孚公一辈子不吸烟、不喝酒,尤恨鸦片。严以律己也同样严以责人,所以得罪的人也多,儿子周伯宜去世,他写挽联道:"世间最苦孤儿,谁料你遽抛妻孥,顿成大觉,地下若逢尔母,为道我不能教养,深负遗言。"这个挽联引起了鲁迅极大的不满,对弟弟说:"人已死了,还不饶恕吗?"①看来介孚公的"词典"里的确没有收入"饶恕"二字。

介孚公给家庭带来的最大的灾难就是"科场舞弊案"。这场巨大的家庭变故不但使周家迅速没落,也使少年鲁迅经历了由"王子"到"乞丐"的巨大的命运反差,并影响到其一生看待世界的基本眼光和立场,也可以说此事构成了初涉世事的鲁迅"对于世界的最初经验",是鲁迅成为"鲁迅"的第一个关键事件。事件的原委据周作人的记述是这样的:1893年,周介孚因母亲戴老夫人去世,从北京赶回绍兴奔丧。这一年是光绪十九年,"正值浙江举行乡试,正副主考都已发表,已经出京前来,正主考殷如璋可能是同年吧,周介孚公是相识的。亲友中有人出主意,招集几个有钱的秀才,凑成一万两银子,写了钱庄的期票,由介孚公送给主考,买通关节,取中举人,对于经手当然另有报酬。介孚公便到苏州等候主考到来,见过一面,随即差遣'二爷'(这是叫跟班的尊称)徐福(实际不是徐福,而是陶阿顺,东家派来帮忙的一个家丁,对此事完全不知情,又比较固执、迟钝,事情就出在他身上,也与介孚公考虑欠周、粗心大意有关)将信附去。那时恰巧副主考周锡黔正在主考的船上聊天,主考知趣得信不立即拆看;那跟班乃是乡下人,等得急了,便在外边叫喊,说'银信为什么不给收条?'这件事便戳穿了,交给苏州府去查办。知府王仁堪想要含糊了事,一说犯人素患怔忡,一便是有神经病,照例可以免罪。可是介孚公本人却不答应,在公堂上振振有词,说他并不是神经病,历陈某科某科的某某人,

---

① 周冠五:《鲁迅家族和当年绍兴民俗》,上海文化出版社2006年版,第15页。

都通关节中了举人,这并不算什么事,他不过是照例的来一下罢了。事情弄得不可开交,只好依法办理。由浙江省主办,呈报刑部,请旨处分"(《鲁迅的故家介孚公》)。

作弊之事介孚公一开始并不想干,是在他的五位想走门子的亲朋故旧的催促下作出了让步,另外他自己的儿子周伯宜虽早就考中了秀才,但考了三次举人都未中,介孚公还在做祖孙三代进士的梦,所以为了儿子,就冒了一次险。结果落得身败名裂的下场。案发后,官府通缉犯官周福清,他先是逃往上海,但见一家人受株连,儿子被拘拿,秀才也被革掉,孙辈也不得不逃亡,于是在后妻蒋夫人劝说下投案自首。当时推想此事"尚属未遂",想来不致送命,苏州知府"王仁堪也想要含糊了事,说犯人素患怔忡"。浙江崧骏在奏折中也请求"于斩罪上量减一等,拟杖一百,流三千里"。但想不到,此事到了想励精图治的光绪皇帝那儿被加重处罚,亲批"周福清著改为斩监候,秋后处决,以肃法纪而做效尤"(《光绪朝东华录》)。

对于这个震动全国的科场舞弊案,当时浙人曾作联加以嘲讽:"年谊籍簧缘,稳计万斤通手脚;皇仁空茂育,伤心一信送头颅。"局外人颇有幸灾乐祸之意,但可以想见读到此联的当事人及其亲友心中会有什么样的感受。这大概也是作为清朝"犯属"的鲁迅总是尽量回避与祖父有关的一切的原因所在。

所谓"斩监候"的处罚只是比"斩立决"轻一点,并不同于现代刑法中的"死缓",因为每到秋天,其都有被处决的可能。据说介孚公的倒霉还是与他的好讥讽人的个性有关,其中有两个人物比较关键:一个是会稽令俞凤冈,他死了妻子想娶介孚公的女儿续弦,结果被介孚公骂作"癞蛤蟆想吃天鹅肉",科场案发,俞再任县知事,自然不放过报复的机会。第二个人物叫陈秋舫,是周家的女婿,不得志时,住岳家盘桓不去,被介孚公骂作"布裙底下躲躲的没出息的东西,哪里会得出山"。后来他中进士,不去做官,专做幕僚,其时正游幕苏州知府王仁堪,他力主据实揭参,在里面起了一定的作用。介孚公的刚直、孤傲、好讥讽人的个性与他的命运、遭遇的确不无关联。他的骂人是一种艺术化的骂,喜欢借《西游记》中的神魔骂人,有时还会杜撰一个情节来曲折地讥讽世人。比如他会一本正经地给人讲他昨晚做了个梦,梦见某人穿了个黑大氅向他作揖、道歉。他莫名其妙,再听下去才知道原来是他的这个朋友因为做了对不起他的事,结果死后被阎王变成了猪,专门跑来向他谢罪来了。可见介孚公就是一位颇有文学天赋的人物。

被判刑之后的周福清一直被关在杭州的监狱里,被关了8年之久。每年一到秋天,家里就要卖田借贷、上下活动,以求保住某性命,以致周家很快为之倾家荡产。周福清虽在狱中,狂傲依旧,地方官多对其抱有同情,如杭州知府陈鹿笙就有意保全他,问他:"君清华正客,宁知法犯法,其中岂有诬枉耶?"可介孚公并不买账,回答:"吾亦效若辈所为,无独异。"坐牢时臬司亲审,点名应答有,他却回以"王八蛋"。介孚公在监狱颇受照顾,免加镣铐、铁索之类的刑具,后来还让他在花牌楼单独住三间房,允许写字看书,家属陪住。他初入狱时比较紧张,久亦坦然,把生死置之度外。有一次一个狱卒跑到他面前鞠了一个躬:"大老爷恭喜!"周福清以为死期到了,即问狱卒:"钉封(即判决书)到了吗?"狱卒回答说:"请大老爷升天。"周福清听了后形色自若地换上官服,静坐待提。等了好久还不见动静,就又给家人写好遗嘱,给亲友写好留别书;还不见动静,又将监狱里的私人财物开列清单。最后,狱卒终于来了,原来是搞错了,要处决的是另一位。在将他释放的公文到杭州府后,看守长并不想轻易释放他,介孚公知道这是监狱里的老规矩,想要钱,就不予理睬,狱头只好直言索要,结果介孚公一听,操起监狱的一根门杠,劈面便打,从牢房里头追赶到牢房门外,牢头无可奈何,只好白白放他走了。介孚公在牢里还能够如此硬气,主要还因为科举制度下像他这样中过进士、当过翰林的读书人,在社会上享有一种无形的特权。左宗棠做了"封疆大吏"之后,还对自己仅仅中过"举人"心有不甘,最后终于讨了个"同进士出身",才觉功德圆满,原因也即在此。

　　介孚公能侥幸生还,原因据周作人分析说是"刑部尚书薛允升附片奏请,依照庚子年刑部在狱犯人予宽免的例,准许释放"。当然还有一个明显的原因是当年力主严办的光绪帝此时也已软禁瀛台,形同囚徒。薛允升是周福清的"老同年",他只不过在此时乘便帮了老朋友一个大忙罢了。

　　介孚公回家之后,性格仍是倔强,脾气变得更坏。周建人说他坐8年牢,"如果说他有什么改变的话,他变得更锋利尖刻,更肆无忌惮,更愤世嫉俗了"(《鲁迅家世的败落·祖父活下来了》)。周作人也说他在家中"平常所称引的只有曾祖苓年公一个人以外,上

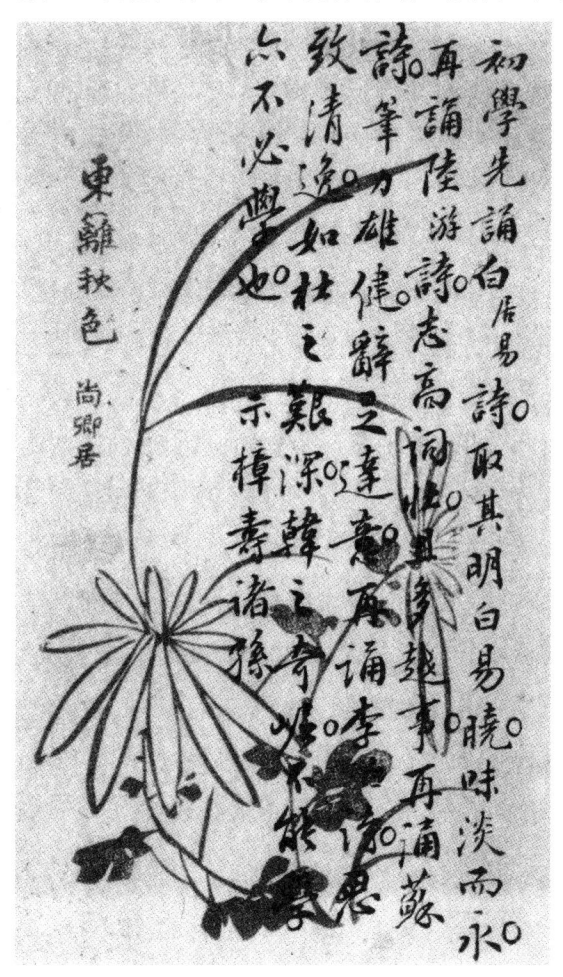

祖父致鲁迅等人的信。

自昏太后、呆皇帝(西太后、光绪)、下至本家子侄辈的五十、四七,无不痛骂,连那老同年薛允升也被批评为胡涂人。"他对孙辈的鲁迅三兄弟也极不满意,骂他们为"乌大菱壳",即垃圾、废物;把几个侄辈骂为"败家子"、"呆子孙",还几次拿着八角铜锤在大厅撵打孙子。这按鲁迅的说法,可以说是活得相当"恣睢"了。介孚公死于1904年7月13日(光绪三十年甲辰六月初一),终年68岁。死前留下的遗言是:"人总是要死的,我年六十八,不算短寿,也可以了。如今家境不太好,办后事量力而为吧!总要为活人着想,丧事从简。"当时鲁迅正在日本留学,没有回来奔丧。整个周氏家族,对其死态度也都冷淡,甚至可以说是有"如释重负"之感。介孚公死前曾给自己撰写了一副挽联:"死若有知,地下相逢多骨肉;生原无补,世间何时立纲常!"机敏的鲁迅一眼看出其中玄机,说祖父是在借机骂人,也就是说,死去的人才和他亲,活着的人和他不亲;人世间既然已无纲常伦理,活着还有什么意义呢?!

对于介孚公这样一位祖父,鲁迅的态度应该说是颇为冷淡的,可以说他对传统中国的恶感很大程度上来自这样一位任性、固执、刚愎自用、不近人情的祖父,所以在处理祖父留下的遗物,一摞祖父大半辈子辛苦写成的日记时,他的态度极为坚决,全部烧掉。

祖父生前,鲁迅曾回国探亲,介孚公很想和他聊聊,问他:"阿樟,日本人的社会情况怎样?和中国比较怎样?"然而鲁迅的回答只有四个字:"没有什么!"①掉头就走了。鲁迅对大多数本家的态度也都很冷淡,只对堂弟等几个年轻人比较热情,用从日本带回的"味精"("味之素"堪称那个时代的稀罕之物、高科技产品)冲水叫大家品尝,用香烟、麦尔登糖招待大家。

至于家庭中的女性长辈对于鲁迅的影响也是非常深远的,其中最为年长的是鲁迅的曾祖母介孚公的母亲戴老夫人,按照周冠五的评价这位老太太被称为"九老太太","孤僻任性,所言所行多

---

① 周冠五:《鲁迅家族和当年绍兴民俗》,上海文化出版社2006年版,第244页。

出常人意料以外"。她对科举并不看重,更看重实际收益,对介孚公的热衷做官甚至卖地捐官很看不惯。介孚公从北京托人捎回些特产,她也不领情,说还不如捎回些银子。这位老太太在鲁迅笔下曾以"风波"中的九斤老太的形象出现。另外一位重要的人物是鲁迅的祖母蒋夫人,她不是鲁迅的亲祖母,是介孚公的续弦,她与介孚公的关系一直很紧张。虽然她在家中处境欠佳,自己只有一个亲生女儿,又在出嫁后早死,但她是一个"性幽默、善诙谐"的老人,据说有一次周建人因为没有和族中的一个喜欢欺负小孩子的长辈打招呼,挨了打。蒋夫人得知就去那人出入的地方等着,等他一露面,就给他一烟袋,还责问他为什么见了长辈不打招呼。周作人在《婚姻法》颁布后也写过一篇回忆他祖母的文章——《祖母的一生》,其中写道:祖母"不识字,受了儒佛两重的教训,一边是夫为妻纲,一边是《刘香宝卷》式的漆黑的人生观,女人命定受苦,观音菩萨苦修七世,尚且只能转生为烂脚讨饭。事实却也帮她证明,嫁为后妻,自己没有儿子,只有一个女儿,很是聪明美丽,出嫁后就死了,丈夫纳了好些妾,照例要宠妾灭妻,她都忍受了,这痕迹却历历留在她晚年黑衣清疲的面影上"。祖母的悲剧境遇不但给周作人也给鲁迅的童年心灵上投下了极大的阴影,鲁迅《孤独者》中魏连殳祖母的原型无疑也来自他自己的这位祖母,而魏连殳在祖母的葬礼上所发出的那种"非人类的狼嚎似的痛哭"也堪称是20世纪中国最让人为之动容、揪心的声音之一。祖母"亲手造成孤独,又放进嘴里去咀嚼的人的一生",看似司空见惯,但唯其平常,才更具有惊心动魄性。了解这一点,才能把握住五四人反传统的"心结"所在。但是过于抽象地去看待人生,倾心于以一种"黑暗终结者"的姿态来一举消除一切苦难,还是过于乐观。周作人对《婚姻法》的宣布所表现出的欢呼雀跃之情是可以理解的,因为那个时代即是一个乐观主义的时代,像聂绀弩在1949年就写过一篇更为乐观的文章,叫《论悲哀将不可想象》,作家认为"一切悲哀都有它的社会根源,都是社会制度的反映,将来没有今日以前的那种制度,

母亲鲁瑞。

当然也就没有由那种制度造成的悲哀"。所以"哈姆莱特"、"梁祝"之类的悲剧都将绝迹。他认定将来是欢乐的时代,一切人都欢乐,"那时人所谓的悲哀,在今天的人们看来简直不成其为悲哀"。这也是那个时代的进步知识分子那么热情地投身于社会改造之中的原因所在。

至于鲁迅的母亲鲁瑞对鲁迅的影响更大。鲁瑞(1858—1943),绍兴乡下安桥头人,出身于官宦家庭,其父曾任清廷户部主事,后因病辞职回家。她从小好学,但由于家庭不让女孩读书,她主要通过自修获得看书的能力。鲁瑞是个性格坚强、乐观、自信的女性,有时,晚辈因生气不吃饭时,她便劝告说:"你们每逢生气的时候,便不吃饭了,这怎么行呢?这时候正需要多吃饭才好呢,我从前和你们爷爷吵架,便要多吃两碗,这样才有气力说话呀。"后来周作人忆及此事说:"这虽然一半是戏言,却也不难看出她强健性格的一斑。"在周家发生重大变故、公公入狱、丈夫去世的情况下,她一人独立支撑、处变不惊,在极其艰难的条件下,将三个儿子培养成才,是非常值得钦佩的一位女性。

正因为承受的压力过大,所以她要活下去就要变得不畏压力、藐视压力甚至以有压力为乐。清末"天足"运动兴起,她就放了脚。族中有人扬言:"某人放了大脚,要去嫁给外国鬼子了。"她听到这话,根本不屑置辩,而是说:"可不是么,那倒真是很难说的呀。"这种对对手的极度藐视,与鲁迅对论敌的态度极为相像,这是一种不屑于对话,将对方彻底拒之门外的孤傲态度,代表的是一种极端的轻蔑。鲁迅也是如此,他在《奔月》中将此称为"啮镞法",即将对方射来的冷箭用嘴衔住,伪装中箭,在对方得意之时,再回敬回去。如成仿吾以无产阶级之名,将其指为"有闲",而且"有闲"还至于有三个,所以他就将杂文集命名为《三闲集》,"以射仿吾";《花边文学》也是如此,是为了射廖沫沙等等,都是如此。这种方式也是一种崖岸自高、不屑对话对手的态度,正如其自言:"'无毒不丈夫',形诸笔墨,却还不过是小毒。最高的轻蔑是无言,而且连眼珠也不转过去。"(《半夏小集》)据与鲁迅家关系密切的孙伏园讲,鲁瑞平常的言谈就很有鲁迅杂文的风格,这也是一种在压力巨大的情况下的自我防卫方式,但这种自我防卫方式也是心理上缺乏安全感的一种表现。

13岁时遭遇的这场巨变对于鲁迅的影响是相当深远的,他曾向人们这样解释他为什么仇恨旧社会:"我小的时候,因为家境好,人们看我像王子一样;但是,一旦我家庭发生变故后,人们就把我看成叫花子都不如了,我感到这不是一个人住的社会,从那时起我就恨这个社会。"①

晚年鲁迅还对萧军说过:"我从家里出来仅仅是拿了八元钱,如今我挣过的不仅是八元啦,不独够本还有利息了。"②这虽似笑

---

① 薛绥之主编:《鲁迅生平史料汇编》(第四辑),天津人民出版社1983年版,第359页。
② 《与萧军的谈话》,录自萧军:《时代——鲁迅——时代》,载《鲁迅诞辰百年纪念集》,湖南人民出版社1981年版,第3页。

谈,实则也正是鲁迅的心酸之处,那个时代的读书人像鲁迅这样穷的并不多见,像许寿裳当年就比鲁迅阔得多,在日本时就穿上了气派、漂亮的西服,鲁迅说他是买不起的。"穷"是一种非常现实的压迫,没有钱什么也谈不上。为了养家、担负起长子的责任,鲁迅曾一而再、再而三地委屈自己、牺牲自己,如接受与朱家的并不如意的联姻、放弃去德国留学的愿望、提前回国谋生、在教育部当了14年的自我扭曲的灰色小官吏……这似乎都与家庭的破落直接相关。

破落户的出身有它的负面性,容易使人失去平常心,走向极端,而中国现代读书人又大多是从这种已经破落或正在破落的旧家庭中走出的,其身上也就具有一些连自己也未必能明确意识到的习性、弱点。除鲁迅对这种破落子弟读书人的习性有清醒的自觉外,杜亚泉似乎是现代最早对中国现代知识阶层的负面性格予以客观揭示、反省的人物,他认为:中国的知识阶级缺乏独立思想,达则与贵族同化,穷则与游民为伍,因而在文化上有双重性。其贵族性的一面是:"夸大骄慢,凡事皆出于武断,喜压制,好自矜贵,视当世人皆贱,若不屑与之齿者。"游民性则表现在:"轻佻浮躁,凡事皆倾向于过激,喜破坏,常怀愤恨,视当世人皆恶,几无一不可杀者。"①杜亚泉认为以此性质,治产必至于失败,任劳动必不能忍。"若是带贵族性质之老师宿儒,带游民性质之少年新进,任教育之事,聚讼一堂,互张其劣性,以传播于社会,则社会对于知识阶级之感情愈恶,其受嫉恶也将愈甚矣。"②这种知识阶层的习性、弱点对于现代文化的不良影响,似乎从未引起充分的重视。20世纪文坛上曾出现过的"新流氓主义"、"痞子文学"都曾风行一时,其中与现代知识分子的这种"江湖气"或不无关联。中国现代文化的历史叙事多属于一种特定的"第一人称"的主观性叙事,因此也无从

---

① 杜亚泉:《杜亚泉文选》,第401、402页。
② 杜亚泉:《杜亚泉文选》,第402页。

对自己来一个理性的反思和观照,也就难免存在视野盲区。

对于鲁迅来说,家庭的破落,对他主要的还是正面的影响:

晚年鲁迅在致萧军信中,曾拿自己和几个俄国作家做了比较:"契诃夫的想发财,是那时俄国的资本主义已发展了,而这时候,我正在封建社会里做少爷。看不起钱,也是那时的所谓'读书人家子弟'的通性。我的祖父是做官的,到父亲才穷下来,所以我其实是'破落户子弟',不过我很感谢我父亲的穷下来(他不会赚钱),使我因此明白了许多事情。因为我自己是这样的出身,明白底细,所以别的破落户子弟的装腔作势,和暴发户子弟之自鸣风雅,给我一解剖,他们便弄得一败涂地,我好像一个'战士'了。使我自己说,我大约也还是一个破落户,不过思想较新,也时常想到别人和将来,因此也比较的不十分自私自利而已。至于高尔基,那是伟大的,我看无人可比。"①

在《英译本短篇小说选集·自序》中他说道:"中国的诗歌中,有时也说些下层社会的苦痛。但绘画和小说却相反,大抵将他们写得十分幸福,说是'不识不知,顺帝之则',平和得像花鸟一样。是的,中国的劳苦大众,从知识阶级看来,是和花鸟为一类的。我生长于都市的大家庭里,从小就受着古书和师傅的教训,所以也看得劳苦大众和花鸟一样。有时感到所谓上流社会的虚伪和腐败时,我还羡慕他们的安乐。但我母亲的母家是农村,使我能够间或和许多农民相亲近,逐渐知道他们是毕生受着压迫,很多苦痛,和花鸟并不一样了。不过我还没法使大家知道。"可见,祸福相倚,家庭的败落也可以说是成全了鲁迅,使他对下层人的苦难有了感同身受的体验。

鲁迅的为人和为文风格与其个人的性情有关,鲁迅的个性与汉代的晁错颇有相似之处,这是一种具有宿命般的悲剧性的书生性格。《汉书》中这样记载晁错:"错为人峭直刻深(峭拔,刚直,严

---

① 鲁迅:《鲁迅书信集》第三册,人民文学出版社 2006 年版,第 528 页。

苛,深邃)。赞曰:晁错锐于为国远虑,而不见身害。其父睹之,经于沟渎,亡益救败,不如赵母指括,以全其宗。悲夫!错虽不终,世哀其忠。"(《汉书·袁盎晁错传》)这是中国文化传统中具有理想主义献身精神的文人,他们"忧道不忧贫",忠实于自己的理念,不问其是否具有现实可行性;他们"畸于人而侔于天",背向世俗,坚守理想,并努力以理想改造现实。他们的命运往往是悲剧性的,但正是他们的以身殉道才昭示出一种超越现实的精神维度。鲁迅的存在的意义也正在于此,他在现代中国代表了一种精神自由的维度,其存在的意义也不能主要以"诉诸结果"①来检验。

---

① 苏雪林对鲁迅的思想、人格的诸多攻击和指责,在很大程度上是出于一种文化归因论的、诉诸结果的道德裁判,是在一种"寻找撒旦"的怨恨心理推动下作出的一种简单化的、情绪化的、武断的批评。

第二章

「英哲之士」与「大独」人格

> 我的心也曾充满过血腥的歌声:血和铁,火焰和毒,恢复和报仇。……我早先岂不知我的青春已经逝去了?但以为身外的青春固在:星,月光,僵坠的胡蝶,暗中的花,猫头鹰的不祥之言,杜鹃的啼血,笑的渺茫,爱的翔舞……。虽然是悲凉漂渺的青春罢,然而究竟是青春。
>
> ——鲁迅《野草·希望》
>
> 然而我虽然自有无端的悲哀,却也并不愤懑,因为这经验使我反省,看见自己了:就是我决不是一个振臂一呼应者云集的英雄。
>
> ——鲁迅《呐喊·自序》

在鲁迅早年的成长历程中经历过三次大的顿挫,第一次即由于家庭的败落导致的由"王子到乞丐"的角色变迁,引发自我定位发生了极大的改变;第二次是"汉民族身份"的自觉,使他由"大清的子民"发展为因为"满人专制、汉人受压"而力图"恢复中华"的"种族主义者";第三次则进而由文明古国、礼仪之邦的子民一变而为"偶阅通鉴,始知中国尚是食人民族"的激进反传统的文化变革者,他从一种超越国族的"世界人"、"现代人"的标准出发,主张对中国进行彻底的再造。这三次大的顿挫,也是三次大的飞跃,最终使鲁迅成为了世界现代化潮流冲击下民族意识、个人意识和文化批判意识觉醒的先驱,他的思想情感的演进过程也就成为现代中国知识分子的典型心路历程。鲁迅的自我成长过程与其所生长的时代环境及所受到的教育熏陶是分不开的,故而考察鲁迅之所以成为鲁迅,还是要从他所接受的教育过程说起。

1."私学":作育"大师"的文化温床

论及作为文化巨人的鲁迅的成长,就会发现对其一生影响最大的教育方式并不是现代意义上的学校教育,而是传统的私学教育。他主要是通过家塾、私学以及自己的勤奋自修、好学敏思奠定了一生为学和做人的基础的。晚清学校教育起源于"洋务运动",以培养实用型的人才为目标,所以他在学校教育中所得到的支离破碎的知识技能对他的人生并没有产生太大的影响,对他一生影响较大的还是他幼年在三味书屋所受的启蒙教育以及成年后在日本随章太炎先生问学的经历。中国现代学校教育的标准化、模式化、功利性使其无法全盘承担起传统私学所担负的教书育人的角色,所以私学在其时代仍在发挥其不可替代的作用。

"私学"在中国历史上,一直扮演着文化传播与文化传递的主要角色,其发展可谓源远流长。从孔子的开办私学、"有教无类"开始,私学打破了既往"学在官府"的垄断,开辟了"学在民间"的传统,也因此形成了一种超越王朝更替的文化传递方式,使得"道"和"学"具有了一定程度上的超越性。"私学"较之"官学"的优势主要也正在此,私学教育可以"求官"、参加科举,也可以求学,以道和学自身为目的,由此于仕途之外满足读书人的精神需要。求官和求学两条路并存的方式在清代已比较普遍,像章太炎少年时代就立下单纯求学、不赴科举的志向。类似的选择在江南读书人中并不少见,这种非科举的求学之风的兴盛,对"学"的独立起到了推动作用,可以说它对"为己之学"的存在、发展提供了很大的助力。所谓"为己之学"也就是为个人的自我完善而学习,孔子说:"古之学者为己,今之学者为人。"(《论语·宪问》),意义也在于此。何谓"为己"?此"己"也有层次之分、真伪之别,一般来说,本能欲望层面上的自我显然是需要克的对象,所以克己成为归仁的前提;而人所固有的仁心,才是为己之学的基础。因此所谓"为己"就是尽性知命,充实自己、成就自己,达到一种道德意义上的自我完善。陈寅恪诗曰:"天生迂儒自圣狂,读书不肯为人忙",指的也是此意。精神上的成长先要回归自己、立足自己,然后在此基础上提升和完善自己。这种将学习与自我成长结合在一起的方式正是传统私学的特长,因为它不是为了传播单纯知识而存在,而是要担负起传道、授业、解惑的全方位的"育人"的责任,通过教育,实现一种整体性的"道器"合一的人格理想。

　　古人讲:"士先器识而后学问",也就是将器量与见识的培养放在知识技能之前,熊十力曾在复性书院的开讲词中说:现今学校教育,唯重知识技能,不重器识的培养,但知能所以善其用者,在于人之器识。他对"器识"的解释是:"受而不匮之谓器,知本而不蔽之谓识。"这与西方大学的博雅、通识教育的旨趣也是相通的,也就是强调大学"不是传授知识,而是传授智慧;不是传授技能,而是锻造人格。"此外经亨颐任浙江省立第一师范学校校长时,强调的也是"人格教育"。他认为,人生好比一碗清水,教育的目的应该是培养学生健全的人格,以便使这碗清水发挥各种作用;而职业教育,乃是有了味的水;无论什么味的水,都是有了局限性了。中国的现代教育起源于清末洋务运动时培养急需的实用人才的"水师学堂"、"矿业学堂"一类职业技术学校,在教育理念上就存在着格局狭窄、偏重实用的倾向;新中国成立后又全盘"苏化",进一步加强了大学的职业化倾向,这就使学校教育几乎无力担负起文化传承和人格培养的责任。

生长在新、旧两种教育制度交替时期的鲁迅,既接受了传统私学的教育,也是最早的现代学校教育的接受者。但从其成长历程来看,对其思想、人格形成影响最大的还是私学教育。鲁迅一生中的恩师据其自言主要有这么几位:早年在三味书屋读书时的寿镜吾与寿镜吾的儿子寿洙邻;日本留学时期的章太炎以及其在日本仙台医专读书时的日籍老师藤野。这些老师鲁迅大都曾撰文做过介绍,他们都是鲁迅所崇敬的前辈读书人、知识分子。鲁迅在晚年还谈到他有一个未能完成的写作计划,那就是要写晚清以来的四代知识分子,并说这些人物他知之最深,除了他恐怕也无人能写了。遗憾的是鲁迅的这个写作计划因为他的早逝未能完成。如能完成,我们当可从中清楚地看到近代以来的中国读书人的内外生活演变、发展史。

鲁迅7岁时被父亲送进私塾读书,最早是跟远房的叔祖周玉田学习《鉴略》,周玉田喜欢孩子,藏书很多,爱读杂书,像绘图本的《山海经》和《毛诗鸟兽草木虫鱼疏》这些印着奇花异草、飞禽走兽的书,鲁迅都是从他那里看到的。

后来鲁迅又去和另一个性情乖僻,也是本家远房叔祖辈的周子京学习。周子京是个疯疯癫癫的怪人,因为屡试不第,精神有些不太正常,曾留下"梅开泥欲死"这样的"朦胧诗",后来发疯而死。这个人物也是鲁迅小说《白光》中陈士成的原型,成为科举制度戕害人性的见证。鲁迅在这两位先生那里学习的时间甚短,没学到多少东西,所以他的第一个真正的老师还应该说是三味书屋的寿镜吾先生。寿镜吾先生可以说是一位前现代的传统读书人的代表,按照鲁迅在《从百草园到三味书屋》中的评价,"他是本城中极方正,质朴,博学的人",一位渊博的宿儒、严厉的教师、安贫乐道的传统读书人。他教学严格,"有一条戒尺,但是不常用,也有罚跪的规则,但也不常用。"他是个热心人,经常帮助有困难的学生。像鲁迅父亲病重,绍兴的名医开出一个古怪的药方,要用"三年以上陈仓米"做药引子,鲁迅多方搜求未果告知了寿先生。几天后寿先生费尽周折终于找到,自己亲自背了米送到鲁迅家里。鲁迅离开绍兴之后,只要回乡都不忘去看望寿先生,并一直保持书信联系。关于寿家的情况,张款、张能耿在其《鲁迅和他的老师寿洙邻》一文中有较为充分的介绍①:

寿镜吾有两个儿子,都是绍兴的名秀才,长子名鹏更,字涧邻,中秀才后,父亲就叫他外出到乡下坐馆教私塾。后来山会师范成立,他曾做过该校的国文教员。寿镜吾先生选定他的次子寿洙邻来继承他的三味书屋的事业,但也未能如意。寿洙邻,名鹏飞,1891年间,以县试第一名考中秀才。先是在三味书屋和父亲一起教书,后又违父命参加科举考试,在1903年考取光绪癸卯科浙江优贡。第二年,又赴京参加全国优贡会考,一举荣获"甲辰科朝考一等第一名",从此走上了仕途。他与熊希龄等晚清民国年间的政界要人交情很深,也是周氏兄弟在北京时经常来往的乡贤、朋友。

寿镜吾先生为人方正而近于古板,据说寿洙邻中秀才的报单到时,他托出三百文板方大钱,送报单的门斗嫌少,他便说:这是父亲时代传下来的老规矩,如若不满意,可以把秀才拿回去。在这个固执的老书生面前,门斗也只好认输。

寿洙邻中秀才之后,寿镜吾先生在三味书屋另辟一室,由其在那里另外开设一班,父子同教于此。鲁迅大约在光绪辛卯年(1891年)正月,即12岁时,入三味书屋从寿镜吾读书,次年鲁迅二弟周作人亦入三味书屋读书,他的老师就是寿洙邻了。鲁迅则称寿洙邻为"四哥",名分上算是"师兄弟",实际上也教过鲁迅,也是鲁迅的老师兼朋友。

三味书屋上悬的"三味书屋"匾额,其来历一般认为"三味"属于典故:古人有"读经味如稻粱,读史味如肴馔,读诸子百家味如醯醢"(xī hǎi,醯:指醋。醢:指鱼肉做成的酱。醯醢泛指佐餐的调

---

① 参见张款、张能耿:《鲁迅和他的老师寿洙邻》,载《绍兴文理学院学报》1991年第3期,下文相关内容也主要是根据此文和其他材料转述。

三味书屋,绍兴城有名的私塾。
鲁迅12至17岁间在这里读书。

料)的说法,于此中可见古人对经、史和诸子百家在文化构成中的不同等级、地位和功能、品位的界定和理解。另一种说法是"三味"出自宋代李淑《邯郸书目》:"诗书,味之太羹,史为折俎,子为醯醢,是为三味。""诗书,味之太羹",意思是说经书像是食物里的太羹,太羹是不加作料的原汁肉汤,是古代最初祭祀时用的食物。因为经书最早、最为古朴而且重要,故比之为太羹。"史为折俎",意思是说史书是食物里的折俎。折俎,即大块肉,有以史证道、见道的意思。"子为醯醢",是将诸子百家的书喻为食物里的醯醢。醯醢,味道诱人,风格多样的肉酱、调味品,是个人性情的自由表现,更具有文学性。

但是,寿镜吾先生对"三味"有自己的解释,他说三味是指:"布衣暖,菜根香,读书滋味长。"据寿镜吾先生之孙寿宇的转述:"我不止一次地从我祖父寿镜吾的口中,听到解释三味书屋的含义。祖父对'三味书屋'含义的解释是'布衣暖,菜根香,诗书滋味长'。"据说,这是寿镜吾先生的父亲寿韵樵亲手拟定的,要子孙认真体会,身体力行。

寿洙邻对三味书屋解释道:"三味是以三种味道来形象地比喻读诗书、诸子百家等古籍的滋味。幼时听父兄言,读经味如稻粱,读史味如肴馔,读诸子百家味如醯醢。但此典出于何处,已难查找。"然而,寿老先生的孙子寿宇不认同其叔父这样的解释,他认为:"这样的解释淡化了祖先对清王朝的反叛精神。我小的时候,我祖父寿镜吾亲口对我说,三味是指布衣暖,菜根香,诗书滋味长。布衣指的是老百姓,'布衣暖'就是甘当老百姓,不去当官做老爷;'菜根香'就是满足于粗茶淡饭,不向往于山珍海味的享受;'诗书滋味长'就是认真体会诗书的深奥内容,从而获得深长的滋味。这第一点'布衣暖'非常重要,这是我祖先峰岚公、韵樵公的思想核心,产业的失败,使他们看清了清王朝的腐朽本质,他们认为在祸国殃民的清王朝当官就是为虎作伥,是害人害己。于是,把三味书屋的办学方向也作为子孙的人生指南,不许自己的子孙去应考做官,要甘于布衣暖,菜根香,品尝诗书的滋味。"寿宇说,寿镜吾生前曾对他说:"这三味的含义不能对外人说,也不能见诸文字,这是祖先韵樵公定的一个家规,因为'三味'精神有明显的反清倾向,一旦传出去可能要招来杀身之祸。"显然,对"三味"的理解,寿家有自己的用意和发挥,违背父命参加科举,并入仕为官的寿洙邻对此已不甚了然或不愿正视,而在寿镜吾先生还是恪守祖训的。照这种解释,三味书屋的来历与明季遗老之与清朝的不合作精神是有联系的,这种不合作精神在江南士子当中确实存在的,像章太炎幼时亦曾受过祖父辈类似的影响,这种独特的精神传承对江南读书人独立人格、反清意识的形成有着不可忽视的潜在影响。

寿镜吾先生可以说是一位极有个性和操守,但又颇有些固执和怪癖的传统儒生。其教育理念从不以高第做官为可贵,而以学为明理,行先克己,言必顾行,行必顾言为宗旨。这一点可以说正是继承了孔子"为己之学"的传统。这种传统人格对日后鲁迅以学问立身、追求自我实现、鄙视科举、厌恶官场等清高孤傲、淡泊自持的个性形成似有潜在的影响。

寿镜吾对学生的要求十分严格,但"对于鲁迅,从未加以诃责,每称其聪颖过人,品格高贵,自是读书世家弟子"。鲁迅天资聪明,其读书方法并不如先生所要求的那样除了上课、对课、写大字背书,就是高声朗读。他是过目成诵的人,用不着下这番苦功,所以可以自行其是,干自己喜欢做的事情。这一点,寿镜吾先生因高度近视,加上学生读书时,他自己也高声读书,所以并不知道,而在耳房教书的寿洙邻则看得一清二楚。他说鲁迅"受课后","向不诵读","故终年绝不闻其书声"。不过"若偶发书声,字字清朗,抑扬顿挫,表现书味,动人倾听"。寿洙邻说其父:"镜吾公不喜八股文,喜抄写诵读汉魏六朝古典文学,积数十本,往往朗吟不已,鲁迅耳有所闻,即心领神会。"鲁迅上课时爱做的事情如寿洙邻说:"往往不理正课,杂取古典文学及小说诸书,置抽斗中暗阅。"

寿洙邻比鲁迅大8岁,当时是一位天资聪颖、抱负远大、急于用世的青年士子,但父亲执意不让他走应试做官的路,只让他继承父业,专心做塾师,这显然不合其心意。晚清开始大力兴办学堂之后,鲁迅等大批学子开始入学堂就读;留学之风大兴之后,又有大批士子赴日留学,这对传统的私塾教育有很大的冲击。年轻的寿洙邻也开始考虑自己将来的出路,不愿再像父亲那样枯守家园,做一辈子安贫乐道的塾师。而他所擅长的还是科举,所以他违背父亲的意愿,执意要去参加科举。后来果然高中,得了"朝元",从此走上仕途。

寿洙邻在三味书屋时也常替父亲代课,大家叫他"小寿先生"。他在教学方法上,不像父亲那样只让学生背诵,并不讲解。而是"我既担任助教,我的教法,每日授课,先讲当日所授之书,详细讲与学生听,至背书时,又令还讲,他生尚多不能对答,鲁迅早已不必讲解,自然领悟"。在他自己的班里,"知堂年止九岁,我亦不讲与他听,反令其先讲与我听,他却已讲得清楚,稍有含混处,令其重讲,即字字明白"。

鲁迅在三味书屋"读了三四年的书",最后的一两年,是完全跟寿洙邻先生读的。小寿先生说:"至癸巳年(1893年)鲁迅已14岁,尔时以科举八股为进身之阶,不得不学八股文。因镜吾公不喜八股,乃从我学作八股,授以《曲园课孙草》一册。"寿洙邻说:鲁迅"开笔即能成篇,常常将我所改八股,送呈其祖介孚公阅览"。寿洙邻又说鲁迅对八股文"固然不感兴趣,即我所学所做的唐宋四六文、唐人律赋等,亦不措意,惟于我教学生造句,所写假设想的游戏短篇,加以一笑"。

在寿洙邻的影响下,鲁迅在三味书屋读书时,也开始尝试写作,主要是记日记和写古诗词以及辑录乡土文献。鲁迅还从寿洙邻先生那里借来一些当时在士林中流行的书籍:"其时我正阅览明季遗老诸书,如亭林、梨洲、船山,及《明季稗史》、《明史纪事本末》、《林文忠全集》、《经世文编》等书,鲁迅亦尽阅之。"这对鲁迅的成长产生了一定的影响。

当寿洙邻要去北京参加全国会考的时候,寿镜吾先生坚决不允,将其反锁于楼上。后来在母亲帮助下,跳窗经后园翻墙而逃参加考试。寿镜吾先生对此勃然大怒,曾以十分断然的态度写了一张状子,到塔子桥头穆神庙去烧给东昌坊的土地菩萨,告发儿子不听他的话,此是祷告神明来谴责儿子,这在传统时代是很重的惩罚了。以后的父子关系也一直不睦。

寿镜吾先生的迂执、保守还多有表现,如生活上,他从不买洋布,不穿洋袜,不用洋油(煤油),彻底拒斥洋货。他唯一留存的那张照片,也是他有次扫墓归来,孙子偷偷地为他拍下来的。

据言:寿镜吾先生一辈子只知道教书、抄书、读书,不会料理生活,而且脾气古怪、执拗,又没有商量余地。别人,包括他夫人,对他简直没办法。他床上的帐子已经脏得发黑,他夫人拆下、洗净、晒干、重新张上。他发现后,却非常生气,重把帐子取下,用两脚将其踏脏,再挂上去,以表示对擅自洗他帐子的夫人的抗议。因此,衣服脏了人家不敢给他洗,他也若无其事,照常穿在身上。有一次,儿媳妇曾玉棠给他洗了衣服,他愤愤道:"谁洗的?"媳妇说:

"我洗的。"在媳妇面前,他也只好让步了。儿子中了朝元,本是天大喜事,他却认为没有照他说的去做,曾把门斗送来的报单挡了回去。这时,他正因为赎屋事与偏门外一户姓金的人家有了纠纷,他亲往理论,竟被金姓所打。回家后,有人问他:"你为什么不用手去挡开,就一动不动地让人家打呢?"他说:"我一只手拿着洋钱,动一动洋钱就会被夺去;一只手捏着契纸,放下了会被他们撕破,我怎敢动呢!"新科朝元(优贡特试朝考第一名,相当于状元)寿洙邻听到父亲被打,十分气愤,急速赴县衙门诉请惩办。但寿镜吾先生怕他仗势欺人,赶到门口,郑重其事地对儿子说:"一个巴掌,两个拳头,老老实实地讲,不准多讲,你若多讲一个,我回来不答应你。"

像这样认真、固执、有操守、有原则的读书人的确不太多见。

寿洙邻中朝元后,随即被清政府以知县用,补授吉林省农安县知县。他在农安任职两年,政绩卓著,因此由中央宪政编查馆特保东三省吏治第一。后来,他在同一师门的熊希龄的提携下担任东三省屯垦局科长,兼屯垦养成所所长,又兼东三省盐运司科长。后来又在热河和山东任职。民国建立后仍进入政界,任平政院首席书记官。后来鲁迅和章士钊打官司,主管其事的正是平政院,此官司鲁迅能够打赢,大概也得到了他这位早年师兄的暗助。

鲁迅在北京教育部任职时与寿洙邻来往密切,有时寿洙邻到鲁迅寓所拜访,如鲁迅在1912年9月21日的日记中说:"寿洙邻、钱稻孙来。"有时鲁迅到寿宅回访,如鲁迅在同年10月6日的日记中说:"午后访季自求、寿洙邻。"九日后(10月15日)寿洙邻又到鲁迅寓所拜访。鲁迅"招饮于一和居"。

寿洙邻和鲁迅无话不谈,寿洙邻回忆说:"民国初元设立议会,商谈洽,鲁迅笑曰:'此假面具耳。'"1915年12月3日,寿镜吾夫人在绍兴去世,据说寿老夫人去世前,曾将一条汗巾交给媳妇,说:"我实在淘不过伊的气,这条汗巾本是准备上吊自杀时用的,现在交给你作个纪念。""伊",指的就是寿镜吾先生。看来寿老先生夫妇一辈子琴瑟不谐,这在传统婚姻中也是常见的悲剧。鲁迅得寿师母讣告后,特"以呢嶂子一送洙邻寓",同月5日,"寿洙邻设奠于三圣庵",鲁迅又亲往三圣庵吊唁。

寿洙邻对鲁迅的评价很高,他在《矩庐笔记》中说:"有清一代著述家、文学家及书画家皆因仍前辙,不免琐碎掇拾,工摹拟而无创作,故无气象伟岸之可言,就中文学家推龚定庵及近人周鲁迅颇有思想可称创作,余子碌碌皆书蠹耳……"这也可谓来自前辈的平实之论。寿洙邻属于鲁迅的上一代人,两人在价值观念、文化立场、个人爱好等多方面并不相同,但这并不妨碍两人的亲密交往,寿洙邻知道鲁迅在五四以前,多用文言文写作,五四以后才写白话文的小说和杂文。他看重的还是鲁迅过去写的文言文著作,对鲁迅说:"何不将古典著作出版,可以传世。"鲁迅却笑笑说:"我的文字,急于要换饭吃的,白话文容易写,容易得版税,换饭吃。"又说:"古典文学,有几人能读能解?"对于鲁迅的话,寿洙邻感慨说:"足见他当时处境之难。"这显然是老辈人对下一辈不明究竟的善意的推测。于此也可见鲁迅的变通之处:的确,"道不同不相与谋",但是"道不同不妨为友",价值观念、文化态度、信仰偏好的不同并不应该成为人们相互仇视的理由。生活中的鲁迅显然奉行的也是"和而不同"的处事原则。生活中的鲁迅与理念化的鲁迅是有区别的,写作《狂人日记》、斥传统文化为吃人的"鲁迅",是其文本塑造出的"鲁迅",并非日常生活中的周树人。所以西方叙事学将作家本人与其文本的"潜作者"区分开来,很有必要。适当的差异可能会形成有助于创作的张力,但两者如果反差太大,也会给作家带来人格分裂的痛苦。如鲁迅在北京教育部做官时,同僚大都不知道写作那些辛辣的杂文的作者就是鲁迅,而只知道他的弟弟周作人在写这类文章,教育部长甚至有次还责问鲁迅"怎么不管管自己的弟弟",任他去写那些东西!最有意思的一幕就是鲁迅被章士钊罢官之后,老派人物大多同情鲁迅,认为像章士钊这样的留学生都是无父无君的过激党,而章士钊厌恶的人一定是弄旧学的、维持礼教的"好人"。所以平政院的院长汪大燮要专门到鲁迅家拜访、慰问并鼓励他上诉。鲁迅也就将错就错,在汪大燮来拜访之前,赶紧把书房里的洋书统统清理出去,只摆上中国的旧书,给人留下一个保守、恭谨的老派读书人的印象。鲁迅急急忙忙、来往搬书的这一幕,恰巧被到他那里拜访的老学生孙伏园看在眼里,所以才有后来鲁迅回忆史中这样一段不合时宜但又富有人情味的一段记载。①

寿镜吾老先生的"三味书屋"私塾,一直到五四后还在开办,后来由于学堂教育的普及,生源匮乏,才关闭了。鲁迅作为新文学和新文化的大师,对寿镜吾先生并无鄙夷,一直非常尊重。直到1923年,鲁迅还在与寿镜吾先生通信。鲁迅在1923年1月29日的日记中说:"上午得镜吾先生信。"同年2月9日又记载说:"寄镜吾先生信。"

寿洙邻对鲁迅印象很好,他认为鲁迅"待人坦率无城府,忠实不欺,内行修洁,清介绝俗,于旧道德践履笃实,薄己厚人,出于本性。惟对于旧日恶社会之现状,则深为愤嫉,攻击不遗余力,盖以改良风俗为己任,虽遭世忌不顾也"。1926年,鲁迅因卷入女师大学潮,被教育总长章士钊免去了教育部佥事职务后,鲁迅向平政院提出控告,寿洙邻正在那里当首席书记官。他极力称赞鲁迅"为人刚正",对鲁迅赢得官司起了不小作用,平政院很快判决了恢复鲁迅的佥事职务。

寿洙邻深知鲁迅不愿攀附权贵的个性,说他"虽素昔知交,稍有势位,即与疏远"。寿洙邻一直在政界为官,与达官贵人颇有来往,他说鲁迅"有人招饮,在座间有势位者,即谢不往"。寿洙邻次子寿羲民与马寅初女儿马仰班结婚那天,鲁迅第一个到寿家致贺。为避免与陌生宾客应酬寒暄,他一早便到,签名后就走了。

1926年9月,鲁迅离开北京去厦门大学任教后,寿洙邻及其夫人曾玉棠(特别是曾玉棠)则常去宫门口鲁迅家里,拜访鲁迅母亲鲁瑞和鲁迅夫人朱安,寿洙邻还曾写诗为鲁迅母亲祝寿:

---

① 孙伏园:《关于鲁迅——于昆明文协纪念鲁迅逝世三周年席上》。

> 里居相对望街门，韦母音徽凤所曾。
> 春色两家分左右，诗书奕叶订渊源。
> 郝钟礼法垂模范，坡颖文章有弟昆。
> 我拜登堂将进酒，先赓燕喜效刍言。

此诗作为应酬文字，不宜深究，但从周氏兄弟与寿洙邻的交往中我们可以发现"新旧阵营"之间实际上的暧昧与交缠，并不像想象中的那样水火不容。

1928年平政院解散，寿洙邻彻底离开政界，专心在家著述，鲁迅则直至1929年还在与他通信。寿洙邻专心著述以后，写成了《历代长城考》和《方志通义》两部重要著作。1936年10月19日，鲁迅在上海去世后，寿洙邻十分悲痛，回忆说："鲁迅在上海病故，平生知交，发起善后委员会，蔡子民、许季弗与我均在其内，但我远在北京，毫无帮助，惟对于鲁太夫人（即鲁迅母亲）多方劝慰，曾嘱内人尚不时往问安，对朱夫人时相存问，每见朱夫人祭鲁迅，必特具一肴，用白薯波切片，鸡蛋和面粉涂之加油炸熟，为鲁迅生平所嗜，因称为鲁迅饼云。"寿洙邻还写了《挽鲁迅》一联：

> 桃李满门墙，雪中独欲梅花瘦；
> 文章在天壤，意外时闻木樨香。

1943年，鲁迅母亲在北京去世，当时寿洙邻夫人已为自己预备了一口上等寿材，寿洙邻和夫人主动将寿材送去作为奠仪。此后，每到春节，寿洙邻夫妇想到鲁迅北京家中已只剩朱安一人，想到她的心境一定十分孤寂，便让媳妇马仰班外出拜年时，一定替他们去给朱安拜个年，直到1947年朱安在北京去世。

朱安去世后，许广平到北京料理善后事宜，她拎着两大盒点心来到寿家，说是来感谢多年来他们对北方家里的照顾，可见两家的交情是十分深厚的。寿洙邻与周作人的交往也始终未断,因当"汉奸"而坐牢的周作人回家后,生活清贫,寿洙邻先生专门买了全聚德烤鸭送给知堂补养身体,两家来往一直比较密切,可以说,寿洙邻是鲁迅、周作人在北京关系最亲密的人之一。寿洙邻于1961年去世,享年88岁。鲁迅与寿家两代人的亲密关系既表明了"现代"之于"传统"的继承性,也表明了"传统"之于"现代"的包容性,它为我们走出那种简单化的二元对立心态提供了佐证。

鲁迅的第二位恩师可以说是章太炎,他是对鲁迅有直接的、全方位的影响的师长。可以说,如果鲁迅没有遇到章太炎并拜他为师,那鲁迅恐怕不会成为后来的鲁迅。

章太炎(1869—1936),名炳麟,一名绛,字枚叔,一作梅叔,浙江余杭人。近代著名思想家、政治家、学者,研究范围涉及小学、历史、哲学、政治等等,著述甚丰。章太炎可以说是第一代由传统士大夫向现代知识分子转换的代表人物。

章太炎祖父章鉴为国子监生,可以说是一位博览古今图书的饱学之士。父亲章濬幼读家中藏书,取得廪生的资格,担任过余杭县训导。其外祖父朱有虔也是当地知名学者,对章太炎进行过系统的文字音韵学教育。1883年章太炎14岁时参加过县试,因癫痫病突然发作,没有考成。从此他放弃科举,广泛涉猎经史子集。1890年21岁的章太炎遵父遗训,进诂经精舍从经学大师俞樾学习。如果没有中日甲午战争后时局的危殆、维新思潮的兴起,章太炎也许会在书斋里以研究学问度过其平静的一生,然而时代将这位以治学为志业的学者推上了政治斗争的风口浪尖,使他与时代政治发生了密不可分的联系。康梁领导的维新运动吸引了章太炎,他报名参加了强学会,后来又在梁启超主办的《时务报》任职。后因不满康有为倡言建立孔教,并自称"教主",曾遭康氏门徒围攻殴打,愤而离沪返杭。返杭后,他与宋恕、陈虬等创办"兴浙会",为《实学报》和《译书公会报》撰稿。戊戌政变后,曾携家避难台湾。

由于戊戌政变的刺激,再加之来台之后的痛定思痛,章太炎的思想发生了明显的变化,排满反清思想逐渐强烈。1899年他把过去发表和新近撰写的论证、论学文字辑订为《訄书》,正式提出"逐满"问题。不久,东渡日本。1901年,章太炎在具有浓厚革命色彩的《国民报》上发表《正仇满论》,这是他公开批驳康梁改良派的第一篇论文。1902年,他针对康有为的《与同学诸子梁启超等论印度亡国由于各省自立书》、《答南北美洲诸华侨论中国只可行立宪不可行革命书》等文字,愤而写下《驳康有为论革命书》。1903年,邹容发表著名作品《革命军》,章太炎为之作序,并发表于《苏报》,这就是当时风行全国的《序〈革命军〉》,不久,《苏报》又摘登了《驳康有为论革命书》。第二天,震惊中外的"《苏报》案"发生,章太炎为此入狱三年。

出狱之后,章太炎第三次东渡日本,与日本的革命党人会合,并且加入了同盟会,主编同盟会机关刊物《民报》。当时,他写了《讨满洲檄》、《定复仇之是非》、《排满平议》、《中华民国解》等文章,与由梁启超主编的《新民丛报》论战。不久,《民报》在日本被禁,章太炎开始在东京讲学,直至辛亥革命成功。鲁迅从章太炎学习就是在1908年的日本东京。当时章太炎在东京一面主持反对清王朝的革命报纸《民报》,一面办国学讲习会。鲁迅、许寿裳等主要是听章太炎讲《说文》。据许寿裳回忆:"章先生出狱以后,东渡日本,一面为《民报》撰文,一面为青年讲学。其讲学之地,是在大成中学的一间教室。我和鲁迅极愿往听,而苦与学课时间相冲突,因托龚未生转达,希望另设一班,蒙先生慨然允许。地址就在先生的寓所——牛达区二丁目八番地《民报》社。每星期日清晨,我们前往受业,在一间陋室之内,师生环绕一张矮矮的小桌,席地而坐。先生讲段氏《说文解字注》,郝氏《尔雅义疏》等,神解聪察,精力过人,逐字讲释,滔滔不绝,或则阐明语原,或则推见本字,或则旁证以各处方言。自八时至正午,历四小时毫无休息,真所谓

'诲人不倦'。"①

鲁迅受章太炎的影响是多方面的,首先他对章太炎的排满革命精神非常钦佩。晚年他认为:"我以为先生的业绩,留在革命史上的,实在比学术史上还要大。"鲁迅说,在日本所以去听章太炎讲学"并非因为他是学者,却为了他是有学问的革命家"②。这种评价与鲁迅自身的价值取向有关,作为革命家的章太炎对于鲁迅的影响要远大于作为学问家的影响。作为革命家的章太炎的过人之处首先在于他的敢言之所不敢言的勇气和特立独行的大独人格。章太炎素有"章疯子"之称,这种疯癫之气与其时代先觉者的身份是相得益彰的。与现代独立人格的出现相伴随的是文化思想界对于反世俗的"狂人"、"疯子"人格的推崇,它代表的是一种个人英雄主义与浪漫化的文化救世主义的兴起。由"名士"到"志士"再到"狂人"形象的转换代表近代士风的变化,"狂人"的出现适应了"违千夫之诺诺,作一士之谔谔"的人格独立的需要,其源头仍需从晚清说起,孙希孟的《轰天雷》最早刻画出了一个从旧的营垒中闪现出来的"狂者"形象——荀北山。晚清时期由于社会的变动加剧,社会心理进入激越纷扰状态,步荀北山后尘的读书人越来越多,"狂"的层次进一步深入,特别是在科举制度废除之后,由名士而志士再到狂士,这个士林风气的变化趋势已经非常明显,当然晚清最有名的"疯癫之士"还是当推章太炎,而且他已将"疯癫"正名,形成了一套独有的"疯癫"理论。他1906年东渡日本时,曾在留学生界及同盟会的欢迎席上说了这样的话:"大概人生在世,被他人说个疯癫,断然不肯承认,除那笑傲山水诗豪画伯的一流人,又作别论,其余总是一样。独有兄弟却承认我是疯癫,我是有神经病,而且听见说我疯癫,说我有神经病的话,倒反格外高兴。什么缘故呢?大凡非常的议论,不是神经病的人断不能想,就能想亦不

---

① 许寿裳:《章太炎传》,百花文艺出版社2004年版,第60页。
② 鲁迅:《关于太炎先生二三事》,《且介亭杂文末编》。

敢说。遇着艰难困苦的时候,不是神经病的人断不能百折不回,孤行己意。所以古来有大学问成大事业的人,必得有神经病,才能做到。"他举了琐(苏)格拉底、路索(卢梭)、摩罕默德、熊廷弼、左宗棠、德毕士马克,说"这六人的才典功业,都是从神经病里流出来的。为这缘故,兄弟承认自己有神经病,也愿诸位同志,人人个个,都有一两分的神经病。近来传说某某是有神经病,某某也是有神经病,兄弟看来,不怕有神经病,只怕富贵利禄当面现形的时候,那神经病立刻好了,这才是要不得呢!"这种对狂士的推崇一直延续到五四,鲁迅的《狂人日记》成为了整个新文学的开山之作,此小说前边有一文言文的小序,讲"狂人已病愈,赴某地候补矣",正是章太炎所谓富贵利禄已现形,神经病就好了的例证,这说明"新文学"与章太炎的联系比我们一般认识到的还要密切。《狂人日记》发表后引发了较大的社会反响,傅斯年曾发表过这样的读后感:"狂人,狂人!耶稣、苏格拉底是古代,托尔斯泰、尼采在近代,世人何尝不称他做狂人呢?但是过了些时,何以无数的非狂人跟着狂人走呢?文化的进步,都由于有若干狂人,不问能不能,不管大家愿不愿,一个人去辟不经人迹的路。……我们最当敬从的是疯子,最当亲爱的是孩子。疯子是我们的老师,孩子是我们的朋友。我们带着孩子,跟着疯子走,——走向光明去。"①由反世俗、反传统的"狂人"进入到对疯癫与文明的反思,这是五四之后的一个发展,它与尼采对现代中国的影响有关。早在 1918 年,鲁迅就用文言体译出了《察罗堵斯德罗绪言》的一至三节,但未发表,但该书是鲁迅手头经常翻阅之书,对其影响自然匪浅。1919 年沈雁冰在《解放与改造》杂志的第一卷第六、第七期上发表了该书最富批判性的两章《新偶像》和《市场之蝇》,这是该书最早出版的汉译文。1920 年 6 月 1 日出版的《新潮》二卷五期上,刊出鲁迅署名"唐俟"用白话文译出的《察拉图斯忒拉的序言》十节,可以说是最具有尼

---

① 傅斯年:《一段疯话》,载《新潮汇编》第一卷,第 9—10 页。

采神韵的译文。1923年郭沫若译出《查拉图司屈拉钞》第一部全部和第二部一部分,在《创造周报》分三十九期连载,题名《查拉图司屈拉之狮子吼》,算是译得较多的译本。直到1935年,翻译家徐诗荃才译出的《苏鲁支如是说》全文,并公开出版,而此书还是由鲁迅推荐给他翻译的,但此时文化界的"尼采热"已经降温,社会思潮已由文化批判转向政治革命。

尼采此书中激烈抨击了基督教的道德价值,对五四青年的反传统提供了示范作用。鲁迅称其书"文字的刚劲、读起来有金石声"①。他曾把尼采与达尔文、易卜生、托尔斯泰相提并列为"偶像破坏的大人物",认为"他们都有确固不拔的自信,所以决不理会偶像保护者的嘲骂"②。茅盾认为尼采把"哲学上一切学说,社会上一切信条,一切人生观、道德观重新称量过,重新把它们的价值估定,扫荡一切古来传习的信条,把向来所认为绝对真理的,根本动摇"③。郭沫若在译该书时称其为"只为杰出伟大高迈之士而说"的"心血和雅言的著作"。第二卷第一期扉页以大号字排印着该书"创造者之路"的一段话:"兄弟,请偕你的爱情和你的创造走向孤独罢,公道要隔些时才能跛行而随你。"这充分表现出一种忠实于自我的浪漫主义的个人自信。

这种反传统、反世俗以追求真理为己任的文化心态,对于五四时期人的个性解放,产生了极大的推动作用,但其显然也带有某种剑走偏锋的倾向,"解构"有余,而"建构"则付诸阙如。

章太炎吸引人的地方在于他不只是一个学问家,而且还是一位"以玄学致广大"的思想家、承前启后的文化巨人。章太炎具有一种不盲从时代"公理"而进行独立思考的哲人气质,其思想之深刻超出一般流行思潮之上。如针对晚清时期知识界流行的"公理至上"的主流话语,章太炎都对其有自己的思考、质疑和判断,他早

---

① 孙伏园:《鲁迅先生二三事》,作家书屋1945年版,第72页。
② 鲁迅:《鲁迅全集》第一卷,第407页。
③ 茅盾:《尼采的学说》,载《学生杂志》1920年第1号。

年通过严复接受过"进化论",但后来随着思考的深入特别是他的佛学背景,使他意识到盲目乐观主义的进化论的缺陷,所以一反时代的流行观念和乐观心态,写出了《俱分进化论》。晚清以来以进化论为核心的公理至上话语在扫荡传统束缚方面是所向披靡的,但它以"公理"代"天理"的绝对主义信仰也会给个人思想自由带来新的压迫。针对于此,章太炎认为"若云进化终极,必能达于尽美醇善之区,则随举一事无不可以反唇相稽"①。因为善进化,恶亦随之进化,所以达到至善无恶之境是不可能的,因此他提出"进化之实不可非,而进化之用无所取"②的俱分进化论。针对占据其时代主导位置的公理至上话语,他这样说道:"昔人以为神圣不可干者,曰名分。今人以为神圣不可干者,一曰公理,二曰进化,三曰惟物,四曰自然。有如其实而强施者,有非其实而谬托者。要之,皆眩惑失情,不由诚谛。……骤言公理,若无害矣。然宋世言天理,其极至于锢情灭性,蒸民常业,几一切废弃之。而今之言公理者,于男女饮食之事,放任无遮独此所以为异。若其以世界为本根,以陵借个人之自主,其束缚人亦与言天理者相若。"③他从个人和人性的角度指出了这种唯理主义的现代性诉求的不合理性。这种独持我见、不合众嚣的思想家的气质对于青年鲁迅影响甚大,这从鲁迅在这一时期所写的《文化偏至论》、《破恶声论》等论文中可以清楚地看到。但鲁迅与章太炎毕竟不是一代人,他们的知识谱系及所依托的文化资源等也都有很大不同,所以在思想观念和学术见解上多有不同,像鲁迅对太炎先生的《俱分进化论》并不感冒,他感兴趣的只是章太炎的革命业绩:"我以为先生的业绩,留在革命史上的,实在比在学术史上还要大。回忆三十余年之前,木板的《訄书》已经出版了,我读不断,当然也看不懂,恐怕那时的青年,这样的多得很。我的知道中国有太炎先生,并非因为他的经学

---

① 章太炎:《革故鼎新的哲理——章太炎文选》,上海远东出版社1996年版,第150页。
② 章太炎:《革故鼎新的哲理——章太炎文选》,上海远东出版社1996年版,第150页。
③ 章太炎:《革故鼎新的哲理——章太炎文选》,上海远东出版社1996年版,第299页。

和小学,是为了他驳斥康有为和作邹容的《革命军》序,竟被监禁于上海的西牢。那时留学日本的浙籍学生,正办杂志《浙江潮》,其中即载有先生狱中所作诗,却并不难懂。这使我感动,也至今并没有忘记,现在抄两首在下面——狱中赠邹容……"

这可能也是其时代大多数青年人对太炎先生的共感,主要是把他当做一个敢说敢当的文化斗士、政治义侠来看待的。

鲁迅接着说得就更为明确:

> 一九〇六年六月出狱,即日东渡,到了东京,不久就主持《民报》。我爱看这《民报》,但并非为了先生的文笔古奥,索解为难,或说佛法,谈"俱分进化",是为了他和主张保皇的梁启超斗争,和"××"的×××斗争,和"以《红楼梦》为成佛之要道"的×××斗争,真是所向披靡,令人神旺。前去听讲也在这时候,但又并非因为他是学者,却为了他是有学问的革命家,所以直到现在,先生的音容笑貌,还在目前,而所讲的《说文解字》,却一句也不记得了。民国元年革命后,先生的所志已达,该可以大有作为了,然而还是不得志。这也是和高尔基的生受崇敬,死备哀荣,截然两样的。我以为两人遭遇的所以不同,其原因乃在高尔基先前的理想,后来都成为事实,他的一身,就是大众的一体,喜怒哀乐,无不相通;而先生则排满之志虽伸,但视为最紧要的"第一是用宗教发起信心,增进国民的道德;第二是用国粹激动种性,增进爱国的热肠"(见《民报》第六本),却仅止于高妙的幻想;不久而袁世凯又攘夺国柄,以遂私图,就更使先生失却实地,仅垂空文,至于今,惟我们的"中华民国"之称,尚系发源于先生的《中华民国解》(最先亦见《民报》),为巨大的记念而已,然而知道这一重公案者,恐怕也已经不多了。既离民众,渐入颓唐,后来的参与投壶,接收馈赠,遂每为论者所不满,但这也不过白圭之玷,并非晚节不终。考其生平,以大勋章作扇坠,临总统府之门,大诟

袁世凯的包藏祸心者,并世无第二人;七被追捕,三入牢狱,而革命之志,终不屈挠者,并世亦无第二人。这才是先哲的精神,后生的楷范。近有文侩,勾结小报,竟也作文奚落先生以自鸣得意,真可谓"小人不欲成人之美",而且"蚍蜉撼大树,可笑不自量"了!①

作为"精神界之战士"的鲁迅当然最为认同的还是太炎先生的战斗性,所以他将太炎先生的善打笔仗视为一大功绩,他晚年专事批判的杂文生涯可视为对太炎先生战斗性杂文的继承和弘扬。虽然章太炎自己已悔其少作,不再写作这类论战文章。文中鲁迅拿高尔基来比附章太炎,抬高而抑章,并非不刊之论。高尔基的生受崇敬,死备哀荣,并非全因为其"先前的理想,后来都成为事实,他的一身,就是大众的一体,喜怒哀乐,无不相通",而在于他后来成为了某种意识形态的象征符号;而章太炎虽积极介入政治,但其一生学问的根柢仍是一种探求宇宙、人生的真谛,自立自足的"为己之学",其思想、学术价值、品格并不低于备极哀荣的高尔基。章太炎留给后世的一个重要遗产就是他的"大独"人格,也就是忠实于自己的感觉、经验、理性、判断的自由、独立精神,陈寅恪后来将自由之思想与独立之精神,视为"斯古今仁圣同殉之精义,夫岂庸鄙之敢望"②的意义也正在于此,它高于时代潮流与历史趋势之上,标志着古今文化的精义所在,现代性文化只有在为这种自由独立精神提供制度上的保障的意义上才高于传统而体现出其进步性。所以鲁迅把刘半农、章太炎等人的向后转称为是"原来拉车前进的好身手,腿肚大,臂膊也粗,这回还是请他拉,拉还是拉,然而是拉车屁股向后,这里只好用古文,'呜呼哀哉,尚飨'了",表现出某种在其时代盛行的强求进步的偏颇,只要他们是个人发自内心

---

① 鲁迅:《关于太炎先生二三事》,《且介亭杂文末编》。
② 陈寅恪:《清华大学王观堂先生纪念碑铭》。

的自由选择、理性判断,那么不管是"前进"还是"倒退",都自有其价值,不能以进步与否、是否合乎时代要求来做判断。

章太炎给青年鲁迅起到示范作用的一场激烈的笔战发生在章太炎和吴稚晖之间。鲁迅对吴稚晖不论对其文还是对其人,都是很鄙视的,这种鄙视当然也与章吴之间的既往过节有关,鲁迅在回忆文章中这样写道:"凡留学生一到日本,急于寻求的大抵是新知识。除学习日文,准备进专门的学校之外,就赴会馆,跑书店,往集会,听讲演。我第一次所经历的是在一个忘了名目的会场上,看见一位头包白纱布,用无锡腔讲演排满的英勇的青年,不觉肃然起敬。但听下去,到得他说'我在这里骂老太婆,老太婆一定也在那里骂吴稚晖',听讲者一阵大笑的时候,就感到没趣,觉得留学生好像也不外乎嬉皮笑脸。'老太婆'者,指清朝的西太后。吴稚晖在东京开会骂西太后,是眼前的事实无疑,但要说这时西太后也正在北京开会骂吴稚晖,我可不相信。讲演固然不妨夹着笑骂,但无聊的打诨,是非徒无益,而且有害的。不过吴先生这时却正在和公使蔡钧大战,名驰学界,白纱布下面,就藏着名誉的伤痕。不久,就被递解回国,路经皇城外的河边时,他跳了下去,但立刻又被捞起,押送回去了。这就是后来太炎先生和他笔战时,文中之所谓'不投大壑而投阳沟,面目上露'。其实是日本的御沟并不狭小,但当警官护送之际,却即使并未'面目上露',也一定要被捞起的。这笔战愈来愈凶,终至夹着毒詈,今年吴先生讥刺太炎先生受国民政府优遇时,还提起这件事,这是三十余年前的旧账,至今不忘,可见怨毒之深了。但先生手定的《章氏丛书》内,却都不收录这些攻战的文章。先生力排清虏,而服膺于几个清儒,殆将希踪古贤,故不欲以此等文字自秽其著述——但由我看来,其实是吃亏,上当的,此种醇风,正使物能遁形,贻患千古。"①

论战的发生与章太炎怀疑邹容案中吴稚晖暗中向清廷告密有

---

① 鲁迅:《因太炎先生而想起的二三事》,《且介亭杂文末编》。

关,但是他又没有确凿的证据,只是怀疑而已,但是这也足于使他寻找时机以泄心中之愤懑,于是1906年在写《邹容传》时,他就把揣测当成事实和盘托出:"爱国学社教员吴眺故依康有为,有为败,乃自匿,入盛宣怀之门。后在日本,于清公使蔡钧不协,逐归,愤发言革命排满事。而爱国学社多眺弟子,颇自发舒,陵铄新社生如奴隶。余与社长元培议,欲裁抑之。元培畏眺,不敢发——会清政府遣江苏候补道俞明震穷治爱国学社倡言革命者,明震故爱眺,召眺往,出总督札曰:'余奉命治公等,公与余昵,余不忍,愿条数人姓名以告,令余得复命制府。'眺即出《革命军》及《驳康有为论革命书》上之曰:'为首逆者,此二人也。'遽归,告其徒曰:'天去其疾矣,尔曹静待之。'吴稚晖其时正在法国巴黎办《新世纪》,宣传反清革命和无政府主义,受到这种攻击,自然不会认账,于是马上写了一封信给章太炎,说自己当初与俞明震见面,本是他探监时亲口告诉太炎,而太炎"以恒旧名,叙述恒与俞君相晤事",与事实不符,要求太炎"将出诸何人之口,入于君耳,明白见告,恒即向其人交涉。如为想当然,亦请见复说明为想当然,则思想自由,我辈所提倡,恒固不欲侵犯君之人权,恒即置之一笑。倘不能指出何人所口述,又不肯说明为想当然语,则奴隶可贵之笔墨,报复私人之恩怨,想高明如君,必不屑也"。章太炎立即回复,笔战开始进一步升级。章太炎首先列举出以下的事实:吴稚晖确曾于太炎和邹容入狱数日后前来探视,并自述与明震见面事,然而当邹容问"何以有我与章先生"时,"足下即面色青黄,嗫嚅不语,须臾引去";"足下献策事"是"某某某"说的,"仆不知"某某某的话得自传闻还是听俞明震亲口所说,但联系足下被邹容问得"面色青黄"来看,"仆"可断定这都是事实。虽然证据不足,章太炎仍对吴稚晖做了如下裁决:

  足下既作此鬼蜮事,自问素心,应亦惭惶无地,计穷词屈,乃复效讼棍行径,以为造膝密谈,非人所晓,汹汹然驰书诘问。足下虽诘问,仆岂无以答足下哉?适扬之使愈彰明耳?是非曲直,公道在人,无则言无,有则言有。仆于康、梁诸立宪党,诋淇未尝过甚。今于无政府党如足下者,摘发奸回,如彼其至。盖主义之是非,与心术之是非,二者不可同论。且以败群之羊,不可不摈,普天同志,犹未分明,故不得不明著表旗以示天下,岂以个人之私怨而诬足下哉!

然后又历数吴氏的种种可鄙之处,对其人格进行了辛辣的嘲讽:

呜呼!外作疏狂,内贪名势,始求权籍,终慕虚荣者,非足下乎?……为蔡钧所引渡,欲诈为自杀以就名,不投大壑而投阳沟,面目上露,犹欲以杀身成仁欺观听者,非足下之成事乎?从康长素讲变法不成,进而讲革命;从某某某讲革命不成,进而讲无政府。所向虽益高,而足下之精神点污,虽强水不可浣涤。仆位足下当曳尾涂中,龟鳖同乐,而复窃据虚名,高言改革,惧丑声之外扬,则作无赖口吻以自抵谰。引水自照,当亦知面目之可羞矣。

连吴稚晖因为反清而自杀未遂的义举都成了沽名钓誉的表演,太炎至此,已完全是在发"诛心之论"。吴稚晖当时在巴黎宣传激进的无政府主义,在进步青年中有一定影响,后来胡适甚至将其推崇为"中国近三百年来四大反理学的思想家之一";然太炎先生认为吴氏及其所宣扬的无政府主义:"浮夸影响,不中事情,于中国今日社会情形如隔十重云雾……吾于是知纵横捭阖之徒,心气粗浮,虽日日在欧洲,犹不能得毫毛之益也。"

革命阵营中人们最为鄙视的就是保皇党和清官吏,章太炎最后特意把吴稚晖称为"康有为门下之小吏,盛宣怀校内之洋奴",对其政治生命作了死刑判决。

吴氏看到这封公开信,又作书反诘,章氏再答,最后"笔战愈来愈凶，终至夹着毒詈"，竟至于用到"善箝而口，勿令䵽痈，善补而袴，勿令后穿"①之类的市井骂街之语。

纵观章吴笔战，不管从政治还是从文化角度都无从作更高的评价，因为论战双方都是反清革命党，也都属于晚清进步文化阵营之中。所以从历史角度来看，这是一场应该避免的恶战。论战当中暴露出很多问题：首先应该注意的就是新旧转型之际，由士大夫习性转变而来的不把对方当人的"贵族"特权意识，这种特权既包括政治的特权，也包括道德的特权和知识、学问等方面的特权，章太炎作为曾因反满革命蹲过大牢的革命先驱，在政治道德上显然要高过为避难而远走日本、欧洲的吴稚晖；虽然吴的言论也很激烈，但在巴黎办的《新世纪》上登丑化慈禧太后和光绪皇帝的漫画、发激烈的反满言论还是比较安全的。所以章太炎自己和大多数读者也都认为他有资格教训吴稚晖。"道德优越感"在传统士大夫身上是非常突出的标志，其所擅长的就是对他人进行道德判断、裁决，所以诛心之论盛行。至于学问上的优势章太炎更是不在话下，其作为国学大师、"文章大家"的地位，早已为世公认，吴氏自然无法与之相比。所以作为"有学问的革命家"的章太炎无形中就拥有了一种为其时代所认可的特别权利，有资格并且可以对其所憎恶的人和事大加挞伐，并自以为在替天行道，为民除害。所以他可以把素来被认为是"高贵的笔墨"、"文章"转化为一种纵情任性的自我私意的表达，这样在伸张自我的同时难免会碰撞到别人，但特权意识又将这种碰撞视为理所当然，由此自然会激化自我与他人的冲突，以致流为毒詈，没有了局。太炎先生晚年把这些文章删除，不收入全集，可见是对此有所悔悟的，虽然这些文章仍不乏其时代意义。鲁迅是始终神往于当年太炎先生笔战的雄姿，相信真理会愈辩愈明，"除恶务尽"、"痛打落水狗"，进而发展到"大

---

① 吴稚晖文中常夹杂"放屁！放屁！真正岂有此理！"的粗话，并以此自鸣得意，太炎先生这里也是"善意"地提醒其把裤子补好，免得自己放屁把裤子打穿了。

乱才能带来大治",孰知没有规则的超限战,带来的只能是"赢者无所得"的一片废墟。与擅长作深入冷静的哲学思考的章太炎相比,鲁迅更看重文化思想的现实政治作用。这也是第一代徘徊于传统与现代之间的知识分子与第二代更充分的"现代化"、"政治化"的知识分子之间的区别。

其次是判断、裁决标准的个人化、情绪化和主观化,这也是现代性文化的一种突出症候。蔡元培曾将现代文化的特征概括为"我见的扩大"。中国传统文化对于"我见"始终持一种谨慎的排斥的态度,像孔子讲:"子绝四:毋意毋必毋固毋我。"而现代性文化则将其根基奠定在个人之上,所以"我见"的扩大成为了一种现代日渐扩大的趋势,其所带来的问题就是如果只有我见,共识无法产生,规则也无从建立,由此使转型期的社会文化陷入无法摆脱的混战之中。鲁迅自己也未尝没有意识到其中存在的问题,所以他也反问自己:"报复,谁来裁判,怎能公平呢?便又立刻自答:自己裁判,自己执行;既没有上帝来主持,人便不妨以目偿头,也不妨以头偿目。"①这显然是沿用了进化论的弱肉强食的丛林规则,也许是时代的过于严峻,使他疑心反对报复和提倡宽恕都是居心险恶的骗人:"有时也觉得宽恕是美德,但立刻也疑心这话是怯汉所发明,因为他没有报复的勇气;或者倒是卑怯的坏人所创造,因为他贼害于人而怕人来报复,便骗以宽恕的美名。"②对进化论的强者人格的认同使他无法接受除了战斗之外的其他解决矛盾的方式。直到临终,鲁迅仍然坚持他的报复主义,甚至将其写入"遗嘱":"损着别人的牙眼,却反对报复,主张宽容的人,万勿和他接近。"③这其中有侠的快意恩仇、追求直接正义的成分在里面,但它显然也是一种利弊兼具的双刃剑。

章太炎属于"我见"意识强烈的人物,带有浓厚自我中心色

---

① 鲁迅:《杂忆》,1925年。
② 鲁迅:《杂忆》,1925年。
③ 鲁迅:《死》,《且介亭杂文末编》。

彩,鲁迅曾经给学生讲过太炎先生的性情与行事,说在日本,搞大扫除时,警察总要把地板和天花板都起下来,弄得满屋凌乱。太炎先生气愤之余,就说这是日本人反对他著作,或者说日本人受了清室的委托,故意使他生活不安,不能做革命的事业。鲁迅则态度比较客观,知道大扫除是挨户进行的事,绝不是有意使太炎先生受窘,心中是明白的,但也不与太炎先生抗争①。太炎最后一次去北平,门徒们公宴席上,曾问起过鲁迅:"豫才现在如何?"答说现在上海,颇为一般人疑为赤色分子。太炎先生点点头说:"他一向研究俄国文学,这误会一定从俄国文学而起。"②与因为政见不同,公开写了《答本师》与太炎先生决裂的周作人不同,鲁迅与太炎先生各方面的分歧不会比周作人少,但在处理与乃师的关系上则老练、成熟得多。

鲁迅从太炎先生那里直接受益的是文字学、排满革命思想以及敢于"独持我见、不合众嚣"的大独人格的熏陶,在学术思想上也受到一定的影响,如对于魏晋文的推崇,对于今古文学派的看法,对法家的肯定态度,对疑古派的反感,以及在日本时表现出的与太炎先生同调的光复旧物的文化民族主义倾向等。但他也表现出与太炎先生不同的取向,特别是在对文学的理解上不同,这种区别也是鲁迅成为"新文学"的开创者的重要关节。据说,在讨论、界说文学时鲁迅与章太炎之间发生过面对面的争论。当时与周氏兄弟同去参加在东京举办的"国学讲习会"的许寿裳,在其《亡友鲁迅印象记》中回忆道:"……有一次,因为章先生问及文学的定义如何,鲁迅答道:'文学和学说不同,学说所以启人思,文学所以增人感。'先生听了说:'这样分法虽较胜于前人,然仍有不当,郭璞的《江赋》、木华的《海赋》,何尝能动人哀乐呢?'鲁迅默默不服,退而和我说:'先生诠释文学,范围过于宽泛,把有句读无句读的悉

---

① 《孙氏兄弟忆鲁迅》,第 36 页。
② 《孙氏兄弟忆鲁迅》,第 35 页。

数归入文学。'其实,文字与文学固当有分别的,《江赋》《海赋》之类,辞虽奥博,而其文学价值就很难说。这可见鲁迅治学'爱吾师尤爱真理'的态度!"

这里咱们先把"爱吾师尤爱真理"的话头搁置一边,看看鲁迅和太炎先生的文学观的内在的分歧何在。首先章太炎的文学观是一种立足于中国文化传统的"泛文学观"或称"杂文学观",他在《文学论略》中认定:"文学者,以有文字著于竹帛,故谓之文","榷论文学,以文字为准",文字是确定文学的最基本的指标。由此文学即文字之学、文章之学,所以他论文学,是将文学分为"著作之文与独行之文"、"骈体、散体"来论的,尤其重视的是文气的盛衰,他认为:"自唐以来,论文皆以气为主。气之盛衰,不可强为。大抵见理清、感情重,自然气盛。周秦之作,未有不深于理者,故篇篇有气。论感情,亦古人重于后人。……汉人叙战争者,如《项羽本纪》《李陵列传》,有如目睹,非徒其事迹之奇也,乃其文亦极描写之能事矣。此在后世文人为之,虽有意描写,亦不能几及。何也?其情不至也。大抵抒情之作,往往宜于小说。然自唐以降,小说家但能叙鬼怪,而不能叙战争攻杀。此由实情所无,想像亦有所不逮。惟有男女之情,今古不变,后世小说,类能道之。然人之爱情,岂仅限于男女?君臣、父子、兄弟、朋友,无不有爱情焉。而后世小说之能事,则尽于述男女而已。"

由此可知章太炎的文学观并不将文学从文化中抽离出来,文史哲并不分家,文学就是文化的精髓所在,说理与抒情、纪实与虚构都可以归于文学,其评判标准便是"见理清、感情重"的文气。这是一种传统的以"证道"为中心的文学观,它代表着一种前现代的大一统的文学、文化观念。所以他认为抒情则不能成为文学的根本指标,也不同意当时在西方文学影响下开始流行的将小说视为一切文学之样板的做法:"专尚激发感情,惟杂文小说耳。……彼专以杂文小说之能事,概一切文辞者,是真知其一,而不知其二也。……吾今为语曰:一切文辞(兼学说在内),体裁各异。以激发感情为要者,箴铭哀诔诗赋词曲杂文小说之类是也;以发思想为要者,学说是也;……其体各异,故其工拙亦因之,其为文辞则一也。"如以抒情为理由"摒学说于文学之外"是不恰当的,因为学说也可以感人至深甚至超过文学,"又学说者,非一往不可感人。凡感于文言者,在其得我心。是故饮食移味,居处温愉者,闻劳人之歌,心犹泊然。大愚不灵,无所愤悱者,睹眇论则以为恒言也。身有疾痛,闻幼眇之音,则感慨随之矣。心有疑滞,睹辨析之论,则悦怿随之矣。故曰:'发愤忘食,乐以忘忧。'凡好学者皆然,非独仲尼也。以文辞、学说为分者,得其大齐,审察之则不当"①。所以文学也不可把说理之文摒除在外,减弱和缩小文学的担当和疆域。

而鲁迅则代表的是在西方文学影响下产生的现代性分化后的"纯文学"观念,西方"现代性"文化的产生表现为传统的大一统的宗教文化的分化,韦伯认为:欧洲的"现代性"是宗教与形而上学所表达的"实质理性"一分为三个自主的领域——科学、道德与艺术——的结果。这种分化过程也就是一种"祛魅"(祛神性之魅)的理性化的过程,它在欧洲导致了宗教世界图景的瓦解,世俗化的人本主义文化的兴盛。由此产生的是真、美、善三个领域的分离,"真"归之为科学,成为了认识问题;"美"归之为艺术及自然美,成为了趣味问题;"善"归之为道德,成为了实践领域的问题。人的主体性的确立、"自我"的发现,引发客观意义上的"自然"的发现,进而推动实践领域中的道德自律与政治自由以及审美领域里的艺术自主原则。科学代表的是人的求真意志,以求真为唯一的目的,它强调的是从事物的普遍性出发探寻客观规律;艺术追求的则是美,给人以感性,让人富有激情,它更注重主观情感,是根据事物的特殊性去处理事物的普遍性;人文追求的是善、信仰与虔诚。它既有理性思考,又有情感魅力,代表的是人类文化的核心价值和规范。由此科学家、人文主义者和艺术家分别是这三种精神的典型

---

① 章太炎:《国故论衡·文学总略》,1910年,该文由《文学论略》改成。

体现,他们各有侧重,但又有一定程度的融合。

艺术与科学、人文的分立,促成了"纯文学"概念的出现,即强调为文学而文学、为美而美,将文学艺术从道德的束缚下解放出来,以追求激情和表现美为唯一的天职。所以鲁迅认为要将"抒情"与"说理"分开,将"抒情"专归诸文学,将"说理"摒除于文学之外,也就是强调文学家与道德家的分野,这是一种源于浪漫主义的主情、主我观念的文学观。它将自我情感的抒发视为文学的要旨,主张情感至上、文学独立和审美自主。鲁迅和周作人,是较为全面深入地接受了西方现代文化熏陶的第一代中国现代知识分子,其文学观已带有鲜明的自我本位色彩。1907年,他们兄弟二人在日本留学时期就合作翻译了缺乏明显的社会功利性而带有浓厚的浪漫想象色彩的西方小说《红星佚史》,并在序言中对梁启超所倡导的"小说界革命"的功利主义对文学的理解表示反对,从中西文学对比中强调了文学之为文学的特性:"泰西诗多私制,主美,故能出自由之意,舒其文心,而中国则以典章视诗,演至说部,亦立劝惩为臬极,文章与教训漫无畛畦,画最隘之界,使勿驰其神智,否者或群逼挤之,所意不同,成果斯异。"①

这种对"文学"的见识是后来在"文学革命"中率先发难写《文学改良刍议》的胡适也未曾具备的,胡适只是把文学视为"是人的生活状况的记录",将文学予以历史化的理解而已。在《红星佚史》的序言中,他们还明确地以情感作为"文"的根本特征:"然世之现为文辞者,实不外学与文二事,学以益智,文以移情,能移人情,文责以尽,他有所益,客而已,而说部者,文之属也。"所以只有小说和诗歌才是真正的文学即"纯文学"。鲁迅《摩罗诗力说》(1908年)也强调:"由纯文学上言之,则以一切美术之本质,皆在使观听之人,为之兴感怡悦。文章为美术之一,质当亦然,与个人暨邦国之存,无所系属,实利离尽,究理弗存。"文学作为美术之一

---

① 转引自《中国的隐士和叛徒周作人》,上海文艺出版社1990年版,第35页。

部,其具有不涉功利性("实利离尽")、不涉概念性("究理弗存"),而其核心的力量在于唤起人的情感的"诗力"。将情感作为文学的要素,与人的解放的现代趋势是密不可分的,人的解放首先是情感的解放,感性的解放,敢爱、敢恨素来是鲁迅所提倡的,所谓立人也主要是人的"自觉至、个姓张"而已,这都离不开人的情感的解放。重感性个体的感受、情感和体验也就成为现代文学的传统,其功绩在于促进了人的解放和文学的独立、自主,其弊则表现为唯情主义的非理性化、滥情倾向,京派作家萧乾在反思五四文学的情感主义倾向时写下过这样一段批评性的文字:"除了一部分滴着爱莫能助的同情泪,在黯淡的角落里写着人道主义的小说外,文艺界成为了一个繁荣的鸟市,一个疯癫院。烦闷了的,就扯开喉咙啸号一阵,害歇斯底里症的就发出响朗的笑,穷的就跳着脚嚷出自己的需要,那有着性的烦闷的,就在大庭广众之下脱下精光"①。文学除了作"情感的喷射器"之外,还应该考虑到理性的需要、美的需要、形式的需要等,所以抒情性的文学只是文学之一种,而并非是文学的唯一标识。作为作家或当时是潜在的作家的鲁迅是从自己创作观出发对文学下的定义,他与作为学者的章太炎立足于整体性的文化视野上所下的定义自然会有所不同。

至于两人对于文学理解的高下,则不好做简单的判断。只能说鲁迅的理解更切合时代的需要,催生了新文学产生,促进了文学的变革;而太炎先生的理解注重的是文学之作为传统文化核心的固有地位,强调的是文学之为文化的精华所应具有的文化意义。纯文学观在带给我们恩惠的同时,也留下诸多的匮乏和遗憾,施蛰存在20世纪40年代就已经注意到了中国"新文学"的内在的贫困,这种贫困的造成与"新文学"的自我界定有关。施先生这篇《文学之贫困》,笔者认为很重要,所以大段引用一下:

---

① 萧乾:《废邮存底·答辩》。

现代人对于文学这个名称的观念,具体地说起来,仿佛就以为这是诗歌,小说(长篇及短篇),戏剧,散文的总称而已(有些人还主张加上杂文和报告两类),在这些项目以外,仿佛就没有了文学的疆域。或者还有些人,认为文学的疆域不能限制得这样狭窄,他们要把别的一些文字撰述拉进来算做文学,于是把上述的四种东西称之为纯文学。这样对于文学的疆域之观念固然开拓了不少,但是诗歌,小说,戏剧,散文这四者仍然被约束在一个"纯"字范围里,作为自成一个流派的东西。

施先生在陈述了现代一般人对文学的理解后,对文学观念作了古今的对比:

在古代,无论中国或西洋,却并不如此。希腊人所谓文学,是连历史,哲学,演说辞都包含在里头的。而且,它们还占了文学中的主要地位。中国也如此。孔门四教,以文为第一。而这个"文"字是统摄六艺而言的。古典的文学观念,似乎以中国为保持得最长久,一直到晚清,历史和哲学始终没有被赶出文学的大门之外,而小说始终没有被请进会客厅。自从西洋的近代文学观念及教育制度被贩进中国来之后,于是,小说被选录进中学国文教科书,而哲学及史学在大学院中别自成为一系了。现在,大学中国文学系的科目,只有历代文选,诗选,词曲选和一门文学史了(虽然还有一个语言文字组,但不久比较语言学发达起来,眼见得它也快要别成一系,退出文学范围了)。文学的观念及文学的教育制度,都在倾向着愈纯愈窄的路上走,而说这个时代的文学会比古代更丰富,我很怀疑。

再说,文学对于人生及社会的作用,现代也与古代不同了。文学修养在古代的教育制度中,不过是为一个企图作高深的学术研究的学生打定一个基础,或者是为一个仅仅预备作健全的公民(或曰士)培养一点文化程度而已。因此,一般的知识阶级都有良好的文学修养,而文学也还不能成为专业。历史,哲学和政治都是文学的进修科目(advanced course)。没有优越的文学修养者,决没有希望成为一个历史家,哲学家或政治家。反之,诗人和戏曲家,如果他只能写诗与戏曲的话,他们在当时的地位是不会太高的(事实上,古代没有这种文学家。在中国,直到汉代才有司马相如之流的辞赋家出来)。孔子曰:"不学诗,无以言。"又称赞子贡"始可与言诗矣"。原来是为了子贡能"告诸往而知来者"。子贡也是一个"可与言诗"的高材生,因为他能够从诗句里参悟到"礼后",这些都可知现代之所谓纯文学,在古代只是知识阶级的共同必修科而已。"

与此同时,文学在现代社会中的地位、作用以及文学家的身份认同等也发生了变化:

纯文学作品对于社会的作用,在古代,也并不像现代一样地只是被当作民众的读物而已。它多半是辅助政教的东西。

"诵诗三百",其目的是要他使于四方而能专对。登高能赋,才可以做大夫。甚至司马相如枚乘之流的纯文学家,他们的赋也多少要有点讽喻作用。希腊也是如此,戏剧是用于宗教典礼的,诗人大多数皆做墓铭和格言,其作用皆不离乎政教。

而现在呢?我们的文学家所能写的只是小说,诗歌,戏剧,散文,上焉者兼有四长,便为全才,下焉者仅得一技,亦复沾沾自喜,俨然自以为凤毛麟角。历史,哲学,政治以及其他一切人文科学全不知道。因此文学家仅仅是个架空的文学家。生活浪漫,意气飞扬,语言乏味,面目可憎,全不像一个有优越修养的样子。就其个人而言,则上不能恢宏学术,下不堪为参军记室;就其与社会之关系而言,亦既不能裨益政教,又不能表率人伦。至多是能制造几本印刷物出来,在三年五载之中,为有闲阶级之书斋清玩,或为无产阶级发泄牢骚之具而已。

因此,文、史、哲分化的结果也可能带来一种三败俱伤的结果:

> 让我们再看一看被现代文学所挤出去的历史,哲学或政治,现在成为一个什么样子了呢?现代的历史家,多数皆在摘句寻章,做几套分类卡片上的功夫。他们说这是科学方法。自从这种科学方法占领了史学之后,我们的历史家就无需乎先成为通人。因此现代的历史著作大多数皆支离破碎,以一斑为全豹,而缺乏磅礴宏伟的巨著。历史家可以不必长于文学,我们怎能希望历史著作成为文学呢。

> 哲学方面的情形似乎更坏,尤其是在我国。哲学是民族文化的骨干。一个民族的文化自有其固有的哲学。欧洲哲学对于中国民族的关系,远不如印度哲学之重要。而现在中国谈哲学者,不知有几个先从印度哲学及中国哲学下手?大学一年级的哲学概论多半都靠了一本 poulson,试问读过这门功课的学生,到底有谁觉得从此对于我们这个民族的思想发生了了解?让我再退一步说,即使专治西洋哲学者,有几个人能写一本典雅畅达的小书,给我们介绍西洋哲人的思想及学说。就说翻译罢,我们现在所有的尼采,倭铿,叔本华等人的译本,有哪一本是出于一个有文学修养的译述家之手的?

> 至于政治,法律,外交这些学问,本来是尤其需要一个丰富的文学基础。而我国的政治家,法学家及外交家中间,又有几个懂得文学?质胜文则野,政治,外交,法律,这些都是最"质"的学问,如果没有"文"去调剂一下,其势必不免于"野"。

我们的政治家,法学家及外交家恐怕正有许多野气。听说英国的教育制度,凡读政治,法律及外交者,必须先是一个文学士,我想这个办法是很有道理的。从前东吴大学的法科,必须大学文科二年修毕后才能进去,而近来却跟着国立大学而取消了这个限制。这似乎颇使人有"道在夷狄"之感了。

在揭示了现代人的文学观念的褊狭之后,施蛰存这样表明他的文学主张:

> 我并不主张文学观念之复古。但我不赞成一般文学(general literature)与纯文学(pure literature)这两个名称之对立。历史,哲学与政治应该与小说,诗歌,戏剧同样地成为一个有文学修养的学者的表现。文学家不应该仅仅是小说,诗歌,戏剧,散文的写作者的尊称。甚至,文学家也不应该是一种职业。(据我所知道的,恐怕只有美国有职业的文学家,因为美国的bestseller可以藉此生活,而欧洲及英国则不然。)而历史,哲学及政治家必须先从文学入手。在教育制度上,我以为大学中国文学系的地位不应该和土木工程系,会计系等专门技术的学系处于同等地位,它至少应该成为文法学院各系的先修系或共同必修科。照现在的情形看来,我们显然可见文学愈"纯"则愈贫困,纵然书店里每月有大量的诗歌,小说,戏曲,散文出版——这是出版业的繁荣,不是文学的繁荣。

施先生这段话提醒我们不要把纯文学之类的主张理想化、绝对化,现代文化的分化在很大程度上是出于一种时势所趋,现代文化的分化和知识总量的过于庞大,已不大可能出现传统的通才式的人物,而社会制度、结构的变化也使传统的集政、学、道于一体的士的阶层土崩瓦解,知识分子也被边缘化,传统文学得以产生的土壤已经不存在,"新文学"只能走不同于传统的新路,但这并非是一条宽阔平坦的路,而在很大程度上是出于不得已。因此对其存在的问题应有一定的自觉。

过于极端去追求"文学"之纯,可能导致的是对文学自身的生命力的损伤,导致其人文关怀和文化底蕴的流失,使其陷入一种无法承受之轻的状态,这就不但不能提高文学的地位,反而会使其失去在文化中固有的重要性。鲁迅的创作具有其文学转型期的特殊性,他是担负着创造新文化的历史使命的作家,但其创作的文化重要性依赖于现代文化与传统文化的二元对立关系,在解构、否定传统文化方面显示出其特有的重要性。然而,一旦固有文化被解构、否定之后退出历史舞台,这种解构性的文化、文学之路也就走到了尽头,那么"新文学"将何以自处?如何在现代文化中继续维持其文化重要性,这都是值得认真思考的问题。

2. "学堂":制造"人才"的教育工厂

鲁迅是现代学堂兴起之后培养出的第一代知识分子,然而他对于当时的学堂教育评价不高,以批评为主,这与当时学堂初兴新旧杂糅、肤浅短视功利主义的状况有关。学堂本身所教授的内容对其自我成长影响不大,那只是一些比较初级的、零零碎碎的实用知识而已。对他有帮助的是他在学堂读书期间的自学生涯,这是鲁迅自我成长中的关键一环。鲁迅进洋务派办的官办水师、陆军矿物学堂读书最初主要是出于无奈。

1896年秋,鲁迅的父亲过世,鲁迅的家境越来越贫寒,基本生计开始出现问题。走传统科举应试的路也需要经济上的起码保障,如能缴得起学费,衣食无忧等,但这些基本条件周家也感到困难了。所以已经15岁的鲁迅要考虑他的个人前途了。除此之外,自介孚公落难之后,鲁迅家在家族中的地位也一落千丈,很多以前受过他们的照应、巴结他们的人都对他们冷若冰霜,甚至想趁火打劫,占他们的便宜。这使鲁迅与家族的矛盾也开始激化起来,有一件鲁迅终生难忘的事,那就是在一次家族集会上,已经败落的鲁迅家受到族人的逼迫,让其在有损自家利益的文书上签字,鲁迅坚持拒绝画押,说须要请示祖父,才能决定。结果受到了一向对他不错的叔祖周玉田的很严厉的训斥。此外关于鲁迅的谣言也开始出现,据说是"衍太太"讲的:鲁迅从家里偷东西卖。这些事对鲁迅的打击,大概比避难时被说是"乞食者"更大,以致严重到使他彻底对家族亲情等失去了信任。正如《孤独者》中魏连殳对族人的极端看法:族人坚持要把儿子过继给单身的魏连殳不过是图他的房子和财产而已。这种愤激之言未始没有其真实性。只不过一般人没有过鲁迅这样的走到极限的体验,所以还停留在中间地带,自欺式地保持一种天长地久的温情幻觉。

鲁迅已受的教育和他的家世背景使他对当时绍兴败落的读书人家子弟去做幕友或商人的道路充满厌恶,正好此时洋务运动兴起,专门培养实用人才的不花钱的洋务学堂开始大量出现,时代为鲁迅提供了一条新路。

据鲁迅所知,当时绍兴城里有一所新式的中西学堂,但只教汉文、算学、英文和法学。杭州的求是书院、南京的格致书院,功课较为别致,但学费较贵,鲁迅当时负担不起。

新式学堂中,只有军事学堂是公费供给的,每月还有津贴"赡

1898年5月,鲁迅考入免费的南京江南水师学堂。

银"。当时鲁迅的堂叔祖周椒生正在南京的江南水师学堂做管轮班监督,于是鲁迅就在1898年5月报考了水师学堂。周椒生认为鲁迅是读书人家的子弟,入水师学堂"当兵"不大好,至少不宜拿出家谱上的本名来,因此将鲁迅的学名"周樟寿"改为"周树人"①。

鲁迅后来用"乌烟瘴气"来形容江南水师学堂,是很确切的。鲁迅入学后分在机关科(即"管轮班"),课程是一周四天英语,翻来覆去只是"It is a cat. Is it a rat?"一天读汉文,内容是鲁迅早已熟悉的《左传》;一天作文,题目是《知己知彼百战百胜论》、《颍考叔论》、《云从龙风从虎论》、《咬得菜根则百事可做论》,等等。

水师学堂原本有一个游泳池,是给学生学游泳的,但因为早先淹死了两个年幼的学生,因此到鲁迅入学的时候,学校早已将游泳池填平了。不但填平,而且学校在其上面造了关帝庙来镇压冤魂,七月十五还要请和尚来放焰口(《朝花夕拾·琐记》)。

鲁迅不堪忍受这种氛围,不到半年便转考江南陆师学堂新设的矿务铁路学堂,并于当年10月26日被录取。在等候入学的期间,鲁迅回绍兴参加了科举考试,成绩不坏,在次年1月发布的县考大案上,鲁迅名列三图三十七。可能是由于12月鲁迅幼弟椿寿夭折,他无心再考,在放榜前就返回了南京。据说在周围亲戚的竭力怂恿之下,鲁迅的母亲找了人代替鲁迅参加府考。虽然也上榜了,但之后鲁迅再也没有参加任何科举考试。这一年,鲁迅还刻了两个图章,一个是"文章误我",一个是给自己取的别号"戛剑生"。

1899年1月,鲁迅正式进入矿务铁路学堂学习。这回外文是德文了,汉文仍然是《左传》,但外加《小学集注》。论文题目也不似水师学堂所出的那般陈旧。第二年的总办是一个新党,他是常看《时务报》的,于是作文考试题目也就变化成《华盛顿论》了。课程上增加了格致、地学、金石学,即现在所谓的物理学、地质学和矿物学(《朝花夕拾·琐记》)。这些新鲜的自然科学知识使鲁迅的

---

① 周作人:《鲁迅的青年时代》,第4页。

1898年10月，鲁迅改考于南京江南陆师学堂新设的矿务铁路学堂。

眼前一亮。学堂里还有《全体新论》《化学卫生论》之类的书籍，使他渐渐明白中医的不合科学之处，以及日本维新大半发端于西方医学的事实（《呐喊·自序》）。

自然科学知识使鲁迅开阔了视野，他更加注意搜集阅读西方新书。1902年，周作人的日记里记录了鲁迅所涉猎的一些西方文学书籍。其中有《包探案》及《长生术》，前者即柯南道尔所著的《福尔摩斯探案集》，后者是哈葛德所著的蛮荒小说。还有林琴南译的《巴黎茶花女遗事》。

鲁迅阅读《天演论》，也正是这个时候。数年以后，在日本，他和好友许寿裳还能背诵其中的几段文字，开头便是：

赫胥黎独处一室之中，在英伦之南，背山而面野，槛外诸境，历历如在机下。乃悬想二千年前，当罗马大将恺彻未到时，此间有何景物？计惟有天造草昧……

《天演论》为鲁迅打开了一个前所未有的新世界，鲁迅"一口气读下去，'物竞''天择'也出来了，苏格拉底，柏拉图也出来了，斯多噶也出来了"(《朝花夕拾·琐记》)。他激动不已,不仅自己反复阅读,还将书带给周作人看。从此鲁迅就很注意搜集林纾和严复的译著。

矿路学堂里又设立了阅报处,《时务报》、《译学汇编》成了鲁迅常看的报纸。

鲁迅对新学的痴迷引起了"本家的老辈"的教诲,这位长辈很可能就是周椒生叔祖。根据周作人回忆,周椒生是比较老派的传统士大夫,他怕学生——尤其是他招来的本家——去搞革命,因此便常常劝阻鲁迅他们①。但鲁迅并不理会,一有空仍是看《天演论》。由《天演论》而接受的西方社会进化论思想构成了对鲁迅的第一次自我否定,以往接受的传统观念在进化论冲击下轰然倒塌,使他不再相信天不变、道亦不变的循环性的古老信仰,然而不同于中国传统的新的世界到底是什么样子？他还未曾见过,出国留学给他提供了另一种不同的世界体验。

3. "帝国之眼"的凝视与超乎国族的立场

1902年1月,鲁迅以一等第三名的成绩从矿路学堂毕业,并得到了公派日本留学的资格。同年3月,他离开绍兴去日本留学,先入东京的弘文学院学习日语。此段时间鲁迅经常去东京中国留学生会馆参加反清的革命者的演讲会,受到排满、革命思潮的影响,赴日不久他就剪去了象征着民族耻辱的辫子,并写下《自题小像》一诗以明心迹:"灵台无计逃神矢,风雨如磐暗故园。寄意寒星荃不察,我以我血荐轩辕。"此诗已埋藏下日后鲁迅文学创作的一些基本因子,如个人的牺牲、神圣的爱、先觉者的孤独、殉道者的情怀等,值得略加分析:灵台,指心。神矢,指的是罗马神话中的爱神丘比特之箭,爱神的箭射中一对男女的心,双方就会相爱。这首诗显然是一种"爱"的表白,这种"爱"既包括个人情爱,又包括民

---

① 周作人:《监督》,《鲁迅的故家》,第116页。

族、国家之爱,凸显出一种不由自主的宿命之感,即并非因为对方可爱而去爱,而是基于某种无可选择的命运不得不爱。这种不得不爱之"爱"的产生与鲁迅当时在爱情婚姻和家国感情上产生的苦恼是有联系的。1903年夏,鲁迅归国度假,因不愿拂逆年轻守寡、生活艰辛的母亲的心意,答应了与朱安订婚。但他内心对这婚事是很不满意的,将此看做是对"母爱"的牺牲,将朱安视为是"母亲给我的一件礼物,只能好好的供养她"①。据周建人讲鲁迅真正所爱的是他的表妹"琴姑",但因为所谓"命里犯冲",未能如愿,这对于青年鲁迅显然打击很大。说到国家、民族情感也是如此,其时"满清宰华、汉族受压",故国风雨如磐,命运堪忧,而清朝统治者颠顶无能、倒行逆施,如此的中国很为列强所轻。鲁迅身在日本,饱尝了这种身为弱国子民的屈辱;但作为一个中国人,对故国、民族的爱也是无从选择的,这也同中了爱神丘比特的箭一样,来自一种高于自身的不由自主的"神意",故而是"无计可逃"。"寄意寒星荃不察"是指爱者与被爱者之间的不对等和无法沟通,被爱者并不能理解"我"的爱意和苦衷,于是只好"寄意寒星",尽其在我、不求回报。"我以我血荐轩辕",即"我"已决意选择一种自我牺牲之道以弥补这种无爱和无所可爱的缺憾。由此诗人的个人情怀也就上升成一种"民族寓言",这也是后发国家文学的现代性的共性,即文学侧重表达的是一种国族共性的"大我"的情感。1903年鲁迅在留日浙江籍学生主办的《浙江潮》上发表编译的历史小说《斯巴达之魂》,以古斯巴达抵抗波斯侵略悲壮故事,呼唤一种尚武牺牲的民族精神。此时的鲁迅还加入反清团体"浙学会",此会即为后来成立的著名的反清组织"光复会"的前身之一。

1902年4月,鲁迅进入弘文学院,编入普通江南班。按规定,鲁迅他们需要在弘文学院学习两年,主要是学习日语和普通科学知识。鲁迅后来回忆说:"在这里,三泽力太郎先生教我水是养气

---

① 吴作桥等编:《再读鲁迅》,时代文艺出版社2005年版,第95页。

和轻气所合成,山内繁雄先生教我贝壳里的什么地方其名为'外套'。"①鲁迅还进一步了解到"新的医学对日本的维新有很大的助力",因此结业的时候,他就决定去学医了。

在南京,鲁迅已经看了严复所翻译的《天演论》,还有加藤弘之的《物竞论》,但鲁迅真正懂得达尔文的自然进化论,是在弘文学院读书期间。这时他看到了丘浅治郎的进化论,才明白科学意义上的进化学说是怎么一回事。

然而正在鲁迅努力寻找科学救国之路时,却发现弘文学院是维护清国,尊重孔教的。有一天,学监大久保先生集合了学生说,因为你们都是孔子之徒,今天到御茶之水的孔庙去行礼吧!这让鲁迅十分吃惊。正是在国内失望于儒教,才远赴东洋学习新知,没想到日本的学校也提倡孔子之道②。正处在自我文化否定阶段的鲁迅显然无法接受这种尊孔习俗。

当时在东京的清国留学生,往往将辫子盘在头上,"顶得学生制帽的顶上高高耸起,形成一座富士山"。鲁迅很看不惯。到达日本的次年3月,他就将辫子剪了,成为江南班中剪辫子的第一人。已剪辫的好友许寿裳一见到他就说:"啊!壁垒一新!"鲁迅用手摸了一下自己的头顶,两人相对一笑,喜悦之情溢于言表。鲁迅还特意照了一张相片,寄给了周作人。

东京的留学生中还有种种怪现象。弘文学院除了鲁迅他们就读的预备班,还开设速成班,有些留学生学习六个月或者八个月就匆匆回国,有的还在会馆里学跳舞。鲁迅很看不惯他们的浮薄行径,于是就去还没有清国留学生的仙台医学专门学校学习③。

鲁迅选择偏远的仙台医专,远离中国留学生汇聚之地,大概也与他刚刚经历的一场政治风暴有关。1905年8月同盟会在日本

---

① 鲁迅:《且介亭杂文二集·在现代中国的孔夫子》,《鲁迅全集》第六卷,第326页。
② 鲁迅:《且介亭杂文二集·在现代中国的孔夫子》。
③ 鲁迅《藤野先生》一文中说仙台只有他一个中国留学生,实际上还有一个,两人还有过合影。这大概是出于为文的需要作的变动,散文并非实录。

鲁迅断发照。

成立,11月《民报》创刊,用孙中山的话说"从此革命风潮一日千丈"。清政府请求日本驱逐中国留日学生中的革命党人,1905年11月2日,日本政府文部省发表了一个严格管束中国留学生的规则——《清国留学生取缔规则》。这个规则主要有三条:第一是中国留学生一定要在清朝政府驻日公使和日本学堂登记,留学生的活动、到哪里去都得要登记;第二是通信要登记,给国内朋友写信都必须登记;第三是不准住到别的地方去,只能住在留学生学校的宿舍。这个规则一出台,就引起了八千留日学生的强烈抗议,但在斗争的方式上,留学生中间出现了严重分歧。一派以秋瑾和宋教仁为代表,主张全体同学罢学回国;一派以汪兆铭和胡汉民为代表,主张忍辱负重留在日本继续求学,结果两派发生了激烈争论,甚至到了势不两立的地步,以至最后留日学生总会的干事们不想承担责任,纷纷辞职不干了。中国留学生内部的这种内讧让日本报纸很是幸灾乐祸,他们将中国留学生说成是"乌合之众",1905

年12月7日的《朝日新闻》甚至嘲笑中国留学生是"放纵卑劣"的一群,挖苦中国人缺乏团结力,而陈天华就是在看了这张报纸后的当夜,手书了一封被后世人称为《绝命辞》的信,于次日蹈海而死的。

鲁迅当时是属于"留下派",与秋瑾女侠发生过正面冲突,日本学者永田圭介在其《秋瑾——竞雄女侠传》中对此事考证甚详,他根据日本报刊的资料记载,讲述陈天华死后的第二天宋教仁、秋瑾等组织追悼活动的经过:

> 翌日(12月9日),留学生们公推秋瑾为召集人,在留学生会馆中的锦辉馆召开陈天华追悼会,会上,她宣布判处反对集体回国的周树人(鲁迅)和许寿裳等人"死刑",还拔出随身携带的日本刀大声喝道:"投降满虏,卖友求荣。欺压汉人,吃我一刀。"①

在去留问题上,官费生和自费生自有不同的考虑;另外留在日本也可照样革命,所以去留并非什么原则性的问题,但是在当时这成为了无法化解的矛盾。

陈天华本不主张全体罢学归国,但大家一经决定,他就认为必须坚决实行,否则将为日本人所耻笑。当时中国留学生总会的负责人却不想负起责任,令他十分痛心。另外日本报纸的嘲笑污蔑仿佛有不幸而言中的味道,对他刺激很深,因此愤而蹈海自杀。他在《绝命辞》里写到日本人污蔑中国留学生"放纵卑劣",如果留学生真的都是"放纵卑劣,则中国真亡矣。岂特亡国而已,二十世纪之后有放纵卑劣之人种,能存于世乎?"他为此提出"坚忍奉公,力学爱国"作为放纵卑劣的反面,"恐同胞之不见听而或忘之,故以身投东海,为诸君之纪念"。如果有人念及他,则勿忘他今日的话。

---

① 转引自《日本学者笔下的秋瑾:曾与留日的鲁迅发生冲突》,《北京日报》2007年10月23日。

他说自己不是为取缔规则问题而死的,要求他死后"取缔规则问题可了则了,切勿固执"。只是希望大家能振作起来,勿为日本报纸言中了,则他"虽死之日,犹生之年"。

经历了这场轰轰烈烈的政治风暴,鲁迅大概感到自己并非是那种适合搞政治的材料,他对中国留学生群体也颇感失望,于是初到日本时的政治热情开始减弱,转向潜心求学。

到了仙台医专的鲁迅从此"看见许多陌生的先生,听到许多新鲜的讲义"①。第一学期的课程是组织学、解剖学、化学、物理学、伦理学、德语和体操。其中一位教解剖学的先生就是藤野严九郎先生。他就是被鲁迅唯一尊称为"在我所认为我师的之中,他是最使我感激,给我鼓励的一个"。在回忆文章中鲁迅还这样说:"有时我常常想:他的对于我的热心的希望,不倦的教诲,小而言之,是为中国,就是希望中国有新的医学;大而言之,是为学术,就是希望新的医学传到中国去。他的性格,在我的眼里和心里是伟大的,虽然他的姓名并不为许多人所知道。"

但藤野先生在一般日本学生眼中只是一个不修边幅、言行拘谨、打扮寒伧、有些迂腐好笑的"书呆子"。关于他流传着一些笑话:"藤野先生,据说是穿衣服太模胡了,有时竟会忘记带领结;冬天是一件旧外套,寒颤颤的,有一回上火车去,致使管车的疑心他是扒手,叫车里的客人大家小心些。"

但貌不惊人的藤野先生却有着一颗金子般的心,他对工作恪尽职守,特别是对颇受日本同学白眼的中国学生鲁迅给予了特别的关心:检查鲁迅的听课笔记,"第二三天便还我,并且说,此后每一星期要送给他看一回。我拿下来打开看时,很吃了一惊,同时也感到一种不安和感激。原来我的讲义已经从头到末,都用红笔添改过了,不但增加了许多脱漏的地方,连文法的错误,也都一一订正。这样一直继续到教完了他所担任的功课:骨学、血管学、神经

---

① 鲁迅:《朝花夕拾·藤野先生》,《鲁迅全集》第二卷,第314页。

学。"这种特别的关怀当然会使身处异国的鲁迅感到特别的温暖和感激。

藤野先生具有一种科学家的认真、敬业精神,这是一种超出一般人情之上的、求真的科学精神,他希望鲁迅也能具有同样的品质,因此他看到鲁迅敢于解剖尸体时感到很欣慰:"我因为听说中国人是很敬重鬼的,所以很担心,怕你不肯解剖尸体。现在总算放心了,没有这回事。"但他也偶有使鲁迅很为难的时候,如他听说中国的女人是裹脚的,但不知道详细,所以要问鲁迅怎么裹法,足骨变成怎样的畸形,还叹息道:"总要看一看才知道。究竟是怎么一回事呢?"

学工科出身后来又学医的鲁迅对于科学家有一种特别的崇敬,这个时期他还编译过凡尔纳的科幻小说《地底旅行》和《月界旅行》,可以说是中国科幻小说的最早的开拓者之一。科幻小说的主角就是代表着为科学而科学的求真精神的科学家,藤野先生也颇有这种纯正的科学家气质。藤野先生对于鲁迅热心的希望、不倦的教诲,鲁迅一直牢记在心。藤野先生赠给鲁迅的照片,也一直挂在鲁迅书房的墙壁上。可见藤野先生是鲁迅在他长期的学堂教育中唯一遇到的恩师。

就藤野先生本人而言,他是施恩不图报的人,因鲁迅与他久无联系,所以对他鲁迅的记忆已非常模糊。鲁迅去世之后,日本的一些热心人终于寻访到了仍健在的藤野先生,藤野先生也写了一篇名为《谨忆周树人先生》的文章,对他记忆中的鲁迅进行了描述:

> 周先生身材不太高,圆脸,样子很聪明。看来那时气色就不算太健康。我担任的是人体解剖学,他在教室里极其认真地记笔记,可究竟是刚刚入学,日本话还不能充分地会话和理解,学习似乎非常吃力。
>
> 因此,我下了课就留下来,给周先生看看笔记,把他听错了、没写对的地方补充订正一下。身居异乡,要是在东京一定

还有许多同胞留学生,如前所述,在仙台却是周先生只身一人,我想一定很寂寞吧,但实际并没有这种迹象,只觉得他在上课时是非常下力的。

当时的记录要是能留下一点来,周先生的成绩就可以一目了然了,现在却一无所有,记得他的成绩不算太出色。……

听说他尊我为唯一的恩师,从我这方面看,正像开头所说,我觉得不过是稍稍给看了看笔记而已,因此,我也感到出乎意料。

藤野先生因为少年时期"学过汉文,因此,总觉得应当尊敬中国的先贤,同时要重视那个国家的人。大概正是这种感情,被认为是对周先生特别亲切,值得感谢吧。"[①]这种对于落后、败落了的中国的善意是令人感动的,所以他才会使鲁迅终身难忘。

鲁迅在日本留学的7年是一个苦乐交织的旅程,其乐处在于他在日本遇到了他终生感激的老师如藤野先生并通过日本与世界最新的文化潮流实现了对接,其苦处在于饱尝了弱国子民的悲哀,感到了来自日本这一"帝国之眼"的轻蔑与侮辱。这两者都是鲁迅在国内所难以深切体味到的,这种来自正负两方面的刺激共同塑造了青年鲁迅看待中国和世界的特别的眼光。

当时的日本已自居为"一等国",日本人对中国的蔑视也越来越普遍。在仙台时的鲁迅再一次深刻感受到这种来自异邦"帝国之眼"的凝视与轻蔑,这种看待中国的他者的眼光是会使每一个未失自尊的中国人深感伤害的,但它也足以使有志者警醒、发奋。这种"帝国之眼"将中国置于它的对立面,通过中国的落后、贫弱、愚昧来证明自己的"进步"、"强盛"和"文明"等,它以自己成为弱肉强食的丛林世界中的强者自傲,认为弱者就不配生存,应该被强者吃掉。所以他们都是对他们有利的"力本论"的信奉者。不幸的

---

① 薛绥之:《鲁迅生平史料汇编》第二辑,第180页。

是作为"弱者"的中国知识人也必须把弱肉强食的力本论作为世界公理接受下来,如此,他们将以什么理由来谴责反抗来自帝国强者的侵吞和凌辱?似乎剩下的唯一选择就是使自己也成为强者,也以其人之道还治其人之身,以恶抗恶、以暴易暴,如此才能捍卫自己生存的尊严。鲁迅对此的反应大致也是按照这个思路进行的。

在仙台,日本同学们并不经常和鲁迅来往。一天,本级的学生会干事突然到鲁迅的寓所里来了,要借鲁迅的讲义,鲁迅检出来交给他们,却只翻检了一通,没有带走。之后他们就寄来很厚的匿名信,大意是鲁迅之所以能顺利通过解剖学的考试,是因为藤野先生泄漏了题目给他。通过此事,鲁迅深刻体会到国家衰弱,国民也被人瞧不起的痛苦。

之后更强烈的刺激来自所谓的"幻灯片事件"。当时正值日俄战争时期,日俄之战从中国的立场来看是一场相当荒谬的战争,日俄两国在中国的土地上为争夺殖民地开战,而清政府的态度竟然是无奈的局外中立。因为战场在中国,也使当地的中国民众深受其害,被动卷入战争。鲁迅在仙台看到了报道日俄战争的新闻幻灯片。

> 但我接着便有参观枪毙中国人的命运了。第二年添教霉菌学,细菌的形状是全用电影来显示的,一段落已完而还没有到下课的时候,便影几片时事的片子,自然都是日本战胜俄国的情形。但偏有中国人夹在里边:给俄国人做侦探,被日本军捕获,要枪毙了,围着看的也是一群中国人;在讲堂里的还有一个我。
>
> "万岁!"他们都拍掌欢呼起来。
>
> 这种欢呼,是每看一片都有的,但在我,这一声却特别听得刺耳。此后回到中国来,我看见那些闲看枪毙犯人的人们,他们也何尝不酒醉似的喝彩,——呜呼,无法可想!但在那时

那地,我的意见却变化了。

按照鲁迅的自述,他以前认为学医是救国的道路,这时开始意识到医学只能改变国人的体格,而"凡是愚弱的国民,即使体格如何健全,如何茁壮,也只能做毫无意义的示众的材料和看客"①。他意识到改变国人的精神才是第一要务,而为了改变国人的精神,推行文艺是最可行的道路。因此第二学年还没有结束,鲁迅就正式提出退学,再次回到东京。

当年导致鲁迅弃医从文的幻灯片虽经热心人极力寻找始终没有找到,但是类似的报道评论在当时日本比较普遍,如当时报纸评述那些日俄战争因帮助俄国而被日军处决的中国人时这样写道:

> 这些都是目不识丁的人物的行径,这样的糊涂虫太多,因此中国衰弱。教育这些糊涂虫,使之成为出色的人,也是日本国必须做的②。
>
> 西方人视中国人为动物,实际确乎不得不产生动物,下等动物的感觉,因此他们在生理上已失去人类的资格③。
>
> 在中国人眼中,再没有比黄金势力更大的东西了,这导致他们如此卑屈,而且如斯个人主义的原因。与其说是他们自身的特性,无宁说是制御此事的主权,乃至为政者的罪恶,国体的罪恶④。

这些评论中充斥的帝国的傲慢是令中国人无法接受的,但他们对愚昧麻木的中国国民性的批评却又无从掩饰、无法回避。被

---

① 鲁迅:《鲁迅全集》第一卷,《呐喊·自序》,第439页。
② 薛绥之:《鲁迅生平史料汇编》第二辑,第65页。
③ 薛绥之:《鲁迅生平史料汇编》第二辑,第65页。
④ 薛绥之:《鲁迅生平史料汇编》第二辑,第65页。

夹在"帝国"与"中国"之间的留学生鲁迅陷入了一种难以言说的屈辱和尴尬之中。

对于"幻灯片事件"的结果，许寿裳的回忆更形象、生动而有现场感："'是的'，他（鲁迅）踌躇一下，终于说，'我?? 要学文艺了。中国的呆子，坏呆子，岂是医学所能治疗的么？'我们相对一苦笑，因为呆子坏呆子这两大类，本是我们日常谈话的资料。"①如此我们看到正是鲁迅在日俄战争中看到的中国"呆子，坏呆子"，才是触发他萌生改造国民性的宏愿的元问题。这不是一个可以轻易改变的状况。

"呆"者，有蠢、笨、迟钝、不灵活、麻木、没心没肺等意，总而言之是指一种反应迟钝、无能无力、昏昏沉沉、懵懵懂懂的心智状态。

"呆"的病症在近代中国并不是一个简单的对外界的反应力迟钝的问题，而与中国面临的整体性的文化危机有关，近代中国遭遇的三千年未有之大变局，足以使传统中国人像头部遭到猛烈撞击之后的脑昏迷状态，无法对外界做出有效的反应，只能是发呆、发蒙，以不变应万变。固有的文化模式在应对从未遇到的现实时出现了错位。最典型就是那位自称为"海上苏武"的两广总督叶名琛，他在第二次鸦片战争中被英军俘虏之后，英人将他"挟至印度孟加拉，居之镇海楼上。犹时作书画，自署曰'海上苏武'，赋诗见志，日诵吕祖经不辍。九年，卒，乃归其尸。粤人憾其误国，为之语曰：'不战、不和、不守、不死、不降、不走；相臣度量，疆臣抱负；古之所无，今之罕有。'"②平心而论，叶名琛尚不失为一个有气节、有操守的传统士大夫，他的悲剧结局与他个人品质无关，而主要是两种文化隔膜、错位造成的结果。

如何使中国人面对这种前所未有的外来冲击时作出敏捷、及时、有效、恰当的反应，成为鲁迅改造国民性的初衷和核心。所以

---

① 许寿裳：《我所认识的鲁迅》，第7页。
② 柯劭忞等：《清史稿·叶名琛传》，中华书局1977年版。

相应于"呆"病,鲁迅开出的药方则是"警醒"和"灵敏",甚至不惜矫枉过正,直至发展到多疑和过敏。这与"进化论"所引发的"竞存"意识也有关系,有这样一个趣事:鲁迅在南京读书时曾发现有一个同学,每天晚上都要背着包袱绕桌急走,问其故,答曰:在练习逃难。当时鲁迅认为这位同学虽不太正常,但也是不多见的时代警醒者。鲁迅经常痛骂的就是那种"眼睛石硬"、呆板迟钝、虚文拘礼的人,这也与他自己活泼、敏捷、聪明伶俐的个性有关,他小时的绰号就叫"山羊尾巴",一般人很少能赶上他的机灵、快捷。相对于麻木,鲁迅开出的药方则是"慷慨"、"激昂",最反对温吞水似的不疼不痒、调和妥协,所以有"痛打落水狗"、Fair play 应该缓行之议。中国的国民性格主调在一百年里经历了由"呆板"到"狂热"、由"麻木"到"亢奋"、由"蠢笨"到"精明"的大反转,但也似乎并未为中国人的生存带来多少福音,其中颇有许多值得我们深思之处。我们在追赶西方的急迫中,丢掉了一切被认为是过时的东西,不惜赤身裸体,走向"真理",直到成为"他者"的热望冷却之后才发现:"我已经变得不再是我,可是你却依然是你!"一个丧失了自己的文化自性,完全随着外部世界的引力而旋转、变幻的民族会最终走向何方,"伊于胡底"?已经成为一个不可回避的问题。

鲁迅留日7年的经历使他对日本文化有深刻的理解,这种对日本文化的认识也成为他日后进行中国文化及国民性批判的重要参照。日本文化及国民性格具有相当的独特性,首先作为一个岛国,历史上它从未为他族征服过,因此具有一种比较单纯而又鲜明的民族性格和强烈的民族优越感,这就与身处大陆的中国汉族不同,汉族历史上数次为异族征服,蒙受惨烈的亡国之痛,"历史上满是血痕"(鲁迅语),使民族精神也颇受摧残,难以避免地沾染了某种无奈、虚无的玩世色彩。其次,日本民族单一、信仰单一,因此具有极强的民族团结性;信仰单一,因而表现出比较强烈的宗教性格和民族凝聚力。日本文化这种源于宗教的特性看似"蛮性的遗留",但也似乎是日本文化的活力之源,它与"理性早熟"、早就走出宗教时代烂熟因而失去活力的中国文化恰成鲜明对照。这对鲁迅的国民性思考显然提供了某种启发,使他倾向于浪漫主义对于文明和野蛮的翻转。清末民族革命的首要目标是"驱除鞑虏、恢复中华",建立一个"不再受制于异族"的自主的民族国家,而"民族魂"是这种现代民族国家的立国基础,因此受到晚清革命者的高度重视。对于"民魂"的关注使鲁迅的思想一度接近了以"国粹"来唤醒国人的爱国热情的文化复古主义者。

另外,日本民族性格中的认真、单纯、宁折不弯等都是为当时的中国人所缺乏的。所以鲁迅一直主张要向日本民族学习,但他对日本帝国的侵略扩张野心是颇有戒备之心的,他的学习日本是为了"师夷之道以制夷"。日本作为一个近代"脱亚入欧"的成功者,给予当时的中国人很多的启示,鲁迅在居日时提出的"掊物资而张灵明"的主张以及他在《破恶声论》中为"普崇万物"的宗教和传统习俗的辩护,都与他的日本生活经验有关,直到1912年入京之初的鲁迅在该年9月26日日记中尚言:"七时三十分观月食约十分之一,人家多击铜盘以救之,此为南方所无,似较北人稍慧,然实非是,南人爱情漓尽,即月真为天狗所食,亦更不欲拯之,非妄信已涤尽也。"这种观感与鲁迅在居日写《破恶声论》时的思想是相一致的,而与后来参加新文化运动的鲁迅有一定的差异。留日生活给鲁迅的中国国民性批判思想也带来了某种独特色彩。

在日本,鲁迅认真学习了德语。虽然最初是为了攻读医学,日后德语却成为他翻译小说的一大助力。他学习德语的最大收获应该说是他遇到了其思想形成过程中的另一位关键人物尼采,从此尼采的《查拉图斯特拉如是说》的德文本成为他经常翻阅的书籍。

在弘文学院的时候,鲁迅还常常和许寿裳讨论以下三个相关的国民性问题:

怎样才是最理想的人性?

中国国民性中最缺乏的是什么?

它的病根何在①?

　　这些都与由尼采的"超人"哲学所唤起的改造人性、国民性的理想不无关联。这种对"立人"的思考,使他对人的理解超出了国家民族的限制,而趋向于抽象的个人和人类主义、世界主义的立场,他不希望人以"某国人"的态度来看他,而希望人以超出国族定义的"人"的态度来对待他,同时他本人也力图超出国族的自限,从人类主义、世界主义的立场上来进行自我界定。

　　对鲁迅的"弃医从文",学界显然存在一种目的性过强的解读,实则鲁迅的这一选择也有出于个人兴趣和寻找自己能够安身立命的志业的考虑。他的"弃医从文"和他个人的气质、禀赋、兴趣、爱好更近于文学有直接关系,他在仙台学医时曾写信向外地的朋友抱怨,说"校中功课,只求记忆,不须思索,修习未久,脑力顿锢。四年而后,恐如木偶人矣。……而今而后,只能修死学问,不能旁及矣,恨事! 恨事!"②

　　与以宣传民族革命为目的的"职业革命家"邹容不同,邹容写书的目的就是为了广泛传播,所以他的《革命军》一书的版权页上就写着"欢迎翻印,不究版权",该书前后总共印了一百多万册,邹容似乎从未考虑稿费,还为此瘐死狱中。但是选择以文学为业的鲁迅不同,他要在"职业革命家"之外找到更适合他个人的安身立命之地,所以以从事文学的方式来潜移默化地改造国民性就成为了他的自觉选择。鲁迅是当时真正懂得文学自身的价值并有意在中国专门从事文学事业的为数不多的先行者之一。

　　在当时来日本的留学生,即使有着救国的志向,也大都认为中国更需要科学技术、法律制度等,很少有人像鲁迅一样,立志学习文艺。一天,有人对鲁迅说,你弄文学作甚,这有什么用处? 鲁迅回答说,学文科的人知道学理工也有用处,这便是好处。客人于是

---

① 许寿裳:《挚友的怀念——许寿裳忆鲁迅》,河北教育出版社2000年版,第12页。
② 《鲁迅书信》第一册,人民文学出版社2006年版,第2页。

默然①。"可是在冷淡的空气中,也幸而寻到几个同志了",一些爱好文艺的朋友们聚集到一起,大家商量以后,决定出杂志,也就是《新生》,取"新的生命"之意。杂志的拉丁译名、封面、文中的插图、稿纸等等,鲁迅均已安排好了,可是临近出版,"最先就隐去了若干担当文字的人",于是拟定的写稿人就只有四位,即鲁迅、周作人、许寿裳、袁文薮。袁文薮去了英国后又没有消息了,最后"只剩下不名一钱的三个人",创办杂志的事当然是不了了之。《新生》失败了,鲁迅的文艺活动仍在继续。1907年12月到次年12月,鲁迅在《河南》杂志上所发表的文章如下表所示:

篇名	发表日期	刊登期数
《人间之历史》	1907年12月	第一期
《摩罗诗力说》	1908年2月、3月	第二、三期
《科学史教篇》	1908年6月	第五期
《文化偏至论》	1908年8月	第七期
《裴彖飞诗论》(译文)	1908年8月	第七期
《裴彖飞诗论》前记	1908年8月	第七期
《破恶声论》(未完)	1908年12月	第八期

这几篇文章可以说比较全面地反映了鲁迅早期的思想。其中《人(间)之历史》,以解释德国海克尔的《人类发生学》为主线,系统介绍了达尔文的生物进化学说及其发展的历史,其中表述的主要是19世纪末盛行的定向、独系进化论思想,由这种进化论思想延伸出一种对于社会进化的崇拜,一种以人性可臻无限完善论为基础的进步主义信仰,对传统中国向现代中国的转换起到了巨大的思想推动作用,功不可没。但这种立足于科学主义的"定向进化论"毕竟有其思想局限和消极影响,比如它突出地表现为一种对社会"进化"的盲目乐观情绪。1930年4月19日的《申报》上曾刊登

---

① 周作人:《鲁迅的青年时代》,第126页。

过这样一则报道:国民政府立法院长胡汉民邀请社会名流召开了一个"解决姓、婚姻家庭"问题的讨论会。在会上,蔡元培、蒋梦麟、吴稚晖、李石曾等诸位先生都一致认为"姓、婚姻家庭"这类东西随着社会进化不久都会被统统废除。蒋梦麟先生认为:"五十年内结婚是需要的,五十年后,那时性病已截止,那么不结婚也不成问题了。"这些开明派的社会名流的"奇谈怪论"引起了专门从事社会学研究的学者潘光旦的激烈反应。潘光旦专门著文批驳他们进化观念的陈腐:"一是把社会演化当成一种完全自动的过程,似乎是完全超出人力范围以外,人类自觉的努力,至多只能督促这种过程来得快些,可以早早达到一个理想的境界。这个理想的境界又从何而来的呢?说也奇怪,就是督促的人自己所假设,而又不认其为假设的。这种观念讲到社会的变迁,说它后面有一个'进步的活原则'(The vital principal of Betterment),所谓'活原则者',实在是一种'活鬼''活怪'在那里摆布。"①其次,他们进化观的陈庸不但就是 18 世纪下半叶和 19 世纪上半叶的"进步",并且是 19 世纪下半叶所流行的一种"定向演化观"或称"独系演化观"。他们认为社会进化过程是可以用一根不可逆的上升直线来表示的,按照他们所设定的阶梯逐级实现,这也只能说是一种一厢情愿的假设。从这则时代轶事中,我们可以窥见当年社会进化论影响下人们的"冒进"心态之一斑,"时间神话"、"创新崇拜"、"历史决定论的宿命观念"都可以从中推演出来。

就中国现代知识分子来说,固有传统在近代西方冲击下的轰然倒塌,促使人们去寻找人类文明的新大陆,进行信仰的重建。知识分子的天性就是对于神圣事务、终极价值的追求,于是种种现代乌托邦开始应运而生,这种乌托邦的产生是一种择其所善而行之的理性建构的结果,正如约公元前 8 世纪的古希伯来先知阿莫斯所言:"我会把以色列和别的国家一起筛一遍,就像在筛子里筛选

---

① 《潘光旦文集》第二册,北京大学出版社 1990 年版,第 414 页。

苞米一样。但不会让不好的谷粒留下来。"它是在"但愿公平如大河奔流/使正义如江涛滚滚"的良好愿望下产生出来的对于理想社会的人为设计。同样,中国现代知识分子也大都具有一种向往光明的"黑暗终结者"气质,正如鲁迅《野草·影的告别》中所言:"我愿意这样,朋友——我独自远行,不但没有你,并且再没有别的影在黑暗里。"对于现代知识分子来说,对于光明的确信来自他们对高出人世的、不可抗拒的自然法则和历史法则的信仰,在《热风·随感录66》中鲁迅这样写道:"人类总不会寂寞,因为生命是进步的,是乐天的。昨天,我对我的朋友L说,'一个人死了,在死者自身和他的眷属是悲惨的事,但在一村一镇的人看起来不算什么;就是一省一国一种……'L很不高兴,说:'这是Natur(自然)的话,不是人们的话。你应该小心些。'我想,他的话也不错。"

以"天"或"自然"的名义,清洗地球,扫除堕落的人类,在中外历史上并不少见,流传于民间的张献忠的"七杀碑"即云:"天生万物与人,人无一物与天,杀!杀!杀!杀!杀!杀!杀!"有人考证说"七杀"无据,实际上后边接的是"鬼神明明,自思自量"八个字,但由此也可以看出张献忠自居为"上天"的杀伐决断之气,这是高居"天演"立场上俯视众生的人所不能不引以为戒的①。

"天道"消解后的现代,人们开始转向对不以人的主观意志为转移的生命法则、历史法则的信仰,填补了现代的信仰空白,成为现代知识分子的一种新的宗教,并成为解决一切现实和人生、社会问题的原则和依据。对于社会现实的愤慨、对于世俗生活的厌恶乃至对人性的失望以及追求神圣事物的本性促使中国现代知识分子向这种最后、终极解决之道的皈依,于是对政治的批判迅速深化到对社会的批判,进而深化到对人性的绝望,最终把希望寄托在根据理想原则重树人性之上,于是重起炉灶、锻造时代新人,就成为

---

① 此文也可能为周作人所写,混入鲁迅作品中,周作人曾讲"科学就是道德",并言"自己做了皇帝,也会杀人",都表露出某种《旧约》中耶和华的"惩世"倾向,兄弟二人在当时的思想是颇为接近的,以至于会混在一起。

现代文学、文化的神圣使命。这种超越于此一世界之上按照另一世界的标准进行人性设计的使命本身,也就造成了作家与其时代关系的高度紧张。对必定到来的未来理想世界的向往,使现代知识分子形成一种将未来化为当下体验的乌托邦心态和"千年王国"式的信念,他们坚信他们将遇到一个世道彻底反转的"大事因缘",那时苦恼着人们的一切现实问题都会迎刃而解,何必还要抱残守缺、不肯迈进?! 面对这种把贫民窟的居民迁入金碧辉煌的宫殿的承诺,不为所动者盖鲜矣。

  这种理想主义心态的形成与现代价值一元论的信仰有关,价值一元论倾向于在整个社会悬起一个唯一性的目标,因为它相信真理是唯一的,可以找寻到包医百病的良药,从而毕其功于一役,纲举目张,一举解决所有问题,它特别满足了陷于分裂和混乱危机中的知识分子对绝对真理和至善至美理想社会的期待;并且它也符合"大众"的心理习惯,那就是陀思妥耶夫斯基在《卡拉玛佐夫兄弟》中所说的:"人类最怕的就是选择的自由,亦即怕被抛在黑暗中,孤独地去摸索他自己的路。"故而大多数人总是希望别人告诉自己怎样生活。希望得到现成的答案而不是自己去寻找答案,这种逃避自由的大众心态和价值一元论的精英心态结合,就促成了这样一种将"世俗运动神圣化"的现代理想主义的社会改造运动。

  鲁迅是学科学出身的,他最早的创作大多与科普、科幻小说有关,他的科学主义信仰与立人理想的结合,形成了其启蒙思想的独特性,在其早期的一篇译著中,可以看到他以科学方式人工"造人"的遐想,该作载于1905年《女子世界》第2期,名为《造人术》,署名为米国路易斯托仑,译者索子(离群索居之意)。该小说写一位化学家伊尼他氏辞掉教授工作,专心于"造人"研究,终于费了六年时间,在实验室造出"人"的萌芽,"于是伊尼他氏大欢喜,雀跃,绕室疾走,噫吁唏! 世界之秘,非爰发耶? 人间之怪,非爰释耶? 假世界上有第一造物主,则吾非其亚耶? 生命,吾能创作;世界,吾能创作。天上天下,造化之主,舍我其谁。吾人之人之人也,吾王之王之王也。人生而为造物主,快哉!"结尾是:"感谢之冷泪? 冷冷然循新造物主颊。"该小说后附萍云(周作人)曰:"《造人术》,幻想之寓言也。索子译《造人术》,无聊之极思也。彼以世事之皆恶,而民德之日堕,必得有大造烘炉而铸冶之,而后乃可行择种留良之术,以求人治之进化,是盖悲世之极言,而无可如何之事也。……"①周作人后来谈到此小说,说其主旨"就是后来想办《新生》之意。"②如此看来,一般对《新生》命名的理解就过于浮泛,若从造就"新人"的角度来理解,才可说明为何《新生》之夭折,给鲁迅带来的失望之重和绝望之深,"精神造人"的难度丝毫不亚于"科学造人",以致他此后沉默十年,几乎忘却了这个年轻时的梦想。

这种"造人"的遐想代表着现代知识分子超出芸芸众生之上追求完美政治、至善社会、理想人性的努力,因为理想社会是需要建立在理想人性之上的。马克斯·韦伯对现代知识分子寻求"获救之道"的文化心理趋向作过这样的分析:"非特权阶层寻求的是如何摆脱外在苦难的获救之道……与此相比,知识分子寻求的获救之道往往基于精神需要,所以它更远离生活,更具理论色彩,也更为系统。知识分子试图通过各种不同的方式……为自己的生活赋予某种普遍意义。……由于知识主义(intellectualism)抑制了对迷魅的信仰,世界的变迁过程被祛魅,失去了迷魅性。……结果知识分子越来越要求世界及整个生活模式遵从某种重要而有意义的秩序。知识分子标志性的从世界出逃的行为,其原因就在于,这种对意义的需求与他体验到的世界及其制度的现实是相互冲突的。"③五四运动时期的鲁迅重拾青年时代的梦想在于他从原来个体性的"立人"理想向以文化运动的方式来"新民"的方式转换,对

---

① 陈梦熊:《〈鲁迅全集〉中的人和事》,上海社会科学出版社2004年版,第15页。
② 陈梦熊:《〈鲁迅全集〉中的人和事》,上海社会科学出版社2004年版,第27页。
③ 斐迪南·布伦蒂埃等著,王增进译:《批判知识分子的批判》,第67页。

此种现象，美国哲学家艾利克·霍弗有过这样的评论："知识分子是群众运动的助产士。悲剧命运之所以几乎总是降临到他们头上，是因为无论他们怎样宣扬和赞美共同奋斗，本质上他们仍是个体主义者。他们相信个体幸福的可能性，相信个体意见和倡议的正当性。"① 然而群众所要求的自由与他们所要求的自我表达、自我实现的自由不同，群众所需要的不是信仰自由，而是信仰——让他们可以狂热拥抱的信仰，免去不可承受之轻、逃避自由选择之重的信仰，因此现代知识分子往往陷入叶公好龙般的境遇之中。但正如将卫星送入太空的第一级火箭发动机，其点燃引信、催生激情的首发之功是不容忽视的。

从事外国文学的翻译，是鲁迅文学事业的一个重要组成部分。鲁迅在南京时就很注意搜集严复和林纾的译著，但到日本以后，鲁迅渐渐不大佩服他们了，原因是鲁迅逐渐形成了自己的翻译理念。他力求翻译的准确，严格忠实于原文，而严、林二人的译文往往是对原文的意译、同化。严复的《天演论》是赫胥黎原著《进化论和伦理学》的改造自不待言，林纾不懂外语，多属意译，且多选择流行的西方小说，文学格调不高，这也使鲁迅很不满。鲁迅的翻译理念从深层讲是从"中体西用"向"西体中用"的转换，他反对用中国文化去同化西方异质文化，而是要用西方异质文化来改造中国文化，西方文化成为高于中国文化的存在，自然要以忠实于原著为原则，力求原原本本将其介绍进中国。所以他要力倡"硬译"，即使不好懂，也比意译要好。而且习惯成自然，现在看起来别扭的，以后慢慢就会成为约定俗成的东西。

鲁迅有了翻译的理念，又有翻译的实践，还有为文艺工作的奉献精神，他所欠缺的只是一点经费。正巧许寿裳的朋友蒋抑卮来日本治疗耳疾，对鲁迅的计划很感兴趣，便帮忙垫付了印刷费，出版了《域外小说集》的一、二两册。

---

① 斐迪南·布伦蒂埃等著，王增进译：《批判知识分子的批判》，第30页。

在两册《域外小说集》中，鲁迅所译的只有安特莱夫的《谩》和《默》、迦尔洵的《四日》以及波兰显克微支的小说《镫台守》中的诗歌部分。《序言》、《略例》和介绍安特莱夫、迦尔洵的《杂识》以及《著者事略》则全由鲁迅执笔。该书首次向中国介绍和翻译了欧洲新文艺，诚如鲁迅所言，"异域文术新宗，自此始入华土"①。

可是《域外小说集》的销量并不好，第一册的销量只有21本，第二册20本。第一次多出来的一本乃是许寿裳怕寄售处不按定价销售，亲自试验了一番，待验证销售的铺子确实是诚信无欺的，就没有再买了。既然销量不佳，第三册只好停版，已成的书就堆在寄售处，过几年又遭了火灾，于是鲁迅、周作人的一番心血便化为灰烬了。

创办《新生》和继续出版《域外小说集》的计划都失败了，鲁迅又想去德国，也没有成功。终于在1909年8月，因为家庭经济上的原因，他不得不回到中国来。此时鲁迅已经29岁了。从鲁迅在日本期间发表的文章来看，他的思想、人格也处在不断变化、成熟之中，由前期对"豪侠之士"（《中国地质略论》），"精神界之伟人"、"战士"（《摩罗诗力说》），"治科学之杰士"（《科学史教篇》）的推崇到对"明哲之士"、"英哲"（《文化偏至论》）、"一二士"和"知者"的肯定、认同，可以看到这个时期鲁迅由激昂走向深潜、由从众转向孤独、由政治热情的抒发转向形而上的哲学思考的变化过程。《新生》杂志和《域外小说集》的失败使鲁迅颇感受挫，但这种受挫的经验也助成了他日后思想的深刻和成熟。

---

① 鲁迅：《〈域外小说集〉序言》，《鲁迅全集》第十卷，第168页。

第三章 苏生与毁灭之间的二元选项

> 叛逆的猛士出于人间;他屹立着,洞见一切已改和现有的废墟和荒坟,记得一切深广和久远的苦痛,正视一切重叠淤积的凝血,深知一切已死,方生,将生和未生。他看透了造化的把戏;他将要起来使人类苏生,或者使人类灭尽,这些造物主的良民们。
>
> 造物主,怯弱者,羞惭了,于是伏藏。天地在猛士的眼中于是变色。
>
> ——鲁迅《野草·淡淡的血痕中》
>
> 现代的突出特征是行动,是无限的行动与力量……另一方面,现代的无根基性使得对意义的追问,对在体论基础的探求,对源初的渴望与回归无比的强烈,所以不断的寻找起点,不断的重塑创世意志,在自由与虚无间挣扎,在这个意义上,现代的特征是反思,反反思,是永远向着远方独行的浪子,是穿行在大街上的陌生人……行动与沉思,实践与理论,是现代的品质,现代的优越,也是现代作为危机的两端。
>
> ——列奥·施特劳斯《德国政治哲学论纲》

鲁迅的朋友、同乡曹聚仁曾当面对鲁迅说:"你的学问见解第一,文艺创作第一,至于你的为人,见仁见智,难说得很。不过,我觉得你并不是一个难以相处的人。"鲁迅对曹聚仁说法表示同意,曹聚仁认为依古人的说法,鲁迅应该是属于"圣之清者也"一类的人物。何谓"圣之清者",出于《孟子·万章下》,是孟子将伯夷、伊尹、柳下惠和孔子作比较时说的话,原文是:"伯夷,目不视恶色,耳不听恶声。非其君,不事;非其民,不使。治则进,乱则退。横政之所出,横民之所止,不忍居也。思与乡人处,如以朝衣朝冠坐于涂炭也。当纣之时,居北海之滨,以待天下之清也。故闻伯夷之风者,顽夫廉,懦夫有立志。"这样的有所不为的伯夷,孟子称之为"圣之清者",与其并列的还有被称为"圣之任者"的伊尹、"圣之和者"的柳下惠和"圣之时者"的孔子。伯夷属于把个人的操守视为生命之人,他并不急于用世,他是以否定而非肯定的方式来标示其存在的价值和意义,从这个意义上讲,伯夷与鲁迅确有相同之处。他代表的是一种清峻、高洁的人格,一种遗世孤立、不肯与世浮沉、独立自主的人生态度,伯夷也可以说是中国政治上的"不合作主义"的先驱,他在商亡后"不食周粟",与其弟叔齐一起饿死于首阳山下,成为一段千古传颂的佳话。鲁迅晚年写了小说《采薇》,对伯夷、叔齐的墨守旧义、不肯变通虽有讽刺但是也有同情,矛头所向主要还是善于见风使舵的小丙君和市侩主义的阿金姐之流。而曹聚仁说鲁迅"并不是一个难以相处的人,"也是一个非常真实的感受,鲁迅本质上是一个热心之人,特别是对于他所认定的"好人"、"同道",是坦诚相见、倾心相与的,关键在于他择友较严、要求亦苛、爱憎鲜明而又以"斗争"为快意、为乐事,对他视之为"敌人"者决不宽容,所以被他视为是对手的人或与他不太投缘的人会觉得他难以相处、不好接近。

综观鲁迅的著作,虽多从文化入手,但归趣仍在政治,"以文学干政",可以说是鲁迅文学活动的重要目的。但鲁迅一生与实际的政治活动始终保持了一种若即若离的关系,据增田涉回忆,鲁迅晚年曾对他说过:"我从事反清革命运动的时候,曾经被命令去暗杀。但是我说,我可以去,也可能会死,死后丢下母亲,我问母亲怎么处置。他们说担心死后的事可不行,你不用去了。"①但他的内心深处似乎对此总感到有某种负疚感,所以晚年在和朋友喝酒、聊天的时候还说:"攻击我的批评家们说,鲁迅不是真正的革命家,因为如果是真正的革命家,当时已经被杀害了,我也承认这个理由。我们从反清革命以来,我的朋友大抵被杀了,活下来的很少啊。"②

鲁迅之所以无法完全忘我地投身于现实政治运动中去,一方面缘于他对那些政治人物缺乏足够的信任,怀疑他们是否能担负起别人将生命都付与他们的信托责任;另一方面就他自己而言是因为"最不愿使别人做牺牲"③,让自己的手上沾上"他人的血"。这种推己及人的对自己和他人生命的尊重,使他无法成为一个不择手段的功利主义者。但是言论、情感上的激越、慷慨与实际行动上的无为、退却无疑会加剧其内心的矛盾,进而将他推向那种认为"世事一无可为",因此对一切"有为"都持怀疑态度的深渊。他将这种怀疑一切的虚无主义情绪称为埋藏在他灵魂中的"冷气"和"毒气"。他意识到这种"冷气"和"毒气"的可怕,所以要竭力克服之,重新树立起对人和社会的信心,由此他才乐于写作"遵命文学","聊以慰藉那在寂寞里奔驰的猛士,使他不惮于前驱"。但他的"遵命"是有底线、有选择的,他始终不会完全放弃他视为与生命同值的个人的自主性和独立性。这就将他与"以成功为最高目标"可以不择手段的政治功利主义区别开来,使他的政治诉求带上了浓厚的反政治的道德理想色彩,所以从这个角度说鲁迅是"圣之清者"自有其道理,虽然鲁迅本人并不喜欢伯夷这类人物。

鲁迅的一生坎坷多艰,饱尝四处碰壁之苦,这种生活经历也促

---

① 吴作桥等编:《再读鲁迅——鲁迅私下谈话录》,时代文艺出版社 2005 年版,第 12 页。
② 山东师院聊城分院:《鲁迅在上海·三》,内部资料,1979 年,第 92 页。
③ 《两地书·原信》,中国青年出版社 2005 年版,第 21 页。

成了其敏感、多疑、愤世嫉俗的个性的形成。一般来说,他给人的初始印象是寡言、矜持、敏感、易怒、不易接近。但真正与鲁迅交往较深的人就会发现他并不是一个难以相处之人,原因在于他虽然利口机心、戒备心很强,但从本质上来说是一个至性至情之人,一旦他将你视为朋友、同志、自己人,他就会对你坦诚相待、敞开心扉。鲁迅的世界是一个黑白两分、爱憎分明的世界,他对朋友和对敌人完全是两种不同的态度,不走中庸之道。正如其自己所说:"至于文人,则不但要以热烈的憎,向'异己'者进攻,还得以热烈的憎,向'死的说教者'抗战。在现在这'可怜'的时代,能杀才能生,能憎才能爱,能生与爱,才能文。"①这种"立意在反抗,指归在行动"的"精神界之战士"的世界观和人生观,构成了鲁迅敌我分明的文化性格的特质。

但通常人所处的日常生活的世界并不是这样一个紧张对立、泾渭分明的世界,所以从常人的眼光来看鲁迅的性格、行事就带有某种不可解甚或过于戏剧化的地方,与鲁迅有密切交往的老朋友沈尹默曾有这样一段有趣的回忆:20世纪20年代中期,鲁迅还住在北京绍兴会馆里时,有一天沈尹默去看他。只见鲁迅正坐在书桌旁,看纸糊窗子上有一只吃得很肥的壁虎,壁虎见了人也不逃避。尹默就问鲁迅这是怎么一回事。鲁迅笑答:这只壁虎是他喂养的宠物,每天还给它吃稀饭呢。沈尹默坐下后,又注意到鲁迅身边的墙上还挂着一只弹弓,便又奇怪地发问:"文人还学武吗?"鲁迅说那是他用以对付在门前胡同口撒尿的人,因为"禁止随地小便"之类的招贴对这些人没有用,就只好动武了。直到晚年,沈尹默向人提及这段往事时,还禁不住笑了起来:"他啊,从这两件小事,就可以看出他真是爱憎分明!"

鲁迅的学生、同乡孙伏园也曾这样谈起鲁迅所留给他的独特印象:鲁迅的敌我意识极强,"他把友敌分得非常清楚,他常常注意

---

① 《鲁迅全集》第六卷,人民文学出版社2005年版,419页。

到某人是 SPY（间谍），某人是 TRAITOR（叛徒）"。孙伏园说这样的鲁迅对"一个没干过革命工作的或只是寻常知识社会或商业社会的人是不大会了解的①。"这大概也是在晚清激烈的对立、革命氛围中成长起来的鲁迅的独特之处。

孙伏园笔下的鲁迅没有被偶像化，比较平实，他还讲道：

> 鲁迅先生的复仇观念最强烈，在日本时每于课余习些武艺，目的就在复仇。幼年被人蔑视与欺压，精神上铭刻着伤痕，发展而为复仇的观念。后来鲁迅先生回国，见仇人正患不名誉的重病，且已到了弥留……只好苦笑，从此收拾起他那一把匕首。鲁迅先生复仇的任务，虽只剩了一声苦笑，但关于匕首的解说，往往使他引动少年豪气，兴趣极为浓厚，如在微醺之后，更觉有声有色。我自己已经听过这故事的了，一天到先生书斋中去，看见桌上有放着匕首，许景宋等七八位青年在座。鲁迅先生说：这故事你是听过了的，我又在这儿对着青年自称英雄了②。

往深层讲，鲁迅所展现的文化精神气质与造就世界范围内的现代知识分子的四种传统——科学主义、浪漫主义、"启示录传统"和挑战一切秩序的"反文明传统"都有密切的关系。美国社会学家爱德华·A.希尔斯认为由现代知识分子所发起的"革命"从科学主义和浪漫主义中吸取了不少的养分，"但从根本上说，它基于一个更古老的传统，即所谓的'启示录传统'和'千禧年传统'。那种认为我们所处的充满诱惑和腐化的罪恶世界总有一天会走到尽头，会被一个纯洁、美好的世界所代替的信仰，肇始于《旧约》中

---

① 《孙氏兄弟谈鲁迅》，新星出版社 2006 年版，第 16 页。
② 《孙氏兄弟谈鲁迅》，新星出版社 2006 年版，第 29 页。

先知们的启示录"①。"启示录传统"造就的现代知识分子具有"截然区分善与恶、拒不承认两者有一丝兼容可能性的心理倾向,天塌下来也要实现正义的执著信仰、拒不妥协或绝不容忍妥协"②的雅各宾主义的精神特性。这也就是鲁迅在世俗常态的"苟活"之外,给人们开出在"苏生"和"毁灭"之间必居其一的二元选项的原因所在。这种至善至美的"新世界"的启示者给人间宣示福音和正义的方式,颇为接近于《旧约》中耶和华的酷烈,动辄要以洪水灭世、雷暴焚城来恐吓,为拯救世界,不惜毁灭世界。只不过其所托名的方式已从"神的意志"转向"自然法则"和"历史铁律"。

1. "应然"与"实然"之间的紧张和对立

鲁迅 1902 年赴日留学,1909 年回国,差不多算是晚清中国大规模派出国外留学的第一代留学生。长达 7 年的留学经历对鲁迅的影响非常巨大,它不但使鲁迅充分感受到了 20 世纪的现代文化氛围,具备了跨文化的比较视野,对中国的现实和未来都形成了自己的见解,同时也加剧了他与中国社会现实的矛盾和冲突,使其无法再安于旧的生活方式和文化习俗之中,向往天马行空式的生活而又没有可以飞翔的双翼,这样一种身心分离、无家可归的状态成为一代知识者难以逃脱的宿命。我们在王蒙《活动变人形》中的倪吾诚身上可以看到现代知识者的这种典型的身心分离状态。"留学生"的独特性在于其身份虽仍属于中国,但其文化心理、价值观念、生活方式已染上了浓厚的"非中国"色彩,这种主动自觉的西化追求使其成为了故乡的异乡人、中国人眼中的"假洋鬼子"和"异文化"的代表。特别是对于鲁迅这样失望于中国固有的文化、渴望"别求新声于异域"的热血青年,居外日久,自然而然地为

---

① 斐迪南·布伦蒂诺等著,王增进译:《批判知识分子的批判》,中国社会科学出版社 2007 年版,第 50 页。
② 斐迪南·布伦蒂诺等著,王增进译:《批判知识分子的批判》,中国社会科学出版社 2007 年版,第 51 页。

异质文化所化,从而产生一种像其弟周作人所说的"宗邦为疏,而异地为亲"之感。周作人还写下过"远游不思归,久客恋异乡"的诗句,表明他从文化观念、生活方式上都在努力挣脱故乡,成为故乡的他者和批判者。这种对固有文化的疏离和排斥,本身也带有浪漫主义的色彩,所谓"生活在远方",本就是20世纪浪漫主义最为核心的信仰。走出国门的中国现代知识分子以世界公民自期自许,向往一种"乘长风、破万里浪、作海外游"的阔大境界、远方之旅,这也自然会加剧其与本土固有文化的冲突。

那么,作为中国第一代"海归"的鲁迅又是以什么样子出现在国人面前的呢?他早年在绍兴的学生孙伏园有过这样的记述:

> 因为剪掉了辫子,所以他们大多被看成"和尚"似的人物,但所谓和尚者,那时的装束与真正的和尚也不完全相似。许多留日回国的学生,为适应国内的环境,每每套上一只假辫子,那些没出息的,觉得这样还不够,必须隔两三天到理发店为假辫子理头发、擦油,使人骤然看不出辫子的真假。鲁迅先生是一个革命者,当然决不肯套假辫子,头发也不常理,平时总是比现在一般所谓平头得更长约五分的乱簇簇的一团。胡子是已经留了的,身上有时穿西服,有时穿长袍。……裤子大抵是西服式的,皮鞋是东方式的,像现在军服中的皮鞋,黑色而无带,便于穿脱。此外鲁迅先生常常拿一根手杖,就是《阿Q正传》中所谓哭丧棒①。

"辫子"和"手杖"作为一种文化象征符号在当时的意义非同小可,据鲁迅带有自传性的小说《头发的故事》中讲述,留学回国的N先生曾这样讲述他归国后的本土遭遇:

---

① 《孙氏兄弟谈鲁迅》,第31页。

我出去留学，便剪掉了辫子，这并没有别的奥妙，只为他不太便当罢了。不料有几位辫子盘在头顶上的同学们便很厌恶我；监督也大怒，说要停了我的官费，送回中国去。

不几天，这位监督却自己被人剪去辫子逃走了。去剪的人们里面，一个便是做《革命军》的邹容，这人也因此不能再留学，回到上海来，后来死在西牢里。你也早忘却了罢？

过了几年，我的家景大不如前了，非谋点事做便要受饿，只得也回到中国来。我一到上海，便买定一条假辫子，那时是二元的市价，带着回家。我的母亲倒也不说什么，然而旁人一见面，便都首先研究这辫子，待到知道是假，就一声冷笑，将我拟为杀头的罪名；有一位本家，还预备去告官，但后来因为恐怕革命党的造反或者要成功，这才中止了。

我想，假的不如真的直截爽快，我便索性废了假辫子，穿着西装在街上走。

一路走去，一路便是笑骂的声音，有的还跟在后面骂："这冒失鬼！""假洋鬼子！"

我于是不穿洋服了，改了大衫，他们骂得更厉害。

在这日暮途穷的时候，我的手里才添出一枝手杖来，拼命的打了几回，他们渐渐的不骂了。只是走到没有打过的生地方还是骂。

这件事很使我悲哀，至今还时时记得哩。我在留学的时候，曾经看见日报上登载一个游历南洋和中国的本多博士的事；这位博士是不懂中国和马来语的，人问他，你不懂话，怎么走路呢？他拿起手杖来说，这便是他们的话，他们都懂！我因此气愤了好几天，谁知道我竟不知不觉的自己也做了，而且那些人都懂了。……

宣统初年，我在本地的中学校做监学，同事是避之惟恐不远，官僚是防之惟恐不严，我终日如坐在冰窖子里，如站在刑场旁边，其实并非别的，只因为缺少了一条辫子！

"手杖"在中国的俗称是"文明棍儿",它在其持有者那里既代表一种文化地位上的优越,又代表了一种可以对群愚施以惩戒的权力,它实际上已成为一种中国语境中的西方强势文化的象征,而它的对立面"辫子",则代表的是"落后"、"愚昧"、"保守"的传统性和本土性,是需要用"文明棍儿"来点化、启蒙、教训的对象,两者较量的结果导致了近代"文明与野蛮的翻转"。虽然被打败的一方并不真正心服口服,像阿Q就把"假洋鬼子"手中的"文明棍儿"称作"哭丧棒",但庚子之变之后,不管是政治上的还是文化上的保守派都遭到了毁灭性的打击,"西化"已成为不可抗拒的趋势,因此朝野上下崇洋、媚洋之风开始大盛,李叔同日记中曾记载下当时的一个民谣:"天子重红毛,洋文教尔曹,万般皆下品,惟有读书糟。"由此迎来文化上的西进东退的一大高潮,留学生的大量派出也正是此高潮的一个重要表现。

留学生的资本在于精通"洋务",而 20 世纪又是一个"洋人"在世界范围内占据绝对优势的世纪,所以当政者和守旧派虽然厌恶留学生的作派,对他们存有戒心,但又不得不用之,而留学生也就成为中国社会中推进"西化"即"现代化"的中坚力量。随着社会现代化程度的加深,留学生的社会地位也就会随之升高。但在晚清时期,一般没有背景,又与当权者持对立态度的留学生的处境还是非常艰难的,鲁迅归国后曾在其自述中这样讲述他的经历:

> 我一回国,就在浙江杭州的两级师范学堂做化学和生理学教员,第二年就走出,到绍兴中学堂去做教务长,第三年又走出,没有地方可去,想在一个书店去做编译员,到底被拒绝了。但革命也就发生,绍兴光复后,我做了师范学校的校长。革命政府在南京成立,教育部长招我去做部员,移入北京……

鲁迅前期如此频繁"走出"的原因就主要源于鲁迅与当时中国社会环境的冲突,留学经历已使他无法安于按照固有的文化成

杭州浙江两级师范学堂。

规来生活,而国内的一切仍是一如既往、按部就班,与从前相比并无明显的变化。这使他左奔右突,希望寻找到一个安身之地而不可得。他的第一个职业是在杭州浙江两级师范学堂当生物教员,这显然并不符合他的理想,只是一个暂时的饭碗而已。鲁迅在日本时原有许多规划,打算在文学、文化方面大干一场。为此他还打算专门去德国学习、研究哲学,但由于经济上的原因,他不得不放弃了此计划,回国谋生。经由较鲁迅早一些回国、此时正担任杭州浙江两级师范学堂教务长的朋友许寿裳的介绍,鲁迅就来到该学堂当了教员,其时学堂的监督(校长)是沈钧儒。

浙江两级师范学堂在当时是中国规模较为宏大的新式学堂之一,1906年开始,在原杭州旧贡院的地基上建设完成,1908年正式开学。学堂不仅在建筑风格上仿照日本师范学校,就连课程的设置安排也受到影响——分为"优级"和"初级"两部分,优级培养中学师资,初级培养小学师资。教员中有不少是革命团体光复会的会员或接受过民主思想洗礼的留日学生,甚或也有从外国直接聘请来的,校长沈钧儒思想极为开明,因此,学校颇具一些民主风气。

有志于以文学、文化立身的鲁迅,在遭遇此路不通之后,也只能与现实妥协,所以他又将曾经放弃了的自然科学再拾起来,以教授生物学为业。最初鲁迅担任的是初级师范的化学和优级师范的生理学课程。由于学校同时还聘请了一些日本教员,他们上课时的讲解需要翻译,故鲁迅又兼任日文翻译。

鲁迅对于自己的教学工作是非常严肃而认真的,在他看来,教师这个职业是可以同改造国民性结合起来的。当时鲁迅敢于开风气之先,在课堂上向学生讲解生殖系统的器官组织结构和生理机能,他可谓是此方面教育的先驱者。讲授中鲁迅的态度是严肃和认真的,他事先只对学生提出了一个条件,就是在他讲的时候不许笑。因为教师的态度是严肃的,如果有人发笑,严肃的空气就被破坏掉了。鲁迅还告诉学生,生殖系统的构造是人体器官的一部分,生男养女都是最自然的生命现象,为学生们揭开蒙诸其上的神秘面纱。在当时,白话文尚未流行,鲁迅用文言文编写他的生理学课程讲义,讲义用词古奥、简明扼要,像用"也"字表示女性生殖器官,用"了"字表示男性生殖器官,用"幺"字表示精子,这也表明他当年在日本跟太炎先生学的古文字学没有白费。

翻译这个工作是不容易做好的,除了用文字语言传达他人的意思以外,缺少可以显出个人才华的地方。但鲁迅却做得很好,深受学生的尊敬和赞许。当时的日语翻译需要在课堂上即时进行,来自日本的植物学教师铃木珪寿讲一句,鲁迅翻译一句,学生则据鲁迅口译做笔记。铃木是一个颇有造诣的植物学家,但有时也不免讲错或讲漏了,鲁迅发现了便在口译中给更正过来。铃木发现后会心地向鲁迅点头微笑,表示感谢。学生向铃木提出不适当的问题,鲁迅也见机直接处理了。有一次,学生们在山坡上看到一株开着黄花的植物,就指着它问铃木叫什么名字,铃木仔细看了看,答曰:"这是'一支黄花'。"学生们听了偷笑起来,他们以为铃木不懂:枝上开一朵黄花就叫"一支黄花",这还用他讲吗?鲁迅见状随即和蔼而认真地解释说道:"我们做学问,知之为知之,不知为不知。这是多年生草本植物,属菊科,可以入药,也可以提取染料,名字就叫做'一支黄花'。铃木先生说得并没有错,不信,你们可以去查植物志,对图谱。"①

鲁迅个人的言行,对学生是很好的教育。他在杭州一年,工作十分勤奋。杭州的风景非常美丽,正如苏东坡所描绘的:"水光潋滟晴方好,山色空濛雨亦奇。"但鲁迅只有在采集植物标本的时候,才得以徘徊于湖山胜迹之中。有时仅为采集一种标本,鲁迅不惜付出几天的跋涉之劳,回来后还要做整理、压平、张贴、标名等工作,但他却乐此不疲。当年鲁迅所收集制作的西湖蓼科植物标本的一部分,现在还保存在杭州第一中学。鲁迅还曾计划编一部《西湖植物志》,后环境变迁,未能如愿。鲁迅的生活简朴到贫苦,一件廉价的洋官纱长衫,可以从端午节穿到重阳。他忙于批改作业,编译讲义,经常一直工作到深夜。强盗牌香烟和条头糕,是他每夜必备的东西,工友每晚替他买好这两样,星期六的夜里,更特意准备得充足一些。鲁迅很感谢他的照顾,对他非常有礼貌,且用平等的态度相待。

在两级师范做教员的鲁迅,平日里沉默寡言,并不显山露水。

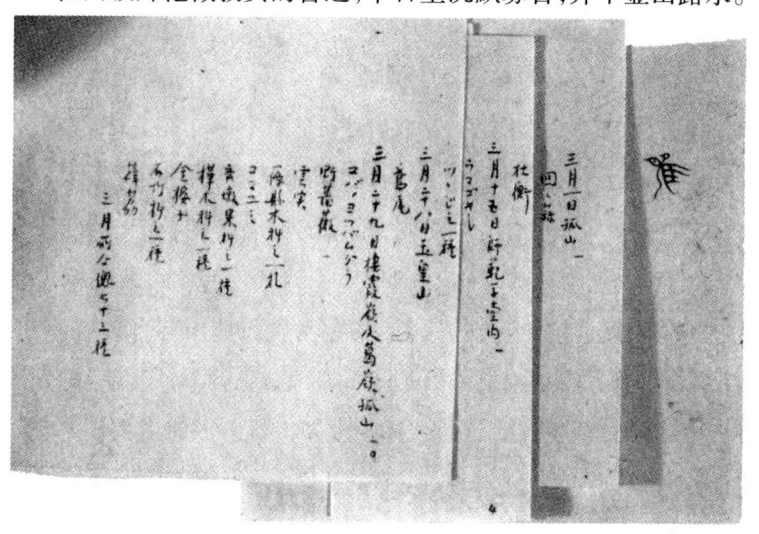

1910年3月记录采集植物标本的鲁迅手稿。

---

① 吴克刚:《谈鲁迅先生在浙江两级师范学堂》,载薛绥之主编:《鲁迅生平史料汇编》第二辑,天津人民出版社1983年版。

但是1909年的冬天，鲁迅参加了当时浙江教育界新旧势力之间发生的一场激战——"木瓜之役"，在这次战役中，他初次显示出了战斗的锋芒。1910年，鲁迅在致友人许寿裳的信中还特意提到："木瓜之役，倏忽匝岁，别亦良久，甚以为怀……"可见这次"木瓜之役"，给鲁迅留下了深刻的印象。

"木瓜之役"是鲁迅留学归国后所参与的第一次新旧之间的大对抗，值得注意的是这次对抗是以新派的得胜和旧派的失势告一段落的，之所以出现这样的结果与清末新政时期特有的政情、舆情有关。诚如时人所言："庚子重创而后，上下震动。于是朝廷下维新之诏以图自强。士大夫惶恐奔走，欲副朝廷需才孔亟之意，莫不问新学。虽然，甲以问诸乙，乙以问诸丙，丙还问诸甲，相顾错愕，皆不知新学之意何云。于时联袂城市，徜徉以求苟合，见夫大书特书曰'时务新书'者，即麋集蚁聚，争购恐不及。而多财善贾之流，翻刻旧籍以立新名，编纂陈简以树诡号，学人昧然得鱼目以为骊珠也。朝披夕吟，手指口述，喜相告语，新学在是矣，新学在是矣！"①与对西学的推崇相应的是要求政治变革的呼声日高，仿行西方，实行立宪，成为社会的一种普遍要求。《东方杂志》当时这样报道："上自勋戚大臣，下逮校舍学子，靡不曰立宪立宪，一唱百合异口同声。"②在这种趋势之下，守旧派已成为大众所不齿的人物，大臣许珏因为上书反对立宪，招致的反应是："朝野哗然，以为阻挠立宪，非愚则狂。"③

西学的兴盛培养起新一代读书人对"公理"的崇拜，这种"公理"主要是西方启蒙主义的"公同平等"之理，这种"崇理"的风气对于推动革命是大有助力的。孙中山先生对庚子前后人们心态的变化感触颇深："当初之失败也，（庚子之前）举国舆论莫不目予辈为乱臣贼子，大逆不道。咒诅谩骂之声不绝于耳；吾人足迹所到，

---

① 冯自由：《政治学·序言》，上海广智书社1902年版。
② 《东方杂志》1905年第8期。
③ 许珏：《复庵集》卷十，《辛亥革命与近代文化》（上），第304页。

凡认识者,几视为毒蛇猛兽,而莫敢与人交游也。唯庚子失败之后,则鲜闻一般人之恶声相加,而有识之士且多为吾人扼腕叹息,恨其事之不成矣。前后相较,差若天渊,吾人睹此情形,中心快慰,不可言状,知国人迷梦已有渐醒之兆。"①

当时"革命排满"之说在新式学堂的青年学生中已相当流行,这与学校中的革命党教师是分不开的,如杨毓麟当时在北京译学馆教国文:"学生课卷有稍合革命主义者,虽文词草率,辄奖励之,有颂扬君后而抬头书写者,必勒抹而痛斥之。"②面对这种学界状况,一位保守派忧心忡忡地留下了这样的记录:"自从平等自由革命排满之说倡行,少年后学从风而靡……其毒乃遍于学校,裂纲毁纪,视为当然,相习成风。"他举例说:"有一人尝食于我者数载,平居固甚驯谨。入军校数月,以假日来见,则革命排满,信口谰言,责之以严词,夷然答曰:'公无独责我也。全校皆如是,公亦无独责我校也,各校皆如是。使弗与之党,将不可一日容。势之所趋,非一二人能自立异也。'"③费孝通在分析中国乡土社会时曾提出除了实存的权力外,还存在一种"时势权力"。在变革时代,这种"时势权力"与实存权力相比毫不逊色,甚至更有力量,因为它掌握了人心的指向。实存权力可以管束人的身体,但管束不了人心,人心所向决定着历史前进的方向。了解了这个大的时代趋势,对鲁迅参与的"木瓜之役"的结果,也就容易理解了。

至于这场战役中新派人物的对立面夏震武,也是一位大时代里值得关注的人物。夏震武(1854—1930),又名震川,字伯定,号涤庵,富阳灵峰里人。同治十二年(1873)举人,次年成进士。光绪六年(1880)授工部营缮司主事。夏震武崇尚程朱理学,不避利害,属于陈义甚高、不切实际、缺少变通的书生气十足的"清流"人物,认为依靠"礼义廉耻"就足以应对一切,坚决反对"用夷乱夏"、变

---

① 孙中山:《孙中山全集》第六卷,第235页。
② 《杨笃生先生蹈海记》,载《蔡元培全集》第2卷,第118页。
③ 转引自《辛亥革命与近代文化》(上),第312页。

法维新。

庚子之变后,夏震武应慈禧太后、光绪帝之召,奔赴西安,上《应诏进言,谨陈中兴十六策》,反对屈辱求和,建议"奋发自强,任贤才,修政事,明耻教战,运东南之财,练西北之兵,东向以恢复两京"。到西安后又连上数折,弹劾重臣王文韶、盛宣怀、翁同龢等"表里为奸,挟外洋之势以胁朝廷"。后遭冷遇,告病回乡。宣统元年(1909),夏震武任浙江教育总会会长、浙江两级师范学堂监督。主张尊孔读经、廉耻教育,与该校进步教师发生冲突,教师罢教,学生亦相继罢课,被迫辞职转任北京京师大学堂教席。民国建立后,夏震武束装南归,以聚徒讲学终老于故里,据说当时随他求学之士甚众,不乏来自日本、朝鲜、越南者。其代表作有《灵峰先生集》等十余种。

"木瓜之役"是夏震武一生中的一个小插曲,事情经过也并不复杂,但与此也很可见其性格和为人。当时两级师范学堂的监督沈钧儒当选省咨议局副局长,浙江巡抚曾韫趁机想加强对学堂的控制,于是任命以"理学大儒"自命、刚愎自用的夏震武继任学堂监督。

夏震武上任之初就烧了三把火:一是要监学许寿裳和他一起谒圣、拜见孔子,结果被许挡了回去,说是他开学时已拜过,恕不奉陪。二是他不按前任惯例去拜会住校的教师,反而让教师穿上礼服到礼堂去拜见他,这类似于下属见上司的"庭参",是对教师的严重的不尊重;而且他所谓的"礼服"在新派人物那里早就淘汰,据张宗祥回忆:当时教师当中"袍挂、大帽,不但有的人很少,就有,也不愿意穿这种服饰(内中张燮和、夏丏尊二人还有一条假辫子,季茀和鲁迅连假辫子也没有)。因此,以季茀为首认为监督对教师不礼貌,全体教师罢教,向提学使提出辞呈。"①这种公然把"旧"强加于人的做法显然会增加人们对其的恶感,使事态趋于激化。三

---

① 薛绥之、韩理群编:《鲁迅生平史料汇编》第二辑,天津人民出版社1982年版,第415页。

是验收校具、款项，这牵涉到经济大权的争夺，自然非常重要。许寿裳、鲁迅、杨莘士、张宗祥等25位教师辞职，带着行李、书籍，搬到黄醋园湖州同乡会馆。学生因老师一走无课可上，纷纷向提学请愿。提学在下令教师复课无效之后，请了人来调解，后又耍了提前放假的花招，但教师们一致坚持：夏震武不走，决不回校。学潮坚持了两个多星期，有人劝夏震武辞职，而他还虚张声势地硬挺，扬言"兄弟决不放松"。但最后，情势愈演愈烈，提学也毫无办法，只好叫夏震武辞职了。

"木瓜"一役，鲁迅一直站在最前列，夏震武曾咬牙切齿地骂之为"拼命三郎"。教员们复职后，在大井巷的一家饭店大摆宴席，共庆胜利，戏称为"吃木瓜酒"。鲁迅畅饮之后，用筷子挟着一块肥肉，模仿夏震武的语调说："兄弟决不放松。"引来大家一片笑声。这场"木瓜之役"也在笑声中胜利结束。

另外在杭州教书时令鲁迅难以释怀的是学生的两次恶作剧，以后他曾屡屡对人说起，可见这些事情在其心中留有深刻的印记。作为"进化论"的信仰者，他有一个人性趋善的基本预设；作为一个启蒙主义者，他也须相信人是理性的动物，可以被理性所说服，自动地服从理性，然而这些假设在现实面前都可能会遇到反证，使得启蒙者的信念在现实面前遭遇挫折，从而产生自我怀疑。

第一件事是鲁迅上化学课讲硫酸时，鲁迅极力告诫学生硫酸的危险性，但后来在做分组实验时，一个恶作剧的学生还是用竹签蘸了一点硫酸在另外一个学生的后颈上点了一下，被点的学生立即用手按住后颈，连声叫痛，鲁迅当时就震惊了，这几乎动摇了他的信念以及建立在这种信念之上的通过教育来改良人性的理想。

第二件事更可怕，后果也更严重，鲁迅在课堂上做氢气点燃的演示实验，当他把烧瓶中的氢气和实验仪器拿进教室时，才发现没有带火柴，于是只好对学生们说："我回去取火柴，你们千万别去碰这个瓶子，瓶子一旦进了空气，再点火就会爆炸的！"当鲁迅拿火柴回到教室，一点火，那氢气瓶"嘭"的就炸开了，鲁迅的手也被碎玻璃炸出血来……而在这时候,鲁迅才发现,原来坐在前面两排的学生已转移到后排安全地带去了。

现实给充满理想主义的救世热情的鲁迅泼了一盆冷水,使他变得越来越趋于冷峻、愤激。

鲁迅在杭州只工作了一年。1910年7月,鲁迅辞去浙江两级师范学堂教职,应同乡学界长辈蔡元培先生之邀,回到故乡绍兴。从那年秋季开始,受聘绍兴府中学堂学监,同时兼任博物学、生理卫生学教员。在与好友许寿裳的通信中,他这样讲述他此举的无奈:"嗟乎!今年秋故人分散尽矣,仆无所之,惟杜海生理府校,属教天物之学,已允其请,所入甚微,不足自养,靡可骋力,姑足于是尔。"① 绍兴府中学堂创办于1897年,当时的宗旨是"中学为体,西学为用",故原名"绍郡中西学堂",1906年才改名并进行了扩建,是当时绍兴的最高学府,在此任教也算是很令人尊敬的职业了。当时的鲁迅刚刚30岁,正是年富力强的时候,他办事认真,学生们都敬畏他。任职不久,鲁迅就遇到了两次学潮,这对任教未久、担任监学的鲁迅也是不小的考验,他在给许寿裳的信中这样讲道:

> 中国今日冀以学术干世,难也。仆自子英任校长后,暂为监学,少所建树,而学生亦尚相安。五六日前,乃复因考大哄:盖学生咸谓此次试验,虽有学宪之命,实乃出于杜海生之运动,爰有斯举,心尚可原。杜君太用手段,学生不服,亦非无故。今已下令全体解散,去其谋主,若胁从者,则许复归。计尚有百余人,十八日可以开校。此次荡涤,邪秽略尽,厥后倘有能者治理,可望复兴。学生于仆,尚无间言;顾身为屠伯,为受斥者设身处地思之,不能无恻然。颇拟决去府校,而尚无可之之地也。……仆荒落殆尽,手不触书,惟搜采植物,不殊曩日,又翻类书,荟集古逸书数种,此非求学,以代醇酒妇人者

---

① 《鲁迅书信》(一),人民文学出版社2006年版,第5页。

也。欲言者似多，而欲写则又无有，故止于此，容后更谭。……①

一方面同情学生，要设身处地地为学生着想，另一方面身为监学，又不能不站在校方立场，维持基本的教学秩序，防止学生的无理取闹，鲁迅身上的担子不轻。两月之后学潮平定，他受托邀许寿裳来校共事，仍自叹道：

> 府校迩来大致粗定，藐躬穷奇，所至颠沛，一遘于杭，两遇于越，夫岂天而既厌周德，将不令我索立于华夏邪？然据中以言，则此次风涛，别有由绪，学生之哄，不无可原。我辈之挤加纳于清风，责三矢于牛入，亦复如此。今年时光已如水逝，可不更言及。明年子英极欲力加治理，促之中兴。内既坚实，则外界之九千九百九十九种恶口，当亦如秋风一吹，青蝇绝响；即犹未已，而心不愧怍，亦可告无罪无ペスタロッチ先生矣。惟奠大山川，必巨斧凿，老夫臣树人学殖荒落，不克独胜此负荷，故特驰书，乞临此校，开拓越学，俾其曼衍，至于无疆，则学子之幸，奚可言议。武林师校杨星耜为教长，曩曾一面，呼詈称冤，如堕阿鼻；顾此府校，乃不如彼师校之难，百余学生，亦尚从令，独有外界，时能射人，然可不顾，苟余情之洵芳，固无惧于憔悴也。希君惠然肯来，则残腊未尽，犹能良觌，当为一述吾越学界中鱼龙曼衍之戏②。

"ペスタロッチ"指的是致力于平民教育的瑞士教育家——J. H. Pestalozzi，可见鲁迅起初还是想在绍兴有所作为，为家乡教育打开一个新局面的，但终于他还是对故乡彻底失望，决意离绍他

---

① 《鲁迅书信》，人民文学出版社2006年版，第7页。
② 《鲁迅书信》，人民文学出版社2006年版，第9页。

往,以求解脱:

> 闻北方土地多涸淖,而越中亦迷阳遍地,不可以行。明年以后,子英欲设二监学,分治内外。发电以后,更令仆作函招致。顾速君来越,意所不欲。然以自为监学,不得显语,则聊作数言而不坚切。此函意已先达左右。仆归里以来,经二大涛,幸不颠陨,顾防守攻战,心力颇瘁。今事已了,正可整治,而子英渐已孤行其意。至于明年,恐或莫可收拾。于是仆亦决言不治明年之事。惟此监学一职,未得继者,甚以为难。与子英共事,助之往往可气,舍之又复可怜,左右思惟,不知所可。君倘来此,当亦如斯。惟仆于子英谊亦朋友,故前不驰书相阻,今既谢绝,可明告矣。越中理事,难于杭州。技俩奇觚,鬼蜮退舍。近读史数册,见会稽往往出奇士,今何不然?甚可悼叹!上自士大夫,下至台隶,居心卑险,不可施救,神赫斯怒,湮以洪水可也①。

在迭遭挫折之后,鲁迅追求完美的个性会走向愤激、决绝,最后干脆呼唤"上帝"——"神赫斯怒,湮以洪水"来清洗一切、重新再造。

尽管有种种不如意之处,鲁迅在绍兴府中学堂执教期间,还是尽了极大的努力,做了一些具有开创性的工作。他十分注意深入实际,走向社会。假日里,他常身背特制的白铁筒,手持铁铲,到羊山、吼山一带采集植物标本。他还常带领学生游览禹陵、会稽山等名胜古迹。禹陵就是相传的大禹葬地。对于大禹"若不把洪水治好,我怎奈天下苍生"的伟大抱负,鲁迅深为敬佩。他跟学生一起在禹陵的"百步金阶"上摄影留念,对他们进行直观的教育。特别值得一提的是,1910年秋高气爽的时候,鲁迅还率领200多名师生

---

① 《鲁迅书信》,人民文学出版社2006年版,第13页。

取道嘉兴、苏州,远赴南京参观"南洋劝业会"。这次展览会的宗旨主要是振兴民族工商业,并借此进行社会教育。展览会基本上按省设馆,但以江南诸省居多;除展出各地特产外,还展出了各地侨胞引进的南洋各国的先进工艺品和机器。绍兴府中学堂的一些学生由于株守乡里,孤陋寡闻,有的甚至以为"铁路"就是铁水浇铸的路面。不少人以前没见过电灯、汽车,所以除白天自由参观外,学生们特别喜欢欣赏灯火通明的南京夜色。通过一周左右的参观,学生眼界大开,学到了许多书本上没有的新知识。

回到故乡的鲁迅与学生的关系比较融洽,但是他的孤独感仍是难以摆脱的,那种与社会的隔膜即使在偶尔写就的优雅的游记小品《辛亥游记》中也流露出来,如游记一:

> 三月十八日,晴。出稽山门可六七里,至于禹祠。老藓缘墙,败槁布地,二三农人坐阶石上。折而右,为会稽山足。行里许,转左,达一小山。山不甚高,松杉骈立,沏木棘衣。
>
> 更上则沏木亦渐少,仅见卉草,皆常品,获得二种。及巅,乃见绝壁起于足下,不可以进,伏瞰之,满被古苔,蒙茸如裘,中杂小华,五六成簇者可数十,积广约一丈。掇其近者,皆一叶一华,叶碧而华紫,世称一叶兰;名叶以数,名华以类也。微雨忽集,有樵人来,切问何作,庄语不能解,乃绐之曰:"求药。"更问:"何用?"曰:"可以长生。""长生乌可以药得?"曰:"此吾之所以求耳。"遂同循山腰横径以降,凡山之纵径,升易而降难,刚其腰必生横径,人不期而用之,介然成路,不荒秽焉。

这段游记虽沿袭了传统的形式,但其内在精神上却显示出现代精英与大众之间的隔膜与断裂:这表现在对于"庄语"不能解的樵人的姑妄应之、不屑置辩,像这样的"樵人"是从未被鲁迅视为应予启蒙的对象,还是因为看到启蒙无望本就无意对其启蒙?传统"民可使由之,不可使知之"的精英主义观念是否对现代"启蒙者"仍产生着内在的制约?在与樵人的对话之中,我们可以隐约地感到鲁迅后来自省过的那种"越来越瞧不起人"的脾气已然抬头①,这是否预示了与民初"咸与维新"的"共和主义"对抗的新一轮精英主义文化的兴起?

再看第二则:

> 八月十七日晨,以舟趣新步,昙而雨,亭午乃至,距东门可四十里也。泊沥海关前,关与沥海所隔江相对,离堤不一二十武,海在望中。沿堤有木,其叶如桑,其华五出,筒状而薄赤,有微香,碎之则臭,殆海州常山类欤?水滨有小蟹,大如榆荚。有小鱼,前鳍如足,恃以跃,海人谓之跳鱼。
>
> 过午一时,潮乃自远海来,白作一线。已而益近,群舟动荡。
>
> 倏及目前,高可四尺,中央如雪,近岸者挟泥而黄。有翁喟然曰:"黑哉潮头!"言已四顾。盖越俗以为观涛而见黑者有咎。然涛必挟泥,泥必不白,翁盖诅观者耳。观者得咎,于翁无利,而翁竟诅之矣。潮过雨霁,游步近郊,爰见芦荡中杂野菰,方作紫色华,得数本,芦叶伤肤,颇不易致。又得其大者一,欲移植之,然野菰托生芦根,一旦返土壤,不能自为养;必弗活矣。

老翁此语也许是无心之言,但得来的是"翁盖诅观者耳。观者得咎,于翁无利,而翁竟诅之矣"的评语,作者的敏感和严苛的批判

---

① 这种与世俗大众的冲突在鲁迅以后的生活中仍在延续,如在厦大时,鲁迅第一次拿着学校开的支票到银行去领薪水,柜台里的人接过四百大洋的支票,见他衣着寒酸,就问他:"这张现金支票是你自己的吗?"鲁迅不回答,吸了一口烟。又问:"你这人是干什么差事的?"鲁迅仍不回答,又吸了一口烟。又再问:"你每月有这么高的薪水吗?"鲁迅仍未回答,望着银行职员,又狠狠地吸了一口烟。最后,银行职员乖乖投降,把四百大洋的现金支票一分不少地兑现了。

性态度在这里也有所流露。

1911年冬天,鲁迅就写成了他的第一篇创作小说《怀旧》。这篇小说很真实地反映了当时鲁迅在家乡绍兴的复杂心情。辛亥革命之后,"官威如故,民瘼未苏",眼前的现实无情地戏谑着鲁迅的理想,使他陷入了深广的忧虑和严肃的思索。小说借一个私塾儿童的眼睛,描绘出刚刚发生不久的辛亥革命浪潮中的"人情世态图":"不辨粳糯,不分鲂鲤"的金耀宗,是一个深谙世故的土财主,他在太平天国革命中随机应变而发了大财。当革命军行将到来之际,他又准备故伎重演,去做"箪食壶浆以迎王师"的"顺民";比他更为世故的私塾教师秃先生,告诫金耀宗,在形势尚未明朗时,要与之保持一定的距离,"固不可攖,然亦不可太与亲近",最好先行躲避,静观形式,再做定夺。至于普通的大众则更为漠然,仿佛革命与否与其全不相干,对他们来说重要的是"逃反"。在乱世保住身家性命才是第一要务。因此略有风吹草动,他们便喊着"来了"、"来了",乱逃一气:何墟的居民直奔芜市,而芜市的居民却争走何墟。路上人群穿梭,多于蚁阵,但其命运都不过是待宰杀的猪羊。

"宁做太平犬,不做乱世人",这是中国几千年传统专制统治下没有政治参与权也因而缺乏政治热情和责任的普通百姓的无奈、合理的祈求,在这种专制制度下,百姓无权因此也就似乎可以免责,然而一旦王朝秩序崩溃,乱世所带来的灾难明显要大于治世,个人的生命、财产都会完全失去保护,因此历史地来看问题,治世和乱世还是有极大的区别的。不能因为古代没有现代民主,人民都是强权下的"马牛"、"奴隶"而忽视了治乱之间的实实在在的不同,乱世之人没有王权秩序和法律制度的庇护,只能把一切交给命运来安排,根本无法主宰自己的命运。正像一个笑话所言:一个人在城破逃难之前找算命先生指条活路,看往哪个方向逃安全。算命先生算了一卦后告诉他:"也可往东逃,也可往西逃,在劫者难逃。"乱世之人除了听天由命或铤而走险之外,没有别的选择。鲁迅在《灯下漫笔》中直截了当地将中国历史划分为两个时代:"一,想做奴隶而不得的时代;二,暂时做稳了奴隶的时代。"而将"创造这中国历史上未曾有过的第三样时代",视为"现在的青年的使命!"然而,这种"第三种时代"——"人的时代"的实现并不是一个简单的"我欲'人'而'斯人'止矣"的思想觉悟和主观意志问题,晚清革命者大多过于强调这种思想道德觉悟和主观意志的作用,从而表现出一种一蹴而就的道德理想主义的倾向,典型的如清末刘师培在《天义报》发刊词中所言:"地球上邦国环立,然自有人类以来,无一事合于真公。……自民族主义明,然后受制于异族者,人人皆以为辱;自民均之论昌,然后受制于暴君者,人人均以为耻;自社会主义明,然后受制于富民者,人人均以为羞。"他们相信凭着这种思想道德上的次第觉悟就可以直接建成"社会主义",显然过于乐观。由这种信念出发,就会自然而然地将"辛亥革命"未能达到预期目标的原因归结于人们的思想道德觉悟不够,而要挽救失败的革命,唯一办法就在于进行更为彻底的革命。而要进行彻底的革命,首先需要致力的还是"思想革命",如此"思想革命"的重要性就不言而喻了。这种着眼于政治革命的思想启蒙的价值是不容低估的,但其是否能达到其原初目的则是值得反省的。总而言之,"辛亥革命"主要是在卢梭《民约论》及法国大革命的精神感召下发生的,从政治传统上来说它属于以法国大革命为代表的人民民主主义政治潮流,与英美建立在社会自然演进基础上的宪政民主主义是迥然异趣的。在这方面法国大革命的历史足资借鉴:"大革命"在法国导致政局动荡80年,革命复产革命、没有了局;革命期间先后出台五部宪法,都流为毫无约束力的空文。追求民主与实现人权成为截然对立的两端,"美德的恐怖"和"恐怖的美德"使法兰西血流成河,最终"大革命"催生出拿破仑的铁腕帝制,建立起独裁秩序,如此以求民主始,以得"帝制"终,即使不说是失败,至少也是未达初衷,没能如英美那样顺利地实现将"砍人头"的政治转变为"数人头"的政治这一根本性的制度转换。如此,"大革命"

将"伊于胡底"或是否有"底",都成为了疑问,用革命未能除恶务尽来解释其未达初衷显然有些牵强。而拿破仑的成功也许就在于他看穿了充斥于时代的"自由、民主、博爱"口号之下隐藏着的人性的奥秘:"造就法国大革命的是虚荣心,自由只是借口。"①凡此种种都耐人寻味,发人深省。法国大革命的光荣和梦想、血腥和残酷激励了世界,也令世界战栗,它留给后人很多值得思考的问题。鲁迅对此肯定有自己的思考,但他的思考也并不能终结、取代后人的思考。

大致来说鲁迅受德国的哲学、俄罗斯的文学影响较大,对于英美文学文化兴趣不大,他曾在给江绍原的书中谈道:"英美的作品我少看,也不大喜欢。"②在给胡风商量翻译作品的信中说得更明白:"英作品多无聊(我和英国人是不对的)。我看波兰的《火与剑》或《农民》,倒可以译的……"③其个性气质与德国的尼采、法国的卢梭和俄国的安德烈耶夫比较接近,与英美经验主义、实验主义的文化气质距离较远,这在很大程度上也代表了一种时代的选择。鲁迅的基本精神与德国形而上学和法国大革命的精神是系出同门,一脉相承的。

辛亥革命前夜的绍兴,革命浪潮也在暗中涌动,鲁迅所在学堂中的青年学生也掀起了剪辫风,但曾饱尝"无辫"之苦的鲁迅对此也变得比较冷静:

学生派代表来见鲁迅,问他的意见,说:"先生,我们要剪辫子了。"他不觉脱口而出:"不行。""先生,你说有辫子好呢,没有辫子好?"学生带有责问的口气问道。"没有辫子好。"鲁迅说,"辫子总归是条'猪尾巴'。它迟早是要剪掉的。""那你怎么说不行呢?""犯不上,你们还是不剪上算——等一等吧。"

鲁迅自然是支持学生革命的,但他更爱护学生,怕他们受不必

---

① 转引自埃里克·霍弗:《狂热分子》,第162页。
② 1927年11月20日鲁迅致江绍原信。
③ 1935年5月17日鲁迅致胡风信。

要的伤害。然而终于还是有一部分学生把辫子剪去了。社会上议论纷纷,政府当局要追查风潮根源,惩办学生。鲁迅以学监的身份,保护了自己的学生。

辛亥革命爆发,全国各地纷纷响应,革命的火焰很快蔓延到鲁迅的家乡。11月4日,革命党人活捉了浙江巡抚,府台衙门被攻占,杭州光复,翌日,浙江省军政府宣告成立。为了庆祝杭州光复,越社在绍兴开元寺召开群众大会,公举鲁迅为主席。鲁迅在演说中阐明了革命的意义及武装人民的重要性,并进一步提议,在革命时期,人民武装实属必要,讲演团亦须武装,必要时就有力量抵抗反对者。

在革命军进入绍兴之前,正是山雨欲来风满楼的时候,心有不甘的统治者放话说杭州被打败的清兵要渡过钱塘江到绍兴来了。即时市民人心浮动,神色紧张的、仓皇出逃的、关闭店铺的都有。鲁迅为了安定人心,立即组织武装演说队,带领绍兴府中学堂的学生上街进行宣传。队伍雄赳赳气昂昂地经过了水澄桥、大善寺等绍兴主要街道。学生们高呼"革命胜利万岁!""中国万岁!"的口号,张贴"溥仪逃,奕勖被逮"的传单。革命的舆论使人心重新安定下来,一度关闭的店铺也重新营业了。

11月10日傍晚,鲁迅等终于迎来了原光复会成员王金发率领的革命军。这个王金发鲁迅是早相识的,他原是浙东洪门会党的一个领导人,后又加入光复会,曾在杭州率军起义。穿着蓝色制服的王金发的军队进城时,绍兴城欢呼雀跃。夜间里,人们倾城出动,夹道相迎,满街的灯笼和火把,把古城绍兴的夜,照得明如白昼。口号、白旗、酒、肉、兴奋、希望,一起迎接着这些真的革命军。第二天,全城剪了辫子。王金发宣布取消旧乡绅凑合的伪军政府,而组织以自己为都督的新的军政府,还逮捕了劣绅章介眉。鲁迅和带着一脸天真笑容的范爱农,也来见他们早已很熟悉的这个绿林大学出身的都督,范爱农见到王金发的头皮剃得精光,就摸着其头顶说:"金发大哥,你做都督哉。"王金发此时尚显随和,彼此相视而笑。王金发还委托鲁迅任山会初级师范学堂的监督,而范爱农被委任为这个学校的督学。

辛亥革命的悲剧在于革命者的热情并没有维持多久,王金发本人很快开始忘乎所以地"大做王都督"。在衙门里的人,穿布衣,打裹腿,穿草鞋来的,可不下十天的工夫竟都换上皮袍子了,尽管天气也还并不冷。

几个青年学生看不下去,他们找到鲁迅,建议应当办一种报纸来监督这个新政府,并经常针对当时的时弊敲敲警钟。他们欲请鲁迅做发起人之一,鲁迅觉得这也许可以给胜利者注入一点清醒,便一口应承下来。

于是这份名为《越铎》的报纸在1912年1月3日正式创刊。这是鲁迅所扶持的第一个青年文学团体。鲁迅用"黄棘"的笔名为《越铎》写了一篇《出世辞》,说明办报纸是为了"纾自由之言议,尽个人之天权,促共和之进行,尽政治之得失",这样才能"发社会之蒙复,振勇毅之精神"①。

在鲁迅的倡议之下,报刊开辟了《稽山镜水》专栏,还有《禹域秋阳》专栏,发表短小锋利的文章,揭发社会上的腐败现象和不良倾向。鲁迅在这张报纸上发表的评论文章,可算是他最早以"杂文"这个形式,同社会战斗的记录。

《越铎》一开始就攻击了军政府,接着攻击了都督,都督的亲戚、同乡、姨太太……一点也不留情面,王金发终被触怒,扬言要派人枪杀《越铎》同人。鲁迅的母亲为此很是着急了一些时候,然而并没有什么人真的被杀。只是,当鲁迅作为山会初级师范学堂的校长前去索要办学经费时,迎来王金发一阵痛斥:"怎么又来拿钱?人家都把钱送到我这里来,你反而要拿去,好,再给你二百元。下不为例。"此后,学校的经费就断绝了。在这种情况下,学校难以为继,鲁迅除了辞去监督职务,别无选择。

---

① 《集外集·〈越铎〉出世辞》,载《鲁迅全集》第七卷,人民文学出版社2005年版。

另外,王金发被《越铎》骂了几次之后,虽然大发雷霆,但也采取了一定策略:声明愿意资助报社两千元的经费,并先行送上五百元,妄图软化《越铎》。范爱农当时是社外编辑,知道后主张拒绝资助,但办报的革命少年们开了会决定收下,理由是收钱之后王金发就是股东,股东不好,自然还要骂。鲁迅听了消息,告诉学生们不该收这钱,一个当会计的马上表示不快,反驳道:"报馆为什么不收股本?""这不是股本……""不是股本是什么?"

"革命"就可以把一切道德原则都抛开吗?鲁迅显然对此并不认同,"道不同不相为谋",鲁迅也只好撒手不管了。革命后的鲁迅又一次失业了。恰好这时,许寿裳受蔡元培委托邀他到南京临时政府教育部任职,鲁迅才终于得到了一个安身之地。

1912年年初,鲁迅应南京临时政府教育总长蔡元培之邀,赴南京任教育部部员。来到阔别已久的南京后,有一件事让鲁迅印象极为深刻:"南京政府一成立,漂亮的士绅和商人看见似乎革命党的人,便亲密地说道:'我们本来都是草字头,一路的呵。'"对于民初的共和氛围,鲁迅是颇为不屑的,他认为这会造成姑息养奸的后果。以鲁迅的性情,是从来不屑于理睬官僚的,所以不久他就险些被除名:当时蔡元培北上迎接袁世凯去了,代理部务的次长好大喜功,只知扩充自己势力,引用私人,因为鲁迅不太理睬他,所以他"暗中开了一大张名单,送请大总统府任命,竟把周树人的姓名无端除去。"①幸而蔡元培很快回来,把此事撤销了,鲁迅才保住了饭碗。

1912年4月,南京临时革命政府北迁,5月,鲁迅随教育部搬迁至北京,5月10日,鲁迅第一次正式上班。他在教育部,被任命为社会教育司第一科科长兼教育部佥事。"佥事"是一种职位,相当于四等或五等文官。"科长"是一种具体职务,社会教育司第一科的管辖范围包括博物馆、图书馆、美术馆、动植物园以及文艺、音

---

① 《鲁迅生平史料汇编》第三辑,第81页。

乐、演剧等事项,相当于当时关于文化艺术方面的最高管理机构。

鲁迅在南京、北京"教育部"当部员,历时14年的时间。这种官员生涯对于他来说,显然不是一个理想的职业,但出于谋生的需要,他也无法断然舍弃。在环境允许的情况下,他秉承"利用职权,各行其是"的原则,做了不少有益的工作,成为民国时期的社会教育的拓荒者之一。蔡元培担任教育总长时曾经极力提倡美育,鲁迅对此也极为热心,还专门起草了《拟播布美术意见书》①。这份意见书,表现了鲁迅的进步美学观。他指出:"盖凡有人类,能具二性:一曰受,二曰作。"人感受于天物,而后才能创作文艺作品。而创作者又必"出于思"才能作,"倘其无思,既无美术"。故鲁迅提出美术三要素:"一曰天物,二曰思想,三曰美化。"他还详述了艺术的功用:"可以表见文化","可以辅翼道德","可以救援经济"。鲁迅还提出了"播布美术之方",主要内容包括:建立美术馆、美术展览会、奏乐堂和文艺会;保护古建筑、碑碣、壁画及造像,建立自然保护区和公园、动植物园;开展古乐和国民艺术(歌谣、俚谚、传说、童话等)的研究。鲁迅还亲身实践担任了夏期美术讲习会中关于《美术略论》的讲课。但当鲁迅只讲了《美术略论》第一回的次日,支持他的教育总长蔡元培就第一次提出了辞职。10天后蔡元培第二次提出辞职,结果照准。接着在召开的临时教育会议上,鲁迅投入极大热情的美育教育被从教育计划中删除,鲁迅只能在这天的日记中痛骂"此种豚犬,可怜可怜!"②

鲁迅在教育部的主要贡献之一是筹建历史博物馆。教育部本来在1912年7月就曾"拟就国子监旧署筹设历史博物馆",当时还在国子监的彝伦堂内设有筹备处。鲁迅经常到这里检查工作的进行情况。最初,馆内藏品只限于原来存放在国子监的一些文物及

---

① 《拟播布美术意见书》是鲁迅这个时期活动的重要文献。唐弢在《鲁迅全集补遗续编·下》(上海出版公司1952年版,第936页)中解释说,这篇文献发表在《教育部编纂处月刊》第一卷第一期。该刊是教育部的公报性刊物,专供内部工作人员阅读,外间不常看到,所以鲁迅早期生平的研究家们很少注意这个文献。

② 鲁迅1912年7月12日日记。

设施,鲁迅等人认为光这些显然是不够的,必须想办法多方搜集历史文物。于是,从1912年起直到1925年,鲁迅曾不断为建立历史博物馆而进行多方面的努力,并且还多次把自己已收集的一些文物赠送给历史博物馆,以丰富其馆藏。《鲁迅日记》中就曾记载:"为历史博物馆购买瓦当两个,三元","上午以大镜一枚,赠历史博物馆"。

北洋军阀统治时期,军阀官僚对于古物的态度,是不偷盗则糟蹋。比如原清政府存放于内阁大库中的一批古籍和文物(即所谓"大内档案"),就被装进八千只麻袋塞进国子监的敬一亭中,长期无人过问,任其烂掉,霉掉,蛀掉,偷掉,到后来又被当做废纸,卖给纸店做再生纸的原料。鲁迅曾写过《谈所谓"大内档案"》一文感慨:"公共的东西,实在不容易保存。如果当局是外行,他便将东西糟完,倘是内行,他便将东西偷完,而其实也并不单是对于书籍或古董。"①

于是办事认真的鲁迅就有了下面一段自行保护古物的经历。1913年为了筹备将于次年在莱比锡举办的"万国博览会",德国派

教育部,原清政府学部,位于今宣武门内教育部街。

---

① 孙瑛:《鲁迅在教育部》,载《鲁迅生平资料丛抄·鲁迅在北京》,山东师院聊城分院,内部资料,1977年。

了名叫米和伯的人在北京设立了一个筹备处。米和伯和当时的教育总长汪大燮取得了联系,要求其通过教育部向历史博物馆借取墨迹、书籍等展品。历史博物馆的展品于当年11月20日送交教育部存放,《鲁迅日记》这一天有记载:"历史博物馆送藏品十三种至部,借德人米和伯持至利俾瑟雕刻博览会者也。以其珍重,当守护,回寓取毡二,宿部中……不眠至晓。"这样,直到第二天"上午米和伯来部,取藏品去。"鲁迅一步也没有离开这些藏品。1918年历史博物馆迁移新址,以天安门内的午门城楼为陈列室。1925年,杨柳吐绿抽芽之际,鲁迅还亲自带领女师大国文系的学生登上午门,参观历史博物馆的各种陈列。

一个国家图书事业的状况,往往能成为判断整个文化水平的重要标志。鲁迅在教育部供职期间,为了改组、发展当时的国家图书馆——京师图书馆也付出了很大的精力。京师图书馆创建于1909年7月,馆址设在鼓楼附近什刹海边的广化寺内,1912年8月27日正式开馆。开馆之初,藏书不多。鲁迅为了充实馆藏,于1912年秋就以教育部的名义调各省官办书局所刻书籍入藏该馆。次年,又以教育部名义将一部铜活字印的中国大型图书——《古今图书集成》拨给京师图书馆。1916年4月,鲁迅还通过政事堂取得内务部的同意,明文规定凡经内务部立案的出版物均应分送京师图书馆,并征取各省区最新修刊的志书和征求各种著名的碑碣石刻拓本。在《鲁迅日记》中,还有他多次将中外书刊捐赠京师图书馆的记载。特别需要提及的是,《永乐大典》(残本)与文津阁《四库全书》这两部举世闻名的重要典籍,也是经过鲁迅的据理力争才移藏至图书馆,免遭散失的厄运的。此外,鲁迅还四处奔走,为京师图书馆及其分馆择定馆址。为了拟定京师图书馆的年度预算和改组方案,鲁迅甚至累得"头脑涔涔然"。鲁迅苦心孤诣地保护我国重要典籍与历史文献资料,奠定了今天北京图书馆丰富馆藏的基础。

经鲁迅等多方努力,京师图书馆得以改建。此为开馆纪念合影,第二排左起第五人为鲁迅。

另外,在开展通俗教育方面,鲁迅也做了不少有益的工作。他先后担任过通俗教育研究会小说股主任和审核干事。这时期,鸳鸯蝴蝶派的小说风行一时。后来,通俗教育研究会便通令查禁了代表这个文学流派的杂志《眉语》,因为它提倡"聚钗光鬓影能及时行乐"的淫乱思想,对青年毒害很大。以后又查禁了《金屋梦》、《鸳鸯梦》这些艳情小说。同时,鲁迅又奖励好的创作和翻译。1917年中华书局要出版周瘦鹃的《欧美名家短篇小说丛刊》,送教育部审查,鲁迅很为赞赏,认为是"空谷足音",所以呈请教育部给予奖励。周瘦鹃在多年之后,还感激地说,这是"永恒的知己之感"。

鲁迅在教育部供职期间,正是尊孔复古思潮开始回流的时期。袁世凯时代,不但恢复了尊孔祭典,而且还新做了祭服,试图将儒学定为"国教",以安顿民心,巩固其统治秩序。对于尊孔复古,鲁迅自然极为反感,但身在其位也不得不与之周旋。1913年9月28日,教育部在孔庙上演"祭孔"的活动,参加祭典的有三四十人,或跪或立,或旁立而笑,还有人在旁边破口大骂,致使典礼顷刻间草率结束。鲁迅在当天日记中写道:"闻此举由夏穗卿主动,阴鸷可畏也。"当年鲁迅初到日本时,就已经对日本人的祭孔感到不可思议了,此时更不会对孔子再有什么好感。1914 年,鲁迅又跟其他五位同事一起签名写信给当时的教育总长,反对"读经祭孔",并将信另抄一份摊在办公桌上,部里的职员都竞相来阅。1916 年秋,教育部对袁世凯任总统时制定的《教育纲要》进行讨论。鉴于这一《纲要》以"尊孔尚孟"为宗旨,鲁迅在征询意见的"说贴"上签注意见,旗帜鲜明地主张对这一《纲要》"根本取消"、"明文废止"。对于各地呈请表彰节烈和实行尊孔措施的公文,鲁迅只要看到,也无不主张驳回。例如有一次,山西大学堂"崇圣会社"递交了一份尊孔崇圣的呈文,要求在山西大开文庙,提倡崇圣,昌明孔教。鲁迅指出,"崇圣会社"这个名称就可笑,更不要谈内容了。后来,由于鲁迅等人的抵制,社会教育司以"民国祀典尚未制定"为理由,巧妙地驳回了这份经袁世凯批转的呈文。

总之,鲁迅在教育部的工作是难以完全施展其抱负的,他也只将其视为一个饭碗而已,为了谋生,不得不过着这种小官吏的灰色生活,从内心深处来说,他对此早已厌倦,之所以如此,不过是为尽养家的责任。当时官员办公的日常情形在鲁迅的小说《弟兄》中也有所表现,如:"公益局一向无公可办,几个办事员在办公室里照例的谈家务。"无非是张家长李家短,兄弟打架,公债券赔本等等。那"断了的衣钩,缺口的唾壶,杂乱而尘封的案卷,折足的破躺椅,坐在躺椅上捧着水烟筒咳嗽而且摇头叹气的秦益堂"日复一日地耗尽本大有可为的生命。鲁迅的消遣之道就是抄古碑、读佛经,以此代"醇酒妇人",麻痹自己,让自己沉入到古代去,沉入到国民中去,像别人一样生活,但是很难做到。正如1917 年除夕日记所云:"二十二日晴。春假。……旧历除夕也,夜独坐录碑,殊无换岁之感。"在给朋友的信中,他这样讲到自己所供职的教育部:"部中近事多而且怪,怪而且奇,然又毫无足述,述亦难尽,即述尽之乃又无谓之至,如人为虱子所叮,虽亦是一件事,亦极不舒服,却又无可叙述明之,所谓'现在世界真当仰东石杀者'之格言,已发挥精蕴无余,我辈已不能更赘矣。"①

教育部的经历不但使鲁迅倍感无聊,而且使鲁迅对世事更为悲观,以至愤激、绝望,他在给许寿裳的信中曾谈到这样的事情:

> 部中风气日趋日下,略有人状者已寥寥不多见。若夫新闻,则有エバ(夏娃,概指夏曾佑)之健将牛献周金事在此娶妻,未几前妻闻风而至,乃诱后妻至奉天,售之妓馆,已而被诉,今方在囹圄,但尚未判决也。作事如此,可谓极人间之奇观,达兽道之极致,而居然出于教育部,宁非幸欤!历观国内无一佳象,而仆则思想颇变迁,毫不悲观。盖国之观念,其愚亦与省界相类。若以人类为着眼点,则中国若改良,固足为人类进步之验(以如此国而尚能改良故);若其灭亡,亦是人类向上之验,缘如此国人竟不能生存,正是人类进步之故也。大约将来人道主义终当胜利,中国虽不改进,欲为奴隶,而他人更不欲用奴隶;则虽渴想请安,亦是不得主顾,止能侘傺而死。如是数代,则请安磕头之瘾渐淡,终必难免于进步矣。此仆之所为乐也②。

主掌一国教育的堂堂教育部竟出现这样的怪事,怎能不令人失望、幻灭?!这位行事荒唐的牛金事很快被撤职,并判8年徒刑,可见民国的法律也不是吃素的,并不是凡事都只能求助于希望有的"世界联合政府"来主持公道。"世界主义"、"人道主义"自有其价值,但也不是可以全力依赖、包医百病的灵丹妙药,自有其盲区和缺陷,正如乃师章太炎先生在晚清时期对此种主义的评论:"舍今日之急图,责方来之空券"③,陈义过高,难免会脱离实际。

---

① 《鲁迅书信》,第34页。
② 《鲁迅书信》,第38页。
③ 章太炎:《规〈新世纪〉》,载《民报》第24期,1908年。

2. 个人感情生活的灰暗与亮色

与晚年鲁迅有密切交往的女作家萧红在其《回忆鲁迅先生》一文中提到这样一个细节：

> 在病中，鲁迅先生不看报，不看书，只是安静地躺着。但有一张小画是鲁迅先生放在床边上不断看着的。
>
> 那张画，鲁迅先生未生病时，和许多画一道拿给大家看过的小得和纸烟包里抽出来的那画片差不多。那上边画着一个穿大长裙子飞散着头发的女人在大风里边跑，在她旁边的地面上还有小小的红玫瑰的花朵。
>
> 记得是一张苏联某画家着色的木刻。鲁迅先生有很多画，为什么只选了这张放在枕边。
>
> 许先生告诉我的，她也不知道鲁迅先生为什么常常看这小画[①]。

在剧烈动荡的晚清革命中度过青年时代的鲁迅，所倾心、钟情的理想女性也带有时代色彩，那是一个"娶妻当娶索菲亚，嫁夫当嫁马志尼"的时代，他所向往的大概也是这样一种革命浪漫主义的爱情。这种情爱理想与中国女性现实的距离是显而易见的。因此，青年鲁迅基本放弃了得到这种理想爱情的希望，故而选择了一种"为母亲娶一个儿媳"而非为自己找一个爱人的方式，将理想与现实截然分开。再则，学自然科学出身的鲁迅，对缠绵悱恻、海誓山盟的唯情主义的情爱并不感冒，正像他的学生孙伏园所说："鲁迅先生是一个受过严格训练的人，是中国学科学最早的人。……他受的是很严格的科学训练，因而他不相信许多精神生活。他常

[①] 萧红等著:《我记忆中的鲁迅先生——女性笔下的鲁迅》，河北教育出版社2002年版，第64页。

对人说:'我不知什么叫爱?'"①这样的鲁迅,对于爱情、婚姻的态度可以说是既严肃而又马虎的:既然放弃了寻找到理想爱人的希望,那么便什么人都可以;既然不是为自己找爱人,而是要为母亲娶儿媳,那么母亲满意就成了最重要的条件;既然自己已决心投身于成败未卜、生死难料的革命大业,那么有个什么样的妻子也并不重要,因为本来就没打算与她生儿育女、厮守终生;等等。这样从理想的高不可攀就变成了现实中的怎么都行,于是,当家里骗他说母亲病危,让他回家为他办婚礼时,他一切都照办了,并无任何反抗,只是为了不让母亲难堪、伤心,不让外人看笑话、飞短流长。然而,在他自己的内心深处,他以冷战方式对这桩不如意的婚姻进行了顽强的抵抗,始终没有真正接受母亲为他娶的这位夫人——朱安,虽然在表面上两人以礼相待,很少争吵。这桩婚姻对于双方来说都是一个极大的悲剧。而对于完全无辜的朱安来说,这个悲剧就显得尤为沉重,因为婚姻的实质内容就是配偶权、生育权,而这她都未能得到,只是得到了一个空的名分而已。

对于鲁迅与朱安的婚姻生活,孙伏园有过这样的评述:"结婚使他不满,但因他为人忠厚,所以他始终不忍把他名义上的太太逐出周氏之门,因为她毕竟是用他的名义娶来的。"这种叙述本身即带有浓厚的男子中心主义色彩,即使在传统时代,丈夫也没有被赋予可以随意处置妻子的权利,特别是在对方并无过错的情况下,夫妻双方所要服从的是"礼",而不是单方面的个人意愿。

鲁迅和周作人反目、搬离八道湾的住宅时说:"凡归我负责任的人,全随我走。"他先将朱安带了出来,这在当时也曾给温和顺从的朱安带来一个误解,以为鲁迅以后要和她像真正的夫妻那样过日子了,但事实很快证明这只是一种剃头挑子一头热的错觉。孙伏园回忆说:"一天鲁迅先生对我说'你说奇怪不奇怪?今天早上醒来,一睁眼,一个女人站在我的门口,问我大少爷七月拜那一天

---

① 《孙氏兄弟谈鲁迅》,第21页。

在什么时候拜?'"(七月拜是绍兴一个节日,有的人家在七月十四拜,有的在七月十五拜,鲁迅从来不参加此类活动。)主动示爱的朱安得到的仍是冷漠和自讨无趣。后来鲁迅又把母亲接来,和他们住在一起。母亲看到鲁迅身上穿的西服裤是单的,无论冬夏都没有换过,就嗔怪朱安说:"无怪乎他不欢喜你,到冬天了,也不给他缝条新棉裤。"这似乎又把夫妻不睦的责任都归罪于朱安一方,更暴露出其在家中处境的悲剧性。朱安将在婆婆授意下亲手为鲁迅缝制的新棉裤,放在鲁迅床上,希望他不注意能换上,结果还是被鲁迅发现,将棉裤扔到门外。此时的鲁迅虽然生活在家庭之中,但过的是一种寄宿生式的、清冷的、独身生活,随时准备再上征程,"家"在他不过是一个临时驻足之地而已。

处此尴尬境遇中的朱安也曾抗争过,愤怒过。然而她诉诸反抗的方式恰恰是她的丈夫所最为蔑视的传统方式:"据孙伏园说,有一次鲁迅回绍兴探亲。朱安备席款待亲友。席间朱安当着亲友指责鲁迅种种不是。鲁迅听之任之,一言不发,因此平安无事。事后鲁迅对孙伏园说:'她是有意挑衅,我如答辩,就会中她的计而闹得一塌糊涂;置之不理,她也就无计可施了'。"①这种听之任之、一言不发也许比声辩更为残酷。我们在王蒙的《活动变人形》中也曾发现类似的情节:醉心西化、向往浪漫爱情、好高骛远、志大才疏的倪吾诚被结发妻子当着亲朋好友淋漓尽致地控诉了一番,请大家来评理,结果果然激起了虽留学东洋但思想守旧的卫道士"晃悠"的义愤,狠狠地给了倪吾诚一记耳光,好让他"迷途知返"。但是鲁迅并非倪吾诚式的荡子,而且鲁迅也似乎没有留下让人干预的理由和借口,他以自虐的方式来惩罚自己,其痛苦甚至要大于朱安。夫妻感情的好坏,无法勉强,外人也无从干预。假如朱安像鲁迅小说《离婚》中的爱姑那样蛮悍,鲁迅也许会减弱他的道德上的负疚感,问题反而容易解决,但朱安又温顺如绵羊,甘愿牺牲,甘愿

---

① 《朱安与鲁迅的一次冲突》,载《鲁迅研究月刊》总第 151 期,1994 年 11 月。

奉献,所以鲁迅也只好陪着作牺牲。直到许广平出现,才使情况发生了改变。1928年,鲁迅和许广平在上海开始同居,双方都没有告诉家人,但有关他们的种种传说,朱安已有所耳闻。1929年,鲁迅回京探母,在他到达家门的前几天,朱安对婆婆说自己梦见鲁迅带着个小男孩回家,心里很难受。但婆婆鲁瑞听了,反而责怪她不识大体。

鲁迅抵家后,告诉母亲和好友说许广平有了身孕。朱安间接听到这个消息,说了这样一段话:

> 我好比是一只蜗牛,从墙底一点一点往上爬,爬得虽慢,总有一天会爬到墙顶的。可是现在我没有办法了,我没有力气爬了,我待他再好,也是没用。看来我这一辈子只好服侍娘娘一个人了,万一娘娘归了西天,从大先生一向的为人看,我以后的生活他是会管的①。

20世纪的中国是一个呼唤"强者"的世纪,张扬的是一种"强德之美",然而并不是每个人都可以或必须成为这样的"强者"才有生存的资格,人类社会的生存原则毕竟不同于自然界的弱肉强食,它也同样还需要像朱安这样在困顿之中"尽其在我"的"弱德之美"、"牺牲精神",只要是出于真正自愿、自主的选择,我们便没有权利和资格对之加以轻蔑和嘲笑。朱安这样的过渡时代的"沉默的大多数"不但被动承受了更多的痛苦,而且还被时代裁定为应予淘汰的"不适者"和不肯进步的"落伍者",这种对受害者的谴责风行一时,现代自然、历史法则的无情于此也可见一斑。

处于大变革时代的朱安即使再迟钝,也已经感觉到时代对她所拥有的"结发之妻"的权利已不再支持,她也无法再通过传统宗法的、家族的、道德的力量来维护她名义上应该享有的权利,她所

---

① 俞芳:《我记忆中的鲁迅先生》,浙江人民出版社1981年版,第142页。

能够祈求的只是:"从大先生一向的为人看,我以后的生活他是会管的。"但这种靠着丈夫近乎"施舍"的方式来维生,毕竟是有损尊严的。过渡时代的芸芸众生要比平时承受更大的苦痛,也是可以想见的。旧的已死,新的未立,"新旧门庭两无依",成为他们的共同处境。假如在法制健全的现代,婚姻关系作为一种法律契约,毁约者自然需付出代价,这与有无感情没有太大关系。虽然两人婚姻的实际受益人可能不是鲁迅,而是他的母亲,他也需负起连带责任,按照英国的谚语:"女人和孩子是法律的宠儿",如果朱安主动提出离婚,即使得不到夫妻共有财产的一半,但晚年生活也不致那么困窘。"离婚"对于他们无爱的婚姻显然是最好的解脱方式,而且民国时期并不是没有婚姻家庭方面的法律①,问题在于信守从一而终的朱安从未想过要以这种方式来主张自己的权利。朱安听凭他人处置的结果是她的权利的完全被漠视,可见即使在夫妻之间,即使一方是伟大如鲁迅的人物,也需要靠自己去主张、去争取的,不能靠别人自上而下的施舍。

鲁迅去世后,鲁母和朱安的生活主要是靠许广平从上海汇款来支撑的,1943年鲁母逝世,临终时把周作人每月15元的供养费遗留给朱安。此后时局混乱、物价飞涨,这点钱已远不够用。1941年许广平在上海被日寇逮捕入狱,汇款中断。体弱多病又步入老年的朱安只能举债度日,到1944年已欠债数千元。此时周作人假装慈悲,极力劝寡嫂卖掉鲁迅藏书,换钱度日。还把自己想要的书都作了标记,颇有趁火打劫之嫌,此消息传到上海,鲁迅的弟子朋友无法坐视,急忙赶到北平制止。

唐弢记录了当时他们见到朱安时的情形,他们到达周家时,朱安正在吃午饭:"几块腌萝卜伴着半碗稀粥。她推开碗筷,站起来

---

① 从晚清开始,中国就启动了婚姻法近代化的行程。清末制定的《大清民律草案》、民国年间通过的《中华民国民法亲属编》,均企图以法律来规范婚姻家庭制度。但是由于得不到足够的来自民间的支持,所以大都停留在纸面。但也有先行者如徐志摩和张幼仪1921年的"文明离婚"及其后来和陆小曼的再婚就是按照法律程序完成的,这在很大程度上起到了示范作用。

接待,客人却开口就责备她卖掉鲁迅遗产。终于朱安也按捺不住愤怒,说道:'你们都说要保护周先生的遗产,我也是他遗产的一部分,你们想过我吗?'"唐弢耐心向她介绍了上海沦陷许广平被日本宪兵队逮捕,受到毒刑拷打,甚至遭电刑炙烧,以及南北交通阻梗,汇款不易等情况,朱安的情绪才有所缓和。当时的情况是,朱安跟家里那位老女工每月生活费约需9000元,而周作人每月仅补贴朱安150元,而据唐弢回忆,当时乘三轮车去一趟北平西山的车费就要100元,缺口实在太大。而且,这150元原是周作人每月孝敬老母的零花钱,鲁母临终前强迫朱安收下,作为对终身服侍她的儿媳的一点补偿。而朱安每当收下周作人这150元,眼泪直往肚里咽。唐弢转达了上海方面的态度:朱安所需生活费仍由许广平负担;倘若许广平有困难,上海的朋友也愿意凑钱代付,总之千万不能出售鲁迅藏书。听到唐弢这番恳切的话语,朱安"当即同意,卖书之议,已完全打消"[①]。

直到1947年临终之前,朱安对所有人并无任何怨恨:"周先生对我并不算坏,彼此间并没有争吵,各有各的人生,我应该原谅他……许先生待我极好,她懂得我的想法,她肯维持我……她的确是个好人。"

许广平出生于1898年,鲁迅出生于1881年,两人相差的年龄是17岁。他们相识于1923年,那时鲁迅42岁,许广平25岁,许是鲁迅在北京女子师范大学教书时的学生。两人相爱的过程大致是这样的:1923年10月,鲁迅开始在北京女子高等师范学校兼任国文系讲师,每周讲授一小时中国小说史,许广平是该校国文系二年级学生,非常喜欢听鲁迅的讲课,对鲁迅非常尊敬和崇拜。他们1925年3月开始通信,当时女师大的校长杨荫榆因对学生压迫过甚,激起学潮,作为学生自治会总干事的许广平正是该学潮中的骨干。许广平主动给鲁迅写了第一封信,倾诉心中的苦闷,希望得到

---

① 参见陈漱渝:《1944年:鲁迅藏书险遭出售》,载《文汇读书周报》2008年5月7日。

许广平。

鲁迅的指点。鲁迅迅速回信,由此两人书信来往频繁,几乎都是在收到信的当天就马上回复,两人关系日益密切,感情也迅速升温,同年10月开始确定恋爱关系。当时许广平曾在鲁迅主编的《国民新报》副刊发表了《同行者》一文,说自己不畏惧"人间的冷漠,压迫","一心一意的向着爱的方向奔驰"。这可视为许广平公开的爱的表白。针对存在的阻力,许广平还在《风子是我的爱》发出这样的誓言:"不自量也罢,不相当也罢,合法也罢,不合法也罢,这都于我们不相干,于你们无关系……"在鲁许之恋中,许广平是主动的一方,她向鲁迅表达了自己的爱意。但是鲁迅起初觉得自己没有资格再爱,因此颇为犹豫。许广平提到鲁迅曾讲过的英国诗人勃郎宁写的一个爱情故事:一个年长的老师同一个年轻的女学生相爱了,但是年长的老师认为不能相爱,就说我们不相称。两个人到了晚年,觉得神未必这样想,我们还是可以相爱的。神意难知,当爱则爱,人间的事犯不着由神做主,这正是一种现代人的态度。这个故事又鼓起了鲁迅的勇气,"神未必这样想",因此"我也可以爱",在爱的感召之下,鲁迅终于迈出了勇敢的一步,于是成就了现代中国的一个佳话。1926年鲁迅和大学毕业的许广平一起离开北京南下,1927年10月,鲁迅和许广平在上海开始了他们的同居生活。

　　鲁许两人的相爱与女师大的学潮密切相关,甚至可以说所共同深恶痛绝的杨荫榆成为了他们事实上的"媒人"。北京女子师大的"驱杨运动"开始于1925年1月,4月保守派的章士钊兼任教育总长后,双方矛盾开始激化,鲁迅坚定地站在了驱杨的学生一边,这使他与许广平的关系更进了一步,成为同一个战壕的战友,结成为一种非同寻常的战斗友谊。鲁迅对于学生一向是比较亲切、随和的,可以说是亦师亦友的关系,特别是在学潮兴起之后,他和学生之间似乎形成了某种默契。如:4月的一天,鲁迅去上课。班上的几个学生嚷着:"周先生,天气真好哪!"鲁迅不理。"周先生,树枝吐芽哪!"还是不理。"周先生,课堂空气没有外面好哪!"鲁迅笑了笑。"书听不下去哪!""那么下课!""不要下课,要去参观。""还没有到快毕业的时候呢,不可以的。""提前办理不可以吗?""到什么地方去?""随便先生指定罢!""你们是不是全体都去?"结果全体起立,大家都笑了:"先生,一致通过。"鲁迅想了想,在黑板上写出"历史博物馆"几个字。鲁迅让大家分头出发,到午门聚齐。结果在上课时间搞了一次愉快的春游。同年6月25日,鲁迅又在家里请许羡苏、许广平、俞芬、俞芳、王顺亲5位小姐吃饭,过端午节。据俞芳回忆:"开始吃饭以后,许广平跟王顺亲他们就敬鲁迅先生酒。敬酒以后,后来说葡萄酒太轻了,就变成黄酒了。说黄酒又太轻了,就说有没有胆量吃白酒。鲁迅先生说,吃白酒就吃白酒。"

　　在席间,鲁迅有一点醉意,击了俞芬、俞芳的拳骨,敲了一记许广平的头。

　　在场的许羡苏认为客人闹得太过分了,愤然离席。三天后,许广平给先生去信"诚恐惶恐的赔罪"不已。鲁迅复信说:"大约也许听了'某籍'小姐的什么谣言了吧。"这"某籍"小姐即指许羡苏。他特予辟谣:他那天并不醉,更没有酒精中毒,"即使中毒,也是自己的行为,与别人无干";"我并不受有何种'诫条',我的母亲也并不禁止我喝酒"。许广平又来信大加嘲笑:"这点酒量都失败,还说'喝酒我是不怕的',羞不羞?"从中可以看出,与许广平等学生的交往给鲁迅沉闷、单调的生活带来了不少的笑声和乐趣,这对鲁迅孤寂的心灵也是极大的安慰。

　　许广平可以说是五四新女性的代表,她于1898年2月12日出生于广东番禺一个官宦世家。因为一出生便遗尿母腹,哭声洪亮,被认为是"克父母"。出生后的第三天,父亲"碰杯为婚",将许广平许给了一个姓马的劣绅家。辛亥革命后,许广平受到时代进步思潮的影响,不仅坚持不裹脚,还争取到了读书的机会,开始反抗父亲给自己定的包办婚姻。在父亲病逝后不久,她与二哥商量与马家解除婚约,想出一个办法,出一笔钱让马家娶一个小妾替代。此举使她成功地逃出了包办婚姻的牢笼,夺回了个人婚姻的自主权。后来她又勇敢地追求属于自己的真爱,和鲁迅终结连理。从性格上看,她是那种具有极强的反叛性、大气、爽快、有决断、敢于将自己想法付诸行动的女性,鲁迅曾给她起了个昵称"害马"(害群之马)。两人结合后,许广平为全力支持鲁迅的事业,甘愿当起了贤内助。对此鲁迅非常感激,曾多次深情地对许广平说:"我要好好的替中国做点事,才对得起你。"1934年12月9日,鲁迅购得《芥子园画谱》三集送给许广平,并题诗一首:"十年携手共艰危,以沫相濡亦可哀;聊借画图怡倦眼,此中甘苦两心知。"鲁迅去世10年之后的1946年10月,许广平写了一篇《十周年祭》,这样写道:"呜呼先生,十载恩情,毕生知遇,提携体贴,抚盲督注。有如慈母,或肖严父,师长丈夫,融而为一。呜呼先生,谁谓荼苦,或甘如饴,唯我寸心,先生庶知。"于此可见二人心心相印的坚贞爱情。

　　鲁许之恋虽是一个难得的佳话,毕竟还是有缺憾的,因为朱安的存在,鲁迅无法给许广平以应有的名分,鲁迅对许广平的称呼也一直是"Miss Xu",而且在同居初期,鲁迅对外人介绍许广平时也只说许广平是帮他在家抄稿的学生。当时民国的民法是有"重婚

1934年12月，鲁迅购《芥子园画谱》一套，题自作诗送许广平。

罪"的，但是因为社会上妻妾成群的事情颇多，因此规定"娶妾"、"同居"并不算是"重婚"，所以两人的关系按当时的法律来讲并无问题。而且"婚姻"这种形式对于许广平这样的新时代的女性并不重要，他们是以有否"爱情"作为两性结合的唯一的道德的，特别是在新旧过渡时代，只有逾越常规才能破旧立新，求新、求变就成为了时代提倡的美德，不如此也不足以冲破僵化了的传统的束缚，所以敢于突破束缚者，反而成为时代嘉许的勇士。婚姻观念上的变革是社会现代化变革中的一个重要方面,变革时代的理想主义者普遍接受了"只有以爱情为基础的结合才是真正合乎道德的婚姻"这一现代性的婚姻观念。恩格斯在《家庭、私有制和国家的起源》中指出:一夫一妻制因起源于财产关系而被烙上两个特征:一是男子的统治,二是婚姻的不可离异性。因此婚姻的完全自由只有在消除了一切经济考虑之外才能实现,"到那时候,除了相互的爱慕之外,就再也不会有别的动机了"①。接下来就是恩格斯那段被广为征引的名言:"如果说只有以爱情为基础的婚姻才是合乎道德的,那么也只有继续保持爱情的婚姻才是合乎道德的。……如果感情确实已消失或者被新的热烈的爱情所排斥,那就会使离婚无论对于双方或者对于社会都成为幸事。"②爱情婚姻自由本就是"自我发现"、个人自主的启蒙观念的体现,所以作为五四新青年中的一员的许广平对爱情婚姻的看法是非常旷达的:"我们以为两性生活,是除了当事人之外,没有任何方面可以束缚,而彼此间情投意合,像同志一样相待,相亲相敬,互相信任,就不必要有任何的俗套。我们不是一切的旧礼教都要打破吗?所以,假使彼此间某一方面不满意,绝不需要争吵,也用不着法律解决,我自己是准备着始终能自立谋生的,如果遇到没有同住在一起的必要,那么马上各走各的路。"③

"五四"影响于历史的方式主要在于它唤起了现代中国人的两种激情:一种是追求社会的合理化的激情;一种是以情感欲望、本能去冲击理性束缚的感性解放的激情。后者主要来自西方浪漫主义思潮,它将人的自发的情感作为判断一切的最高标准,并将一种浪漫主义的爱情观推向极致,20世纪的世界文化名人、英国著名公共知识分子伯特兰·罗素,在《我的人生追求》中这样写道:"有三种简单然而无比强烈的激情左右了我的一生:对爱的渴望,

---

① 《马克思恩格斯选集》第4卷,人民出版社1972年版,第78页。
② 《马克思恩格斯选集》第4卷,人民出版社1972年版,第79页。
③ 许广平:《十年携手共艰危——许广平忆鲁迅》,河北教育出版社2002年版,第111页。

对知识的探索和对人类苦难的难以忍受的怜悯。这些激情像飓风,无处不在、反复无常地吹拂着我,吹过深重的苦海,濒于绝境。我寻找爱,首先是因为它使人心醉神迷,这种陶醉是如此的美妙,使我愿意牺牲所有的余生去换取几个小时这样的欣喜。我寻找爱,还因为它解除孤独,在可怕的孤独中,一颗颤抖的灵魂从世界的边缘看到冰冷、无底、死寂的深渊。最后,我寻找爱,还因为在爱的交融中,神秘而又具体而微地,我看到了圣贤和诗人们想象出的天堂的前景。这就是我所寻找的,而且,虽然对人生来说似乎过于美妙,这也是我终于找到了的。……"罗素活了98岁,一生结婚四次,中间还有过多个情人。他80岁时还和第三任妻子离婚,娶了第四位妻子。类似事情在现代并不罕见,且已让人习以为常,"革命与爱情"成为处于激烈变革中的现代人的信仰替代,这就使得"主我"、"主情"的新道德成为了人的道德选择中的一个新的选项,其对于人性的解放的确起到了极大的推动作用,但"新道德"未必就能完全战胜、取代"旧道德",而为人们普遍认可。因为对于"道德"与否,理性思辨似乎并不重要,人们主要还是诉诸一种道德的直觉,即是否使自己感到"心安"而已。与许广平的爱情是鲁迅终身唯一真正的爱情体验,它对人性解放起到了推动、示范作用,是应该充分肯定的,但它在不得已中漠视了第三者的权益,所以还是留下了些许遗憾。假如鲁迅死后有知,他对有恩于他和他的母亲的朱安晚年的艰窘、无助大概也不会无动于衷。而且没有"名分"对许广平也不能说毫无影响,她也曾被人骂为"妾妇",晚年周作人在读了许广平写的《鲁迅回忆录·所谓兄弟》一章后,恼羞成怒,写了这样的批语:"下午偶阅许氏所作回想录第四章,记鲁迅事,意外的述原信中语云,请以后不要进后边院子里来,关于此事,雅不欲谈,乃许氏自愿一再发表,由此一语,略可推测全事矣,妾妇浅见,亦可哀也。昔记回想,但已不辩解为辞,今知亦可不必耳。"①

许广平是个不以钱财为念的进步的革命者,她为鲁迅操办的声势浩大的葬礼,的确起到了向国民党独裁统治进行政治示威的效果,但此举也几乎耗尽了鲁迅留下的大半积蓄,据周海婴的介绍,丧葬的花费达到了一万三千多元②,这显然也影响到了其家人以后的生活。

3. "借琐耗奇"与颠覆及构建

1914年冬天,鲁迅坐在藤花馆的斗室里,把收集整理完毕的《会稽郡故书杂集》翻检一遍后,写了总序和引序八则。在序言中他写道:"幼时,尝见武威张澍所辑书,于凉土文献,搜集甚广",便产生了辑录会辑古籍的想法。中间因为有人认为这种工作是"夸饰乡土,非大雅所尚",所以没有进行。但是后来回到故乡,看到"禹勾践之遗迹故在",而"士女敖嬉,睥睨而过,殆将无所眷念",便有感于故乡先贤的高风亮节、言行美德遗迹故乡风土之美都将湮灭,不为后人所知,于是着手辑录,古为今用。从这里我们可以看到鲁迅从事的学术工作是其整体性的新文化建构中的有机组成部分。

鲁迅一生辑校了大批的优秀文化典籍,据专家统计有50多种。鲁迅校勘《嵇康集》,前后10遍,时间长达20年之久,抄写稿达4部,这是鲁迅整理文化典籍中用力最多的一部。他曾遍访会稽山下的禹陵、禹穴、禹庙,著有《会稽禹庙窆石考》等,对窆石的由来、文字刻凿的年代以及后人的种种说法作了严谨的考证。为了辑录《越中专录》,他曾翻越故地山川搜寻越中墓碑、金石拓片。曾收集到《秦始皇会稽刻石》、《王羲之兰亭刻石》等碑文拓本。"颇锐意搜集乡邦专甓及拓本,而资力薄劣,俱不易致,以十余年之

---

① 周作人1966年5月23日日记。
② 周海婴:《鲁迅与我七十年》,南海出版公司2001年版,第69页。

鲁迅校勘《嵇康集》的部分手稿。

勤,所得仅砖二十余及拓本少许而已。"鲁迅对绍兴地方文献的搜寻与努力,由此可见一斑。

此外,他还抄录、校辑了《谢承后汉书》、《嵇康集》、《云谷杂记》、《唐宋传奇集》等十余种古籍,搜集了五千多种汉魏六朝和唐代的碑铭、墓志、石刻画像的拓本,购置了不少辅助其考证工作的古物(如古砖、瓦当、土偶、铜镜、钱币、弩机等),比较系统地阅读了佛学经典……鲁迅进行这些工作,不仅是为了研究中国的思想史、文学史、美术史、字体变迁史,而且是想通过解剖中国的历史和民族文化遗产来发掘我们民族的精神特质,以求民族文化的重振和复兴。

民国初年的鲁迅开始了对碑帖墓志和石刻画像的搜集、整理、

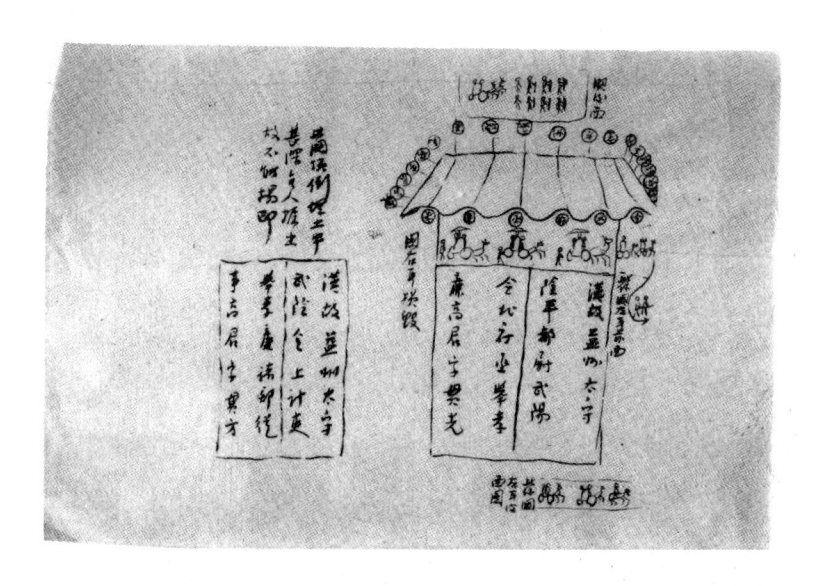

鲁迅手绘《汉墓石阙图》。

考证、研究,这项工作也可以说是一个意外的收获。最初他是为了躲避袁世凯禁锢思想之祸和排遣自己心头的寂寞而开始这项工作的,而后来,就成为他的一项正式的学术研究了。在这方面,他也是有独到之处的。比如汉魏石刻画像,人们向来只注重研究其中文字,却很少专门研究那上面的"插图",或叫"题头画",而鲁迅却注意研究其画像与图案。他的这项工作,是过去的考据家、鉴赏家所没有做过的。他曾经对老朋友许寿裳说:"汉画像的图案,美妙无伦,为日本艺术家所采取。即使是一鳞一爪,已被西洋名家交口赞许,说日本的图案如何了不得,而不知其渊源固出于我国的汉画呢。"

鲁迅从事学术工作,严谨、认真、细致,具有独到见解,他整理古碑、校订古籍,总是参照诸本,不厌其烦,考证精审,一无泛语。鲁迅做研究工作,重视收集整理丰富的资料,但他不主张靠孤本秘籍眩人耳目,沽名钓誉。他总是在人们都能得到的资料书籍中,通过自己的努力去得出新颖的成果。他的治学态度,得到了好友许寿裳的赞扬:"搜罗的勤劬,考证的认真,允推独步。"[1]钱玄同在鲁

---

[1] 彭定安:《鲁迅评传》,湖南人民出版社1983年版。

迅逝世时写的文章中也曾提及鲁迅："校勘古书或翻译外籍,治学最谨严,青年应效法。"①鲁迅这一段所做的学术工作,具有承先启后的性质;他的工作,已经不同于清代乾嘉学派,也不同于章太炎,而具有恢宏博大兼细致精微的作风,而且方法灵通而不拘泥,见解新颖而不迂腐,已经开了五四以后古典文学研究工作的先河。对于他自己来说,也是在这个过程中最后结束了旧学者的风格而具有了中西汇通、古为今用的新学人的特征。

鲁迅关于中国文学史的研究,可以分三方面来谈:一是文学通史,如《汉文学史纲》,作为教材,仅讲到汉代,未能终篇;二是小说史,即《中国小说史略》,可谓鲁迅在中国文学研究领域的代表作;三是散见于演讲、杂文中的关于中国古代文学的论述、杂感,可称是吉光片羽。他的《中国小说史略》有较为完整的体系,同时也是鲁迅着力最深、成就最大的著作,可以说是最能完整代表他的小说史研究的成就。在写作该书之前,他在小说史研究方面已有较为深厚的积累,他已完成了《古小说钩沉》、《唐宋传奇集》、《小说旧闻钞》三本小说史资料方面的收集整理工作。1920年北京大学有意聘周作人讲授中国小说史的课程,周作人难负此任,推荐了鲁迅,从此鲁迅开始在北京大学讲授中国小说史的课程,撰写讲义,后来经修补增订,于1923年、1924年由北京大学新潮社以《中国小说史略》为题分上、下册出版。

正如鲁迅在该书序言中所云:"中国之小说自来无史;有之,则先见于外国人所作之中国文学史中,而后中国人所作者中亦有之,然其量皆不及全书之什一,故于小说仍不详。"所以,他的《中国小说史略》可以说是中国第一部真正的小说史,其筚路蓝缕、以启山林的首创性是有目共睹的,因此该书出版后也得到了当时学术界的高度评价。如该书出版不久,时人就对鲁迅做了这样的评介:"创中国文坛未有之新格的《呐喊》、《彷徨》的著者,是著《阿Q正

---

① 彭定安:《鲁迅评传》,湖南人民出版社1983年版。

传》而被译成五六国文字且被法国现时大文豪罗曼·罗兰啧啧称道过的人,是空前的《中国小说史略》的著者。"①鲁迅通过出版该书,奠定了自己在学术研究界的重要地位,他给人的印象不再只是写小说的作家,还是一位学有专长、具有开创性的学者。而且该书以文言写成,也可借此表明以白话文写作的"新文学"作家,同样擅长文言,并非因为不懂文言才用白话写作,从而间接起到为新文学作家正名的效果。

胡适在其《白话文学史》自序中也说:"在小说的史料方面,我自己颇有一点点贡献,但最大的成绩自然是鲁迅先生的《中国小说史略》;这是一部开山的创作,搜集甚勤,取材甚精,断制也甚谨严,可以替我们研究文学史的人节省无数精力。"该书被后来学者奉为研治古代小说的经典和圭臬,影响经久不衰。

但鲁迅自己提到该书时还是颇为自谦的,他在《柳无忌来信按语》中说:"我的《中国小说史略》,是先因为要教书糊口,这才陆续编成的。"的确,一旦他不再需要讲授这门课程,他也就基本放弃了他的小说史研究。一般来说,该书的突出之处主要不在其"考据"即史料上的翔实、全面,而在其义理,即观念和史识上的新颖、"现代"。他曾给朋友讲因为要讲"小说史"这门课,所以不得不看了很多无用、无趣的古书,浪费了有限的精力和生命,说起来颇有感叹之意。可见对小说史的研究本身也并非他真正的志业所在。他不是出于为研究而研究的纯学术兴趣而从事这一工作的,似乎也欠缺足够的耐心,去搜罗夹杂在浩如烟海的古籍中的相关史料,以对史料的充分占有来领先学界。他的志趣主要还是在于进行启蒙主义的社会和文化批判,作为一部思想家、作家写成的小说史著,它具有鲁迅鲜明的个人色彩,其中包含了他对中国历史、文学、文化的独到理解。因此笼统地讲该书造就了一个学术上至今都不可企及的高峰,并不见得把握住了该书的真正价值所在。金岳霖在

---

① 张迂庐:《欢迎鲁迅先生来广州》,载广州《民国日报》1926年12月7日。

评价胡适的《中国哲学史大纲》说过这样一段话,也同样可以拿来说明鲁迅《中国小说史略》的特点:

> 我们可以根据一种哲学的主张来写中国哲学史,我们也可以不根据任何一种主张,而仅以普通哲学形式来写中国哲学史。胡适之先生的《中国哲学史大纲》就是根本于一种哲学的主张而写出来的。我们看那本书的时候,难免一种奇怪的印象,有时候简直觉得那本书的作者是一个研究中国思想的美国人;胡先生于不知不觉间所流露出来的成见,是多数美国人的成见。……哲学要成见,而哲学史不要成见。哲学脱离不了成见,若再以一种哲学主张去写哲学史,等于以一种成见去形容其他的成见,所写出来的书无论从别的观点看起来价值如何,总不会是一本好的哲学史。①

虽然金岳霖的看法有点理想化,因为完全无成见的哲学史几乎是不可能的,但有意去彰显自己的成见和竭力去克制自己的成见显然不同。而鲁迅的《中国小说史略》的成功在于它实现了"知识"和"启蒙"的有机结合。作为传统的彻底否定者的鲁迅研究学术也是批判传统的启蒙事业的继续,所以该书是一部小说史,也是一部由启蒙主义话语建构起来的新文化工程的一个有机组成部分。它在客观性的知识建构之下彰显着的是一种现代性的话语权力,通过这部小说史,鲁迅建构起了小说史的现代性研究范式和话语规则,其后的研究都是在此范式、规则下进行的"中间理论"和"小理论层面"的补充和完善,因此自然无法逾越这种元话语。

对于知识与权力的关系,法国后现代主义学者福柯在其一系列著作中多有论述,颇有洞见。首先对权力的定义,福柯有其不同于前人之处,在《性史》和《主体与权力》等文章中,福柯对自己的

---

① 金岳霖:《冯友兰〈中国哲学史〉审查报告二》。

"权力"概念有过若干的界定。按照福柯的说法,首先,权力是一种行动"方式",一种一些行动校正另一些行动的方式。行使权力就是"建构可允许他人行动的领域"。其次,他强调了权力的创造性特征,他认为:"直到19世纪,我们才了解到剥削的性质;而直到今天,我们还没有完全了解权力的性质。我们必须一举取消那种从消极方面来描述权力效应的说法:什么它'排斥',它'抑制',它'审查',它'把事情抽象化',它'掩饰',它'隐瞒',如此等等。实际上,权力是能创造的,它创造现实,它创造客体的众多领域和真理的无数仪式。个人以及个人就此可能获得的知识都属于这种创造。"知识权力的创造性正是现代性得以确立的重要环节,它所建构、传播的知识,在客观、普遍、中立背后贯穿着的是现代性的权力意志,知识本身就是一种权力的体现。按照马克斯·韦伯的说法:"权力是把某种意愿加诸他人的可能性",它表现为一种以自己的见解影响他人的愿望,而这也正是启蒙主义发挥其社会效力的意图所在。就鲁迅的《中国小说史略》而言,他建构起了一种用来自西方的文学、文化观念来讲述中国古代小说史的基本范式和话语规范,在"新文化"的固有视域之内,它显然是无法超越的高峰,其后的研究大都成为对其的诠释和补充,而无法在"大理论"层面与其对话,也就谈不上超越。

就既往的学术传承而言,鲁迅做学问的态度比较倾向于"今文学派"而非其师章太炎的"古文学派"的传统,这与五四之后钱玄同由"古文学派"转向"今文学派"是相通的,这是一种立足现实需要而急于用世的功利主义态度。"古文学派"的大师章学诚曾这样表述其学术志趣:"辨明实、知情伪,虽致用而不足尚,虽无用而不足悲。博其别汇、稽其法度、核其名实、论其社会以观世,绝不可以经术明治乱,以阴阳断人事。"这都是相对于今文学派的学术功利主义而言的。这种为学术而学术的学术志趣显然是不适合启蒙主义的文化需要的,而"今文学派"的态度更适合于启蒙与学术的结合。

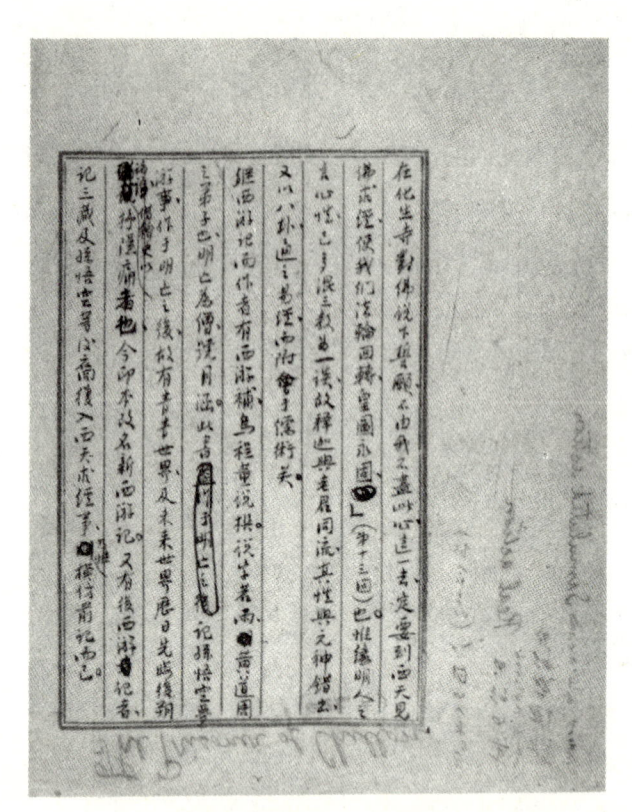

《中国小说史略》手稿之一页。

虽然《中国小说史略》的考辨色彩很浓,但真正吸引人的还是在于作者的史识和价值判断。这突出表现于作者要首先确立小说的文学正宗地位,并以"人"与"非人"的启蒙主义的价值判断对中国古代小说进行清理、评定。这种文学史上的价值重估精神与胡适《文学改良刍议》和周作人《人的文学》的主张都是相一致的。胡适要着力确定的也是白话小说的文学正宗地位:"今人犹有鄙夷白话小说为文学小道者,不知施耐庵、曹雪芹、吴趼人皆文学正宗,而骈文律诗乃真小道耳。"[①]而小说之所以能成为文学正宗,与它的"不本经传,背于儒术"的特性有关,作为一种世俗的艺术,它是人性的一种自由表现,从其本质而言超出于经传、儒术的束缚之外。"新文学"所要建构的是一种人本主义的"人的文学",由此,

---

① 见严家炎编:《二十世纪中国小说理论资料》第二卷,北京大学出版社1997年版,第18页。

传统"天地人"三才汇通的宇宙观,必须被转换成以人为本、人与自然二元对立的现代观念,才能催生出这种人本主义的新文学。因此鲁迅评价古典小说的标准也是从这种人本主义观念出发的,在这种观念之下,大多数古典小说都会被归为"非人"或"吃人"的文学,他对于小说史的基本判断和周作人在《人的文学》中的判断基本一致:"中国文学中,人的文学本就极少。从儒教道教出来的文章,几乎都不合格。现在我们单从纯文学上举例如:(一)色情狂的淫书类(二)迷信的鬼神书类(《封神榜》《西游记》等)(三)神仙书类(《绿野仙踪》等)(四)妖怪书类(《聊斋志异》《子不语》等)(五)奴隶书类(甲种主题是皇帝状元宰相,乙种主题是神圣的父与夫)(六)强盗书类(《水浒》《七侠五义》《施公案》等)(七)才子佳人书类(《三笑姻缘》等)(八)下等谐谑书类(《笑林广记》等)(九)黑幕类(十)以上各种思想和合结晶的旧戏这几类全是妨碍人性的生长,破坏人类的平和的东西,统应该排斥。这宗著作,在民族心理研究上,原都极有价值。在文艺批评上,也有几种可以容许。但在主义上,一切都该排斥。倘若懂得道理,识力已定的人,自然不妨去看。如能研究批评,便于世间更为有益,我们也极欢迎。"①

鲁迅的中国小说史研究是五四启蒙主义的理性批判的深化,他在小说研究领域里向儒家(特别是道学家)思想宣战,由此,批儒、反道学,成为贯穿于其小说史叙事中的一条红线,也因此成为文学价值衡定的标准,像《儒林外史》成为《史略》中最为推崇的小说。就与该书"反道学"的精神和"公心讽世"讽刺艺术有关,而这种高度评价显然与鲁迅本人的价值取向和文学偏好有关。鲁迅的小说史研究,以"道学气"和"反道学"的二元对立作为小说演进的动力和原因,也是其注重冲突的斗争哲学的体现。他在《流氓的变

---

① 见严家炎编:《二十世纪中国小说理论资料》第二卷,北京大学出版社1997年版,第61页。

迁》一文中对《水浒传》的评论竟然在20世纪70年代中期成为"评水浒、批宋江"、"反投降派"声势浩大的政治运动的导火线,也很耐人寻味,毛主席1975年发表讲话,谈道:"鲁迅评《水浒》评得好,他说:'一部《水浒》说得很分明:因为不反对天子,所以大军一到,便受招安,替国家打别的强盗——不'替天行道'的强盗去了。终于是奴才。'"并且指示:"《水浒》百回本、百二十回本和七十一回本,三种都要出,把鲁迅的那段评语印在前面。"①虽然领袖发起这场运动自有其目的,但其与鲁迅思想的关联也不容忽视。同样,新中国成立后思想文化界对秦始皇的推崇,对曹操的翻案也都与鲁迅的思想有相通之处。据回忆,当年鲁迅在上课时讲到《三国演义》就曾说:"曹操被《三国志演义》糟蹋得不成样子。且不说他在政治改革方面有不少的建树,就是他的为人,也不是小说和戏曲中歪曲的那样。像祢衡那样狂妄的人,我若是曹操,早就把他杀掉了。"②

鲁迅的《中国小说史略》,从浩如烟海的史籍中勾勒出中国小说历史变迁的三大演进规律:由神向人的演进,由无意向有意的小说演进,由文言文向白话文演进。它是在五四人本主义、文学进化论和西方纯文学观念影响下形成的带有特定的时代色彩的文学史观念,其价值是非常巨大的,但也并非一种可以一劳永逸的结论,仍然有继续探讨商榷的余地。

鲁迅将小说视为认识社会、人生的窗口,所以他力求全面地展示小说所揭示社会人生真实,所以对他所反对的小说如"狭邪小说"、"侠义公案小说"等也都进行了客观的评述和整理,这就使《史略》具有了全面性、丰富性和科学性,并奠定其后小说史研究的现代规范,从而使该书成为中国小说史研究领域影响深远的经典。

---

① 转引自史义军:《1975年评水浒运动内幕》,载《文史博览》2007年第11期。
② 冯至:《笑谈虎尾记犹新》,载《鲁迅回忆录》,上海文艺出版社1978年版。

4. "跟上时代"与"四面受敌"

1926年8月,由于北方政治环境一天比一天险恶,以及个人感情生活方面的原因,鲁迅接受了厦门大学国文系的聘请离京南下。然而鲁迅到厦门大学任教不到半年,就因不满于学校当局而辞职。1927年1月他到广州,任中山大学文学系主任兼教务主任,其间曾往香港演说,题为《无声的中国》和《老调子已经唱完!》,强调思想革命和文化革新的重要。1927年4月15日,广州"四一五"政变爆发,国民党右派大肆搜捕、屠杀共产党员和进步学生,担任中山大学教务长的鲁迅,主持召开中山大学各主任紧急会议,力主营救被捕学生,但因响应者寥寥,他愤而辞去中山大学教职。在白色恐怖中,他住在白云楼寓所,整理旧稿。在编定散文诗集《野草》之后,又将这10篇回忆散文汇拢,编成散文集《朝花夕拾》。同年7月,鲁迅演讲于市教育局主持的"学术讲座",题目为《魏晋风度及文章与药及酒之关系》,颇有借古讽今之意。1927年10月,鲁迅和许广平同赴上海,自愿结合,开始了新的生活。同年年底,因蔡元培的推荐,任南京政府大学院特约著作员,领取薪水。除此之外,主要靠卖文和著作版税为生。1928年他与郁达夫创办《奔流》杂志。1930年,中国左翼作家联盟成立,他是发起人之一,也是名义上的领袖,他卷入到20世纪30年代激烈的政治、

《朝花夕拾》,收鲁迅1926年所作回忆散文10篇。

思想、文学、文化的论争之中,写作了数百篇杂文。这些杂文,如匕首,似投枪,在反抗国民党的文化"围剿"中,做出了突出的贡献,成为左翼进步文化的一面旗帜。晚年鲁迅以"窃火者"自喻,翻译了为数不少的左翼文学理论和外国文学作品。他关心青年,培养青年,为青年作家的成长付出了大量的心血。

上海时期的鲁迅思想表现出努力与时代同步的态势,他在坚持启蒙主义的社会文化批判的同时,不断修正自己的思想,力求跟上时代的变化和发展。20世纪30年代由于西方世界爆发大规模的经济危机,世界范围内的思想文化界也进入了一个"红色三十年代"时期,鲁迅也追随时代的这种文化脉动,成为左翼文化的积极推动者,他的思想也在渴求进步的动机上由前期的"进化论"向"阶级论"转变。被晚年鲁迅视为人生知己的瞿秋白在他的《鲁迅杂感选集序言》一文中对鲁迅其人其作都给予了高度的评价。瞿秋白首先引用了一个希腊神话故事来说明鲁迅的一贯的反叛性,该故事讲一对由神与人杂交生出的双胞胎,出生后被抛到荒山,是一只母狼用奶汁将他们哺育长大。哥哥罗谟鲁斯后来创造了罗马城,并上天做了"军神",代表了一种世俗权力的辉煌,但他的成功

1927年10月摄于上海。

前排左起:周建人、许广平、鲁迅;后排左起:孙福熙、林语堂、孙伏园。

却受到了野性未泯的弟弟莱谟斯的不屑和蔑视,莱谟斯只一脚就跨过了罗马那可笑的城墙。哥哥大怒,不能忍受这种不屑和蔑视,就把弟弟杀了。莱谟斯对神人威权的轻蔑正代表了从传统社会文化中突围而出的鲁迅彻底的精神反叛性。所以瞿秋白讲:"鲁迅是莱谟斯,是野兽的奶汁所喂养大的,是封建宗法社会的逆子,是绅士阶级的贰臣,而同时也是一些浪漫谛克的革命家的诤友!他从自己的道路回到了狼的怀抱。"① 瞿秋白认为上海时期的鲁迅经历了"从进化论到阶级论,从绅士阶级的逆子贰臣进到无产阶级和劳动群众的真正的友人,以至于战士"②的思想发展过程,这是晚年鲁迅思想与时并进之处。实则不管是进化论还是阶级论,都是鲁迅运用来进行政治文化批判的武器,他是一个否定性、批判性的思想家,他的思想主要来自他的心灵和情感,那就是对传统和现实的憎恶,它是推动鲁迅思想情感发展的原动力。正如他自己所说:"原先是憎恶这熟识的本阶级,毫不可惜它的溃灭,后来又有于事实的教训,以为唯新兴的无产者才有将来。"③晚年的鲁迅堪称现代中国文坛上最为活跃、最为杰出的斗士,他以杂文为武器,同当时政治、文化界的诸多人物进行过笔战:先后与后期创造社与太阳社的冯乃超、李初犁、杜荃(郭沫若)、钱杏邨、蒋光慈等人展开过关于"革命文学"的论争;与梁实秋展开过关于"人性论"的论争;与苏汶、胡秋元展开过关于"第三种人"和"自由人"的论争;批判过带有国民党色彩的"民族主义文艺";也曾卷入到左联内部的"两个口号论争";等等。在政治斗争领域,他始终站在国民党当局的对立面,以决不妥协的态度,批判国民党的专制统治,也因此遭受到国民党当局的通缉和封杀。他在进行政治斗争的同时,仍坚持启蒙主义的社会批评和文明批评,对中国社会和国民性的弊病痛下针砭。可以说,鲁迅是在你来我往的激烈的笔战中度过了

---

① 《红色光环下的鲁迅》,河北教育出版社2002年版,第9页。
② 《红色光环下的鲁迅》,河北教育出版社2002年版,第21页。
③ 《鲁迅杂文全集》,河南人民出版社1994年版,第378页。

自己的余生。在去世前不久谈《死》的文章中鲁迅曾这样说道:"我的怨敌可谓多矣,倘有新式的人问起我来,怎么回答呢?我想了一想,决定的是:让他们怨恨去,我也一个都不宽恕。"这种执著于现世、"一个也不宽恕"的立场,与其所毕生信奉的进化论的斗争哲学有关,早在《摩罗诗力说》中他就强调:"平和为物,不见于人间。其强谓之平和者,不过战事方已或未始之时,外状若宁,暗流仍伏,时劫一会,动作始矣。"他是相信"进化如飞矢",世界是在时时更新、刻刻进化的,因此"人生就是永远进击",对战斗的神往和兴奋,将对立、冲突、斗争视为是解决一切矛盾的根本之道等,是这种斗争哲学的主要内涵。鲁迅可以说是这种时代精神的最为杰出的代表,这也是他被毛泽东尊称为现代"中国的第一等圣人"的原因所在。

在其时代的追求进步的革命青年中,鲁迅的地位是无法取代的。1930年,一位名叫邢桐华的革命青年在写给李何林的信里这样倾诉他对鲁迅的感情与认识:"他是自从《新青年》以来,唯一的一位最坚强、最勇敢、最激进的思想家兼艺术家;他从来未曾离开过中国前进的思想界的尖端;他是那方面'最伟大的'直接以感情与一个大思想家的敏感来站在阵前的战斗者。没有人能够超过他的。……他仍然在中国是最伟大的思想家和战士!十个胡适之换不来一个鲁迅先生……他是绝对的伟大的,立于中国新文学界里的最崇高的大树,没有人能及得上他的。"[①]但成为这样的鲁迅也承受了巨大的压力,付出了巨大的代价,晚年的鲁迅生活在政治的高压之下,是被南京国民政府通缉了7年(直到去世之日)的政治犯,同时鲁迅还要承受来自同一阵营的冷枪暗箭,处于一种四面受敌的危境之中。然而压力越大,斗志越坚,四面受敌,也就四面出击,晚年鲁迅犹如一头被激怒了的雄狮,随时准备扑向一切挑衅者,于是"战斗的鲁迅"定格成他留给世人的最后的印象。鲁迅晚

---

① 转引自袁良骏:《鲁迅研究的发展期》(上)。

年唯一真正的受业弟子日本学者增田涉记下过这样一个颇具戏剧性的对抗场面:鲁迅在家时,因为受通缉,所以从不敢在窗口露面,一旦外出,也总是非常警惕。有一次鲁迅带许广平和增田涉一起去看画展,归途在车站等公共汽车,走来一个似乎和鲁迅认识的男人,和他说了什么话,很快这个男人的几个同伙也走过来,把鲁迅围了起来。这时"鲁迅和对手的讲话的调子渐渐高了,险恶了。我想,怎么回事呢?内心凛凛的,从旁注视着。那个时候的他的姿势,如今还浮现在我的眼前似的。仿佛是迅速地严峻地愤愤地要讲些什么,却要讲得已经讲完了似的,急遽地沉默了,挺着胸,张开两足,傲然地站立着,掉转头,显出无视对手的态度。"不一会儿公共汽车来了,那帮人都上车走了,但鲁迅仍故意那个样子站在那里,仿佛要等下一班车,实则是要改乘电车。而且中途下车,带他们去了酒吧,以免被跟踪。这一幕给增田涉留下难以泯灭的印象以至数十年之后还清晰地浮现在他眼前:"他被这个相貌凶恶的男人和几个手下人包围着,却傲然站立着的姿态,给我的印象是他不只是小说家和杂文家,而且是深广意义上的革命家,加深了我对战斗的鲁迅的铭感。"①

这样的"战斗者的鲁迅"成为晚清以来进入革命时代的中国之纯然"反抗"精神象征,这是一种超出于具体对象、高出于具体目的之外的最为彻底的反抗,是反抗至上、永不妥协的时代精神的化身,这种反抗在革命时代成为一种"宗教"性的信仰并代表着时代最大的美德,作为这种反抗精神的道成肉身的鲁迅自然会受到来自其时代的热烈的拥戴。

但永无止境的反抗、战斗,也使鲁迅成为了这种精神的殉道者,他为此身心俱疲,精力耗尽,积劳成疾,最终过早离开了人世,死前的体重只剩下了38.7公斤。晚年的鲁迅在其亲近者眼中留下的不只是伟大,还有心疼乃至可怜,他的学生增田涉说:"他的风

---

① 山东师院聊城分院:《鲁迅在上海》(三),内部资料,1979年,第99、100页。

貌变得非常险峻,神情是凛然的,尽管是非常战斗的却显得可怜。"许广平记忆中的病重的鲁迅仍无法安心养病,"成天靠着藤椅,不食不言。铁青的肉色,一动也不愿动,看了真叫人难受"。鲁迅最为亲近的学生之一许钦文也留下了他最后一次看到鲁迅时的情形,那是在鲁迅去世前的三个月:病中的鲁迅见了他很高兴,谈话兴奋起来,就掀开毯子从床上坐起,披上一块毛巾被,移坐到躺椅上。许钦文无意中看到了让他揪心的一幕:"这可使得我吃惊,他的两条小腿已经瘦得像丝瓜,而且干燥得很。"① 鲁迅的一生确如他自己所言:"我好像一只牛,吃的是草,挤出的是奶、血。"这种彻底的奉献精神使得他在现代中国具有了强大的人格感召力量。

5. 小说:改造人生与"苦闷的象征"

鲁迅的《狂人日记》的发表,具有文学史上的划时代意义,张定璜在1925年将其与苏曼殊的小说作了比较之后这么说:"《双枰记》等载在《甲寅》上是1914年的事情,《新青年》发表《狂人日记》在1918年,中间不过四年的光阴,然而他们彼此相去多么远。两种的语言,两样的感情,两个不同的世界! 在《双枰记》、《绛纱记》和《焚剑记》里面我们保存着我们最后的旧体的作风,最后的文言小说,最后的才子佳人的幻影,最后的浪漫的情波,最后的中国人祖先传来的人生观。读了他们再读《狂人日记》时,我们就譬如从薄暗的古庙的灯明底下骤然间走到夏日的炎光里来,我们由中世纪跨进了现代。"② 的确,《狂人日记》不但在格式、语言上前所未有,而且它还终结了传统小说的情调、趣味、价值观,成为一种真正与传统中国文学不同的"隔教"之作,这种"隔教"突出表现在它完全抛开了传统文人的那种伤春悲秋、感时伤怀、自哀自怜、被动的人生观,而树立起一种以理性为主宰,以"科学"统性情,主动、进

---

① 鲁迅先生纪念委员会编:《鲁迅先生纪念集》,上海书店1937年版,1979年复印本,第73页。
② 张定璜:《鲁迅先生》(上),载《现代评论》第1卷第7期。

鲁迅在《新青年》上发表的小说。

取、人定胜天的人生观,也就是由传统的乐天知命、天人合一向现代的个人本位、主客对立转换。从哲学意义上讲就是由对存在的领悟转向了对世界的合理化改造和征服。

这种文化气质的现代化显然与《狂人日记》不同于传统文学的重要区别,而这种气质之变的发生与西方文化给予鲁迅的深刻影响是分不开的,鲁迅自述:"从一九一八年五月起,《狂人日记》,《孔乙己》,《药》等,陆续的出现了,算是显示了'文学革命'的实绩,又因那时的认为'表现的深切和格式的特别',颇激动了一部分青年读者的心。然而这激动,却是向来怠慢了绍介欧洲大陆文学的缘故。"①

鲁迅这段话显得有点语焉未详,因为人们会产生这样的疑问:晚清以来林纾等人翻译了为数不少的欧洲大陆文学名著,何来怠慢之说?这就涉及鲁迅的小说翻译理念与晚清人的不同,林纾的翻译是以中国固有文化传统来同化西方小说,所以其翻译可以说是"中学为体,西学为用"式的翻译,西方小说经此同化,也就减弱

---

① 《中国新文学大系导言集》,天津人民出版社2009年版,第80页。

了其作为"异文化"对中国读者的冲击力;而鲁迅晚清时代开始尝试的《域外小说集》式的翻译,则是一种"西学为体,中学为用"式的翻译,他要努力保持的是西方小说不同于中国小说的原汁原味,因此宁可硬译,让人费解,也不愿改写和同化,也正因为这样,这种翻译小说才会对中国固有的小说产生了强大的冲击力,从而实现其现代性的审美转换。鲁迅之所以能写出《狂人日记》这样的小说,不是偶然的,而是因为他在此以前已有关于西方小说的相当的积累,并有像《域外小说集》这样的小说译作问世,对西方小说已有了相当深入的了解,所以才能在此基础上,写出中国的完全不同于传统的新小说,成为五四新文学的奠基者,就知识和思想上的积累来说,鲁迅是远远高出同侪、无可比拟的,所以他才能担负起这个使中国文学史从此别开生面、另辟新路的重任。

既往人们谈论鲁迅的小说往往是先从思想内容谈起的,随着小说叙事学的兴起,人们开始意识到也许"不是内容,而是形式,更深刻地反映了文化对文学文本产生方式的制约力和推动力"①。那么,我们也先从小说形式来看,鲁迅是如何与传统小说形成鲜明的对比的。首先从小说开篇语就能感受到这种明显的差异:中国传统小说脱胎于史传,因文类低下,虽属虚构,也要仿冒实录,小说形式上也尽量向史传靠拢,以言有所据为尚,所以小说开头总是从头说起,是一种纵剖面的叙述,以何时何地何人何事的简朴方式展开,如《柳毅传》以"仪凤中,有儒生柳毅者,应举下第,将还湘滨"开头;《古镜传》以"隋汾阴侯生,天下奇士也"开头,都是如此,即使到现代,为了照顾中国读者的阅读习惯,赵树理小说也仍然沿袭了这种方式,如《小二黑结婚》的开头:"刘家峧有两个神仙,邻近各村无人不晓:一个是前庄上的二诸葛,一个是后庄上的三仙姑。"《李家庄的变迁》的开头:"李家庄有座龙王庙,看庙的叫'老宋'。老宋原来也有名字,可是因为他的年纪老,谁也不提他的名字;又

---

① 赵毅衡:《叙事形式的文化意义》,载《外国文学评论》1990年第4期。

因为他的地位低,谁也不加什么称呼,不论白胡老汉,不论才会说话的小孩,大家一致都叫他'老宋'。"而鲁迅的小说几乎没有这样开头的,多是横断面的开端,直接进入所要表现的人物情境之中,从而获得一种共时性的现场感,这与西方小说以其虚构的拟真性立足,无须再假借于史传叙述的方式有关。

从深层来说,这种源于西方的现代小说艺术形式的产生代表着一种全新的思想、心理、感觉方式的出现,其哲学根源是建立在主客对立基础上的"人的发现"和"自然的发现",由此改变了传统人们看待、感知世界的方式。如果说传统文学的基本精神是文以载道(天道),那么现代文学的基本精神应该说是"文以载我",表达我见、我感,进而将外部世界也化成人的内心体验,以个人为轴心来感知世界。与传统故事不同,现代小说的诞生地是孤独的个人,而不是人群、书场;它所要揭示的也不是人生的经验和智慧,而是个人与社会之间的龃龉隔膜和对抗。这种自我的发现导致现代小说与传统小说相比发生了全方位的、深刻的改变,从小说的潜作者、小说的叙述者和人物、读者之间的关系上来看,鲁迅小说与传统小说已有很大不同:传统小说的作者多以"说书人"的身份出现,作者设想自己在说书场这类的公共场合面对听众讲述故事,其身份本身带有公共性,是以一种公共见解、公众立场为基础来讲述故事,这是一种非个体性的讲述。现代小说的叙述人抛开了"说书人"这个面具,将小说的拟接受情境由书场、街头转向了密室、案头这样的一对一的独处空间,作家与读者的交流也不再需要"说书人"这一中介,而变为一种个人之间的交流,与读者进行心灵之间直接的沟通和对话,因之更能起到"撄人心"的效果。像《狂人日记》这样以高度个人化的"狂人"以及"日记"这样的袒露个人心迹的私秘性文体写成的小说,现代个人主体意识的形成都有推动作用。

现代小说技巧的核心问题在于叙述视角的选择,鲁迅小说在叙事形态方面是丰富多姿的。他的小说既擅长第一人称叙事,也擅长第三人称叙事,而这两种叙事都表现出作家鲜明的主观抒情性。第一人称叙事中既有像《狂人日记》《伤逝》这样以我为主的主观倾诉、独白性的作品,也有以第一人称的我作为见证性、旁观人物的作品;既有"我"的叙述立场与潜作者基本融合在一起的作品,如《祝福》,也有"我"的叙述立场与潜作者的立场距离较大因而保持一定的叙述张力的"不可信赖"的叙述者,如《孔乙己》。其所选择的视角与作家的创作动机、意图达到了高度的统一。鲁迅的第三人称小说主要表现为一种戏剧化的场景再现,通过不动声色的观察和描写,将对象客观化,以将主体性消融于客观场景之中的方式,来表现出更为内在的、直观的主体性,也就是说为主体性找到了客观对应形态,从而使主客观达到更高的统一。

与此相应的是现代小说与现实人生的关系发生了巨大的改变,随着宗教、传统信仰在现代的衰退,取而代之的便是文学文化的兴盛,人们不再从圣贤经传中接受人生的训诫,而开始把文学当做人生指南,从他人的人生中寻求人生的价值意义,从受制于一种被给定的人生转而通过文学来感受、体验、尝试多种人生形式,于是作为具有指导意义的人学——文学会兴盛起来,成为世俗化时代的宗教。这样小说就与社会、人生密切结合起来,而这也正是五四新文学的目标,创造"为人生而且要改造人生的"文学。由于这种文学的中心任务由娱乐转向了教训,所以"新文学"也就由传统的故事情节小说向性格心态小说转换。所谓"性格小说"关注的是人的性格和命运,而不是故事情节的跌宕起伏、引人入胜,这是鲁迅小说担负起"改造国民性"的使命后自然发生的改变。性格小说相信"性格即命运",它关注的是人与社会的关系以及人存在的社会维度,力图通过改造社会来改造人生。在这方面《阿Q正传》非常典型,主人公的性格就是其命运,而有什么样的社会也就决定了有什么样的人性。另一个比较极端的例子是《示众》,该小说几无情节可言,写的只是一个北平街头众人围观一个犯人示众的场景,但它又可以说是一个刻画国民精神状态为对象的文学典型,它以一种隐喻的方式将抽象的"国民性"予以定形、定格,凸显出作家为之痛心疾首的"国民性"的原初场景,表现为作家的主观意向与客观现实的高度融合。所谓"心态小说"即集中表现人的内在心理状态的小说,现代小说具有一种普遍的向内转的趋势,其原因在于其对人的理解由社会政治道德层面向情感欲望、心理意识层面转化,自我的本我化成为现代文化的一个趋势,因此表现自我势必向内转,表现超我对本我的压抑以及本我对于超我的反抗。鲁迅的心态小说既有主情性的如《伤逝》这样的以主人公的情感逻辑为内在结构的小说,也有带有"弗洛伊德"色彩的讽刺性小说,如《肥皂》、《高老夫子》等,总之,鲁迅写人重在写出"人物灵魂的深",写出人物内心深处的矛盾和挣扎。这与现代文化的内在化、心理化趋势是相一致的。

鲁迅小说的文化批判、反思意向使得"反讽"之类的现代小说技巧在他创作中得到了一定的运用,"反讽"的兴盛与现代的人的自我反省意识的加强和价值立场的游移性有关,也就是说作家的不可知论、怀疑论助长了这种反讽的盛行,它使得一切确定不疑的权威叙事都受到撼动,甚至自我瓦解。由此出现"笑人者"亦被人笑,"道学家"并不道学,"启蒙者"亦需启蒙等矛盾性情态。鲁迅在打倒旧权威的同时,倾向于树立新的权威,所以其反讽性受到极大的克制,大多被当成一种不利于进步的冷气、毒气自我克服掉了,但就其表现出的终极意义上的直面虚无的勇气而言,已是罕有人及的。

鲁迅的小说故意打破传统小说给人们造成的审美期待,由此产生一种强烈的文化颠覆性。传统小说"大团圆"的结局,是为鲁迅所尤其憎恶的,因为它掩盖了人生的真相,不让人直面人生,因此也就谈不上改造人生。"大团圆"结局源于一种宗教性的救赎文化,它力图通过信仰来实现善与福的统一,鼓励人们积德行善,因为善有善报、恶有恶报。而启蒙主义文化则消解了这种将终极正义的实现寄托于彼岸的宗教信仰,力图在现世通过对现实的改造来实现终极的正义和人类的幸福,于是立足于现实的理想主义成为现代文化的主调,直面人生的残缺、黑暗,以一种理想主义的态度去改变现实,就成为现代文学的基本精神。悲剧源于现实的缺陷,因此对于悲剧的揭示,正说明改造现实的必要,于是,一种现代悲剧精神于此产生。鲁迅小说的悲剧主要有两类,一类表现被压迫者如何被"瞒和骗"的文化所化,不由自主地自欺自骗、自我麻痹、自我安慰,最终仍为黑暗社会所吞噬的悲剧,最典型的如《祝福》里的祥林嫂和《阿Q正传》里的阿Q等;另一类则表现启蒙者进行绝望的抗争但最后走投无路仍为黑暗社会吞噬的悲剧,如《孤独者》中的魏连殳、《长明灯》里的疯子等。揭示人生的深刻的悲剧性,是鲁迅小说的主要意义所在。

从所表现的内容而言,鲁迅的小说主要可分为以下几类:

一是偏于主观的、理想的、个人内心体验的小说,它集中表现的是个人与社会之间的极端不协调性以及傲视世俗的狂者胸次。

《狂人日记》是鲁迅的第一篇白话小说,也是五四新文学的开山之作,在中国现代文学史上具有重要意义。该小说的主旨在于揭示"礼教的弊害",指出其被人习焉不察的"吃人"的本质。但若仅止于此,尚不足以说明其在文学史上的独特性和重要性。在《狂人日记》之前,就已经出现过此类将中国专制统治者和礼教文化斥为"吃人"的小说,如1902年梁启超主办的《新民丛报》上,就有一篇用文言文写成的寓言小说《虞初今语·人肉楼》,将清王朝统治下的中国说成是专事吃人的"野蛮国",将相沿已久的"忠义"文化斥为"吃人"文化。这说明晚清时期激进的中国知识分子在"天赋人权"的启蒙主义思想影响下已经开始了对传统文化的价值颠覆和重估。《狂人日记》的独特性、深刻性在于其"忧愤的深广和格式的特别",所谓"忧愤的深广",在于作者将吃人的情境由政治层面深入到日常生活和文化信仰层面、由单纯的控诉转向深刻的内省、由"吃人"与"被吃的"二元对立推进到揭示不管是吃人者还是被吃者都在"吃人"和曾经"吃人"的文明困境,在"一切人都是非人"的真理之光照射下,借狂人之口发出"没有吃过人的孩子,或者还有? 救救孩子"的呐喊。

《狂人日记》正文的开头即代表了一种现代性的时间断裂意识:"今天晚上,很好的月光。我不见他,已是三十多年;今天见了,精神分外爽快。才知道以前的三十多年,全是发昏;然而须十分小心。……"现代性的时间从狂人觉醒的此刻开始了,从此他开始以一种全新的眼光看待一切,真与俗的关系被彻底翻转过来,狂人成为真理的发布者,这种借狂人传播真理的方式与鲁迅早期翻译的安特莱夫的小说《谩》(谎话之谓)颇为相似。《谩》的开头也是以狂言开始的:"吾曰'汝谩尔!吾知汝谩。'曰'汝何事狂呼,必使人闻之矣!'此亦谩也,吾固未狂呼特作低语,低极茸茸然,执其手,而此含毒之字曰谩者,乃尚鸣如短蛇。"该小说写一个求诚成癖,终于发狂,杀死恋人也要从其脑中、心中掏出真话的疯子的心理意识活动,它与《狂人日记》的血缘关系甚至要近于其与果戈里的同名小说《狂人日记》。为了弥补传统与现代小说形式之间的距离,鲁迅在《狂人日记》前加了个小序,以免因为过于突兀,把读者吓退。小序虽短,但已基本道尽了传统小说关注的故事情节内容,其所遗漏和遮蔽的才是鲁迅所要关注的现代小说的内涵和意义,那就是对于中国文化中"永不被发现的个人"的凸显,对于素来被认为是"爱人"的"仁义道德"实则是"吃人"的研判和裁断。作家借一个患"迫害狂"的病人"语颇错杂无伦次,又多荒唐之言"的心灵独白、意识流动,完成了一场内在于启蒙者自身的深刻的精神裂变。这是一种从传统向现代转化中由彻底的价值颠覆所催生出的打通"真"、"俗"两界的象征性的文化寓言。

《狂人日记》中的先觉者与"吃人者"和"吃人文化"的对立表现为"狂人"与其至亲的家人——大哥和并无恶意的乡邻、医生等近日无仇、远日无怨者的对立,这种对立也就具有了一种独特而又普遍的悲剧意味,这种看似无辜而又没有无辜者的"吃人"与"被吃"的文化成为"狂人"无法逃脱的陷阱,由此凸显出了启蒙的艰难、先觉者的孤独和不被理解。它不再是某种"观念"、"主义"的说教,而表现为一种将世界纳入到人物的精神历程中来加以表现的叙事原则。他通过狂人日记这一高度主观的心灵载体淋漓尽致地表达出了先觉者在异己文化包围中的忧惧、困境体验。小说构思上的独具匠心之处在于"狂人"与"先觉者"的心理感受的重叠,狂人发疯的过程也就是先觉者发现真相的过程,由此狂人也就成为了沟通真、俗两界的先知,狂人代表真理的世界、应然的世界,而俗则代表虚妄的世界、不应该如此的实然的世界。这种以应然颠覆实然的价值重估精神使鲁迅笔下的狂人成为了带有浓厚的浪漫主义象征色彩的反文化的文化英雄。所谓"格式的特别",主要指的是该小说是以日记的形式通过狂人的疯言疯语、心理意识流动来展示狂人——先觉者的内心世界的,这就取消了传统小说中"作者"也就是"说书人"在小说和读者之间的阻隔,以心灵去直接体验世界,从而实现了人物与读者心灵之间的直接对话,其审美震撼力较之传统小说当然要强烈得多。《狂人日记》之前有个文言的小序,这个小序的设置是颇具匠心的,它使小说具有了一种强烈的文化反讽性。小序可视为对传统说书人的戏仿,它将一种公众立场带进小说,并使这种公众立场最终成为被消解的对象。由此,也使小说除了"狂人"的主观视野之外,具有了与外部现实相通的客观性。鲁迅是创造小说新形式的先锋,他的小说以不同于传统的新的文体形式实验,为"新文学"起到了示范作用。《狂人日记》便是由于这种与传统小说形式的断裂和对西方小说形式的移植和改造,而成为"新文学"当之无愧的开山之作。

《长明灯》是用象征手法写成的一篇小说,但是与《狂人日记》不同的是,它主要采用的是"外视角",先觉者要灭掉"长明灯",结果被当成疯子关了起来。小说通过吉光屯的士绅、民众对"疯子"要熄掉"长明灯"的疯狂之举所做出的反应,来写保守势力的顽固和强大以及先觉者绝望的抗争,它是鲁迅在五四退潮后"荷戟独彷徨"的孤独的抗争心态的集中表现。这也可以说是一种对于启蒙者的"负刺激",使人们跳出过于理想化的盲目乐观心态,充分意识到启蒙的艰难。

《在酒楼上》写的是在一种一成不变的、沉闷的社会环境中,先觉者如何身不由己,无所作为,像一只苍蝇一样,转了一个圈,又回到了原来的起点上,无奈地在颓唐消沉中百无聊赖地消磨着生命。吕纬甫年轻时的理想和朝气都被消磨殆尽,只是为了生存,与世浮沉的顺应、苟活。与其不同的《孤独者》中的魏连殳倒是始终没有与现实媾和,但在走投无路的绝境之中,他最终采取的是以"媾和"的方式来做自戕式的决绝的反抗。他开始"躬行先前所憎恶,所反对的一切,拒斥先前所崇仰,所主张的一切",以他的"屈服"和自我扭曲所换得的"成功"来蔑视、羞辱社会,由此造成的结果是虽"胜利"了,但却"真的失败了"。由此凸显的是传统世俗社会的价值观与其反叛者的价值观的尖锐对立。

《孤独者》可以说是鲁迅小说中最具自传性的小说之一,里面寄寓了作家对于中国社会生活的最为深切的痛感和最为愤激的诅咒。魏连殳祖母的原型显然来自作家自己的祖母——蒋氏夫人,魏连殳的命运在很大程度上也就是鲁迅和其时代的文化反叛者共同的命运。由此,魏连殳在祖母的葬礼上突然迸发出的那种"非人类的狼嚎似的痛哭",也就成为了现代中国文学中最让人为之惊悚、动容的声音,它召唤出了传统礼教的埋葬者,告诉人们旧的生活已无法容忍、延续,需要彻底地改弦更张。祖母那被种种清规戒律束缚着的人生、那"亲手造成孤独,又放进嘴里去咀嚼的"命运,看似平常,但唯其平常,才更具有惊心动魄的悲剧性。了解这些,才能把握住五四人反传统的"心结"所在。这种倾心于以一种"黑暗终结者"的姿态来一举消除一切苦难,带有时代固有的理想主义色彩。魏连殳祖母的悲剧产生的原因是复杂的,那种认为"一切悲哀都有它的社会根源,都是社会制度的反映,将来没有今日以前的那种制度,当然也就没有由那种制度造成的悲哀"(聂绀弩语)的时代信念,主要是作为一种社会改造者的善良的愿望而存在的。

《伤逝》中年青一代的觉醒者,虽然冲出了旧家庭的束缚,但在恋爱自由、婚姻自主的热情下建立起的幸福生活却既经不起社会经济的压力,也经不起平淡无味的日常生活的消磨,很快两人就激情消失,爱也失去了附丽,只能解体,又回到旧家庭中。凡此种种,都表明鲁迅始终是在理想与现实、希望和绝望的交织中来把握现实的,这使他的小说弃绝了一切处于中间状态的有限目标,具有了一种朝向无限的精神超越性;这也使其小说既具有一种主观战斗性,又具有一种清醒的现实感。他既表现出别无选择的对于启蒙主义信念的固守和坚持,又对于启蒙的艰难有充分的认知、对启蒙的有效性不无怀疑。这些矛盾和冲突、希望和绝望、怀疑和确信最终使他的心灵成为了现代中国最深邃、最痛苦的心灵。

二是偏于客观的、写实的作品,主要表现的是"启蒙"强光所映出的灰暗人生。

鲁迅在20世纪30年代谈及自己的创作目的时,曾这样说过:"说到'为什么'做小说罢,我仍抱着十多年前的'启蒙主义',以为必须是'为人生',而且要改良这人生。……所以我的取材,多采自病态社会的不幸的人们中,意思是在揭出病苦,引起疗救的注意。"[①]这说明鲁迅的小说是从不讳言他的社会功利性的,它写小说的目的就在于"启蒙",就是要"辟人荒",促成人的"自觉至、个性张",从而萌生个人的主体性,自我决断、自己决定自己的命运。

鲁迅的小说有相当一部分来自他的早年生活记忆,即故乡绍兴——"鲁镇"生活,描写的主要对象是城镇贫民和乡村农民。作家的关注点不在于他们生活上的贫困,而在于揭示专制社会给人们造成的自主性的缺失、精神奴役的创伤。所以这种乡土生活小说大都笼罩在一种萧索、惨淡的氛围之中,具有"一种安特莱夫式的阴冷"。《明天》写的是寡妇丧子的人生悲剧,重点传达的是逆情悖理的礼教习俗所营造出的非人性的悲凉。单四嫂子守寡之后

---

① 鲁迅:《鲁迅全集》,人民文学出版社2005年版,第526页。

不但经济上陷入困境,必须单靠着自己的一双手纺出棉纱来养活她自己和三岁的儿子,而且在儿子生病之后她所能求助的也只能是神签、愿心和单方。实在无法可想的时候,只好拿出所有的积蓄去请装腔作势的中医何小仙,最后仍然是只能无助地眼睁睁看着儿子死去。更具悲剧性的是儿子死后还要"行礼如仪",准备棺木、纸钱、《大悲咒》以及招待送葬的吊客,直到深夜剩她一个人在屋里,才有机会停下来独自一个人咀嚼儿子之死所带给她的绝望和空虚。小说最后结束于一种几近无事的悲剧氛围之中。小说暗示这种一成不变的小镇人的生活也许会得到改变,也许将永远这样持续下去。改变这一切的可能也许就在于那"为想变成明天而在寂静里奔波的"处于明暗之间的希望。

《祝福》中的祥林嫂的命运也是如此,让人惊心的不在于祥林嫂一而再、再而三地遭遇不幸,让人惊心的在于鲁镇人对祥林嫂所遭遇的不幸的歧视和冷漠、消遣和赏玩。祥林嫂的死,如同"被人们弃在尘芥中的,看得厌倦了的陈旧的玩物,先前还将形骸露在尘芥里,从活得有趣的人们看来,恐怕要怪讶她何以还要存在,现在总算被无常鬼打扫得干干净净了。"给予祥林嫂以致命打击的首先是鲁四老爷这样的以讲道学、正风俗自命的乡村士绅,他将被迫改嫁的祥林嫂视为是"败坏风俗"的不洁之人,禁止她沾手参与祝福盛典,因为"不干不净,祖宗是不吃的"。在他那里,礼教、祖宗是至高无上的,他完全按照道学教条生活,所以他在祈求福上加福的盛典上会将不幸的祥林嫂视为是不洁、不祥之人。其次是刘妈之类虔诚、迷信的乡民,将这种道学的冷酷一直延伸到了阴曹地府,说死后的祥林嫂要被阎罗大王锯成两半,分给她嫁过的两个丈夫。所以祥林嫂只好去捐门槛,让千人踏、万人踩,来赎莫须有的罪名。但当她自以为已赎清了罪过,坦然地去拿祭祀用的酒杯和筷子的时候,她又被人惊慌地喝止了。至此她的精神彻底崩溃,在连虚无缥缈的来世的安慰都予剥夺的"讲理学的老监生"鲁四老爷那里,祥林嫂再无救赎的可能,只好在绝望中死去。鲁四老爷可谓是"明于礼仪而陋于知人心"的严苛、冷酷的卫道者的典型。对于这样的"故乡",作家的所感只能是一种悲凉和绝望,所以出现在他笔下的"故乡"呈现出的是"苍黄的天底下,远近横着几个萧索的荒村,没有一些活气"的颓败、荒芜模样。他希望这样的故乡能够成为过去,希望乡人的后代能够有一种"为我们所未经生活过的"新的生活。但他又清醒地知道这仍只是一种渺茫的理想,但是他并不愿意放弃这种希望,所以在《故乡》的结尾,他仍指示给了人们一种绝望中的希望:"希望是本无所谓有,无所谓无的。这正如地上的路;其实地上本没有路,走的人多了,也便成了路。"鲁迅其他取材于故乡生活的小说还有不少,如《孔乙己》、《白光》写科举制度之下彷徨无依的落魄读书人的人生悲剧;《药》写乡人华老栓和革命者夏喻之间的隔绝;《风波》写张勋复辟在乡土社会所激起的死水微澜;等等,这些都是在启蒙之光观照之下,对传统中国人的生存状态和精神创伤的深刻揭示。

《阿Q正传》是鲁迅唯一的中篇小说,也是最早被介绍到世界的中国现代小说。《阿Q正传》的成功主要在于它塑造了一个意蕴丰富、发人深省的文学典型,使得阿Q这个人物在中国几乎成为了家喻户晓的人物。鲁迅自己说,他之所以要写这部小说是因为要"画出这样沉默的国民的灵魂来"①,并且说,"我还怕我所看见的阿Q并非现代的前身,而是其后,或者竟是二三十年之后"②。

该小说最早发表于《晨报》副刊的《开心话》栏目,序言用的是杂文笔法,带有滑稽讽刺色彩,也可以说是对传统史传文学的调侃和戏仿,为一个"乏透了的"、连确切的姓名、籍贯都搞不清的乡村流浪汉写传,本身就是一种值得关注的现代性现象,代表着一种前所未有的"底层下治时代"到来的征兆。《阿Q正传》主要关注的问题是在中国一直无从完成的"革命"与国人生存常态之间

---

① 《鲁迅全集》第七卷,人民文学出版社2005年版,第84页。
② 《鲁迅全集》第三卷,人民文学出版社2005年版,第397页。

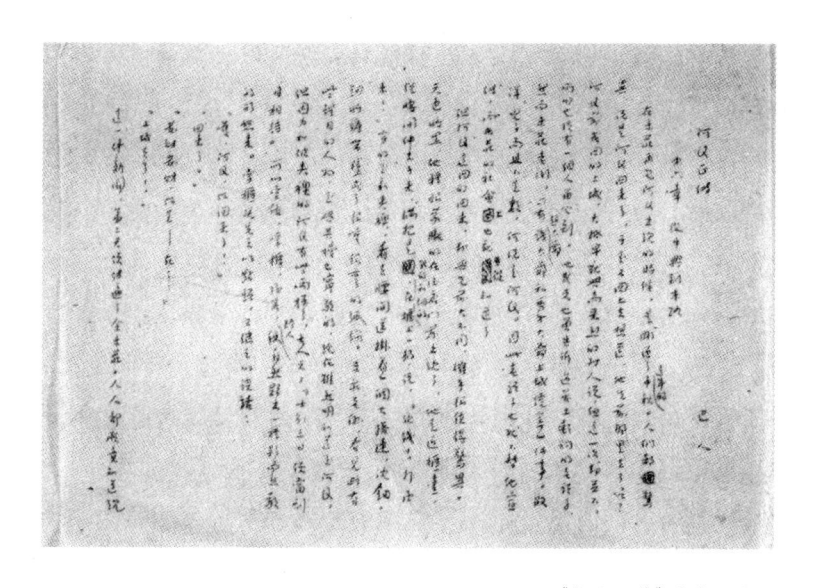

《阿Q正传》手稿一页。

的反差。

就阿Q本人身份来说,他是未庄的一个流浪汉,无家无业,靠给别人打短工过活,是未庄人瞧不起的、欺侮的对象。他也沾染上游手好闲之徒的狡猾习性,喜欢赌博、骂人和斗殴,见了比自己弱小的人忍不住要沾点儿便宜。实在走投无路时,就偷窃甚至明目张胆地抢夺。他虽不识字,但脑子里仍有不少传统观念,如男女之大防等,对街面上男女同行等"伤风败俗"的行为恨之入骨,必欲惩罚之而后快。

阿Q最得意的东西就是他的"精神胜利法"。鲁迅用两个章节的"优胜记略"来介绍他在这个世界上战无不胜的法宝:他最爱夸耀过去——他的和他的家族的历史,"我们先前——比你阔得多啦,你算是什么东西!"这话往往是在失败时说的,仿佛为自己的无能和卑贱找到了自尊和自慰。至于自轻自贱,他不觉得有什么难为情。仔细想来,他要算是天下第一个能自轻自贱的人了,除了"自轻自贱",就剩下了"第一个",状元不也是"第一个"么?因此,无论受了怎样的欺侮,他都能顷刻之间忘得一干二净。靠着这种精神胜利法,在现实中饱尝挫折和失败的阿Q始终保持了其精神上的优势,好像活在梦中一样,不愿醒来正视现实,始终保持自我感觉良好。

阿Q也有强烈地想改变自己命运的愿望,这表现为在辛亥革命兴起后,他也开始神往为乡绅们所恐惧的革命和革命党,希望借此发迹、发财,让别人也对他刮目相看。所以他也要去革命,但最后的结果是被所谓的"革命者"拒之门外,"不许革命"!于是他只有躺在土谷祠里幻想革命。而他所谓的革命也不过是革命成功后的子女玉帛、作威作福、报私仇等。阴差阳错的是赵家遭抢,表现出革命意愿的阿Q成了怀疑对象,被捉进官府,糊里糊涂地被砍了脑袋。而大家的遗憾只是"那是怎样的一个可笑的死囚啊,游了那么久的街,竟没有唱一句戏,他们白跟一趟了"。

鲁迅堪称是革命时代的哲人,他所渴望的是彻底的、全面的、真正的变革,《阿Q正传》的背后是对这种真正的革命所需要的觉醒了的"民魂"的呼唤,因为没有这种觉醒了的政治意识、权利观念,全民参与的革命便无从谈起。而阻碍这种全民"革命"产生的根源就在于这种个人主体性和政治意识缺失的阿Q式的卑怯、自欺、消极顺应的生活方式和人生哲学。当然,鲁迅还是以一种文学家的观察和思考来表现这一时代命题的。他对"革命"之是否会真的发生和"革命"是否真的能给中国带来新生,并无一定的确信。

关于阿Q形象的阐释、评价,研究界大致经历了三个阶段,也是在三种大的理论范型中进行阐释的:第一种即启蒙主义的,将阿Q视为是"国民劣根性"的代表,甚或是"中国人品性的结晶"(茅盾)、"中国精神文明的化身"(周立波),也就是说这种阐释方式是从属于民族自我批判的启蒙主义的时代主题的,阿Q的"精神胜利法"被视为是中华民族觉醒与振兴的最严重的思想阻力来认识的,鲁迅的这部小说正是对我们民族的严肃的自我批判。第二种即政治革命的,强调要对文学作品进行阶级分析,于是阿Q就被视为是农民阶级的典型,突出强调的是他的革命性,虽然他的"革

1925 年为俄文译本《阿 Q 正传》摄。

命"带有农民的原始的报复性。小说的意义被主要概括为鲁迅是"从被压迫的农民的观点"对资产阶级及其领导的辛亥革命进行了深刻的批判。在 20 世纪 80 年代"重回五四"的阐释模式中,又向启蒙主义回归,认为即使阿 Q 革命成功,他将以自己为核心建立起一个新的未庄封建等级结构,因此重要的还是对阿 Q 的启蒙,将五四未完成的思想革命进行下去。第三种是力图超出启蒙主义和政治革命的功利性考量,从人的存在的本体论出发来阐释阿 Q 所面临的生存困境。阿 Q 作为一个个体生命的存在,几乎面临人的一切生存困境,其中包括基本生存欲求不能满足的生的困恼(《生计问题》)、恋爱受挫、无家可归的惶惑(《恋爱的苦恼》)、面对死亡的恐惧(《大团圆》)等等,而他的一切努力挣扎(《从中兴到没

《故事新编》，收鲁迅1922年至1935年作历史题材小说8篇。

落》），包括投奔革命，都不免是一次绝望的轮回。在这种现实的改造自己的生活和命运的努力受挫之后，他就去寻找精神上的虚幻的满足来安慰自己，而这只能使他陷入更深的深渊。由此，他所面临的生存困境就是永远无法摆脱的。这种对于鲁迅阿Q形象阐释的多元性和丰富性，本身即说明了阿Q形象捕捉住了现代中国历史文化中的重大问题，因此具有强大的文学生命力。

三是《故事新编》，脱魅再构，亦庄亦谐。

《故事新编》是鲁迅创作的一部取材于历史的寓言小说，它收有8篇小说，写作时间是从1922年到1935年。鲁迅从神话传说、历史故事中取材加以自由演绎，关注点在于古与今之间的深刻关联。出于古为今用的创作意图，他在小说艺术上进行了大胆的试验，有意打破客观时空界限而采取了古今杂糅、为我所用的手法。小说中除主要人物大都有典籍记载的根据外，还自创了一些次要的喜剧性的穿插人物，在古人的言行中，加入了大量的现代语言、情节与细节，将古与今熔为一炉。鲁迅将此手法称为一种"油滑"。人们从小说对古人的戏谑化的脱魅处理中，看到了鲁迅打通古今，嬉笑怒骂，天马行空的自由创造精神。

《故事新编》充分表现出鲁迅所特有的"创世者"的文化意识，他是以一种高出于人类的新的"创世者"的眼光来俯视人类的历史、文明和现状的，这是一种尼采式的超人的"大轻蔑"态度。如

《补天》是以"女娲"这一造人之神的视角来看待人、人间的争斗和道德的起源的,小说中的女娲出于无聊和厌倦创造出了人,可人背弃了自己的神性,逆天行事,以自己的肉体为耻,并在无谓的争斗中,将天撞塌,只能由神来重新修补,最后女娲在补天的劳作中死去,她的尸体还被她所轻蔑的小人窃据,并自居为神的子孙。作家显然是在呼唤一种尼采式的超人精神,使人恢复神性,摆脱来自文明的束缚,进行自由的创造。尼采在《查拉图斯特拉如是说》中首先表达的即是对于现实人类的轻蔑:"猿猴之于人是什么?一个讥笑或是一个痛苦的羞辱。人之于超人也应如此:一个讥笑或是一个痛苦的羞辱。你们跑完了由虫到人的长途,但是在许多方面你们还是虫。从前你们是猿猴,便是现在,人比任何猿猴还像猿猴些。你们中间最聪明的,也仅是一个植物与妖怪之矛盾和混种。但是我是教你们变成植物或妖怪吗?现在,我教你们什么是超人!……真的,人是一条不洁的河。我们要是大海,才能接受一条不洁的河而不致自污。现在,我教你们什么是超人:他便是这大海;你们的大轻蔑可以沉没在它的怀里。你们能体验到的最伟大的事是什么呢?那便是大轻蔑之时刻。那时候,你们的幸福,使你们觉得讨厌,你们的理智与道德也是一样。"①德文版的《查拉图斯特拉如是说》曾是五四时期鲁迅的案头常供之书,其对鲁迅的影响之深是显而易见的。

鲁迅以他的创世纪的现代性态度颠覆、重写了传统创世英雄的神话,既从中表达了对"创世先祖"、"民族脊梁"的敬意,又把矛头指向那些历史和现实生活中的卑俗、猥琐的"小东西"。如在女娲尸体最膏腴之地安营扎寨,并把烽火引上九州的女娲氏的后裔们、颠顸的臣属及王妃、杀人越货的募捐救国队、强盗小穷奇、乱嚼口舌无事生非的阿金与小丙君、专会弄剪径的逢蒙、文化山上的无聊学者、蝇营狗苟的关尹喜与账房先生等,他们是专靠吃"伟人"、

---

① 尼采著,尹溟译:《查拉图斯特拉如是说》,文化艺术出版社1987年版,第7页。

"烈士"而存活的寄生虫,"这一流人是永远胜利的,大约也将永远存在。在中国,惟他们最适于生存,而他们生存着的时候,中国便永远免不掉反复着先前的运命。"①

《故事新编》没有"油滑"色彩的是《铸剑》,此作既表现出了复仇者的孤愤和决绝,又表现出反抗者终于得到精神寄托的欣慰之感。善于复仇的"宴之敖者"为"眉间尺"以死相托的信赖感到自慰和欣然,于此可看到以往横在"救世者"和"被救者"之间的隔膜的消除,这表现出鲁迅后期创作的一个重要变化。人类文化中存在两种"爱"的类型:一种是宗教圣徒之爱,它是为爱而爱,没有特定对象,不讲条件、没有前提的;另一种是社会改革者之"爱",它是因为有共同的敌人而在憎恨推动下产生的同道之爱、一种由恨推动的爱,正如"宴之敖者"对眉间尺的表白:"我一向认识你的父亲,也如一向认识你一样。但我要报仇,却并不为此。聪明的孩子,告诉你罢。你还不知道么,我怎么地善于报仇。你的就是我的;他也就是我。我的魂灵上是有这么多的,人我所加的伤,我已经憎恶了我自己!"这两种"爱"各有其渊源、功用和表现方式,且后者在近现代中国明显占据了主导地位,从而深刻地影响到了现代中国历史的走向。"横眉冷对千夫指,俯首甘为孺子牛"的鲁迅可称之为这种后者之"爱"的集大成者。

《铸剑》中对三个头颅在鼎中殊死搏斗的场景的描写堪称是古今文学史上罕见的惊心动魄的复仇场面,它是一种超越肉体的生死之上的精神的较量、灵魂的决斗,是对于原始的、永恒的正义的执著的追寻,带有形而上的超验色彩。该小说的人物、情节虽主要来自《吴越春秋》或《越绝书》,但鲁迅也有他的新的创造,那就是在对黑衣人"宴之敖者"深邃博大的内心世界的揭示上,这个带有异端的美和神秘色彩的专业复仇者,将整个人类的苦难当成自己的苦难来体验,这使他终于厌倦了人生,愿意以自己的一死从此

---

① 鲁迅:《鲁迅全集》第三卷,人民文学出版社2005年版,第18页。

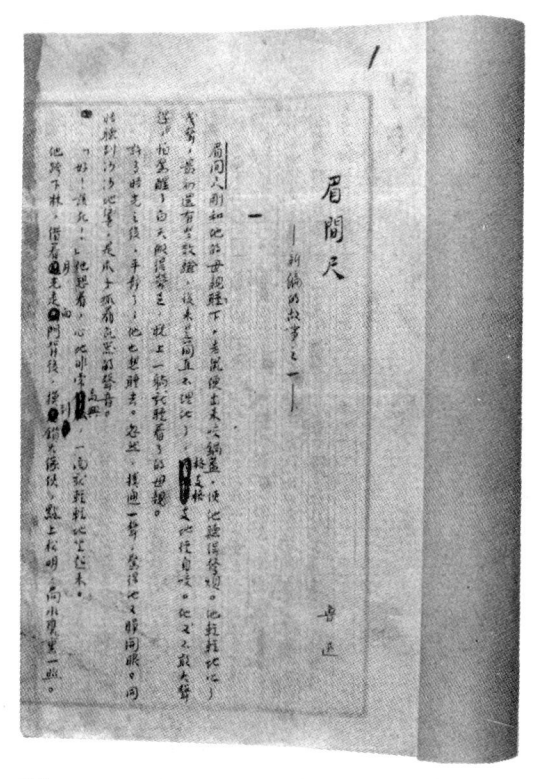

鲁迅1927年4月作《眉间尺》手稿。

了解天下所有的苦难,这种烈士情怀和侠义精神也正是鲁迅被革命时代的中国尊为现代"圣人"的缘由所在。

鲁迅小说的艺术成就的杰出是得到举世公认的,即使是对他不乏偏见的人物,也都承认这一点。现代文坛上攻击鲁迅的急先锋苏雪林也曾对鲁迅的两本小说集《呐喊》和《彷徨》推崇备至:"两本,仅仅的两本但已经使他在将来中国文学史占到永久的地位了"①。

鲁迅的小说具有属于他自己的独特的声音,语言风格具有一种"寓热于冷"的特性。所谓"寓热于冷",就是将热烈的激情寓于冷峻的外表之下,在冷静的客观描写中寄寓强烈的爱憎。这使其小说具有一种穿透现实的抒情性和诗化特征。鲁迅的语言凝练、简洁,抑扬顿挫、寓意丰富、皮里阳秋、耐人寻味。他将白话、文言

---

① 苏雪林:《〈阿Q正传〉及鲁迅创作的艺术》,载《国文周报》第11卷第14期,1934年。

和外来语融为一炉,形成了一种独具个人特色的文学语言,嬉笑怒骂皆成文章,具有极强的文学表现力。

总之,"风格即人",从鲁迅的创作中,我们可以感受到救世者深广的悲悯和忧愤、哲人超迈的睿智、赤子无邪的童心、幽默老将的诙谐……这使得鲁迅著作成为一个丰富的文化宝藏,鲁迅也因此成为现代中国的大师级的作家。

6. 杂文:"寸铁杀人"与"活体解剖"

杂文在鲁迅创作中占据相当大的比重,成为其创作中的重要组成部分。鲁迅可以说是现代杂文的开创者之一,他一共创作了16本杂文集,这些杂文大致以1927年为界分为前后两个时期:前期杂文集有《坟》、《热风》、《华盖集》、《华盖集续编》,后期有《而已集》、《三闲集》、《二心集》、《南腔北调集》、《伪自由书》、《准风月谈》、《花边文学》、《且介亭杂文》、《且介亭杂文二集》、《且介亭杂文末编》,另有一些散篇收在《集外集》、《集外集拾遗》中。杂文是他直接解剖社会、鞭挞丑恶的艺术武器,特别是论战性杂文在鲁迅那里发展成为一种与现实零距离的、活体解剖式的、具有直接功利性的实用战斗文体,具有不同于一般文学的价值和意义。鲁迅的杂文内容丰富、思想深刻、犀利活泼、不拘格套,它是在特定的时代、出于特定的意图、带有鲁迅鲜明的个性气质特点的文学创造。

《三闲集》,收 1932 年至 1933 年鲁迅作杂文 51 篇。

杂文这种文体并非鲁迅首创,它与中国古代的小品文等有某种渊源关系,但在鲁迅这里,杂文获得了前所未有的发展,达到了炉火纯青的程度,成为现代文学中的一种重要文体,这与启蒙主义的时代需要是分不开的。杂文在鲁迅手中成为进行广泛的社会文化批判的得心应手的武器。特别是在晚年,鲁迅几乎成为专职的社会文化批评家,一种典型的公共知识分子、社会良知和道义的承担者,杂文无疑是他担负此类角色的最佳文体,它是一种与敌人短兵相接时运用的近战武器,比起小说要直接有效得多。现代中国以思想文化变革作为一切变革的基础的信仰为这种文化清道夫的工作提供了时代助力,现代人高涨的政治文化变革热情推动了这种杂文写作的兴盛。

鲁迅杂文的特点首先在于其由点及面、由小见大的独特眼光,他善于将一般社会现象提升到具有普遍性和抽象性的文化哲学层面来认识,具有极强的穿透性和哲理性。他的杂文中多警句、格言,喜用嘲讽和反语,表现出较高的语言艺术。作家对世态人心的洞察和批判,入木三分,力透纸背。"论时事不留面子,贬痼弊常取类型"成为其杂文写作的基本态度和方法,他早期的杂文如《随感录》《杂感》《忽然想到》等都以思想、见解的深刻、新颖,文字的精悍、峭拔见长,如"有缺点的战士终竟是战士,完美的苍蝇也终竟不过是苍蝇"(《战士和苍蝇》),"暴君的专制使人们变成冷嘲,愚民的专制使人们变成死相"(《忽然想到》五)等等,都是其中的警句。他的杂文与其以文学改造国民性的目的是高度统一的,他以杂文的形式直接参与、介入到社会文化变革的历史进程中去,以求最大限度地发挥文学的改造社会的功能。

其次,鲁迅的杂文是一种思想和激情的融合,是作家深邃的思想和热烈的爱憎情感的集中体现,具有极强的文学感染力。特别是他的偏重抒情的杂文,表达的是一种洞察一切的哲人的愤怒,如《记念刘和珍君》:"真的猛士,敢于直面惨淡的人生,敢于正视淋漓的鲜血。这是怎样的哀痛者和幸福者?"这种直面人生而产生的哲学思考与现实人生的感触密切结合在一起,达到了一种思想与激情的统一。爱憎分明是其杂文写作的一大特点,正如鲁迅自己所说:"至于文人,则不但要以热烈的憎,向'异己'者进攻,还得以热烈的憎,向'死的说教者'抗战。在现在这'可怜'的时代,能杀才能生,能憎才能爱,能生与爱,才能文"[1]。鲁迅的杂文最接近于其早年所提倡的那种"立意在反抗,指归在行动"的精神界之战士的文学理想,这种文学的目的就在于唤起人们反抗现实的觉悟和激情。

再次,鲁迅的杂文具有极强的进攻性和杀伤力,是一种敌我意识鲜明、一击即欲置对手于死地的匕首和投枪。他的杂文中有相当一部分是与对手进行论战的所谓"弦箭文章"。关于这类文章写作的诀窍,他在与许广平的私人通信中曾透露一二:一般写辩论文者往往"历举对手之语,从头至尾,逐一驳去,虽然犀利,而不沉重,且罕有正对'论敌'之要害,仅以一击给与致命的重伤者。总之是只有小毒而无剧毒,好作长文而不善于短文。"[2]而他要写的就是这种致命的、"剧毒的"短文,其意图并不在于与对方辩论说理,而在于抓住对方可能露出的破绽,一举摧毁之。如他与章士钊的论战,将章士钊对新文化运动的评论放在一边,而集中火力放在章错用的一个"二桃杀三士"的典故上("士"这里应作武士讲,章说成了读书人),随即发了这样一段议论:"旧文化也实在太难解,古典也诚然太难记,而那两个旧桃子也未免太作怪;不但那时使三个读书人因此丧命,到现在还使一个读书人因此出丑,'是亦不可以已乎'!"[3]鲁迅的好友曾对其这种言论风格作过"毒奇"、"冷坑蚊子"之类的戏评,可见其杀伤力的确是极大的。这种杂文风格与作为文化斗士的鲁迅的个人性情直接相关,它也是固有的利口机心的"绍兴师爷"的文化遗留与现代斗争哲学的结合,鲁迅通过他

---

[1] 《鲁迅全集》第六卷,人民文学出版社 2005 年版,第 419 页。
[2] 《鲁迅书信》第 1 册,人民文学出版社 2006 年版,第 148 页。
[3] 《鲁迅全集》第三卷,人民文学出版社 2005 年版,第 315—316 页。

《准风月谈》,收鲁迅 1933 年 6 月至 11 月所写杂文 64 篇。

的杂文将这种以笔作枪的论战艺术推到了极致。

鲁迅在回答他为什么要写这么多杂文时这样说:他"也并非不知道创作之可贵。然而要做这样的东西的时候,恐怕也还要做这样的东西,我以为如果艺术之宫里有这么麻烦的禁令,倒不如不进去;还是站在沙漠上,看看飞沙走石,乐则大笑,悲则大叫,愤则大骂,即使被沙砾打得遍身粗糙,头破血流,而时时抚摩自己的凝血,觉得若有花纹,也未必不及跟着中国的文士们去陪莎士比亚吃黄油面包之有趣。"①

7. 散文、散文诗:幽深峭拔与独出机杼

《野草》是鲁迅的散文诗集,其中所收的 23 篇散文诗,都作于北洋政府统治下的北京。作者在 1932 年回忆说:"后来《新青年》的团体散掉了,有的高升,有的退隐,有的前进,我又经验了一回同一战阵中的伙伴还是会这么变化,并且落得一个'作家'的头衔,依然在沙漠中走来走去,不过已经逃不出在散漫的刊物上做文字,叫作随便谈谈。有了小感触,就写些短文,夸大点说,就是散文诗,以后印成一本,谓之《野草》。"②

同时,这段时间也是鲁迅个人生活发生重大变故的时期,首先是 1923 年 7 月鲁迅与他素来亲密的二弟周作人的反目成仇,对鲁

---

① 《鲁迅全集》第三卷,人民文学出版社 2005 年版,第 4 页。
② 《鲁迅全集》第四卷,人民文学出版社 2005 年版,469 页。

《野草》，收鲁迅1924年至1926年所写散文23篇。

迅刺激甚深，当时身心几近崩溃。这种受到巨大伤害时无法言表的伤痛、悲愤在《颓败线的颤动》中化身为一位忍辱负重、养活女儿而终遭背叛、被家人视为耻辱逐出的老妇的身心崩溃和毁灭欲的爆发。另外，这一时期也是鲁迅和许广平由相识、相知到相恋的时期，1925年3月11日，北京女师大发生了反对校长杨荫榆的学潮，作为学生自治会总干事的许广平正是学潮中的骨干。出于苦闷、忧虑和对老师的信赖和尊敬，她主动给鲁迅写出了第一封信，从此两人开始了频繁的通信，逐渐发展成为心心相印的恋人。这在《野草》中也有表现，那就是《腊叶》，据鲁迅自述："《腊叶》，是为爱我者的想要保存我而作的。"

《野草》的核心内容表现的是鲁迅"在明与暗，生与死，过去与未来之际"这样的重大历史关头的复杂矛盾的心理感受。他极端憎恶现实、彻底否定现实，但又难以看到现实会被真正改变的确证，"希望"和"绝望"因此处于一种势均力敌的拉锯状态。他对一切都充满了怀疑，但又不能不怀疑自己的所疑，故而"绝望之为虚妄，正与希望相同"（《希望》）。他在给许广平的信中说："我的作品，太黑暗了，我常常觉得唯黑暗与虚无乃是实有，却偏要向这些作绝望的抗战。"[1]他认为："虽然明知前路是坟而偏要走，就是反

---

[1] 《鲁迅全集》第十一卷，人民文学出版社2005年版，第21页。

抗绝望,因为我以为绝望而反抗者,比因希望而战斗者更勇猛,更悲壮。"①这种为反抗而反抗的抗争在《死火》《淡淡的血痕》《这样的战士》等篇中也有充分的体现。《死火》写的是一个梦境,"我"在冰川之间见到了一块冻结的火焰,我以我的温热使其复活,并带它一起走出冰川,虽然最后的结局是我和它一块死亡、燃尽。这可以说是甘受上帝的惩罚也要为人间盗来天火的希腊普罗米修斯神话的东方版,带有鲁迅特有的寓热于冷的色彩。《淡淡的血痕》写于"三一八"惨案之后,表达的是一种"时日曷丧,予及汝皆亡"的极端愤激情绪,诗人将苏生或者灭尽的非此即彼的两极选择推到人们面前,呼唤真的猛士的出现:"他屹立着,洞见一切已改和现有的废墟和荒坟,记得一切深广和久远的苦痛,正视一切重叠淤积的凝血,深知一切已死,方生,将生和未生。他看透了造化的把戏;他将要起来使人类苏生,或者使人类灭尽,这些造物主的良民们。"

鲁迅虽然弃绝现实,但对可能迎来的"黄金世界"并不乐观,所以又有《失去的好地域》这类的篇章,他担心会出现的结局是:

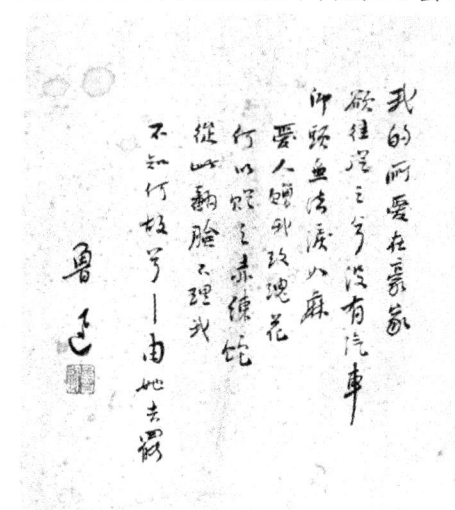

《野草》中《我的失恋》手稿之一页。

---

① 《鲁迅全集》第十一卷,人民文学出版社2005年版,第477—478页。

"称为神的和称为魔的战斗了,并非争夺天国,而在要得地狱的统治权。所以无论谁胜,地狱至今也还是照样的地狱。"(《集外集·杂语》)

《野草》是鲁迅独有的生命意识、生命哲学的集中表达,这在《过客》、《墓碣文》、《影的告别》中表现得比较充分。《过客》是一个诗剧,表达的是鲁迅对于个体生命的价值和意义的探寻,"我只很确切地知道一个终点,就是:坟。然而这是大家都知道的,无须谁指引。问题是在从此到那的道路。那当然不只一条,我可正不知那一条好,虽然至今有时也还在寻求。"(《写在〈坟〉后面》)这种人生态度重视的是人生的过程而非其结果,人生的意义就是听从来自内在生命的召唤,永不停息的前行,直至死亡。《墓碣文》写梦境中见到的墓碣文和墓中人,可以说是鲁迅对自己灵魂深处的虚无主义的"冷气"和"毒气"的内省,标示着一种虚无主义的个人反抗的末路。《影的告别》表现的是一种灵魂与肉体、个人与时代、遵命者与遵命对象之间的歧途和疏离。其他如《复仇》和《复仇》其二、《聪明人和傻子和奴才》、《求乞者》等表现的是救世者与其所救者间的隔膜、对抗以及对国民性的批判等。

《野草》是一部鲁迅专注于自己的心灵对话的独语性的作品,带有极强的自我省思色彩,它是作家最为内在、深层的生命体验的象征性的表达。书中有九篇都明确地表明写的是梦境,这种固有的非现实的情境设定使作品打破了内与外、现实与幻想之间的界限,呈现出了一个高度个人化的幽深和神秘的艺术世界。他善于通过编造一个故事,制造一种气氛,描绘某个意象,来传达自己对于这个世界的爱憎和理解。他超出了主客观的对立,赋予物以灵魂和生命,借此表现"我"与天地万物之间的交感与对话,所以,他笔下会出现像《秋夜》里"我家的后园有两颗树,一颗是枣树,另一颗也是枣树"这样的句子,其中的"枣树"不只是实有的枣树,还作为一种倔强的除了反抗还是反抗的抗争精神的"客观对应物"而出现的。

正如鲁迅所说,《野草》"大半是废弛的地狱边沿的惨白色小花",它是长在衰败的文明荒原上的奇花异草,是彷徨于明暗之间的孤独的反叛者的诗篇,是作家对于自己颤动灵魂的速记。它代表着以社会现实写作为主的鲁迅的另一面,一种立足于个体生命体验的写作方式,它可以称得上是中国现代文学史上弥足珍贵的一朵奇葩。

《朝花夕拾》是鲁迅所作回忆散文的结集,共 10 篇。前五篇写于北京,后五篇写于厦门。最初以《旧事重提》为总题目陆续发表于《莽原》半月刊上。1927 年 7 月,鲁迅在广州重新加以编订,并添写小引和后记,改名《朝花夕拾》,于 1928 年 9 月出版。这 10 篇散文,是鲁迅"从记忆里抄出"的往事,将鲁迅从幼年到青年时期的生活主线和社会环境勾勒出来,可以说是鲁迅的心灵情感自传。

从《朝花夕拾》中的童年书写中,可以看到鲁迅翻译过的荷兰作家葛谭所著的童话幻想小说《小约翰》对他的影响,鲁迅将此书称为:"无韵的诗,成人的童话",预言只要不失赤子之心,肯定还会有人喜爱这类作品。

以"童心"打量世界,在儿童世界与成年世界的对立中来揭示礼教的虚伪、世故、逆天行事、扼杀心灵是《朝花夕拾》的一个重要内容。儿童记忆中的世界是一个富有童趣的世界:"几百年的老屋中的豆油灯的微光下,是老鼠跳梁的世界,飘忽地走着,吱吱地叫着,那态度往往比'名人名教授'还轩昂。"我饲养的可爱的"隐鼠"、日思夜想的绘画本的《山海经》以及给我买来《山海经》的保姆长妈妈都从记忆中浮现出来,给我带来一种冬天里的温暖。作家深情地追忆逝去的童年,既写出了童心的无邪与可贵,又对戕害童心的旧礼教发出了控诉和诅咒:"我总要上下四方寻求,得到一种最黑,最黑,最黑的咒文,先来诅咒一切反对白话,妨害白话者。即使人死了真有灵魂,因这最恶的心,应该堕入地狱,也将决不改悔,总要先来诅咒一切反对白话,妨害白话者。"《二十四孝图》中作家以儿童本位的价值观来颠覆否定以孝为核心的传统文化,认为其是一种扼杀未来的"杀子文化",表现出强烈的文化颠覆性。《五猖会》《从百草园到三味书屋》都是从童心世界与成人世界的对照、对立展开的,作家以他的"回归的童心",表达了对一种以儿童为本位的浪漫主义文化的向往与期待。

"童心说"在中国文学中有久远的传统,明代李贽的文学核心观念就是"童心说"。"童心"即真心,也就是真实的思想感情。李贽认为文学都必须真实坦率地表露作者内心的情感和人生的欲望。在他那里"童心"是作为道学的对立面而存在的:"夫童心者,真心也。若以童心为不可,是以真心为不可也。夫童心者,绝假纯真,最初一念之本心也。若失却童心,便失却真心;失却真心,便失却真人。人而非真,全不复有初矣。"(《童心说》)这种童心说与西方以卢梭为代表的浪漫主义相融合,就形成了五四高涨的人性解放的文化潮流,鲁迅也可以说是这种浪漫主义的文化潮流的代表。他所认同、赞美的也正是这类至性至情、具有赤子之心的真人。如笃实诚恳、有教无类的藤野先生,性情率真、孤高傲世、一生坎坷的范爱农,都是这种富于童心的人物。同样,作家所憎恶的也是那种"无真情、亦无真相"的伪君子、卫道士和叽叽喳喳、热衷搬弄是非的小人,如陈莲河、衍太太一类人物。

散文是最适于表达个人性情的文体,正如周作人讲:散文是"个人的文学之尖端"①,《朝花夕拾》是五四新文学中"闲话风"的散文传统的代表作,其特点是率真任情、个性鲜明、不拘格套、形散神聚。它是鲁迅"弄文罹文网,抗世违世情。积毁可销骨,空留纸上声",反叛世俗的精神个性的生动体现,作家在写作时并不拘泥于具体的事实,而是按照"诗与真"结合的原则对事实进行必要的艺术加工,以使其更具感染力。并且他将杂文的批判性引入到了以表现个人情感为主的散文创作中,扩大了散文的表现范围,增强了散文与现实人生的联系。

---

① 周作人:《看云集》,湖南岳麓书社1988年版,第110页。

第四章 「寻找革新的破坏者」

在檐下已有麻雀儿叫起来了。咦,玲珑零星邦滂砰玜的小雀儿呵,你总依然是不管甚么地方都飞到,而且照例来唧唧啾啾地叫,轻飘飘地跳么?然而这也是音乐呀,只能怨自己的皮粗。只要一叫而人们大抵震悚的怪鸱的真的恶声在那里!?

——鲁迅《"音乐"?》

他(韦素园)太认真;虽然似乎沉静。然而他激烈。认真会是人的致命伤的么?至少,在那时以至现在,可以是的。一认真,便容易趋于激烈,发扬则送掉自己的命,沉静着,又啮碎了自己的心。

——鲁迅《忆韦素园君》

1. "桃李不言,下自成蹊"——鲁迅与授业弟子

1909年,29岁的鲁迅,由于家庭经济的压力,由日本回到了中国。据他自述:"终于,因为我的母亲和几个别的人很希望我有经济上的帮助,我便回到中国来。"(《自叙传略》)所谓"几个别的

人",指周作人和他的日籍太太羽太信子。"因为周作人那时在立教大学还未毕业,却已经和羽太信子结了婚,费用不够了,必须由阿哥资助,所以鲁迅只得自己牺牲了研究,回国来做事。"①该年秋季,鲁迅便到了杭州应浙江两级师范学堂之聘,任化学和生理学教员,这是他担任的第一个教职;一年之后,他回到故乡担任绍兴府中学堂博物学教员,9月,兼任该校监学。鲁迅到绍兴府中学堂任教后,颇受师生的欢迎。这一时期的不少学生成为鲁迅的终生弟子,与他关系最为密切的有浙江两级师范学堂时期的宋紫佩和绍兴府中学堂时期的孙伏园等。鲁迅后来在北京的教学活动,又长达6年之久,有不少注册或旁听的学生成为与他交往密切的弟子。

从1920年8月至1926年8月,鲁迅曾先后在北京的8所学校兼过课,即北京大学、北京师范大学、北京女子师范大学、世界语专门学校、集成国际语言学校、黎明中学、大中公学、中国大学等,其中以在北大、北师大、女师大兼课时间最长。

鲁迅在北京教学时开设的课程,主要是中国小说史。他的教学,受到了学生的热烈欢迎。在北大,每当鲁迅讲课,教室里两人一排的座位上总是挤坐着四五个人,找不到座位的学生就站在门边、走道甚至坐在窗台上听讲。中国小说史属于国文系的课程,但别系的、外校的学生旁听的也不少,甚至还有从外地赶来的。有人听了一年课后,第二年仍继续去听,却并无重复之感,因为鲁迅在课堂上的即兴发挥颇多。

鲁迅的讲课有其鲜明的个人风格:"先生讲课的精神跟写杂感的风格是一致的。我们那时候听先生讲课是在听先生对社会说话。"②他不但传授学生以知识,知人论世,独立思考。有人这样赞扬说:"我们在听他的课,在引人入胜、娓娓动听的语言中蕴蓄着精辟的见解,闪烁着智慧的光芒。"③

---

① 许寿裳:《关于弟兄》。
② 魏建功:《回忆三十年代的鲁迅先生》,载《回忆伟大的鲁迅》。
③ 冯至:《笑谈虎尾记犹新》,载《鲁迅研究资料》。

鲁迅在上课时,不但传授客观性的知识,而且还通过小说史课的教学,鼓励学生打破传统束缚,进行独立思考和判断。他以平等态度对待学生,反对传统的师道尊严,他说:"古之师道,实也太尊严,我对此颇有反感。"因此,他对学生总是"和蔼若朋友然",经常跟青年学生促膝谈心,师生之间的这一类谈话范围很广,涉及人生、社会、文学、艺术、时事等等,往往谈至深夜他也毫无倦容。仅据《鲁迅日记》统计,鲁迅在北京期间经常接触的学生就有百余人,几乎遍及各主要学校的各个科系。

北京女子师范大学是当时全国唯一的女子高等学府。1923年7月至1926年1月,鲁迅兼任该校讲师,开设小说史课;1926年,他被聘为女师大国文系教授,至同年8月。鲁迅在女师大兼职期间直接介入了当时的学生运动,支持女师大学潮,担任女师大校务维持会委员。在1925年的女师大学潮中,鲁迅坚定地站在反抗学校当局的学生一边,与校长杨荫榆、北洋政府教育总长章士钊、"现代评论派"的陈西滢等展开了激烈的对抗和论战。他在1925年5月至1926年2月,发表10余篇杂文,对文教界的保守势力进行口诛笔伐。这种直接对现实生活中的真人实事开刀的"活体解剖"式的社会、文化批评,使鲁迅杂文向一种"弦箭文章"、"匕首"、"投枪"转换,较之既往带有了更强的直接性、现实性和战斗性。

北京女师大学潮的缘起是这样的:女师大的前身是北京女子高等师范学校,校长是鲁迅的老友许寿裳,鲁迅最初是由他聘到该校任教的。1924年2月曾留美学习教育的杨荫榆取代许寿裳被北洋政府教育部任命为该校校长,1925年该校改名北京女子师范大学,杨荫榆为第一任校长。杨是江苏苏州人,是中国历史上第一位女性大学校长。她早年婚姻不幸,后脱离家庭,专心求学,曾先后在日本、美国留学,获美国哥伦比亚大学教育学硕士学位。她的个性比较刻板强硬,作风专断,且思想保守、压制学生,引起学生的不满。学潮的导火索是1924年秋,时任校长的杨荫榆,以整顿学风、严格管理为由,将因故未能按时赴校报到的3个学生清退,这种不通人情之举，激起了学生们的强烈愤慨，酿成学潮。1925年1月，学生代表赴教育部表示坚决反对杨荫榆为校长，并发表宣言。同年4月，章士钊以司法总长兼教育总长身份，支持杨荫榆的"整顿学风"。5月9日，杨将学生自治会干部许广平、刘和珍等6人开除。5月11日，该校学生召开全体紧急大会，决定驱杨出校，并出版了《驱杨运动特刊》。5月27日，鲁迅、沈尹默、钱玄同等联名发表《对于北京女子师范大学风潮宣言》，支持学潮。7月，保安警察强行将大学预科甲、乙两部等4个班解散。8月10日，段祺瑞政府教育部下令停办该校，另成立国立女子大学，将女师大学生并入该校。8月12日，教育总长章士钊出于对鲁迅发表宣言支持学潮的怨恨，下令免去鲁迅教育部佥事的职务。8月22日，教育部临时雇用三河县的老妈子（保姆）多人，将坚守在该校的学生骨干刘和珍、许广平等13人打伤并拖出校门。女师大原有学生不足200名，当时绝大多数并入女子大学，只有约20名学生留在外边、坚持抗争，她们势单力孤，没有外界强有力的支持和声援是很难坚持的。正是鲁迅等人的挺身而出、见义勇为，才使她们坚持下来，并最终获胜，所以她们与鲁迅的感情是非常深厚的，这也可以说是一种战斗情谊、患难之交，鲁迅与许广平的爱情即萌发于此时。坚持斗争的女师大学生在宗帽胡同租房上课，由鲁迅等人为她们义务上课。11月28日，北京爆发了反奉倒段的"首都革命"，北京的学生、工人及市民3000余人齐集神武门，然后到铁狮子胡同执政府，后到吉兆胡同段祺瑞住宅，游行抗议，支持女师大复校，反对段祺瑞政府的高压政策。经过斗争，段祺瑞政府同意女师大复校。女师大学生乘胜返回石驸马大街原校，并发布了《女师大复校宣言》，宣告胜利。1926年3月，北京临时执政府也发布了"撤销对周树人免职处分"的训令，鲁迅也官复原职。1926年3月18日，"三一八"惨案爆发，参加游行示威的北京女子师范大学学生自治会长刘和珍、学生杨德群等不幸罹难，鲁迅万分悲痛，愤而写下《记念刘和珍君》一文，成为传诵至今的名篇。

鲁迅为什么会卷入学潮、站在学生一边与权势者对抗？这与他固有的个性、立场、价值观念、政治态度等都有关系。首先他自身就是一位坚定的反叛者，对于既存的权势、公理、秩序等都持批判态度。对于被压迫者、弱者的天然的同情，使他非常自然地选择站在一切压迫者的对立面。作为"五四"个性解放的积极倡导者，他对以杨荫榆、章士钊为代表的保守势力压制学生的行为极为反感，对杨荫榆刻板、强硬、僵化、保守的办学方式更无法忍耐，所以，他在提到杨荫榆主掌的女师大时好像是在描述"地狱"："我本就怕这学校，因为一进门就觉得阴惨惨，不知其所以然，但也常常疑心是自己的错觉。后来看到杨荫榆校长《致全体学生公启》里的'须知学校犹家庭，为尊长者断无不爱家属之理，为幼稚者亦当体贴尊长之心'的话，就恍然了，原来我虽然在学校教书，也等于在杨家坐馆，而这阴惨惨的气味，便是从'冷板凳'里出来的。可是我有一种毛病，自己也疑心是自讨苦吃的根苗，就是偶尔要想想。所以恍然之后，即又有疑问发生：这家族人员——校长和学生——的关系是怎样的，母女，还是婆媳呢？"①

他从对杨本人的反感进而发展出一种对教育界的"寡妇主义"的批判，他认为："中国的女性出而在社会上服务，是最近才有的，但家族制度未曾改革，家务依然纷繁，一经结婚，即难于兼做别的事。于是社会上的事业，在中国，则大抵还只有教育，尤其是女子教育，便多半落在上文所说似的独身者的掌中。这在先前，是道学先生所占据的，继而以顽固无识等恶名失败，她们即以曾受新教育，曾往国外留学，同是女性等好招牌，起而代之。社会上也因为她们并不与任何男性相关，又无儿女系累，可以专心于神圣的事业，便漫然加以信托。但从此而青年女子之遭灾，就远在于往日在道学先生治下之上了。"②接着他又以弗洛伊德的力比多理论分析

---

① 《鲁迅全集》第三卷，第72—73页。
② 《鲁迅全集》第一卷，第279页。

了这类人物心理、精神上可能存在的畸形和病态："至于因为不得已而过着独身生活者,则无论男女,精神上常不免发生变化,有着执拗猜疑阴险的性质者居多。欧洲中世的教士,日本维新前的御殿女中(女内侍),中国历代的宦官,那冷酷险狠,都超出常人许多倍。别的独身者也一样,生活既不合自然,心状也就大变,觉得世事都无味,人物都可憎,看见有些天真欢乐的人,便生恨恶。尤其是因为压抑性欲之故,所以于别人的性底事件就敏感,多疑;欣羡,因而妒嫉。其实这也是势所必至的事:为社会所逼迫,表面上固不能不装作纯洁,但内心却终于逃不掉本能之力的牵掣,不自主地蠢动着缺憾之感的。"对于这种"寡妇主义"统治下的"小鬼"的悲惨,鲁迅作了这样的描述:

> 然而学生是青年,只要不是童养媳或继母治下出身,大抵涉世不深,觉得万事都有光明,思想言行,即与此辈正相反。此辈倘能回忆自己的青年时代,本来就可以了解的。然而天下所多的是愚妇人,那里能想到这些事;始终用了她多年炼就的眼光,观察一切:见一封信,疑心是情书了;闻一声笑,以为是怀春了;只要男人来访,就是情夫;为什么上公园呢,总该是赴密约。被学生反对,专一运用这种策略的时候不待言,虽在平时,也不免如此。加以中国本是流言的出产地方,"正人君子"也常以这些流言作谈资,扩势力,自造的流言尚且奉为至宝,何况是真出于学校当局者之口的呢,自然就更有价值地传布起来了。言归正传罢。因为人们因境遇而思想性格能有这样不同,所以在寡妇或拟寡妇所办的学校里,正当的青年是不能生活的。青年应当天真烂漫,非如她们的阴沉,她们却以为中邪了;青年应当有朝气,敢作为,非如她们的萎缩,她们却以为不安本分了:都有罪。只有极和她们相宜,——说得冠冕一点罢,就是极其"婉顺"的,以她们为师法,使眼光呆滞,面肌固定,在学校所化成的阴森的家庭里屏息而行,这才能敷衍到

毕业；拜领一张纸，以证明自己在这里被多年陶冶之余，已经失了青春的本来面目，成为精神上的"未字先寡"的人物，自此又要到社会上传布此道去了。

进而，鲁迅对这种"寡妇主义"的教育家提出了这样的期望：

> 虽然是中国，自然也有一些解放之机，虽然是中国妇女，自然也有一些自立的倾向；所可怕的是幸而自立之后，又转而凌虐还未自立的人，正如童养媳一做婆婆，也就像她的恶姑一样毒辣。我并非说凡在教育界的独身女子，一定都得去配一个男人，无非愿意她们能放开思路，再去较为远大地加以思索；一面，则希望留心教育者，想到这事乃是一个女子教育上的大问题，而有所挽救，因为我知道凡有教育学家，是决不肯说教育是没有效验的。大约中国此后这种独身者还要逐渐增加，倘使没有善法补救，则寡妇主义教育的声势，也就要逐渐浩大，许多女子，都要在那冷酷险狠的陶冶之下，失其活泼的青春，无法复活了。全国受过教育的女子，无论已嫁未嫁，有夫无夫，个个心如古井，脸若严霜，自然倒也怪好看的罢，但究竟也太不像真要人模样地生活下去了；为他贴身的使女，亲生的女儿着想，倒是还在其次的事。

显然鲁迅对"寡妇主义"的批判和其个性解放的教育主张是符合历史发展的趋势的，而他的对立面则站在了这种时代趋势的反面。然而教育的问题毕竟非常复杂，社会不只需要"革新者和破坏者"，也同样需要"贤妻良母"；并且教育改革也不是靠着"打倒阎王、解放小鬼"就能解决的，如果以浪漫主义的"纯任自然"为教育原则，那学校存在的必要性就值得怀疑了。类似的"教育革命"我们不是没有做过尝试，但结果并不美妙，以至于我们现在都羞于提起了，但这并不说明教育就没有改革的必要性和合理性了，关键在于自由与秩序间的平衡。

其次,女师大学潮的背景是比较复杂的,其中有鲁迅与"宿敌"——一直反对新文化运动的教育总长章士钊"甲寅派"的冲突,也有与新起的留学欧美的"现代评论派"的龃龉,还有以无锡、苏州为代表的"苏派"和以浙东的绍兴为代表的"浙派"之间的矛盾。这些都属于大道义之下隐藏着的小成见。留学欧美的"现代评论派"在西方接受的大抵是较为保守的常态的西方大学教育,其在政治倾向上也多偏自由主义、改良主义,因此他们并不反抗一切权威、并不完全拒绝与当局的合作,如丁文江1925年就担任过孙传芳治下的淞沪商埠督办公署总办等。鲁迅那个时代的"留日派"到日本留学,但真正进入大学、拿到学位的不多,多是以日本为中介,以自修或速成的方式,完成对西学的启蒙,而且他们受清末革命的影响较深,社会政治参与意识较强,对于以"突驾"形式改变历史情有独钟,这使他们在革命和改良选择上大多都倾向于前者。五四时期是以蔡元培为首的留日"浙派"的极盛时期,而到20世纪20年代中后期,"欧美派"的势力开始抬头,在文教界影响日益扩大。这种教育界的人事变迁对论战也有一定的影响。

总之,鲁迅对于教育工作是非常热心的,在教育部的工作无法完全施展其抱负的情况下,教学工作开始成为他的主业,他可以通过教学活动,影响一代青年,为改造中国的理想奠定人才基础,所以他是不辞辛劳地投身于此项工作的,1923年至1925年,他每周在北京世界语专门学校讲小说史一次,1924年5月,又在集成国际语言学校短期兼课。鲁迅赞助世界语运动,提倡学习世界语,以促进世界的文化交流。为了支持世界语专门学校,他多次退还该校送来的薪金,经常为它无偿劳动。在当时,有一所黎明中学,那是"五卅运动"中为了反抗帝国主义的侵略,由北京、天津等地教会学校自动退学的学生筹办的,校址在西城丰盛胡同。它免试收容各地从教会学校退学的学生。当局不承认它,学校经费是自筹自给,处境十分困难。鲁迅积极支持它,担任高中文科小说教员。

每星期四,他放弃中午休息,步行几十分钟到学校,"一出门就是半天",一直坚持义务授课。此外,他还在中国大学和大中公学兼过课。"用无我的爱,牺牲于后起的新人",这就是他从事教育及其他工作的指导思想。而这一切又都是为了培养"革新的破坏者",寻找为中国的社会改造所急需的生力军,他曾特别区分两种"破坏"的区别,强调:"我们要革新的破坏者,因为他内心有理想的光。我们应该知道他和寇盗奴才的分别;应该留心自己堕入后两种。这区别并不烦难,只要观人,省己,凡言动中,思想中,含有借此据为己有的朕兆者是寇盗,含有借此占些目前的小便宜的朕兆者是奴才,无论在前面打着的是怎样鲜明好看的旗子。"①但要真的在社会实践上区别开这两种"破坏",仍是非常困难的,它还涉及主观愿望和客观现实的矛盾问题。现代历史上,在"善"的动机下所造成的"恶"的结果,可谓触目惊心,不能因为其动机之善否,就无视其后果。

除了在北京教书,1924年7月,鲁迅还应西北大学和陕西教育厅合办的暑期学校的邀请,同行10余人,外出讲学。那时交通不便,往返路程要用去10多天的时间。正像他自己所说:"陕西人费心劳力,备饭花钱,用汽车载,用船装,用骡车拉,用自动车装,请到长安去讲演。"历时一个多月,于8月12日夜间抵返北京。在讲学期间,鲁迅多次到西安的易俗社观剧,同时还在讲学酬金中拿出50元,捐赠给易俗社戏曲学校,他曾对同行的孙伏园说:"只要够旅费,我们应该把陕西人的钱在陕西用掉。"他积极支持易俗社用较新的思想观点改良旧的秦腔剧目。临行前,还为易俗社的一个匾额,拟题"古调独弹"四字相赠,以资鼓励。

在教学工作中,鲁迅成了青年衷心敬爱的导师。他经常与青年促膝谈心,和蔼亲切如同朋友相处,他不仅喜欢他们的来访,还费尽苦心鼓励他们,培养他们。鲁迅有晚睡晚起的习惯,这在日本

---

① 《鲁迅全集》第一卷,第204页。

时就是如此,为的是晚上安静可以提高效率。有些初见面的青年,不知道他的这个习惯,往往一大早就去看他。鲁迅全不在意,照例热情招待。他们在鲁迅寓所,谈人生、社会、文学和学习等问题,兴之所至,不知不觉几个小时就过去了。晚间离去时,鲁迅总是亲自端着煤油灯送他们出门。这时已近深夜,他才回到屋里,开始工作。

他在一封信里这样说:"青年肯来访问我,很使我喜欢。但……这人如果以我为是,我便发生一种悲哀,怕他要陷入我一类的命运。""我自己总觉得我的灵魂里有毒气和鬼气,我极憎恶他,想除去他,而不能。我虽然竭力遮蔽着,总还恐怕传染给别人,我之所以对于和我往来较多的人有时不免觉得悲哀者以此。"①这说明鲁迅具有极强的反省性,他不是居高临下地教育学生应该怎么做,而是和学生一起思考、共同探索,并不轻易开出药方、指明道路,而是鼓励他们进行独立的思考、判断。他将自己视为是进化环节中的一环而非终极,因此甘做人梯,让后来者超越自己。

在处理师生关系上,鲁迅有着十分鲜明的原则性。他发现了学生身上的缺点,往往严肃地进行批评,帮助他们迅速改正;如果是他自己的缺点,就以严于解剖自己的精神进行自我批评,决不文过饰非以维护师长的"尊严"。他对学生管教有方,让学生心服口服。在绍兴中学堂作学监时,有几个学生在晚上偷着翻墙出校游玩,鲁迅悄悄地在他们的必经之路上,撒上沙子,第二天按图索骥,找到这些学生,在证据面前,这些学生只能乖乖认错、口服心服。1922年2月2日,俄国盲诗人爱罗先珂在北大第二平民夜校游艺会演唱关于俄国农民领袖斯杰潘·拉辛的歌,鲁迅出席听赏,并将歌词大意译为中文,题为《俄国的豪杰》,发表于《晨报》副刊诗歌栏,这一作品赞扬了俄国农民起义领袖斯杰潘·拉辛。次年7月,北大学生魏建功在文章中对俄国盲诗人爱罗先珂对学生演剧的批

---

① 《鲁迅书信集》上卷,第61页。

评表示不满,并对其是盲人的生理缺陷加以奚落,鲁迅认为这种行为是不道德的,便写文章批评了他。后来魏建功认识到了自己的错误,鲁迅便对他表示谅解,并跟他建立了很好的友谊。

　　北京时期的鲁迅是进化论的信仰者,这种进化论使他相信"新必胜过旧,青年人必胜过老年人",因此,他对于青年有一种超常的希冀和期待,希望他们能成为完全与传统决裂的全新的人和全新的世界的创造者。所以他对于青年表现出非同寻常的热情和宽容,据唐弢回忆:"记得在闲谈中,鲁迅先生还讲起一些他和青年交往的故事,至于自己怎样尽心竭力,克己为人,却绝口不提。他经常为青年们改稿,作序,介绍出书,资助金钱,甚至一些生活上琐碎的事情,也乐于代劳。有一次,我从别处听来一点掌故,据说在北京的时候,有个并不太熟的青年,靴子破了,跑到鲁迅先生住着的绍兴县馆,光着脚往床上一躺,却让鲁迅先生提着靴子上街,给他去找人修补。他睡了一觉醒来,还埋怨补得太慢,劳他久等呢。

　　'有这回事吗?'我见面时问他。

　　'呃,有这回事。'鲁迅先生说。

1923年4月15日鲁迅等送别爱罗先珂时的合影。

前排左起:周作人、鲁迅、爱罗先珂。

'这是为的什么呢?'

'进化论嘛!'鲁迅先生微笑着说,'我懂得你的意思,你的舌头底下压着个结论:可怕的进化论思想。'我笑了笑,没有承认也没有否认。

'进化论牵制过我,'鲁迅先生接下去说,'但也有过帮助。那个时候,它使我相信进步,相信未来,要求变革和战斗。这一点终归是好的。人的思想很复杂,要不然……你看,现在不是还有猴子吗? 嗯,还有虫豸。我懂得青年也会变猴子,变虫豸,这是后来的事情。现在不再给人去补靴子了,不过我还是要多做些事情。只要我努力,他们变猴子和虫豸的机会总可以少一些,而且是应该少一些。'"①

这种对于青年的超常的热心和宽容使鲁迅在当时声名远播,但也因此发生了一个令人不快的插曲,那就是"杨树达事件"。此事看似纯属一场误会,但它也恰恰揭示了鲁迅所持之进化论的理念与现实之间的不协调。事情的原委是这样的:1924年11月的一天上午,鲁迅还未起床,就有人打着师大国文系主任杨树达的名义来访问,鲁迅见到访客并非他认识的杨树达,就问他:"你是谁?"他的回答是:"我就是杨树达。"鲁迅以为碰巧他们姓名相同,也没多心。又问:"现在是上课时间,你怎么出来的?"该青年的回答则是:"我不乐意上课!"鲁迅又问:"你们明天放假罢……"回答是:"没有,为什么?"鲁迅说:"我这里可是有通知的……"该青年却说:"拿通知给我看。"下面的对话是:"我团掉了。""拿团掉的我看。""拿出去了。""谁拿出去的?"对话进行到这一步,一般人就会意识到该青年的精神可能出问题了,但是鲁迅却有所不同,这一方面是因为上述他对青年的超乎寻常的期待和宽容,另一方面与他的艺术家的气质有关,也就是说他并不重视正常和反常的界限,往往对超乎寻常的现象不以为怪,反而要给之以合理性的解释。然

---

① 山东师院聊城分院编:《鲁迅在上海·二》,内部资料,1980年,第56—57页。

而该青年下一步的表现终于把他激怒了,请看对话:"那么,你今天来找我干什么?""要钱呀,要钱!""你要钱什么用?""穷呀。要吃饭不是总要钱吗?我没有饭吃了!"他手舞足蹈起来。"你怎么问我来要钱呢?""因为你有钱呀。你教书,做文章,送来的钱多得很。""钱是没有。""说谎!哈哈哈,你钱多得很。"这时女工端进一杯茶来。"他不是很有钱么?"这少年便问她,指着鲁迅。女工很惶窘了,但终于很怕地回答:"没有。""哈哈哈,你也说谎!"他换了一个座位,指着茶的热气,说:"多么凉。"鲁迅想:这意思大概是在说反话,讥刺自己是凉血动物。该青年又大声说:"拿钱来!"手脚也随之舞动起来,"不给钱是不走的!""没有钱。""没有钱?你怎么吃饭?我也要吃饭。哈哈哈哈。""我有我吃饭的钱,没有给你的钱。你自己挣去。""我的小说卖不出去。哈哈哈!"该青年又接着说:"你要做就做,要不做就不做,一做就登出,送许多钱,还说没有,哈哈哈哈。晨报馆的钱已经送来了罢,哈哈哈。什么东西!周作人,钱玄同;周树人就是鲁迅,做小说的,对不对?孙伏园;马裕藻就是马幼渔,对不对?陈通伯,郁达夫。什么东西!Tolstoi;Andreev,张三,什么东西!哈哈哈,冯玉祥,吴佩孚,哈哈哈。"……"不给钱是不走的。什么东西,还要找!还要找陈通伯去。我就要找你的兄弟去,找周作人去,找你的哥哥去。"这时的鲁迅开始动怒了:"他连我的兄弟哥哥都要找遍,大有恢复灭族法之意了,的确古人的凶心都遗传在现在的青年中。"最后终于得出这样的结论:"从他的言语举动综合起来,其本意无非是用了无赖和狂人的混合状态,先向我加以侮辱和恫吓,希图由此传到别个。使我和他所提出的人们都不敢再做辩论或别样的文章。而万一自己遇到困难的时候,则就用'神经病'这一个盾牌来减轻自己的责任。但当时不知怎样,我对于他装疯技术的拙劣,就是其拙至于使我在先觉不出他是疯人,后来渐渐觉到有些疯意,而又立刻露出破绽的事,尤其抱着特别的反感了。"自以为已经搞清了真相的鲁迅这时虽有些不耐烦了,但仍然恳切地说:"你可以停止了。我已经知道你的疯是装出来的。你此来也另外还藏着别的意思。如果是人,见人就可以明白的说,无须装怪相。还是说真话罢,否则,白费许多工夫,毫无用处的。"但他毫无反应,"两手搂着裤裆,大约是扣扣子,眼睛却注视着壁上的一张水彩画。过了一会,就用第二个指头指着那画大笑:'哈哈哈!'"这时的鲁迅用鞋尖一触该青年的胫骨,说:"已经知道是假的了,还装甚么呢? 还不如直说出你的本意来。"但该青年突然取了帽和铅笔匣,向外走了。鲁迅还想拦住他:"何必就走,还是自己说出本意来罢,我可以更明白些……"但他终于挣脱,傲然从容地走了。

总之,这可以说是一个在真实生活中发生的"狂人"故事,从鲁迅所给出的叙述来看,这个"杨树达"完全是一个装疯卖傻、受雇来报复捣乱的"小人"、"间谍",鲁迅过于强烈的爱憎情感和异常敏感的敌我意识将他推向了这种基本判断,于是他立即写出了一篇文章《记杨树达君的袭来》,将对手的这种卑鄙伎俩予以了无情的揭露和反击。然而这次鲁迅错了,他的文章在《语丝》周刊第二期发表之后,很快收到了师大学生李遇安的来信,证实杨树达确系神经错乱,他生病前是一直敬重鲁迅的。鲁迅接到这封信,"很觉得惨然"。为了消除前文的不良影响,他只好又写了一篇《关于杨君袭来事件的辩证》,并写信给《语丝》的编者,要求将此文跟李遇安的来信同时在《语丝》第三期发表。为了不使刊物因增加版面而提高售价,鲁迅主动提出愿意负担所需费用。鲁迅说:"由我造出来的酸酒,当然应该由我自己来喝干。"

类似这样的误伤"无辜"的事,在鲁迅并非孤例,如他把给他写信的丁玲认定是沈从文,在给钱玄同的信中说:"且夫'孥孥阿文',确尚无偷文如欧阳公之恶德,而文章亦较为能做做者也。然而敝座之所以恶之者,因其用一女人之名,以细如蚊虫之字,写信给我,被我察出为阿文手笔,则又有一人扮作该女人之弟来访,以证明实有其人。然则亦大有数人'狼狈而为其奸'之概矣。总之此辈之于著作,大抵意在胡乱闹闹,无诚实之意,故我在《莽原》已张起电气网,与欧阳公归入一类也耳矣。"①所谓"女人之弟"大概指胡也频,他以"丁玲之弟"的名义去造访鲁迅,被拒。

鲁迅的老友钱玄同在鲁迅逝世后的第五天,写了《我对周豫才君之追忆与略评》一文,对鲁迅谈了自己的看法。他认为鲁迅的长处有三:一、治学最为谨严;二、治学是自己的兴趣,绝无好名之心;三、读史与观世有极犀利的眼光,能抉发中国的痼疾。他也指出了鲁迅的三个短处:一、多疑。他说:"鲁迅往往听了人家几句不经意的话,以为是有恶意的,甚而至于以为是要陷害他的,于是动了不必动的感情。"二、轻信。他说:"他又往往听了人家几句不诚意的好听话,遂认为同志,后来发现对方的欺诈,于是由决裂而至大骂。"三、迁怒。他说:"本善甲而恶乙,但因甲与乙善,遂迁怒于甲而并恶之了。"②虽然鲁迅后来对钱玄同颇为不满,在日记中说他"胖滑有加,唠叨如故",因而"默不与谈",但钱作为深知鲁迅的老友,其对于鲁迅的认识仍是为他人所不能道的。鲁迅对钱玄同的反感主要是因为此时钱反对在北大开设"辩证法"课程,而钱在五四时曾是著名的激烈派,曾有"人过四十,就该枪毙"的过激言论。对于钱的日趋保守,不断"前进"的鲁迅还曾专门作诗讽刺:"作法不自毙,悠然过四十。何妨赌肥头,抵挡辩证法。"(《教授杂咏一》)政治倾向作为时代"大义",成为鲁迅择友的最高标准。

的确,鲁迅交友并非兼容并包、"一视同仁",他是情感浓烈之人,对人颇有"爱之欲其生,恶之欲其死"的味道,只有和他志趣相投、性情接近的人才能成为他倾心向与的朋友,而一旦成为这样的朋友,他会不遗余力地给予扶持、提携、帮助,乃至成为"刎颈之交"。所以鲁迅不喜欢那种泛泛之交的朋友,而喜欢的是"道义之交"、知己朋友。他对人本是一片真诚,不设防的,但一被对方欺骗、背叛,反应就比较强烈,绝不宽容。据许广平回忆,在上海的时

---

① 《鲁迅书信》第一卷,人民文学出版社 2006 年版,第 182 页。
② 钱玄同:《师大月刊》第 30 期,1936 年 10 月 24 日。

候,鲁迅的老友陈志英曾找鲁迅借一笔钱,鲁迅很信任他,把存款颇多的存折和自己的印章都交给他,让他自己到银行去取。结果这位老友把存折上的钱全部取光,连印章都不还。这样的事经历多了,当然会使鲁迅变得"世故"起来,类似的事还是会重复发生,因为鲁迅的为人处世方式从根本上来说还是建立在人性本善的预设之上的。所以他的"世故之言"往往是出于对先验的善的理念的反弹。

鲁迅比较亲近的、知心的学生往往与乃师在为人处世上颇有相通之处,比较重要的有:

许钦文,生于1897年,原名绳尧,笔名钦文、蜀宾、田耳等,浙江绍兴人,作家。他在浙江省立第五师范毕业后,曾在小学任教,五四后到北京,1920年间,他曾在北京大学旁听鲁迅讲课,并开始从事文学创作。1923年年初,经孙伏园介绍,他开始与鲁迅交往,在创作上也得到鲁迅的热情指导。鲁迅的小说《幸福的家庭》,还在题目下面标明"拟许钦文"几个字,标明这篇作品是模拟许钦文《理想的伴侣》的笔法,有为他"做广告"——扩大这位初露头角的青年的社会影响的考虑,这充分体现出鲁迅提携后进的良苦用心。许钦文的小说集《故乡》是由鲁迅编选,收入《乌合丛书》的,鲁迅很赞赏他的乡土气息的小说。1927年他赴杭州任教,1928年鲁迅去杭州游憩即是他和川岛等所邀。1932年至1934年间,他因受陶思瑾、刘梦莹案件牵连,两次入狱,是经鲁迅等营救,才获释的。不久他赴厦门工作,但与鲁迅联系不断。新中国成立后,他在浙江工作,任省文化局副局长,并从事鲁迅著作注解和史料撰写,曾出版《鲁迅小说助读》、《呐喊分析》、《彷徨分析》、《鲁迅先生的幼年时代》,1984年去世。

许钦文在绍兴母校五师附小教书时,在《新青年》上读了鲁迅作品,深受影响,才冒险漂流到北京去做文学青年。1920年冬开始,他在北京大学旁听。从那时起,他不但通过听课直接接受先生的教育,而且在写作上也不断得到鲁迅的耐心帮助和指导。那时,生活无着的许钦文为了糊口只得卖文为生，写了些稿子到同乡孙伏园主编的北京《晨报》副刊上去发表，由此引起了鲁迅的注意。鲁迅从孙伏园那里知道了许钦文"就是许小姐的哥哥"，而"许小姐"即"许羡苏"，是周建人的学生，早已和周家相熟。她因为剪了头发，女高师不收她，是经鲁迅先生担保，才得以入学。从此，鲁迅先生通过孙伏园，常常指出许钦文作品上的错误和缺点，哪里写得不对，应该怎样修改；哪里写得还可以，不过欠深刻，竭力鼓励他从事文学创作。

许钦文在北京漂泊无依的日子里，在生活上也得到了鲁迅给予他的无微不至的关怀和照顾。当时他生活无着、四处碰壁，在精神上非常苦闷：

> 我东奔西跑，凡认为可以帮助我找个职位的地方都去过了，结果只是看了许多个苦脸，因多看了这些苦脸，精神上饱受创伤，心理上发生病态，主要是由于鲁迅先生给了我温暖。我第一次到砖塔胡同去看鲁迅先生的时候，固然有点勉强，也是很拘束的。我总觉得好像有着说不出满肚子的愤懑，心里是紧紧地打着几个结。这当然是由于鲁迅先生而产生，只是因为变态，连早就敬仰的鲁迅先生那里也不愿意随便去走动了。开始当面座谈以后，我觉得鲁迅先生很关心我，故意和我多讲话，反正孙伏园各方面早就熟悉，走到这边去谈一下，笑几声，再到那边去谈一下，笑几声，鲁迅先生无须注意招待他。鲁迅先生问了我的情况以外，谈的多半是关于在《晨报》副刊上发表了的作品的，其中有些意见已经简要地由孙伏园口头传达过，现在再加以解释，说得详细点就是了。

许钦文看到的鲁迅砖塔胡同的家是非常简朴的："房屋很小而且很少，正如鲁迅在《幸福的家庭》上所写的那样，劈柴、白菜，只好堆在书架、眠床下。局促不安，实在是太不方便了，所以住进以后,就多方托人,到处另找房屋。鲁迅对人总是多方设法帮助,甚至于向人转借得钱来给青年交学费,做旅费,做了就算,并不希望人对他有所报答。但人给他做了点事情,即使是很小的事情,他不会随便忘却,迟早要相机还那人的好处。"

鲁迅知道许钦文因为处境欠佳、碰壁较多,比较敏感,所以在帮助他时也非常注重选择适当的方式,以免伤害了他的自尊心。如《鲁迅日记》1924 年 5 月 30 日记载:"遇许钦文,邀之至中央公园饮茗。"其经过是这一天是星期五,鲁迅特意邀他到公园里一道喝茶,告诉他写文章投稿应该注意到的问题,起因是鲁迅将他的两篇稿子投到上海,其中有一篇被退回来了,鲁迅恐他以后怕把稿子再投到上海方面去,特地安慰他而且鼓励他继续写稿。这使许钦文心中十分感动,那两篇稿子,他本来只请鲁迅先生看看,请他指出错误缺点,以便修改。当他再见到鲁迅的时候,一见面鲁迅就说:"你那两篇稿子,趁便,我已给你附寄到上海去了。"在《鲁迅日记》1924 年 4 月 15 日也有相关的记载:"寄三弟信并小说稿一篇,又许钦文者两篇。"

1925 年夏秋之间,许钦文曾经两次离开北京,两次向鲁迅先生告别。那时,正值北京女子师范大学发生风潮之际,鲁迅当时的处境也非常不好,但即使在这样的情况下,他仍然不忘自己的学生,嘱咐许钦文:"你初次到中学里去教书,如果有什么困难,随时写信来告诉我。"

1926 年的暑假,许钦文从已经教了一年书的台州第六中学转往北京,路过上海时知道鲁迅先生给他编定的处女作《故乡》已经出版,而且很快就卖完了。到了北京他去看鲁迅先生,见面以后,鲁迅就从书桌抽斗里拿出一本《故乡》和一叠编余的剪报的稿子,指着"大红袍"书面勉励他:"你这一本小说集,是有点厚了,希望你以后出书,要比这一本更加厚实。"在《鲁迅日记》中,从 1926 年 7 月 7 日起到 8 月 26 日,51 天内的记载有 16 处提到许钦文,平均差不多三天一次,充分显示了他们之间浓厚的师生情谊。鲁迅西三条的房屋落成,搬家的时候,大家都准备贺礼,庆乔迁之喜。许钦文虽然经济上很困窘,但也向"大师兄"孙伏园建议,两人合买一只火腿作为贺礼。礼物是由孙伏园送去的,回来告诉许钦文:"大先生说'钦文也送火腿,他要因此多写多少字呢!'要我告诉你,下不为例!说了显出懊悔的表情,我这才深深体会到,鲁迅先生的爱护我,是比大师兄想得更加周到的。"①

许钦文是鲁迅非常喜欢的弟子、同乡,在他的成长过程中,鲁迅付出了很多心血。鲁迅给他看稿,改稿,介绍稿子,校对稿子,帮着出书,甚至在他落难入狱时予以营救。鲁迅对他信任也是非同寻常的,最典型的一件事是1928年7月鲁迅带许广平游杭州时,曾让他同居一室,"接连五夜陪伴",以防不测。同样他对鲁迅也可谓是忠心耿耿,敬之若父的,鲁迅去世之前,曾向他交代后事,是将他当亲人一样看待的。他的小说集《故乡》得以出版是以鲁迅先生应得的《呐喊》版税暂不领用为条件,由北新书局印出的,当时一般的读者,只知道《故乡》的选编工作是鲁迅做的,却不知道这本书是由于鲁迅的垫钱才能出版。在鲁迅编定的《中国新文学大系·小说二集导言》中,鲁迅着重介绍了许钦文的创作:

> 许钦文自名他的第一本短篇小说集为《故乡》,也就是在不知不觉中,自招为乡土文学的作者,不过在还未开手来写乡土文学之前,他却已被故乡所放逐,生活驱逐他到异地去了,他只好回忆"父亲的花园",而且是已不存在的花园,因为回忆故乡的已不存在的事物,是比明明存在,而只有自己不能接近的事物较为舒适,也更能自慰的……无可奈何的悲愤,是令人不得不舍弃的,然而作者仍不能舍弃,没有法,就再寻得冷静和诙谐来做悲愤的衣裳;裹起来了,聊且当作"看破"。并且将这手段用到描写种种人物,尤其是青年人物去。因为故

---

① 《鲁迅先生二三事——前期弟子忆鲁迅》,河北教育出版社2002年版,第97页。

意的冷静,所以也刻深,而终不免带着令人疑虑的嬉笑。"虽有伎心,不怨飘瓦",冷静要死静;包着愤激的冷静和诙谐,是被观察和被描写者所不乐受的,他们不承认他是一面无生命、无意见的镜子。于是他也往往被排进讽刺文学作家里面去,尤其是使女士们皱起了眉头。这一种冷静和诙谐,如果滋长起来,对于作者本身其实倒是危险的。他也能活泼的写出民间生活来,如《石宕》,但可惜不多见。

鲁迅曾半开玩笑地对许钦文说要将他写入"文学史",也的确做到了,许钦文在鲁迅的鼓励、帮助、扶持下,以他的创作实绩,成为五四时期乡土文学的一位颇具代表性的重要作家。

关于许钦文还有两件值得记叙的事,一是他与画家陶元庆的情谊,于此也很可以看出他的质朴、诚笃以及为朋友两肋插刀的为人。陶元庆(1893—1929),字璇卿,绍兴人。1919 年 7 月,考入绍兴浙江省立第五师范。后入上海《时报》馆,专画《小时报》图案,因能吸收日本、印度等国图案特色,画艺大进。不久入上海师范专科学校,向陈抱一学油画,在水彩、图案方面皆有所成。他先后在台州浙江省立第六中学、上海立达学园、杭州国立艺术专科学校任教。1924 年,在北京经许钦文介绍,陶元庆认识鲁迅,并为鲁迅的译著《苦闷的象征》作封面画,颇受鲁迅器重,成为鲁迅最为欣赏的中国画家之一。陶元庆后来还为鲁迅的《坟》、《彷徨》、《朝花夕拾》、《唐宋传奇集》以及《出了象牙之塔》等书作封面画,鲁迅都非常欣赏。许钦文第一本小说集《故乡》的"大红袍"封面画,也是陶元庆所作。中国新文艺书籍用图案作封面画,可以说始于陶元庆。1925 年 3 月,陶元庆在北京举办画展,鲁迅专门为《陶元庆氏西洋绘画展览会目录》作序,称赞"陶璇卿君是一个潜心研究了二十多年的画家",认为"在那黯然埋藏着的作品中,却满显出作者个人的主观和情绪,尤可以看见他对于笔触、色彩和趣味,是怎样的尽力与经心"。后来,陶的作品在上海江湾立达学园美术馆展出时,

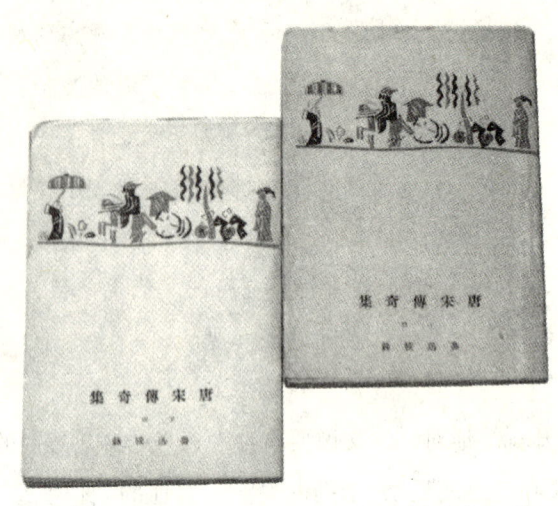

《唐宋传奇集》。鲁迅选录编校,收唐、宋传奇故事45篇,详细考证了每篇传奇的来源和版本。

鲁迅又亲往观看,并写了《当陶元庆君的绘画展览时》,称赞"他以新的形,尤其是新的色来写出他自己的世界,而其中仍有中国向来的魂灵——要字面免得流于玄虚,则就是:民族性……我想,必须用存在于现今想要参与世界上的事业的中国人的心里的尺来量,这才懂得他的艺术"①。1929年8月6日,陶元庆因患伤寒在杭州猝然去世,死前许钦文一直陪伴在他身边。陶元庆去世后,许钦文去看鲁迅,鲁迅对陶的死感到非常惋惜,对许钦文说:"既然璇卿(陶元庆)喜欢西湖,大家意思也主张要给他在西湖边上留个纪念品,索性就把他葬在湖边上吧。这里是三百块钱,你去给他买块冢地。"②许钦文不但照办,还耗尽所有,到处募捐为陶元庆在西湖边造了很好的坟园,供人瞻仰。为了更好地保存朋友的画作,他还向银行举债,在西湖边建了一个"元庆纪念堂",以此来告慰朋友。但此举因为举债过重,也使他从此生活在了还债的重压之下,直到新中国建立后的1956年,他才用稿费将债务最后还清。

另外一件事与许钦文创办的"元庆纪念堂"有关,那就是发生

---

① 《鲁迅全集》第三卷,第573页。
② 《鲁迅先生二三事——前期弟子忆鲁迅》,第145页。

在1932年的"陶刘惨案",它不仅使"元庆纪念堂"声名大噪,成了著名的"凶宅",而且还让无辜的许钦文为此蹲了大牢,后经鲁迅通过蔡元培来营救,他坐了一年的监狱,才被放出。"陶刘惨案"虽与该书关系稍远,但从此案可使我们对那个时代的特有氛围有所感受,对时代洪流冲击下的青年心态的躁动有所了解。"陶刘惨案"大概可以说是现代中国所发生的第一桩由女性同性恋所导致的离奇命案,它将政治和畸情纠结在一起,颇为引人注目,在当时成为轰动一时、街谈巷议的话题。

该案发生时,许钦文36岁,还未成家,在杭州高级中学教书。涉案的两位女主角一个是陶元庆的妹妹陶思瑾,另一个是陶思瑾在西湖国立艺术专科学校的同学刘梦莹。案发时她们借居在许钦文建起的"元庆纪念堂"里,1932年2月11日下午,许钦文到纪念堂但打不开门,撞开后门进去后发现,草地上躺着两个浑身血淋淋的女人。其中一个抢救过来的是时年22岁的陶思瑾,后来被认定是杀人者;被害者是时年未满20岁的刘梦莹,西湖国立艺术专科学校三年级生。该案的法庭判决书是这样叙述案情的:两人从"民国十八年春到廿年夏,复同宿舍,情好甚笃,有时大被同眠,因而发生同性恋爱"。这都有死者的日记为证:刘梦莹在1929年3月11日的日记中写道:"爱是神秘同伟大的,同性爱尤其是神圣纯洁的,思瑾你是一个美妙天真的姑娘,你那热烈真挚的情感,使我是怎样感激。"在1929年11月16日,1930年1月25日、1月28日,两人的日记中都有"词近秽亵,从略"的内容。她们二人曾"缔结一种永久盟约,为永久保持情爱,绝不与男子结婚"。这个盟约由刘梦莹在1929年12月26日提出,目的是使陶思瑾"渡过那道难关",大概指的是许钦文向她求婚。陶思瑾大概认为,许钦文建造"元庆纪念堂",除了纪念她哥哥,也想和她结婚。她不愿嫁给许钦文,但由于家境贫寒,学杂费全由许钦文负担,不好断然拒绝,所以感到很苦恼。

两人缔结盟誓后,陶思瑾也很兴奋,在日记中写道:"今晚上我是感到怎样的快活啊,梦莹对我是轻轻的呢喃着,她说她是很爱我,她说她已属于我的了,她是再不去爱别人了,她说她是不会去和一个男人结婚的,她说她以后对于一切人,都是在灵感上的爱,她的肉体已经属于我的了,我放心她,她始终是我的了啊!这一切话,使我的心坎中,感到无限的兴奋呀!她是真的属于我了吗?我们是已经订着了条约,我俩是永远不与男子去结婚的,我们预备新年去买二个戒指,表示我们已经订婚的条约,是我们的纪念呀!我是多么的高兴呀!我们的同性爱,是多么的伟大与圣洁呀!"

两人的这种恋情具有极强的排他性,陶有移情别恋的苗头,导致刘对她心怀怨恨,两人之间开始不断发生激烈的争吵。1930年9月30日,陶思瑾在日记中痛苦地写道:"昨晚因为我对她说了讽刺话,她今天对我的态度很冷淡,见我不理睬。到了晚上,她对我的神气还是不更改,在我的心里,感到非常的痛苦,为了这样一句话,而竟成了这样的一个悲剧吗?昨夜我是怎样的痛苦着,我哭,我几乎哭得疯了,但是我得不到她的一点怜悯和同情。我是对她诉了不知多少的言语,求她饶我恕我,而竟说我会向你下跪,你发一点慈心,答我一声,原谅爱我。唉,她没有应许,而简直连回音也没有。"作为"同性恋",她们在当时承受的压力之大也是可以想见的,更别说得到外界的承认和帮助。当事人之一的陶思瑾也有过别的男女朋友,但都被刘梦莹得知后拆散。据知情人介绍:"刘性格坚强而能干,陶则较为温和柔顺;二人心理变态的表现,也似乎很明显。有时二人因细故忽起龃龉,陶常会用手巾扼住刘的咽喉;过后,刘会忽然抱住陶的身体大哭。刘最喜欢哭,有时会在半夜里哭起,一直哭到天明,其哭声之大可使隔墙宿舍里的同学也能听到。惟其二人情爱异常深切,所以妒情也分外地浓厚。后来陶有了恋人,刘查到了以后,常会用种种方法去破坏。陶有一个,即被刘破坏一个。有时刘探得陶之恋人为某人时,刘竟会用方法与某人实行同居。"①

　　同时,两人在政治态度上都是激进的左翼青年,刘15岁就曾"一度加入危险团体",是左翼美术团体中的活跃分子。1930年夏天她去上海参加"左联"办的暑期文艺补习班,"听到了一些报告,看到一些进步文艺刊物(如《拓荒者》)日本柳籁正梦的漫画,也听到红军攻打长沙的消息"。陶思瑾也去参加了这次"左联"的补习班,只是不如刘梦莹积极、热心。两人都秘密参加了共青团,曾一起"在葛岭保俶塔下手持红叶宣誓入团"。两人的个性差异较大,刘的上进心很强,不管在政治上、学业上都力求进步;而陶则比较天真、懒散、得过且过,虽然她比刘还大两岁,但好像还不如刘有主见。刘对陶有所不满,在日记中用那个时代流行的语言对其进行过批评:"思瑾你和我的路途,也日渐分离起来。你不能了解我感到苦痛,但我能了解你资产阶级柔弱女性的一切,所以我只有婉叹,假使不猛加奋起去充实你的生活,忠实地学习功课,那末我的路途,更会增加距离,于你悲惨的事实会发生。"

　　陶刘的恋情因为陶与艺专的一位女助教的亲密关系而再起波澜,刘梦莹宣告:"我要为爱情的牺牲者,现在你是把我忘了,而又爱上了你所爱的刘文如,可是我不能使你就这样的弃了我呢,我要作一次最后的决斗,并把我们三年来的经过一切描述一篇,在世上留一遗迹,思瑾我要把你所爱的刘先生杀死,我要作一伟大情场中的英雄者,到那时我也愿意断送我不愿我所爱的你,使人占取,这似乎占取了我的心一样,思瑾你愿意与刘文如离开么,你假如不愿,我可像一本沙乐美一样,把她所爱的人杀去呢。"结果就出现了1932年2月11日那恐怖的一幕,缘起据陶思瑾讲是因为刘梦莹与她谈起刘文如事,两人情绪愈来愈激动,刘先冲入厨房拿出一把菜刀砍来,她心中恐惧,"觉得我不杀她她必杀我",于是"夺刀还砍,

---

① 《陶刘妒杀案的心理背景》,《潘光旦文集》第8卷,北京大学出版社2000年版,第436页。

只是因为兴奋,抵抗过度,这才演成惨剧"。

后来被关入大牢的陶思瑾还以时代流行的话语文风写了一篇《刘梦莹君的死》,说梦莹和她都是时代的悲剧:"现代的刺激是何等地大,燃烧着热血的青年们的心呀暴露了,彼此不觉得斗战了,这是个人平日受着时代的反应和病态的现象,而不觉地构成了此悲剧。天知道我是如何的痛悔呀,何以发生了此悲剧? 我感觉到我俩都是被时代的牺牲者呵! 每当夜深人静的时候,我常悲愁地想起了我那亲爱的尸体呀……"①被关进大牢的陶思瑾每日静坐、念经、忏悔,抗战爆发后出狱,据说嫁给了当时审判该案的一位法官。"陶刘惨案"在当时社会引起较大的震动,不少学者、名流、作家都关注此案,对同性恋等问题发言。谢冰莹的《青年书信》中曾有对此案的评论,认为"同性恋"是"封建主义"的残余、享乐主义的产物,有害人生,应为进步青年所唾弃云云。心理学家潘光旦也曾撰文分析过该案中的性变态问题。

"陶刘惨案"发生后,外界起初怀疑是许钦文和陶刘之间的"三角恋爱"所致,许钦文当时已经三十多岁,一直未婚,所以受了"无妻之累",被列为主要嫌疑人。后随真相大白,本可解脱。又因在陶刘两人的箱子中查出"CY"的宣传品,被以"窝藏共党"和"组织共党"的罪名关入杭州军人监狱。是鲁迅托蔡元培出面营救,才使其虎口余生,于1934年夏出狱。许钦文后来在《补自传》一文中说,生我者父母,教我者鲁迅先生也,从牢监里营救我脱离虎口者,亦鲁迅先生也。

20世纪是一个激进的时代,乌托邦的社会前景和人的感性解放冲动纠结在一起,汇成一股强大的洪流,冲击着固有的一切,即使是"万难破毁的铁屋子",也会被冲个底朝天。当一切藩篱尽撤之后,人们也许会发现曾被当成"解药"的东西因为副作用太大而变成"毒药",而现代性的吊诡之处就在于它是一个同时生产出解

---

① 关于"陶刘惨案"可参阅《大公报》1932年2月18日—6月4日关于此案的报道。

药和毒药的循环。谁也难以预知这个冲决一切的洪流会止于何处、奔向何方,置身于此潮流中的人,如果不想被淹没,就只能顺流而下,更为主动的方式是得时代先机、做时代的弄潮儿。鲁迅在给许寿裳的私信中曾这样谈到他对这个时代的预感及其因应之道:"来书问童子所诵习,仆实未能答。缘中国古书,叶叶害人,而新出诸书亦多妄人所为,毫无是处。……汉文终当废去,盖人存则文必废,文存则人当亡,在此时代,已无幸存之道。但我辈以及孺子生当此时,须以若干精力牺牲于此,实为可惜。仆意君教诗英,但以养成适应时代之思想为第一谊,文体似不必十分抉择,且此刻颂习,未必于将来大有效力,只须思想能自由,则将来无论大潮如何,必能与为沉瀣矣。"①

置身于激烈的社会动荡中的人们,往往会出现两种心理症状,一种可称之为"幽闭恐惧症",即担忧被关于密不透风的狭小空间中窒息而死,对"铁屋子"的恐惧即属此例,但我们发现,此"铁屋子"并不像想象的那么牢固而万难破毁,传统伦理的崩溃比人们料想的要迅速、容易得多,"陶刘惨案"的发生就说明传统对于青年的束缚已几等于无,"时代"轻而易举地占据了上风,特别是传统所赖以存在的家庭、社会基础被时代迅速瓦解之后,作为过时的"观念"的传统已如游魂,无处存身,不足以对抗时代的冲击。另一种相应的症状可称之为"旷野恐惧症",即对于一种无法把握、无所归宿、陌生环境的恐惧,这种症状导致的是人的自我封闭,对外部环境表现出极大的恐惧和疑虑。"幽闭恐惧症"表现出的是对于"自由"丧失的恐惧,"旷野恐惧症"表现出的则是对"秩序"丧失的恐惧,在这两种恐惧促使下,会导致人们失去平常心,从而做出一些极端的选择,将自由和秩序完全对立起来,而这正是我们回望过去时应该反省的课题。

孙伏园(1894—1966),原名福源,字养泉,浙江绍兴人。现代

---

① 《鲁迅书信一》,人民文学出版社2006年版,第41页。

散文作家、著名副刊编辑。孙伏园曾在绍兴初级师范学堂、北京大学学习，两度成为鲁迅的学生。1921年他任北京《晨报》副刊编辑，人称"副刊大王"。鲁迅名作《阿Q正传》即在该报首次连续发表。他后又应邀主编《京报》副刊，还是《语丝》的主要编辑之一。1924年，他陪同鲁迅去西安讲学，1926年与鲁迅同往厦门大学，任国学院编辑干事。1927年他随鲁迅到广州中山大学任教，1927年3月，任《中央日报》副刊编辑；后回上海，创办嘤嘤书屋，出版《贡献》半月刊。1928年他主编《当代》，旋即赴法国留学，归国后从事平民教育工作。抗日战争时期，他曾任重庆中外出版社社长。1939年3月，当选为中华全国文艺界抗敌协会理事，后历任国民政府军事委员会设计委员兼《士兵月报》社社长，齐鲁大学国文系主任，大竹乡村工作人员训练班主任。1945年去成都，他先后在华西大学和铭贤学院任教，同时主编成都《新民报》。新中国成立后，孙伏园被任命为政务院出版总署版本图书馆馆长。其著作主要有《伏园游记》与《鲁迅先生二三事》等。

在鲁迅的学生中，孙伏园差不多算是鲁迅最早而且来往密切的学生，所以他又被鲁迅的学生尊称为"大师兄"。他最初认识鲁迅先生是在绍兴的初级师范学堂，辛亥革命后鲁迅被任命为该学堂的堂长，他和鲁迅的熟识一开始是因为职务关系，他那时正做着级长，常常得见学校的当局。当时学堂爆发了一次学潮，轰走了英文教员，鲁迅的态度以为学生既要自己挑选教员，那么他便不再聘请了。孙伏园来往于校长和同学之间奔走解释。鲁迅说："我有一个兄弟，刚刚从立教大学毕业回来，本来也可以请他教的；但是学生的态度如此，我也不愿意提这个话了。"这指的是刚从日本回国的周作人。学生们听到这个消息后，非要孙伏园努力请到周作人来继任英文教员不可，但是鲁迅终未答应，只是到年考时请了周作人来为学生出题并监试。在学潮频发的民国时期，作为校长的鲁迅，处世还是非常谨慎的。

孙伏园追随鲁迅多年，得到了来自鲁迅的多方面的教诲，特别是为人处世方面,他曾回忆说:"至于为人处世,他帮忙我的地方更多了,鲁迅先生因为太热烈,太真诚,一生碰过多少次壁。这种碰壁的经验,发而为文章,自然全在这许多作品里;发而为口头的议论,则我自觉非常幸运,听到的乃至受用的,比任何经籍给我的还多。我是一个什么事情也不会动手的人,身体又薄弱,经不起辛苦,鲁迅先生教我种种锻炼的方法。我们一同旅行的时候,如到厦门,到陕西,到广州,我的铺盖常常是先生替我打理。耶稣曾为门徒洗脚,我总要记起这个故事。"①

鲁迅先生给孙伏园的信,如果都能保存起来,大概一百来封。在信中,有大量的对他的个人内心世界的展现。如在信中,鲁迅自谓"交际太少",并解释自己不愿意交际的原因。因为他不骛虚名,也不愿有虚应酬;有时别人以为还在虚应酬的阶段,他却早把别人当成真朋友了,于是乎有痛苦,于是乎有坟墓。孙伏园认为:"鲁迅先生把这些不必消耗的时间和精神节省下来,专注意民族国家的根本问题,不是研究,便是创作,几乎可以说他是没有私人生活的。"

孙伏园对于新文学的贡献主要表现在他从事的副刊编辑工作,在这方面,由于他的贡献特别突出,所以获得了"副刊大王"的美称。五四时期,有四大文艺副刊:上海的《时事新报·学灯》、《民国日报·觉悟》,北京的《京报》副刊、《晨报》副刊,都是新文学的重要阵地。其中北京的两大副刊都是由孙伏园负责编辑的。当时的副刊相对独立于报纸,所以副刊编辑具有自主发稿的权力,孙伏园不但与作家交游甚广,而且善于催稿,并且不惜为发稿自由而丢饭碗,这也使他赢得了来自作家的信赖和尊重。值得一提的是鲁迅唯一的中篇小说《阿Q正传》的问世,也有赖于孙伏园的催稿之功,这也可以说是他对于新文学的一个独特的贡献。1921年10月12日《晨报》副刊创刊,孙伏园为第一主编。他邀请了大批作者

---

① 《鲁迅先生二三事——前期弟子忆鲁迅》,第49页。

为副刊写稿,包括李大钊、鲁迅、周作人、蒋梦麟、胡适之等人。从1921年12月4日开始,《阿Q正传》在孙伏园编辑的《晨报副刊》上连载。鲁迅说,孙伏园"每星期来一回,一有机会,就是:先生,《阿Q正传》……明天要付排了"。鲁迅后来在《〈阿Q正传〉的成因》一文中回忆:"那时候我住在西城边,知道鲁迅就是我的,大概只有《新青年》、《新潮》社里的人们罢,孙伏园也是一个。他正在晨报馆编副刊。不知是谁的主意,忽然要添一栏称为'开心话'的了,每周一次,他就来要我写一点东西,阿Q的形象,在我心目中似乎确已有了好几年,但我一向毫无写他出来的意思,经这一提,忽然想起来了,晚上便写——伏园虽然还没有现在这样胖,但已经笑嘻嘻,善于催稿了。"《阿Q正传》连载两个月后,鲁迅因为写作环境很差且事务繁忙,难以为继,很想早点结束,但被孙伏园给劝止了,孙伏园认定:"《阿Q正传》似乎有做长之趋势,我极盼望尽管宽心地写下去。"但不久孙伏园离京出差,由另一位编辑代理编务,鲁迅便在1922年2月12日的报上发表了"大团圆"一章。等到孙伏园返回北京,阿Q已被"枪毙"一个多月了。

在孙伏园主编《晨报》副刊的三年时间里,鲁迅为副刊写了50余篇稿件,给了孙伏园以极大的支持。孙伏园从《晨报》副刊离职与发表鲁迅的一首讽刺徐志摩的打油诗《我的失恋》有关,该诗本已被孙伏园编入《晨报》副刊的大样,但被报社的代总编刘勉己发现,怕引起纠纷、麻烦,所以抽去。孙伏园发现后非常生气,刘勉己走过来解释,说是"那首诗实在要不得"。孙伏园在火头上举手一巴掌打过去,刘勉己躲过,他还要追着打,最后被同事拦住①。第二天,孙伏园便辞去了编辑职务,后来被邵飘萍邀去编《京报》副刊。

鲁迅写这首拟古的打油诗确与徐志摩有关,徐当时刚经历一

---

① 后来孙伏园回忆说当时确打中了刘,但这并不重要,重要的是孙确为鲁迅辞职,丢了饭碗。

场失恋,写了一首诗《去吧》在《晨报》副刊发表,鲁迅"看见当时'阿呀阿唷,我要死了'之类的失恋诗盛行,故意做一首用'由她去罢'收场的东西,开开玩笑的"。这首诗模仿的是东汉文学家张衡的《四愁诗》,立意在讥讽、调侃那种滥情主义的情诗。鲁迅本人是学科学出身的人,不太喜欢这种罗曼蒂克的情调。这首诗用了戏仿、反高潮、煞风景的方式对这类情诗进行了挖苦、嘲笑,从中也可看出鲁迅个人性情和趣味偏好。诗云:

我的失恋
我的所爱在山腰;
想去寻她山太高,
低头无法泪沾袍。
爱人赠我百蝶巾;
回她什么:猫头鹰。
从此翻脸不理我,
不知何故兮使我心惊。
我的所爱在闹市;
想去寻她人拥挤,
仰头无法泪沾耳。
爱人赠我双燕图;
回她什么:冰糖葫芦。
从此翻脸不理我,
不知何故兮使我糊涂。
我的所爱在河滨;
想去寻她河水深,
歪头无法泪沾襟。
爱人赠我金表索;
回她什么:发汗药。
从此翻脸不理我,

> 不知何故兮使我神经衰弱。
> 我的所爱在豪家；
> 想去寻她兮没有汽车，
> 摇头无法泪如麻。
> 爱人赠我玫瑰花；
> 回她什么：赤练蛇。
> 从此翻脸不理我。
> 不知何故兮——由她去罢。

鲁迅用"猫头鹰"、"赤练蛇"、"冰糖葫芦"、"发汗药"这些丑怪、凡俗、日常生活的景观戳穿了诗人沉溺其中的唯美、优雅的情爱乌托邦，这与鲁迅"摩罗（魔鬼）诗人"的本色及现代主义的"审丑"偏好是一脉相承的。读者也许还记得前述沈尹默所讲的鲁迅将壁虎当宠物养的故事，鲁迅的趣味偏好的确是反优雅的、执著于现实而又追求个人感受的独异性的。

孙伏园辞职后，鲁迅等很快于北京创办了《语丝》杂志。该杂志由孙伏园、周作人先后主编。这是现代文学史上最早以杂文、散文创作为主的刊物，主要发表杂感、短评、小品等。主要撰稿人有鲁迅、周作人、川岛、刘半农、章衣萍、林语堂、钱玄同、江绍原等。《语丝》的创刊号上就将鲁迅这首未能发表的讽刺诗发表了。后来鲁迅在给学生开玩笑时还说："像我们这样有胡子的老头子，连失恋都不许我失了！"

后来徐志摩不识相地向《语丝》投稿，结果又受到了鲁迅的迎头痛击，鲁迅写了《"音乐"?》一文，对其嬉笑怒骂，之后徐志摩对《语丝》也就退避三舍了。1934 年 12 月 20 日，鲁迅在《集外集·序》中还做了这样的说明："我更不喜欢徐志摩那样的诗，而他偏爱到处投稿，《语丝》一出版，他也就来了，有人赞成他，登了出来，我就做了一篇杂感，和他开一通玩笑，使他不能来，他也果然不来了。这是我和后来的'新月派'积仇的第一步；语丝社同人中有几位也因此很不高兴我。"大概鲁迅强烈的战斗性使周作人、孙伏园也感到有些跟不上趟了,所以后来,孙伏园和鲁迅的关系也渐行渐远,这也与两人个性、为人处世方式的差异有关。鲁迅怀疑孙伏园与他认定的仇敌陈西滢暗通款曲,也疑心他对自己与许广平的关系有所议论等,所以对孙伏园也认为"不足道了"。孙伏园留法归国后,不留在大城市、不去做大学教授,跑到乡村去搞平民教育,选择的是一条改良主义的社会改造道路,这与鲁迅的政治选择显然也是大相径庭的。

孙伏园之三弟艺术家孙福熙也与鲁迅有过较多的来往,孙福熙1925年在北京期间,开始与鲁迅交往,1926年至1927年间,他任上海北新分局编辑,后在上海编辑过国民党改组派刊物《贡献》月刊。后又任杭州艺术专科学校教授、上海新华艺术专科学校理论讲师等职。他的散文集《山野掇拾》、《大西洋之滨》经鲁迅校阅出版。鲁迅的《野草》及《小约翰》的初版封面画系他所作。新中国成立后,孙福熙在北京人民教育出版社任编辑。

孙福熙在谈到鲁迅的时候,说得更多的是关于鲁迅的个性及其在艺术上的天赋和才气,作为艺术家,他的眼光颇有独到之处:

> 鲁迅这名字,应该大书在艺术史上,却因为他在文学史上的功绩,遮掩了艺术上的记录。鲁迅先生幼年就爱画,一生不见稍减,与我相见时,谈艺术的比较谈文学的更多。他在北平时代,很爱线画与黑白画,他是介绍英国 Beardsley 到中国来的第一人。以后是介绍版画,中国木刻的荣耀的前程,也是鲁迅先生开辟的。鲁迅先生有丰富而热烈的感情,为一个艺人所必需而难得,在艺术上比在文学上更为需要。先生的爱憎十分深厚,他只有友与敌的两极端,他的友与敌个个都是达于极点,而且随时有从这个极点变到那个极点的可能。这种性情,在人事上容易发生阻碍,于文艺上却大有裨益,他不必用笔墨及思想的夸张,在外来的感觉中即刻成为浓厚精锐的提

炼品,如酒之精,铁之钢。

他将鲁迅与一般绍兴人做了个比较,也有独到之见:

> 他(鲁迅)的文字与思想常被人指为绍兴人的特质,文字简练,思想深刻,在圆润轻妙中深藏锋利,似乎绍兴人确有此通性。但有一点为绍兴人所最缺乏者,即为鲁迅先生所有丰富而热烈的感情。绍兴习惯,遇事划算,预定目标以后,按步进行,越王勾践的十年生聚,十年教训,是其代表。进行是直线的,不多方并行,亦不走回头路,一切都以冷静坚忍出之。鲁迅先生的一生如长庚星,光芒四射,忽伸忽缩,没有直线,也不怕回头,于是学水师,学路矿,学医,学文。为友为敌,为敌为友,如此感情丰富而强烈的人,在绍兴先贤中,即诗人与画家,亦不见一人。绍兴的地方色彩,可以产生学术思想家,而不宜于艺人,鲁迅先生确是特殊的一人。

孙福熙认为现代的文艺家因以革故鼎新为己任,所以不得不采取与社会的对抗态度:

> 文艺家的任务——至少是在现代——在于去旧换新,所以文艺家以批评不良现状而引起革命为能事,于是随时树敌,虽非敌人,亦愿视为敌人,以为练习,服饰举动,亦必避免时俗,以别庸众。这不是骄傲或矫饰,实在是一人不得已的生活。鲁迅先生以这个理由及同盟会革命友朋相亲近的缘故,就时时招敌,或者有意地树敌。鲁迅虽然会赞美,但是绝对不肯打躬作揖,也不会等待与忍受,见人就直接地攻击,他眼睛中的人物无分轻重,虽小孩与疯人以及大家认为毫无理由的批评,他一样的重视,立即发出喜怒的盛情。这是大多数艺人的通病,也是难能可贵的特质。

他指出:"大家都知道,鲁迅先生完全描写社会的阴暗的一方面,但他的阴暗中都用了美丽的色彩,比他人的光明还要美丽,这美丽使人要看,爱看,看了倾向到光明一方面去,《故乡》一篇与《野草》中最为显著,其他处处如此。这是艺术的使命,也就是鲁迅先生艺术产生伟大功绩的原因。"①

与鲁迅交往最早、关系密切且帮助鲁迅处理了很多私人事务的学生是宋紫佩。

宋紫佩(1887—1952),原名盛琳,后改名琳,字子培或子佩,浙江绍兴人。1901年考取秀才,入秋瑾主持的大通学堂学习,1907年考入绍兴府中学堂,后又考入浙江两级师范学堂,参加革命文化团体南社。他是鲁迅1909年在杭州浙江两级师范学堂任教时的学生,在驱逐浙江两级师范学堂校长夏震武的"木瓜之役"中,他曾站在夏震武一边,一度与鲁迅等教员发生矛盾,但后来鲁迅知道他是反清进步团体南社的成员,在绍兴又积极组织南社的绍兴分支越社的工作,对他又有了好感,鲁迅也加入了越社,两人成为好友。后来宋紫佩一直得到鲁迅的信任和提携,成为深交26年的挚友。1911年他应鲁迅的邀请,担任绍兴府中学堂教务兼庶务并兼任理化讲席,协助鲁迅工作。他又先后在绍兴创办《越铎日报》、《民兴日报》等,得到鲁迅的大力支持。1913年3月,由鲁迅推荐,筹办京师图书馆,后一直在北京图书馆工作。1951年7月他被聘任为中央文史研究馆馆员。1952年11月9日病逝,终年65岁。宋紫佩到北京以后,一直和鲁迅交往密切,几乎每周至少有一至二次到鲁迅那里谈天,经常为鲁迅借书、还书。鲁迅的很多家事如找裁缝做衣服、买药品、购家具等杂事,也经常由他代办。鲁迅与章士钊打官司的诉状就是先由他起草的,他是秀才出身,擅写此类文字。鲁迅对他信任有加,像家人一样看待,关怀备至。1926年8

---

① 《高山仰止——社会名流忆鲁迅》,河北教育出版社2002年版,第87页。

月鲁迅南下厦门,北京家中的事情,初由许羡苏代劳,许羡苏1928年结婚离京后,全托宋紫佩料理,宋紫佩经常为鲁迅的母亲照料家务,如修理房屋、代写书信、给鲁迅寄书等等杂务,都是由他来做的。宋紫佩经常跑到鲁迅的母亲那里,探望太师母和大师母,使鲁迅在上海可以安心工作。

鲁迅在上海去世的消息,也是由周作人拉着宋紫佩一起跑去告诉太师母的。他们两人之间的通信很多,但多散失了,《鲁迅书信集》中收入两封信,一封是鲁迅逝世前一个星期写给宋紫佩最后的一封托找《农书》的信;另一封是鲁迅祝宋紫佩五十寿辰的贺信。鲁迅去世后,北平家中的事仍是由宋紫佩料理的,1937年他曾有给许广平的一封信,这样写道:

> 景宋先生:
>
> 奉书敬悉。大先生生前待琳如家人,常愧无以报答,其身后一切,自当竭尽绵力,以大先生之意志为意志。
>
> 太师母及大师母亦复如是,对于夫人决无异视。三先生此次来平,当可窥见一斑也。大师母宅心忠厚,于海婴世兄尤甚喜欢。间言与琳及太师母,表示其将来生命寄托于海婴,大先生一切遗著,均惟夫人是赖,当不为任何人所诱惑。……

鲁迅母亲去世后,他又继续照料大师母朱安的生活,直到朱安于1947年去世,他曾有信给许广平汇报丧事处理的情况:

> 景宋先生:
>
> 奉书敬悉。大师母丧事已定,谢、阮二位太太会同主持办理完毕,亦甚简单,暂借西直门外保福寺二先生家私地安葬,将来应如仍办理,任三面约定,想谢阮二太太已有详函奉告矣。……大师母临终前一日招琳至榻前,神志甚清,再三嘱琳转告先生二事:(一)灵柩拟回南葬在大先生之旁;(二)每七

须供水饭,至五七日期,给她念一点经,琳意(一)可由先生从长核酌;(二)所费不多,都顺其意以慰其灵,念她病时一无亲切可靠之人,情实可怜,一见琳终是泪流满面,她念大先生,念先生又念海婴,在这情形之下,琳惟有劝慰而已,言念及此,琳亦为之酸心也。专复,即颂

暑祺

宋琳　谨启[一九四七年]七月九日①

与鲁迅有过密切交往后来在国民党军政界任职的学生主要有李秉中、叶永蓁、荆有麟等人。

李秉中(1902—1940),字庸倩,彭山县北街人。李秉中早年父母双亡,家业由舅舅接管。舅舅对他十分苛刻而且他与表姐相恋,舅舅也极力反对,这使他陷入痛苦愤懑之中。1923年他到北京求学,得与鲁迅相识。他的孤苦身世和遭遇深得鲁迅同情,他们在北京的一年时间里,不但往来书信很多,来往也很频繁,两人成为难得的可说知心话的忘年交。鲁迅曾在给李的信中透露自己内心深处的痛苦和矛盾,其中说道:"我很憎恶我自己,因为有若干人,或则愿我有钱,有名,有势,或则愿我陨灭,死亡,而我偏偏无钱无名无势,又不灭不亡,对于各方面,都无以报答盛意,年纪已经如此,恐将遂以如此终。我也常常想到自杀,也常想杀人,然而都不实行,我大约不是一个勇士。现在仍然只好对于愿我得意的便拉几个钱来给他看,对于愿我灭亡的避开些,以免他再费机谋。我不大愿意使人失望,所以对于爱人和仇人,都愿意有以骗之,亦即所以慰之,然而仍然各处都弄不好。我自己总觉得我的灵魂里有毒气和鬼气,我极憎恶他,想除去他,而不能。我虽然竭力遮蔽着,总还恐怕传染给别人,我之所以对于和我往来较多的人有时不免觉得

---

① 《鲁迅许广平所藏书信选》,湖南文艺出版社1987年版,第386、387页。

悲哀者以此。"①

鲁迅曾给处于困窘中的李秉中以很大的帮助,如曾亲自出面请胡适帮他出售小说文稿,写信催问,并写信介绍他与胡适见面。还在自己手头也很紧的情况下不断借钱给他。1924年年底,李秉中南下广州报考黄埔军校,鲁迅送了他20元的路费,并写信将他介绍给熟悉的朋友。入黄埔军校后,李秉中参加了讨伐陈炯明的东江战役,后又被派往苏联和日本军校留学7年,1932年,李秉中回到北京军界任职。1933年后,李秉中在东北军六十七军王以哲部任上校政训处长,后调南京任防空学校政训处长(少将军衔)。国民政府下令通缉鲁迅,李秉中几次表示愿为解除通缉令从中斡旋,为鲁迅所拒。李后任蒋介石从室秘书。1937年12月后,李秉中任财政部禁烟督察处缉私办公室主任兼军事委员会巡缉总队总队长。1940年病故于重庆住所,时年38岁。李秉中酷爱文学,与鲁迅交情深厚,来往信件颇多,计有鲁迅致李秉中书信28封,李秉中致鲁迅书信52封,现存8封。李秉中1929年在北京结婚时,鲁迅正好在北京,曾亲往祝贺。李秉中对鲁迅感情深厚,曾在信中说:"我只要有暇时就想写信给先生……总觉对先生有许多话说……因为我的话对于别人想不起来这样多。"两人之间说是情逾父子亦不为过,他曾说过:"鲁迅是唯一的能慰安我的人。"鲁迅对他也总是充满怜惜地劝慰、指点。如信中劝他:"忆前此来函,颇多感愤之言,而鄙意颇以为不必,兄当冷静,将所学者学毕,然后再思其它。"他不愿再在军中任职,鲁迅劝导:"兄职业我以为不可改,非为救国,为吃饭也。"1931年年初,李秉中从小报上看到鲁迅被捕乃至受刑的谣传,曾写信劝鲁迅到日本避难。1936年,已是南京中央军校政训处少将的李秉中,用"国民政府军事委员会"信笺写信给鲁迅,表示想为他解除通缉出力,该信全文尚存:

---

① 《鲁迅书信一》,人民文学出版社2006年版,第125页。

鲁迅吾师函丈：

前呈一缄，谅陈道席。比来清恙如何？日夕为念。迩天气较凉，想当佳也。禀者，关于吾师之自由一事，中（李自称）惟之数年矣！惟恐或有玷吾师尊严之清操，是以不敢妄启齿。近惟吾师齿德日增，衰病荐至，太师母远在北平，互惟思慕，长此形同禁锢，自多不便。若吾师同意解除通缉，一切手续，中当任之，绝不至有损吾师毫末之尊严。成效如何，虽未敢预必，想不致无结果，不识师意若何？伏乞训示。东行已有期否？吾师病中，本不敢屡渎；窃望师母代作复示，曷胜伫盼！专此，敬祝痊福

师母大人、海婴弟无恙。

学生李秉中　七月十三日

此信是否是受"上峰"指使所写，尚不可知，但鲁迅对此事兴趣不大，只是由许广平代回一信，表示谢绝。对于通缉的事，鲁迅曾给内山完造说过这样的话："我今后的日子不会太长了，跟了我十年（按：应为七年）的通缉令撤销了，我会寂寞的，还是不要撤销吧。"鲁迅把私情和公义划分得很清楚。鲁迅去世后，许广平编订的《鲁迅全集》在上海出版前需要送审，于是就请在南京任职的李秉中代为办理，但迟迟不见回音，大概此事已非李秉中的能力所及，后来拖了很久才告诉说已办好送审事务，但结果尚不可知。许广平只好又通过另一位在国民党中任职的鲁迅弟子荆有麟，找到鲁迅老友沈士远，又转托陈布雷，找到当时的中宣部部长邵力子。邵力子是绍兴人，一向尊崇鲁迅。另外许寿裳又给蔡元培写信，请他致函中宣部部长邵力子，对《鲁迅全集》一书的事予以疏通。蔡当即写信给邵力子。不久邵亲自下批示："对此一代文豪，决不能有丝毫之摧残。"尽管如此，他对于鲁迅杂文的"违碍"之处，还是有所顾忌。因此他与副部长方希孔下了批示："关于政治小品，如有与三民主义不合之处，稍为删削外，其余准出版全集，惟印刷时，

须绝对遵照修改之处印刷,一俟印刷稿送审与删改无讹,即通令解禁。"如此,1937年6月8日,内政部批文终于下来了。6月21日,李秉中给许广平寄来了批文。但是,所报送的36种著译,只有9种顺利通过,而《不三不四集》(实际上是《伪自由书》一书的改名)"内容多属不妥,应全部禁止",不准出版。其余21种(除前面已经回复的5种)也要求大加删改,许广平对此结果非常愤怒,但要出版,也只得让步。恰好此时抗战爆发,国民政府西迁,无力再干预此事,所以《鲁迅全集》才得以按鲁迅著作的本来面貌于1938年在已沦为"孤岛"的上海出版①。

叶永蓁,原名叶会西,字永蓁,笔名叶蓁。1908年5月生于浙江乐清,他12岁时丧父,1926年毕业于旧制温州第十中学,因与女友恋爱受挫,并为了摆脱其母给他包办的婚姻,远赴广州加入了黄埔军校,为第五期毕业生。曾参加北伐战争,北伐战争结束后,他弃武从文,只身来到上海,曾在亚士培路宾涉中学任教,同时开始尝试进行文学创作。在这期间,他结识了钱君匋、赵超构等文化界名人,也得到了鲁迅的关怀和指导。在1929年至1933年期间,叶永蓁共向鲁迅先生写过11封信,并曾5次来到鲁迅住处,登门请教。每次,鲁迅先生都是热情接待,有时还借钱给他。

《小小十年》是一部自传性的小说,初稿主要写主人公的爱情纠葛,后经鲁迅建议,如实记录主人公10年来的生活历程和心理感触,其在艺术上是比较粗糙、稚嫩的,但其优点在于质朴、真实,所以鲁迅专门为其写了序,并给予了较高的评价。叶永蓁后来还出过《浮生集》和《我的故乡》等。抗战爆发后,作为一个黄埔军校毕业生,他又拿起枪来"重上征途",曾在张自忠麾下参加过台儿庄战役。1938年,他担任了南京教导总队的教官。南京沦陷后,到达汉口,转任军事委员会战时工作干部训练团第一科上校科长。

---

① 此处参阅王锡荣:《〈鲁迅全集〉如何浮出上海"孤岛"》,载《新闻午报》2008年10月4日。

武汉失守后，他随部队去四川重庆，担任炮兵独立团的团长。1947年进南京徐继助属下任少将师长，后调福建厦门仍任师长。解放战争胜利前夕，他随国民党军退往台湾。在台先后任"金门防卫司令部"少将副参谋长，"陆军"第十四军副军长，"国防部"联合作战委员会委员，"金门要塞"司令等职。1976年在台去世。

荆有麟（1903—1951），又名织芳，山西猗氏人。他曾在北京世界语专门学校听过鲁迅的课，参与《莽原》的出版工作，编辑过《民众文艺》周刊。1927年，他担任国民党中央党部上海宣传委员会秘书兼训练总干事，开始从事特务活动。在20世纪30年代初的上海，他打着向鲁迅请教文学问题的幌子，以进步文学青年的面目接近鲁迅，并以鲁迅的学生自诩，深得戴笠、毛人凤的青睐。抗战后官至国民党特务组织军统少将，1951年被人民政府处决。

与鲁迅交往较多的女学生中除了后来成为他的终生伴侣的许广平之外，还有刘和珍等人。

刘和珍，江西南昌人，1918年，考入江西第一女子师范学校，任校刊编辑，并在校外补习英文、数学。五四运动后，阅读了大量进步书刊，在新思潮的影响下，积极参加学生运动和妇女运动，并联系进步学生组织"江西各界反基督教大同盟"，反抗帝国主义奴化教育。1921年10月，同30多位江西青年一起组织了"觉社"，担任总务干事，出版《时代之花》周刊，宣传进步思想。1923年秋得到朋友的经济援助，考入北京女高师预科，后入国立北京女子师范大学英语系。她经常旁听李大钊主讲的"社会学"、"女权运动史"和鲁迅主讲的"中国小说史"。她十分喜爱读鲁迅的文章，鲁迅主编的《莽原》半月刊发行后，她在艰难的境遇中毅然预定了全年；鲁迅翻译的《出了象牙塔》，她第一个到未名社去购买。她以热情饱满、办事干练、既有主见又能博采众议而受到学生的敬爱和信赖，被选为女师大自治会主席，成为当时北京学生运动的领袖之一。1925年女师大风潮期间，她接连几天薄席铺地，在校门内的石阶上过夜，为护校，她准备喋血校门。可以说在学潮中，她与鲁迅结下了深厚的战斗友谊。1926年3月,大沽口事件发生后,刘和珍组织学生参加群众大会,在段祺瑞执政府前壮烈牺牲,年仅22岁。刘和珍遇难后,鲁迅极为悲愤,3月25日参加了女师大为刘和珍、杨德群烈士召开的追悼会,4月1日写了《记念刘和珍君》,揭露了军阀的凶残,赞扬刘和珍是"为了中国而死的中国青年"。据回忆"三一八"惨案发生后,鲁迅愤怒极了,好几天饭也不吃,话也不说,有人安慰他,他只是悲痛地说:"刘和珍是我的学生。"在《记念刘和珍君》中,鲁迅深情地追忆了他们一年来的交往,对刘和珍等的殉难表示极大的悲哀与崇敬,他认为三个女子在"弹雨中互相救助,虽殒身不恤的事实,则更足为中国女子的勇毅,虽遭阴谋秘计,压抑至数千年,而终于没有消亡的明证了。倘要寻求这一次死伤者对于将来的意义,意义就在此罢。"鲁迅对刘和珍的追怀赞颂,也是对现代中国女性解放运动的支持和同情。他为看到中国女性解放的曙光而振奋,也为传统黑暗势力对女性解放幼苗的肆无忌惮的摧残踩躏而愤怒。

另外与鲁迅关系较为密切的还有许羡苏,作家许钦文的四妹。许羡苏,字淑卿,浙江绍兴人,曾是周建人在绍兴女子师范学校任教时的学生。生于1901年,1920年考入北京女子高等师范学校,1924年毕业,其间一度转入北京高等师范学校,曾由鲁迅为其担保。1926年夏,鲁迅南下后,她长期借住鲁迅京寓,常与鲁迅母亲管理家务,并代笔与鲁迅通信,至1930年春往大名的河北第五女子师范任教时止。1932年年初,曾在上海小住。同年4月,随其夫余沛华去成都后,与鲁迅联系渐少。

当时被称为北大"校花"的马珏与鲁迅也有过交往。她是浙江人,北大教授马裕藻之女,生于1910年。1925年第一次见到鲁迅之后,她写了《初次见鲁迅先生》,发表于《孔德学校旬刊》。此后她常写信向鲁迅请教生活、学习诸方面的问题,鲁迅的出版著作也经常赠与她。1929年春她入北京大学预科,后因患淋巴结核休学半年,至1931年升入政治系。1933年结婚,次年辍学。1929年

5月和1932年11月鲁迅两次回北平探亲,她都曾去拜访。1925年,年仅15岁的马珏写下了《初次见鲁迅先生》一文,刊登于1926年3月的《孔德学校旬刊》上,那是马珏所就读的学校刊物。该文的可贵之处在于它的真实,她如实地描绘出了鲁迅给一个少女留下的初始印象:

>我从前不爱看小说,有时跟同学在一块,他们老看,我呆着,也太没意思,所以也就拿一本看看;看看,倒也看惯了,就时常的看。
>
>在所看的这些小说里,最爱看的,就是鲁迅先生所作的了。我看了他的作品里面,有许多都是跟小孩说话一样,很痛快,一点也不客气;不是像别人,说一句话,还要想半天,看说得好不好,对得起人或者对不起人。鲁迅先生就不是,你不好,他就用笔墨来痛骂你一场,所以看了很舒服,虽然他的作品里面有许多的意思,我看不懂;但是在字的浮面看了,已是很知足的了。
>
>有一天,我从学校里回来,听见父亲书房里有人说话似的,我问赵增道:"书房有什么客?""周先生来了一会了。"我很疑惑的问道:"周先生,那个周先生?""我也说不清!"我从玻璃窗外一看,只见一个瘦瘦的人,脸也不漂亮,不是分头,也不是平头。我也不管是什么客人,见见也不妨,于是我就进去了。……
>
>见了,就行了一个礼,父亲在旁边说:"这就是你平常说的鲁迅先生。"这时鲁迅先生也点了点头,看他穿了一件灰青长衫,一双破皮鞋,又老又呆板,并不同小孩一样,我觉得很奇怪。鲁迅先生我倒想不到是这么一个不爱收拾的人!他手里老拿着烟卷,好像脑筋里时时刻刻在那儿想什么似的。

马珏晚年回忆道:"不久,鲁迅先生来孔德学校,读到那期《孔德学校旬刊》,我没想到,先生看到我那篇小文章后,十分高兴。他夸我写得好,说我写的都是实话。后来先生把它收进了他亲自编选的《鲁迅著作及其他》一书中。他还送书给我。过了几天,父亲还带我去八道湾鲁迅家去玩。从那时起,鲁迅先生到我家,常问起我;如果我在,便和我说几句话。我们还多次通信。"根据《鲁迅日记》的记载,马钰向鲁迅请教的信和鲁迅的回信从1926年1月3日始至1932年12月15日止,通信持续六七年之久。这段时间,凡出新书,鲁迅都寄赠她,直到她结婚之后才停止给她寄书,鲁迅给予她一种浓厚的来自父辈的温情和关爱,令她终身难忘。

2."嘤其鸣矣,求其友声"——鲁迅与文学社团

鲁迅非常重视对青年作家的培养,其目的还是为了养成向旧世界进攻的斗士,为新世界的到来开辟道路,为此他不但在自己经济状况并不宽裕的情况下一再拿出为数不菲的钱财,帮他们办刊物、出书,而且还投入大量的精力,为他们修改文章、校稿、出版,甚至为此累得吐血,做出这么大的牺牲和奉献没有一种宗教般的对于社会改造的文学事业的热情是难以想象的。古语讲:"功不唐捐",鲁迅的付出也的确结出了硕果,他所苦心培植的莽原社、未名社在五四后的低潮时期坚持"思想革命"的启蒙主义旗帜,在文学创作和翻译领域都留下了不容忽略的收获,在现代文学史上写下了重要的一页。他在20世纪30年代创办的朝花社,也为左翼文学艺术的引进起到了先导作用。在创办这些文学社团的过程中,鲁迅团结、培养了一大批青年作家,为新文学的发展起到了一定的推动作用。

在鲁迅主编的《中国新文学大系·小说二集·导言》中,他客观评述了他所指导的莽原社以及从其中分裂出的狂飙社、未名社作家的贡献。莽原社成立于1924年,查《鲁迅日记》1925年4月11日有这样的记载:"夜买酒并邀长虹、培良、有麟共饮,大醉。"这次聚会也就是莽原社的成立之日。莽原社的发起人除鲁迅外,还

有高长虹、向培良、荆有麟、章衣萍等。后来的未名社成员李霁野、台静农等也曾在《莽原》周刊发表文章,但并未参与编务工作。鲁迅组织莽原社的目的与他想实现与高长虹等一帮热衷"思想革命"的青年生力军的联合有关。当时正处于五四落潮时期,鲁迅陷于"寂寞新文苑,冷落旧战场。两间余一卒,荷戟独彷徨"的独战状态之中,当年的五四同人大多退尽了"浮躁凌厉之气",变得稳健中庸或消沉颓废起来,"《新青年》团体散掉了,有的高升、有的退隐、有的前进,我又经验了一回同一战阵中的伙伴还是会这么变化,并且落得一个'作家'的头衔,依然在沙漠中走来走去,不过已逃不出在散漫的刊物上做文字,叫做随便谈谈。有了小感触,就写些短文,夸大点说就是散文诗,以后印成一本,谓之《野草》。得到较整齐的材料,则还是做短篇小说,只因成了游勇,布不成阵了,所以技术比先前好一些,思路也似乎较无拘束,而战斗的意气却冷得不少。新的战友在哪里呢?我想这是很不好的。于是印了这时期的十一篇作品,谓之《彷徨》,愿以后不再这模样。'路漫漫其修远兮,吾将上下而求索。'"①

从某种意义上来说,狂飙社诸君正是鲁迅所要寻找的新的战友,他与狂飙社诸君可以说是最为气味相投,他们的文化倾向及个人性情也都比较接近。可以说高长虹及狂飙社的出现在某种程度上正符合了鲁迅长期以来对于天马行空式的"天才"、"超人"、"精神界之战士"的期盼,这是他从晚清时期就已抱有的期待,这是一种浪漫主义的文化救世理想。他早已厌烦了麻雀的叫声,对人们所厌闻的猫头鹰的令人惊悚的叫声情有独钟,正如他在讽刺徐志摩的《"音乐"?》一文中所言:"在檐下已有麻雀儿叫起来了。咦,玲珑零星邦滂砰琱的小雀儿呵,你总依然是不管甚么地方都飞到,而且照例来唧唧啾啾地叫,轻飘飘地跳么?然而这也是音乐呀,只能怨自己的皮粗。只要一叫而人们大抵震悚的怪鸱的真的恶声在

---

① 《鲁迅全集》第四卷,第469页。

那里!?"而高长虹所发出的正是这种"真的恶声",他的确是一位特立独行、天马行空、睥睨一世、放言无忌的怪才。高长虹也庆幸自己终于找到了导师和同道,两人初期的合作非常默契,高长虹协助鲁迅办《莽原》杂志,出力甚多,最为积极,后因故与鲁迅发生龃龉,终至决裂。高长虹其人其文颇有可研究的价值,后分专节讨论。此处先介绍其他莽原社的作家,他们也多是与高长虹接近的狂飙社的成员。

向培良(1905—1961),是另一位莽原社、狂飙社作家,湖南黔阳人。他1924年在北京中国大学读书时开始接近鲁迅,后来与鲁迅往还颇密,参与了《莽原》的筹备工作。他的第一本短篇小说集《飘渺的梦》,是由鲁迅编选,收入《乌合丛书》出版的。在北京时,他对鲁迅十分尊敬,1926年8月鲁迅离京前四日在北京女子师范大学毁校周年纪念会上的讲词,即后来收入《华盖集续编》中的那篇《记谈话》,就是由向培良记录的。他在《记谈话》前的说明里写道:"鲁迅先生快到厦门去了……这实在是我们认为很使人留恋的一件事……人们一提到鲁迅先生,或者不免觉得他稍微有一点过于冷静,过于默视的样子,而其实他是无时不充满着热烈的希望,发挥着丰富的感情的。在这一次谈话里,尤其可以显明地看出他的主张;那么,我把他这一次的谈话记下,作为他出京的纪念,也许不是完全没有重大的意义罢。"从这些话中,可见出他对鲁迅的景仰和依恋之情。鲁迅在《中国新文学大系·小说二集·导言》这样介绍他:"作者的内心是热烈的,倘不热烈,也就不能这么平静地娓娓而谈了,所以他虽然间或休息于过去的'已经失去的童心'中,却终于爱了现在的'在强有力的憎恶后面,发现更强有力的爱'的'虚无的反抗者',向我们绍介了强有力的《我离开十字街头》。下面这一段就是那不知名的反抗者所自述的憎恶——'为什么我要跑出北京?这个我也说不出很多的道理。总而言之:我已经讨厌了这古老的虚伪的大城。在这里面游离了四年之后,我已经刻骨地讨厌了这古老的虚伪的大城。在这里面,我只看见请安,打拱,要皇帝,恭维执政——卑怯的奴才!卑劣,怯懦,狡猾,以及敏捷的逃躲,这都是奴才们的绝技!厌恶的深感在我口中,好似生的腥鱼在我口中一般;我需要呕吐,于是提着我的棍走了。'在这里听到了尼采声,正是狂飙社的进军的鼓角。尼采教人们准备着'超人'的出现,倘不出现,那准备便是空虚。但尼采却自有其下场之法的:发狂和死。否则,就不免安于空虚,或者反抗这空虚,即使在孤独中毫无'末人'的希求温暖之心,也不过蔑视一切权威,收缩而为虚无主义者(Nihi-list)。巴扎罗夫(Bazarov)是相信科学的;他为医术而死,一到所蔑视的并非科学的权威而是科学本身,那就成为沙宁(Sanin)之徒,只好以一无所信为名,无所不为为实了。但狂飙社却似乎仅止于'虚无的反抗',不久就散了队,现在所遗留的,就只有向培良的这响亮的战叫,说明着半绥惠略夫(Sheveriov)式的'憎恶'的前途。"为反抗而反抗的虚无的反抗,正是狂飙社的主调,它的作用在于打破死寂的空气,使人们从昏睡中惊醒过来。鲁迅离京之后,《莽原》半月刊由韦素园主编,韦素园压下向培良和高歌的稿子不发,后由高长虹向鲁迅写信质问,引发莽原社中狂飙社成员和主要由皖籍作家组成的未名社成员的内战,鲁迅完全站在未名社一边,向培良与鲁迅的关系也趋于断绝。

向培良后来到南京主编带有国民党官方色彩的《青春月刊》,鼓吹"人类的艺术"、"民族主义文学",受到鲁迅的批判,告诫他"狼是狗的祖宗",所以很容易从野性的狼变成被人豢养的狗,这肯定使他颇为耿耿于怀,鲁迅去世后,向培良曾在《〈狂飙〉周刊题记》中这样写道:"十六年初,狂飙社与鲁迅先生决裂,那时候,我们的思想已与鲁迅先生渐渐分离。他性情猖急,睚眦不忘,又不肯下人,所不知觉中被人包围,当了偶像渐渐失去他那温厚的热情,而成了辛辣的讽刺者和四处挥戈的、不能自己的斗士。此后鲁迅先生全部的精力消耗于打击和防御中,琐屑争斗、猜疑自苦,胸襟日益褊狭,与青年日益远离,卒至于凄伤销铄以死。"①也可以说是"道不同不相与谋"了。

尚钺,河南罗山人,北京大学学生。他听过鲁迅讲授的《中国小说史略》和《苦闷的象征》。1925年,他曾写过一篇《鲁迅先生》,其中谈到他对鲁迅的理解,说鲁迅:"拿着往事,来说明今事,来预言未来的事。"②鲁迅对他的创作有过这样的评述:"尚钺的创作,也是意在讥刺,而且暴露,搏击的,小说集《斧背》之名,便是自提的纲要。他创作的态度,比朋其严肃,取材也较为广泛,时时描写着风气未开之处——河南信阳——的人民。可惜的是为才能所限,那斧背就太轻小了,使他为公和为私的打击的效力,大抵失在由于器械不良,手段生涩的不中里。"在北京时期,他与鲁迅交往密切,鲁迅对他的生活也很关心。他在病后去看鲁迅,鲁迅像医生一样仔细问明了他的症状和经过之后,便开给他一个曾经试验有效的药方,由于他的问价,鲁迅觉察出他的穷困,便在他告辞时,从抽屉中取出三块钱给他,慎重地叮咛道:"你刚好,不能多跑路,坐车去,有三块钱大概差不多了。"这使得尚钺非常感动:"我的心立即被惊喜和羞报的感情压榨得不安地震颤起来。"当时的尚钺和狂飙社的诸君是被鲁迅视为亲近的学生和战友来对待的。尚钺曾回忆,有一次他在鲁迅家里聊天,有一位已经颇有点名气的作家来拜访鲁迅,被鲁迅挡驾,让仆人说是不在家。不料这人不依不饶,说他看见鲁迅回家了,让仆人拿着他的名片坚持要见鲁迅。这时的鲁迅"先生立刻沉下脸来,拿过片子走到门前向娘姨说:'你再去和他说,我说不在家是对他客气。'"③尚钺从未见过鲁迅以这么严厉的态度对人,他没有料到他以后如果不珍惜鲁迅给予他的那种礼遇,也同样会落入这种被拒之门外的境地。到了后来,和其他狂飙社人物一样,尚钺也和鲁迅发生了龃龉。其经过是:"因第三者

---

① 曹聚仁:《鲁迅评传》,东方出版中心2006年版,第264—265页。
② 台静农编:《关于鲁迅及其著作》。
③ 《鲁迅生平史料汇编·三》,天津人民出版社1981年版,第499页。

不断有意无意地将事实加以曲解,和第四者的挑拨离间,我青年的轻信性便因之伴同着空洞的自信心,抹杀着许多事实而走向误解的道路。这样便使我与先生发生了某种程度的默哑的抵触。这抵触使我将编配好的《斧背》小说集,从先生所编的《乌合丛书》中抽出来,给予上海泰东图书局出版了。"①

虽然不久以后,尚钺便给鲁迅写了一封长信,请求谅解,但终未能冰释前嫌,与鲁迅的交往最后只剩下了对于过去的充满温情的回忆:

> 在先生决定办《莽原》周刊的时候,一日夜,我便和长虹一块到先生家中去了。在我的计划中,见了先生似乎有很多话要说,可是到了他家中,在他在《秋夜》散文诗中所描写的小书斋中坐下后,我却一句话也想不出来了……我们走进门时,先生正坐在书案前的藤椅上,转身向外看。大概是听着脚步响,要看看是谁来打扰了。我们走进小房间,他便站起身来,让我们坐。于是他便和长虹谈起办《莽原》周刊的问题来。我一面嚼着娘姨送进来的咸花生仁,一面透过窗上的玻璃看着后园的夜风摇动着的枣树的依稀身影。(尚钺:《我的一段学习生活》)

尚钺还回忆过他最后一次见到鲁迅的情景:

> 最后在上海,大概是一九三〇年吧,一日我因紧急的事件,化装成一个工人穿了一身蓝布短衫裤急忙要赶到江湾去,路过狄思威路时,由于我好注意路人的习惯,忽然看见先生左手扶着一个书包正缓缓地向北四川路行进。我故意绕到他的面前:让先生看看他曾经用血和生命培养过的学生,今日仍然

---

① 《鲁迅回忆录·二集》,上海文艺出版社1979年版,第196、197页。

未如某诗人及某某报纸编辑的心愿而死去,并且健在。先生看见我,似乎还有点认识,可是当他向我注意时,我却因时间的紧迫和秘密工作的需要,只笑着急急地走了,未曾问一声他生活和身体的平安。谁知道这就是我和先生最后一次的会见呵!假使当时命运之神告诉我,这是我能会见先生的最后一次时,我当不顾一切跑到先生面前去,告诉他:"先生,过去的许多年月,我已顽强地生存着和工作过来了,今日还在顽强地生存着,工作着,并且你的学生还要在未来无限的年月中顽强地生存下去,工作下去,永不负你的教育。"使先生携着这饱满的安慰誓词,在几年后永远安眠于地下,以慰他毕生为国家和人类的自由而顽强善战的英灵。①

这也说明即使在关系破裂之后,尚钺对鲁迅的感情仍然还是非常深厚的,他们之间的矛盾并非什么原则性的、根本性的矛盾,在很大程度上是出于误解造成了他们的分离。

黄鹏基,笔名朋其,四川仁寿人,小说家。他的短篇集《荆棘》收小说11篇,是《狂飙丛书》之一,1926年8月开明书店出版。他在1925年8月至次年8月和鲁迅先生往来密切。1925年冬,黄鹏基等人组织了"于是剧社",自编了话剧《不忠实的爱情》进行排练;1926年元旦之夜,在北大第三院公演,鲁迅曾亲去观剧,以表支持。1926年1月4日夜,黄鹏基前去鲁迅家,鲁迅曾赠他《出了象牙之塔》。5月16日,黄鹏基因经济拮据前往借钱,鲁迅先生一次就给了他十块银元。黄鹏基或索书或送稿或取稿酬或借钱,曾先后五次去鲁迅家,两人之间书信稿件往来17次,鲁迅先生在日记中均有记载。一次,鲁迅先生生病,黄鹏基及女友石氓一起去家中探望;不遇,又去日本山本医院探望;不见,又寻迹去德国医院,终于在那里看望了生病的鲁迅先生。鲁迅先生有宴会多次邀黄鹏

---

① 《鲁迅回忆录·二集》,上海文艺出版社1979年版,第199页。

基及其女友作陪。当黄鹏基接到四川老家来信催促他返川时,鲁迅先生于5月9日晚在"涡澜堂"饭店设便宴为他饯行。1926年,黄父胁迫他与其小妻的侄女完婚,黄鹏基坚决拒绝、断指为誓,离家出走。

1925年他在《刺的文学(一人文艺社的不成直言的宣言和不成简章的简章)》一文中,就开始提倡所谓"刺的文学",文章开篇即言:"我是一条疯狗,我对于现世只有诅咒,我无法也不能自欺地巧避在象牙之宫里;在污秽的尸身事物和骷髅的沙场上我的幻想也没有想到还可以坚实地建筑这一类美丽的东西,我脑子里的呼叫只是'破坏'。"①

他认为:"文学家并不一定就是得天独厚的特等民族,他的作品也不是只为浮在面上供一般吃了饭没事干的人赞赏的奶油。这种作品,过去的,现在的,顶多,顶多,再增加一篇,除多麻烦印刷工人和多消费读者可宝贵的时光而外,那张纸最大的功用只是作手纸。——因为纸上有墨的缘故,老腐败还怕糟蹋圣贤,一部分新人物也还以为油墨有毒。"批判了这类"奶油作家"之后,他又将矛头指向了"鲛人"作家:"文学家不是哭泣的鲛人,如果一般以为感情的玩弄者就是文学家,那也只好说他是文学家如像他自以为是文学家好了!"最后他表明自己的立场:"我以为中国现代的作品,应该是像一丛荆棘,因为在一片沙漠里,憧憬的花都会慢慢地消灭的,社会生出荆棘来,他的叶是有刺的,他的茎是有刺的。以至于他的根也是有刺的。——请不要拿植物生理来反驳我——一篇作品的思想,的结构,的练句,的用字,都应该把我们常感觉到的刺的意味儿表现出来。真的文学家是绝不能与'我们'绝缘。真的文学家也不应成天睡着在那里呻吟,应该用他自己或他的心情在'我们'里边活动。他应该先站起来,使我们不得不站起来。他应该充实自己的力,让人们怎样充实他自己的力,知道他自己的力,表现

---

① 黄鹏基:《莽原》周刊第28期,1925年10月30日。

他自己的力。一篇作品的成功至少要使读者一直读下去,无暇辨文字的美恶,——恶劣的感觉,固然不好,就是美妙的感觉,也算失败。——而要想因循,苟且而不得。怎样抓着他的病的深处,就很利害地刺他一下。一班整饬的结构,平凡的字句,会使他跑到旁处去的,我们应该反对。'沙漠里遍生了荆棘,中国人就会过人的生活了。'这是我相信的。"①

鲁迅在《中国新文学大系·小说二集·导言》中这样评其创作:"黄鹏基将他的短篇小说印成一本,称为《荆棘》,而第二次和读者相见的时候,已经改名'朋其'了。他是首先明白晓畅的主张文学不必如奶油,应该如刺,文学家不得颓丧,应该刚健的人……朋其的作品的确和他的主张并不怎么背驰,他用流利而诙谐的言语,暴露,描画,讽刺着各式人物,尤其是智识者层。他或者装着傻子,说出青年的思想来,或者化为渝腿,跑进阔佬们的家里去。但也许因为力求生动,流利的缘故罢,抉剔就不能深,而且结末的特地装置的滑稽,也往往毁损掉全篇的力量。讽刺文学是能死于自身的故意的戏笑的。不久他又'自招'(《荆棘》卷首)道:'写出"刺的文学"四字,也不过因了每天对于霸王鞭的欣赏,和自己的"生也不辰",未能十分领略花的意味儿',那可大有徘徊之状了。此后也没有再看见他'刺的文学'。"

黄鹏基抗战时期曾任四川江津县县长,作为北大校友,曾去探望过晚年穷居于此的陈独秀。1941 年他因当县长失职受到处罚,1951 年去世。

未名社是鲁迅在北京时组织的另一个重要的文学社团,其"事业的中心","多在外国文学的译述"。该社成立的经过大概是这样的:1924 年 9 月,李霁野通过北京世界语专科学校的一位学生的介绍结识了鲁迅,韦素园、台静农等也相继与鲁迅有了交往。当时,李霁野、韦丛芜刚从北京实验中学毕业,台静农刚入北京大学

---

① 黄鹏基:《莽原》周刊第 28 期,1925 年 10 月 30 日。

李霁野译俄国安特列夫的《往星中》，鲁迅编入《未名丛刊》之一。

为国文系旁听生，韦素园、曹靖华是在苏联学习了一个短时期归国的，他们都喜欢文学，愿意致力于外国文学的翻译工作，因而引起了热情扶植新生力量的鲁迅的关注。鲁迅读完了李霁野翻译的《往星中》和韦丛芜翻译的《穷人》后说："在这个时候，青年人竟爱好俄国文学，并且这么下功夫把这两本书译出来，总算难得的。"于是，鲁迅主动邀请他们到北京阜成门内西三条二十一号寓所亲切交谈。1925年夏天的一个晚上，鲁迅跟他们谈起当时一般书店不肯印行青年人的译作，尤其不愿印行戏剧诗歌，建议自己成立一个出版社，由李霁野等五人各筹50元，鲁迅负担其余费用，凑足600元左右，自费印行一些期刊和书籍，因为对外必得有名，就用《未名丛刊》（北新书店出版的一种专收译著的丛刊，鲁迅主编）的"未名"二字，来作为这个社的命名。所谓"未名"，并非无名，而是"还未想定名目"的意思。这个社团没有发表什么宣言，也没有订立什么纲领、章程。未名社的成员中韦素园、李霁野、台静农、韦丛芜原是安徽霍邱县叶集镇明强小学的同学，韦素园与曹靖华于1920年至1921年，历尽千辛万苦同时去苏联入莫斯科东方大学学习，因此彼此关系比较密切。领导未名社并负责审稿、编辑责任的是鲁迅，主持未名社日常事务性工作的最初是韦素园，1927年韦素园因患肺结核疗养后，则由李霁野义务负责。1928年，王菁士、李何林也在未名社参加过一段时间的工作。

鲁迅对未名社给予了极大的帮助和支持。据李霁野统计，《鲁迅日记》中关于未名社的记事约700则,寄未名社成员的书信有三百几十封,互访的次数也不少。与狂飙社相比,鲁迅似乎更欣赏未名社成员"愿意切切实实的,点点滴滴的做下去的意志",尤其赞赏韦素园那种"宁做无名的泥土,来栽植奇花乔木"的品质。对于未名社成员虽勤奋而气魄甚小的弱点,鲁迅也深为惋惜。为了出版未名社成员的翻译和创作,鲁迅从审稿改稿、装帧设计、校对印刷乃至代销委售等方面,耗费了大量的时间和精力。在鲁迅的大力扶持下,未名社编辑过《莽原》半月刊两卷四十八期。鲁迅在该刊发表了杂文《论"费厄泼赖"应该缓行》,小说《弟兄》、《铸剑》、《奔月》以及《朝花夕拾》所收全部散文等。《莽原》半月刊因经费缺乏而停刊后,未名社在1928年又出版了一种篇幅较小的《未名半月刊》,共两卷二十四期。鲁迅对该刊的编辑工作进行了指导,并在该刊发表了讲词《现今的新文学的概观》。此外,未名社还发行过《未名丛刊》、《未名新集》及其他译著。鲁迅的杂文集《坟》,散文集《朝花夕拾》以及翻译的《出了象牙之塔》、《小约翰》就是由未名社发行的。未名社发行的《穷人》、《黑假面人》也经过鲁迅的校订。鲁迅充分肯定了未名社的进步作用,他指出:"看现在文艺方面用力的,仍只有创造、未名、沉钟三社,别的没有,这三社若沉默,中国全国真成了沙漠了。"(1927年9月25日致李霁野)1928年春,未名社还因为出版《文学与革命》(托洛茨基著,李霁野、韦素园译)一书在济南山东省立第一师范学校被扣。北京警察厅据山东军阀张宗昌电告,于3月26日查封未名社,捕去李霁野、台静农二人。至10月始启封。

1931年5月,未名社解体,原因是韦素园长期生病,不能过问社事;鲁迅离京南下,无法经常供稿;加之曹靖华远在海外,李霁野因生活所迫于1930年至天津河北女子师范学院教书,未名社人力更感不足。尤为重要的是,韦丛芜走上了从政的道路,当上了国民党的霍邱县县长,并长期拿社里的公款私用、挥霍,其他成员碍于韦素园的面子不愿与之撕破脸皮,这样,未名社的解体已无法避免。鲁迅对未名社的解体深为痛惜。他后来回顾未名社的活动时说:"未名社现在是几乎消灭了,那存在期,也并不长久。……然而未名社的译作,在文苑里却至今没有枯死的。"(《忆韦素园君》)

韦素园(1902—1932),又名韦漱园,安徽霍邱人,翻译家。早年在安徽阜阳第三师范学校读书,1919年赴莫斯科东方大学学习,回国后从事俄国文学翻译工作。译本有果戈理的小说《外套》、俄国短篇小说集《最后的光芒》、俄国诗歌散文集《黄花集》、陀思妥耶夫斯基的《被侮辱与被损害的》(与李霁野合译)等。1925年结识鲁迅,共同组织莽原社、未名社,出版《莽原》半月刊和《未名丛书》、《乌合丛书》。他与鲁迅关系密切,现存鲁迅给他的书信约30封,《鲁迅日记》提到他的地方有130多处。韦病逝于1932年8月1日。鲁迅为其墓写了碑文:"呜呼,宏才远志,厄于短年。文苑失英,明者永悼。"后又专门写了《忆韦素园君》一文,表达了深痛的哀思。其中写道:

> 未名社的同人,实在并没有什么雄心和大志,但是,愿意切切实实的,点点滴滴的做下去的意志,却是大家一致的。而其中的骨干就是素园。
>
> 于是他坐在一间破小屋子,就是未名社里办事了,不过小半好像也因为他生着病,不能上学校去读书,因此便天然的轮着他守寨。
>
> 我最初的记忆是在这破寨里看见了素园,一个瘦小,精明,正经的青年,窗前的几排破旧外国书,在证明他穷着也还是钉住着文学。然而,我同时又有了一种坏印象,觉得和他是很难交往的,因为他笑影少。"笑影少"原是未名社同人的一种特色,不过素园显得最分明,一下子就能够令人感得。但到后来,我知道我的判断是错误了,和他也并不难于交往。他的不很笑,大约是因为年龄的不同,对我的一种特别态度罢,可惜我不能化为青年,使大家忘掉彼我,得到确证了。这真相,

我想,霁野他们是知道的。

但待到我明白了我的误解之后,却同时又发现了一个他的致命伤:他太认真;虽然似乎沉静,然而他激烈。认真会是人的致命伤的么?至少,在那时以至现在,可以是的。一认真,便容易趋于激烈,发扬则送掉自己的命,沉静着,又啮碎了自己的心。

"认真"正是鲁迅最为重视的品质,他晚年和内三完造聊天时还说:"日本人的长处,是不拘何事,对付一件事,真是照字直解的'拼命'来干的那一种认真的态度。……我把两国的人民比较了一下,中国把日本全部排斥都行,可是只有那认真却断乎排斥不得。无论有什么事,那一点是非学习不可的。"① 实则认真关乎信仰,乃是任何文明得以形成的基础,而文明衰退的标志,就是大家都已不再认真,马马虎虎没有原则,怎么都行。而这显然是民族振兴所要首先克服的痼疾。韦素园正因为其认真所以得到鲁迅格外的赏识。

鲁迅讲述了韦素园因主编《莽原》半月刊而与狂飙社交恶的经过,对韦素园多予肯定。然后提到另一件事:

我到广州,是第二年——一九二七年的秋初,仍旧陆续的接到他几封信,是在西山病院里,伏在枕头上写就的,因为医生不允许他起坐。他措辞更明显,思想也更清楚,更广大了,但也更使我担心他的病。有一天,我忽然接到一本书,是布面装订的素园翻译的《外套》,我一看明白,就打了一个寒噤:这明明是他送给我的一个纪念品,莫非他已经自觉了生命的期限了么?

我不忍再翻阅这一本书,然而我没有法。

---

① 山东师院聊城分院编:《鲁迅在上海·三》,内部资料,1979年,第10页。

> 我因此记起,素园的一个好朋友也咯过血,一天竟对着素园咯起来,他慌张失措,用了爱和忧急的声音命令道:"你不许再吐了!"我那时却记起了伊孛生的《勃兰特》。他不是命令过去的人,从新起来,却并无这神力,只将自己埋在崩雪下面的么?……
>
> 我在空中看见了勃兰特和素园,但是我没有话。

文章接着回忆了1929年5月,鲁迅回北京探亲专门到西山去看望重病的韦素园的经过。然后写道:

> 一九三二年八月一日晨五时半,素园终于病殁在北平同仁医院里了,一切计画,一切希望,也同归于尽。……自素园病殁之后,转眼已是两年了,这其间,对于他,文坛上并没有人开口。这也不能算是希罕的,他既非天才,也非豪杰,活的时候,既不过在默默中生存,死了之后,当然也只好在默默中泯没。但对于我们,却是值得记念的青年,因为他在默默中支持了未名社。

文中最后对韦素园短暂的一生做出了高度的评价:

> 是的,但素园却并非天才,也非豪杰,当然更不是高楼的尖顶,或名园的美花,然而他是楼下的一块石材,园中的一撮泥土,在中国第一要他多。他不入于观赏者的眼中,只有建筑者和栽植者,决不会将他置之度外。

李霁野(1904—1997),安徽霍邱人,翻译家、学者。1919年秋考入阜阳第三师范学校,与韦素园等先后同学。1921年冬,因赞同白话文,接受共产主义思想被排挤退学,在家自修英语。1923年春到北京读书,继续自修英语。课余常编译一些短文以换取学费和生活费,逐渐专心致力于文学翻译。

李霁野1924年持翻译的俄国作家安特列夫的剧本《往星中》,请鲁迅审阅,受到鲁迅的热情鼓励与帮助。1925年8月,在鲁迅的发起下,他和韦素园、台静农等组织文学社团未名社。1927年年初,韦素园因病休养后,他与台静农主持未名社社务,并编辑《莽原》、《未名》等刊物。1928年4月,在北洋军阀查封未名社时被捕,拘押50天始获释。1929年秋到北京孔德学院任教,1930年8月往天津河北女子师范学院任教。1930年夏,台静农在北平被捕,他到上海请鲁迅设法营救。1935年往英国游学,1936年4月回国。1930年到1937年间,一直担任天津河北女子师范学院英语系主任。这几年继续翻译了《被侮辱与被损害的》、《简爱》等世界名著。抗战期间,他先后在北平辅仁大学和四川白沙女师学院任教。1946年任台湾大学外语系教授、系主任。

李霁野曾深情回忆鲁迅先生对未名社成员的翻译和创作的悉心指导,说鲁迅"在看稿改稿,印刷出版,书面装帧,甚至代销委售方面,费去了大量时间与精力。先生在看了译稿之后,在要斟酌修改的地方,总用小纸条夹记,当面和我们商量改订,有日本文译本的,还要对比校订。对于人名的音译和字形,他都一一认真改定,然后向我们说明他的原则:不用中国式姓名译外国人名,不在女性人名上加草头女旁,字形要长体和扁体配称使用。译稿付印时,他把空行空格,什么样几号字,都一一记清楚。看改我们的创

鲁迅主编及参与编辑、指导青年编辑的部分刊物。

作时,明显的错别字,当然就随看随改掉了;但先生认为稍关重要的处所,必和本人商量后才确定,例如对于我那篇不象样的小说《生活!》就是如此。

"……我同鲁迅先生谈过,我欢喜文学,并想学点英文,因为我从阜阳第三师范学校走开后,曾经自己阅读简写的《一千一夜》的故事,很感兴趣,觉得发现了一个新天地。未名社成立后,我曾不自量力,想把《一千一夜》全译出来,并登出广告去。鲁迅先生不但不泼冷水,并对'初生牛犊不怕虎'的傻劲大加鼓励,写信告诉我,北京孔德学院有一种好版本的《一千一夜》。以后我也寻到另一个好版本的全译。"

到天津后,李霁野陆续收到鲁迅的译著,鼓励他多搞些翻译。李霁野把《简爱》译出后寄给鲁迅,鲁迅代为发表换得李去英国旅游的川资。

李曾写小说《微笑的面孔》,鲁迅看后说可发在《莽原》半月刊上,但告诫李不要被别的作家的影响束缚住,因为《微笑的面孔》可以看出是受了安特列夫的影响,不过不算太坏。并对李说可多读点英国的 Eassy。

新中国成立后李霁野曾兼任天津市文化局局长,市政协副主席,市文联、作协副主席。南开大学外语系名誉主任,天津市文联主席,天津外国文学学会理事长,全国政协委员等职。他的主要译著有《不幸的一群》、《被侮辱与被损害的人》、《简爱》、《我的家庭》、《虎皮武士》,著有《影》、《海河集》、《意大利访问记》、《回忆鲁迅先生》、《鲁迅先生与未名社》等。

台静农(1903—1990),现代小说家、学者、书法家。字伯简,安徽霍邱人。

他曾在汉口上中学,未毕业即到北京大学国文系旁听,后转该校研究所国学门半工半读。他同鲁迅交往甚密,在创作和生活上都得到过鲁迅的帮助。1927年韦素园因病休养后,他与李霁野同为未名社社务主持人,与鲁迅联系更多。他的创作以短篇小说为主,兼写诗歌、散文,多载《莽原》半月刊、《未名》半月刊等刊物。后集为短篇小说集《地之子》、《建塔者》,分别于1928年、1930年由未名社出版,均为《未名新集》之一。另外编有《关于鲁迅及其著作》一册,内收有关《呐喊》的评论和鲁迅访问记等文章共14篇,1926年7月由北京未名社出版,为最早的鲁迅研究资料专集。《地之子》共收小说14篇,显示了作者善于从民间取材,通过日常生活和平凡事件揭露社会黑暗的特点。笔调简练、朴实而略带粗犷。格局不大,有浓郁的地方色彩。鲁迅认为,"在争写着恋爱的悲欢,都会的明暗的那时候,能将乡间的死生,泥土的气息,移在纸上的,也没有更多,更勤于这作者的了"(《中国新文学大系·小说二集·序》)。台静农是20世纪20年代乡土文学的代表作家之一。《建塔者》共收小说10篇,歌颂在新军阀的血腥统治下坚持斗争的革命志士,政治倾向比较激进。他所编《关于鲁迅及其著作》(1926年北京未名社出版)为最早的研究鲁迅的资料专集。鲁迅对他的品格很为称赞,说他"为人极好"。1934年夏台静农在北平被捕,鲁迅曾帮助李霁野对其进行营救。1935年他往厦门任教,过沪时,曾几次拜访鲁迅。抗战前,他先后在北京辅仁大学、齐鲁大学、山东大学和厦门大学任教授并兼中文系主任。抗战胜利后,他应当时任台湾省编译馆馆长的许寿裳的邀请,到该馆任职。后又随许寿裳转至台湾大学中文系任教。他是台湾出版的《中文大学典》编纂人之一。

韦丛芜(1905—1978),又名立人,笔名蓼南,安徽霍邱人,韦素园之弟。著名翻译家、学者。1918年考入安徽第三师范学校。1922年到安庆,与李霁野合办《微光周刊》。1923年到北京,入崇实中学读高中,因经济困难,开始写稿。1924年开始翻译俄国陀思妥耶夫斯基的长篇小说《穷人》。1925年到北京大学旁听,开始与鲁迅交往。1925年秋入燕京大学读书,在鲁迅倡导下,参与创办文学团体未名社。鲁迅多次为他校改稿件,并介绍发表或出版,1926年曾为其所译俄国陀思妥耶夫斯基的长篇小说《穷人》作小引。1927年出版抒情长诗《君山》。1929年7月从燕京大学毕业，继续翻译外国文学作品，1930年负责未名社出版业务，1931年被聘为天津女子师范学院英文系教授。

1930年8月，他主持未名社社务后，滥支社款，造成亏空，导致该社解体。1933年后，他投靠陈立夫、陈果夫，走入政界，鲁迅遂与他断绝往来。未名社积欠鲁迅版税中的韦丛芜挪用部分，1934年6月起以韦丛芜在上海书店的版税偿还，至1935年底才基本还清①。

韦丛芜于1933年9月回霍邱办学，被国民党省政府任命为霍邱县代理县长。1937年初被撤职、逮捕，抗战爆发后获释，从事经商活动。抗战胜利后重新开始文学翻译工作。1952年任上海文艺出版社英文编辑，译著甚丰。1958年9月他因历史问题被捕，1960年年初被判刑，4月迁居杭州，贫困潦倒，1980年其冤案才获平反。主要著作有：《君山》（诗）（1927），未名社出版部；《冰块》（诗集）（1929），未名社出版部；《韦丛芜选集》（1985），安徽文艺出版社。他的译作甚多，特别是俄国作家陀思妥耶夫斯基的名著大多是由其翻译的，为介绍西方文学做出了较大的贡献。

鲁迅于1926年8月26日由北京启程，9月4日抵厦门，他在厦门大学留居的时间不长，但也做了不少工作，其中包括指导、扶持了两个学生文艺社团：一名泱泱，一名鼓浪。鼓浪社编辑的刊物是《鼓浪》周刊，附于鼓浪屿《民钟报》出版；泱泱社系出版一种月刊，名为《波艇》，不在厦门印刷，寄交上海北新书局代印代发。《波艇》刊登的有诗、小说、剧本和杂感，大部分作者是泱泱社成员，此外还有厦门大学教师鲁迅和孙伏园的作品。

泱泱社的成员都是厦门大学文科外语系、国文系、教育系的学生，其中有的后来随鲁迅转学到广州读书；鲁迅到上海后，有的又

---

① 以上关于未名社作家的介绍主要参照包子衍、王锡荣、立群撰：《鲁迅研究资料汇编·三〈与鲁迅在北京有关的人物〉》。

先后来到上海组织朝花社,成为中国的进步文化事业的人才。

鲁迅对泱泱社的成员及其作品评价比较客观,他在给许广平的信中说:"近来组织了一种期刊,而作者不过寥寥数人,或则受创造社影响,过于颓唐,或则象狂飙社嘴脸,大言无实。"(《两地书·八三》)

值得纪念的是鲁迅在厦门大学时留下的一张很有特色的照片就是和泱泱社成员一起活动时拍的:那是1927年1月2日,泱泱社的几个青年,邀请鲁迅到学校后边南普陀西南的小山冈上去照相。在那小山冈上点缀着一座座坟墓,周围是鲁迅喜爱的龙舌兰,合影后还单独照了一张,"是在草莽丛中,坐在一个洋灰的坟的祭桌上"(《两地书·一〇四》)。鲁迅对泱泱社青年说,这张照片要赶印在那本《坟》上去,因为《坟》里有几篇用古文写的文章,这张照片就算表示那几篇杂文是被埋葬了的坟。只有坚信未来的人才会不惧怕死亡,这也是鲁迅通过祈求自己及其同在的现实的"死亡"和"速朽"来使进步"提速"的独特心态。

3. "真的恶声"——高长虹其人

在20世纪20年代中后期和30年代初的中国文坛上,高长虹犹如一颗耀眼的彗星划过夜空,引人注目,他在五四之后陷于低潮的文坛上又掀起了个性解放的狂飙,他的诗文诡谲怪异而又放言无忌,极具张力;他与鲁迅的关系及其人其文的独特价值都不容忽视,因此有集中加以介绍、论述的必要。

高长虹(1898—1954),本名高仰愈,长虹是他的笔名,山西省盂县西沟村人,他是狂飙社的创办者,也是莽原社的主将。从文化血缘上来说,高长虹属于典型的"五四之子",从这个意义上来说,鲁迅可以说是他的精神之父。高长虹在比较封闭的山西读到了新文化的书籍,大为震动,于是开始大量阅读鲁迅等人的著作,并尝试从事新文学创作。1923年暑假,高长虹、高沐鸿、高歌等在太原成立狂飙社,并在1924年9月出版了《狂飙》月刊。不久高长虹前往北京,开始了他的流浪生活。

1924年10月,冯玉祥发动"北京政变"后,辛亥革命元老、无政府主义者景梅九办的《国风日报》得以复活,景是高长虹的同乡和长辈,在思想观念上也有相近之处,所以靠着这种关系,高长虹便在《国风日报》办了两种周刊:一为《世界语》周刊(与陈声树等互助学社世界语部社员合编),一为《狂飙》周刊。《狂飙》周刊第一期在1924年11月9日发行,编辑者署"平民艺术团",发行者署"《国风日报》社《狂飙》周刊部"。该刊宗旨是"用大胆无畏的态度,发表'强的文艺'"。该刊同人在《狂飙运动宣言》中说:"软弱是不行的,睡着希望是不行的。我们要作强者,打倒障碍或被障碍压倒。我们并不惧怯,也不躲避。"从第十四期开始,该刊宣布大加革新,增加材料,由专登文学作品扩充为兼登艺术、思想方面的文字;形式也作相应的改良,后来由于景梅九离职,1925年3月22日,《狂飙》周刊出至第十七期遂告停刊。后来,吕蕴儒、向培良、高歌等在河南开封创办了《豫报》副刊,高长虹、尚钺等被列为长期撰稿者。1926年2月8日,高长虹等又编辑了一种《弦上》周刊。高长虹离京前,还出过《狂飙》不定期刊。以上所述,就是高长虹等在北京从事"狂飙运动"的基本情况。

1926年10月10日,高长虹赴上海复办《狂飙》周刊,1927年1月出至第十七期停刊。该刊创刊号登载的《狂飙周刊的开始》一文宣传:"我们尊崇科学,尊崇艺术。我们以为艺术表现人类的行为,科学指导人类的行为。我们以为中国只有两条路可走:有科学与艺术便生存,没有科学艺术便灭亡。我们以为人类只有两条路可走:有新的科学艺术便和平,没有新的科学艺术便战争。我们倾向和平,然而我们也尊崇战争,我们要为科学艺术而作战!我们的重要工作在建设科学艺术,在用科学批评思想。因为目前不得已的缘故,我们次要的工作在用新的思想批评旧的思想,在介绍欧洲较进步的科学艺术到中国来。"高长虹曾经解释道,他所尊崇的科学与艺术的代表者是罗曼·罗兰与罗素。"一个罗素,他代表科学的精神;一个是罗兰,代表了艺术的精神。"这是五四时期"德、赛"二先生崇拜的延伸。

1928年,狂飙社在上海设立了出版社,还成立了狂飙演剧部,从事"小剧场运动",参加者有柯仲平、丁月秋、马彦祥、吴似鸿、沉樱、塞克等。1928年11月,高长虹还编辑了一种《长虹》周刊,专登自己的创作以及转载评论他的作品的文章。1930年至1937年间,高长虹远涉重洋到日、德、法、意考察学习。抗日战争爆发后,返回祖国,先后在武汉、重庆等地从事抗日救亡宣传活动。1941年,他徒步赴延安参加了革命工作,1946年到达东北解放区,后疑患精神病于1954年在沈阳去世。

高长虹认识鲁迅"是在一九二四年的冬天",是由他所办的《狂飙》周刊而结缘的。据高长虹说,《狂飙》周刊的问世曾令鲁迅感到精神为之一振,高长虹也说当时普天下能赏识《狂飙》者也只有鲁迅、郁达夫、日本友人伊东干夫和河南的欲擒而已。然则"达夫外恭而内倨,仅一次往来,遂成路人。你呢(鲁迅),我们思想上找差异本来很甚,但关系毕竟是好的,莽原便是这样好的精神而表现"①。鲁迅在看到《狂飙》周刊后的确曾向孙伏园等人问过,长虹是何许人?还表示过《狂飙》周刊,他认为是好的。孙伏园把此事告诉了高长虹,使他大受鼓舞。所以1924年12月10日,高长虹去鲁迅家拜访,鲁迅又当面对高长虹示以鼓励。高长虹后来讲过他见到鲁迅的初始印象:

> (1924年)十一,二月之间吧,京副出世,我又见了伏园,但不过随便谈谈,因我此时已无稿可卖了。我问起关于狂飙周刊的舆论。他说:"鲁迅曾问过长虹何人,那日请客,在座人很多,有麟也在。大家问狂飙如何,他说,据他看是好的。"我从此始证实我那一个推想,因鲁迅,郁达夫已都赞赏狂飙也。

---

① 《高长虹文集》中册,中国社会科学出版社1989年版,第120页。

当时的狂飙是没有多少人看的,我们当时的无经验的心实私自欣慰,以为此两人必将给我们一些帮助,而狂飙亦从此可行得去也。而谁知乃有大谬不然者!

当我在《语丝》第三期看见野草第一篇秋夜的时候,我既惊异而又幻想,惊异者,以鲁迅向来没有过这样文字也。幻想者,此人于心的历史,无从证实,置之不谈。自我从伏园处得到消息,于是鲁迅之对于狂飙,我已确知之矣。在一个大风的晚上我带了几份,初次去访鲁迅。这次鲁迅的精神特别奋发,态度特别诚恳,言谈特别坦率,虽思想不同,然使我想象到亚拉籍夫与绥惠略夫会面时情形之仿佛。我走时,鲁迅谓我可常来谈访,我问以每日何时在家而去。此后大概有三四次会面,鲁迅都还是同样好的态度,我那时以为已走入一新的世界,即向来所没有看见过的实际世界了。①

当时高长虹眼中的鲁迅,"不但不是人们传说中的鲁迅,也不很像《呐喊》的作者鲁迅,却是一个严肃诚恳的中年战士……鲁迅那时仿佛像一个老人,年纪其时也只四十三四岁。他的中心事业,是文艺事业,思想事业。不过因为当时的环境不好,常持一种消极的态度。写文章的时候,态度倔强,同朋友谈起话来,却很和蔼谦逊"②。高长虹的《狂飙》周刊停刊后,鲁迅很快就约高长虹等人办了一个新的杂志《莽原》。《莽原》很快于1925年4月24日出刊,由鲁迅主编,随《京报》发行。鲁迅说:"我早就很希望中国的青年站出来,对于中国的社会、文明,都毫无忌惮地加以批评,因此曾编印《莽原》周刊,作为发言之地。"参加《莽原》周刊工作(包括撰稿)的核心人物是3人:鲁迅是主编,高长虹既撰稿又协助编务,荆有麟奔波于出版与发行。这时期高长虹表现得最为出色,他每期都

---

① 《高长虹文集》中册,中国社会科学出版社1989年版,第155页。
② 高长虹:《一点回忆》。

发表作品，有诗，有散文，有杂文，引起了人们的普遍注意，甚至有人把"长虹"当成了鲁迅的笔名，像许广平就曾写信专门问起长虹是谁。鲁迅对长虹的作品非常重视，常常编排在头版头条，而把自己的作品排在后面。这一时期高长虹奔走鲁迅家也甚勤，据鲁迅日记，他1925年4月去7次，5月去10次，6月去7次，7月去6次，8月去11次，9月去7次。高长虹后来在《给鲁迅先生》中说："《莽原》本来是由你提议，由我们十几个人担任稿件的一个刊物，并无所谓团体……以后培良南去，衣萍又不大做文，《莽原》内部事，当其冲者遂只剩我们三人，无论有何私事，无论大风泞雨，我没有一个礼拜不赶编辑前一日送稿子去。我曾以生命赴《莽原》矣！"这是合乎事实的。直到1935年鲁迅也还是承认，在莽原社中，"奔走最力者为高长虹"。

鲁迅对高长虹在生活上也十分关心，出版《莽原》周刊，是没有编辑费和稿费的，但鲁迅特别关照："高长虹穷，要给他一点钱用。"因而他每月能得到10元、8元酬金。鲁迅还选编高长虹的散文和诗，集为《心的探险》，编入《乌合丛书》，并亲自设计封面。有一次，李霁野去访问鲁迅，见他的神色很不好，问起来，他毫不在意地答道："昨夜校长虹的稿子，吐了血。"（见李霁野：《忆鲁迅先生》）为了提升高长虹在文坛的影响，鲁迅还让高长虹和他一起为许钦文的短篇小说集《故乡》集子写小引，当然也有避嫌的考虑，

高长虹的《心的探险》由鲁迅编选并制作封面。

因为许钦文是他的同乡和学生。鲁迅在给许广平信中曾说:"长虹确不是我,乃是我今年新认识的,意见也有一部分和我相合,而似是安那其主义者。他很能做文章,但大约因为受了尼采的作品的影响之故罢,常有太晦涩难解处。"

高长虹1926年10月在上海写了一篇《一九二六,北京出版界形势指掌图》对其与鲁迅交往的过程及发生纠纷的缘起等有所说明:

> 于是"思想界权威者"的大广告便在民报上登出来了。我看了真觉"瘟臭",痛婉而且呕吐。试问,中国所需要的正是自由思想的发展,岂明也这样说,鲁迅也不是不这样说,然则要权威者何用?为鲁迅计,则拥此文名,无裨实际,反增自己的怠慢,引他人的反感,利害又如何?反对者说:青年是奴仆! 自"训练"见于文字;于是思想界说:青年是奴仆! 自此"权威"见于文字;于是青年自己来宣告说:我们是奴仆! 我真不能不叹中国民族的心死了!
>
> 须知年龄尊卑,是乃父乃祖们的因袭思想,在新的时代是最大的阻碍物。鲁迅去年不过四十五岁,岂明大抵在四十上下,如自谓老人,是精神的堕落;思想呢,则个人只是个人的思想,用之于反抗,则都有余,用之于压迫,则都不足! 如大家都不拿人当人,则一批倒下,一批起来;一批起来,一批也仍然要倒下,猴子要把戏,没有了局。

高长虹曾谈及他曾和鲁迅当面谈过"权威"这一话题,当时"鲁迅默然。停了一歇,他又说道:'有人——就说权威者一语,在外国其实是很平常的!'要是当年的鲁迅,我这时便要说:'外国也不尽然,再则外国也不足为例了。'但是我那时也默然了! 直到实际的反抗者从哭声中被迫出校后,我当晚到鲁迅家略谈片刻后,鲁迅遂戴其纸糊的假冠入于心身交病之状况矣。此后我们便再没有能坦白的话"。

高长虹认为:"如想再来一次思想革命,我以为非有几个青年来做这个工作不可。他们的思想是新的,他们是没有什么顾忌的,他们是不妥协的,他们的小环境是单纯而没有什么纠葛的。已经成名的人,我想能够得到他们的帮助是最好的了。鲁迅当初提议办莽原的时候,我以为他便是这样态度。这事实只证明他想得到一个'思想界的权威者'的空名就够了!同他反对的话都不要说,我想找一些人来替他说话,说他自己想说的话,而他还不以为是受了人的帮助,有时还反疑惑是别人在利用他呢!然而他却是得到了'思想界的权威者','青年叛徒的领袖'的荣誉。"

既然反感"权威",而又要利用"权威",这使被利用的鲁迅终于无法容忍,出离愤怒,予以回击,于是就有了《所谓"思想先驱者"鲁迅启事》:

>《新女性》八月号登有"狂飙社广告",说:"狂飙运动的开始远在二年之前……去年春天本社同人与思想界先驱者鲁迅及少数最进步的青年文学家合办《莽原》……兹为大规模地进行我们的工作起见于北京出版之《乌合》、《未名》、《莽原》、《弦上》四种出版物外特在上海筹办《狂飙丛书》及一篇幅较大之刊物"云云。我在北京编辑《莽原》,《乌合丛书》,《未名丛刊》三种出版物,所用稿件,皆系以个人名义送来;对于狂飙运动,向不知是怎么一回事:如何运动,运动甚么。今忽混称"合办",实出意外;不敢掠美,特此声明。又,前因有人不明真相,或则假借虚名,加我纸冠,已非一次,业经先有陈源在《现代评论》上,近有长虹在《狂飙》上,迭加嘲骂,而狂飙社一面又赐以第三顶"纸糊的假冠",真是头少帽多,欺人害己,虽"世故的老人",亦身心之交病矣。只得又来特此声明:我也不是"思想界先驱者"即英文 Forerunner 之译名。此等名号,乃是他人暗中所加,别有作用,本人事前并不知情,事后亦未

尝高兴。倘见者因此受愚,概与本人无涉。①

"先驱"虽然比"权威"要更客观,更符合实际,但被激怒的鲁迅已经愤激于这种被利用了,于是鲁迅采取"拳来拳对,刀来刀当"的态度,在《故事新编》的《奔月》和杂文《所谓"思想先驱者"鲁迅启事》、《〈走到出版界〉的"战略"》及其他一些书信中,"回敬了他几杯辣酒",使他遭受了沉重的打击。而鲁迅在高长虹的眼中也就"递降而为一世故老人的面目,除世故外,几不知其他矣"。

将鲁迅说成是"世故老人",完全不考虑人情世故的高长虹也许可以这样说,别人恐无此资格,因为高长虹与鲁迅比起来的确更为袒露无忌,不在乎任何的外界的攻击及可能引发的后果,从他的作品中可以更鲜明地体会这一点,如《我的死的几种推测》一文中,高长虹列举了几种他可能的死法,其中:

……

八、我恨一切人类,我以为人类除杀掉之外,再不能够有别的好的安置。人生是没有快乐的。只有杀掉一切人类可以免去痛苦。我于是便把这灭绝痛苦的杀人主义的实行勉强当作我个人的惟一的快乐。我用了求生之乐所用的勇气以送一切人类于干净之死。我杀了十五万九千九百九十九万九千九百九十八个人②,最后,我抱着失败的遗恨,死在那个最后该死的人类的手里。

九、一切女子都不爱我,我觉悟了我的孤独之生的结局只有孤独之死。我于是选定了地球上一个最美的美人,我闯进她的屋里。那时她正赤条条的躺在床上。我嘴里衔上我一生研究化学所发明的一种最毒的毒质,伏在她的身上,同她接那

---

① 《鲁迅全集》第三卷,第410—411页。
② 数字有误,疑错,《高长虹文集》上册,第132页。

第一个同时也是末一个的吻。在这一吻之下,我们两人的灵魂便永存于爱的宇宙之中。

十、这自然是决不会有的事,然而也不妨姑存此说,以备例外,我同一般人一样,死在平庸的病榻之上。

这正是一种不甘平庸的浪漫主义的人生哲学。与死亡相比,他们更害怕的是平庸。

甚至我们可以大胆地推测鲁迅和高长虹的创作是交互影响的,在现代散文诗的创作领域,他几乎是唯一可以与鲁迅相颉颃的人物,看他的《心的探险·幻想与做梦——从地狱到天堂》中的一段与鲁迅《野草》的风格极为相似:

> 我惶惑地飞行着,在自由的天堂中。可怕的冲突在这里发生了,所有日常在我周围貌似亲近的人们,达时都变成强硬的仇敌,鼓起苍蝇一般讨厌的勇气,一齐向我发出猛烈的攻击,在长久的孤独的奋斗之后,我终于失败了。
>
> 我只有逃走,向没有人迹的地方逃走。……①

高长虹在对人的理解上也是立足于虚无基础上的实在主义,他将真理的基础置于人的感觉经验与科学实证之上。认为一切实际存在的真理都是由人的感官经验或科学提供的,此外别无获得真理或真实的途径,因此,一切不能由感觉和科学证明的东西都是不存在的。既然在尸体解剖中找不到灵魂的存在,也就不存在灵魂,他是将人当成完全的生物来看待的,所以他在狂飙社时期极力推崇行为主义的实验心理学,认为:

> 行为主义者研究心理学的最好的态度是,他把人类完全

---

① 《高长虹文集》上册,第67页。

看作一个机械。他不相信意识,他并且不相信心,而他在研究人类的行为,他解说人类的行为,完全应用着刺激与反应。他不要理论,而只取决于实验。他说,心理是人类的潜伏的行为,是人类的全身的动作,而取治了那个神秘的思索之官脑筋。

我们既然知道了人类并不是什么上帝的儿子,而只是生物界的一种生物,则我们研究人类的时候,老实当它做生物研究好了。心理学是宗教与哲学的产物,它在科学上是没有存在的理由的。动物心理学,是人类心理学的一个支派,实则动物只有它的动作,而没有什么心理。动物心理学家研究动物心理学的时候,其实也只是研究动物的动作,不过他们因为迷信心理是存在的缘故,所以他们自救是用以研究动物的心理罢了。然而,既然研究的是动作,则如何而能证明心理是存在的呢?我们对于人类,也将是这样,我们不再相信人类是有心理的,我们将要直接地去研究人类的行为了。①

他又接着说:

什么是人类的行为呢?行为主义者说,行为是刺激的反应。但是,当我们去看人类的行为的时候,我们看不见心理的行为。我们所能够看见的行为是,经济的行为同性的行为。我们看见人类如没有经济的反应的时候,则会失了生存;如没有性的反应的时候,则会失了生殖。我们还看见人类有教育的行为,否则,人类中的那些年长的便不能够把他们的生活的方法告诉那些年幼的。我们还看见人类有艺术的行为,因为他们都有那种叫做"情绪"的动作。我们还看见人类有科学的行为,虽然他们还没有人人都作了科学家,然而他们那时常

---

① 《高长虹文集》中册,第145—146页。

有新的生活的方法的发见。这五种行为,那是所有的人类都不能够断绝了的。除此以外我们还没有看见其他。

基于他的科学主义信仰,高长虹认为只要研究清楚了人类的这几种基本的行为就足够了,什么法律、政治、道德、哲学都可以取消。

在性的问题上,高长虹也提出了在那个时代最为惊世骇俗的"杂交"主张,他认为:

> 性不知道什么叫做古今,性没有那个迷惑的时代观念,性所知道的只是:还我性来;性无时不在倔强地说:"我有我的真理!"
>
> 人类所有的文化的历史,我们大致可以把它切成三个时期。一,发昏时期;二,假干净时期;三,自欺欺人时期。这三个时期,它们的区别都很显明,在各样生活的方式上都各具它的特殊的色彩。在性的生活上的便是:劫夺时期;婚制时期;恋爱神圣或灵肉一致时期。第三个时期是现代欧洲最新派的思想家们所代表的,中国则还在第二个时期。
>
> 性的生活已经堕落到不堪设想的地步了,然这个堕落,还被人斤斤焉自命得意地保存着。我们没有一个人享受过完满的性的生活,没有一个!我们所有的大抵出不了这三个方式:苟安,放纵和独身。而这三者又都是同样的贫乏和残废。所不同的,只是从他的第二个方式,放纵,我们可以比较显明地看见性的真面目的一扇影片罢了。①

据云鲁迅对高长虹的"杂交"会给女性带来利益的说法不以为然,说是"他说那利益,是可以没有家庭之累,竟想不到男人杂交

---

① 《高长虹文集》中册,第368、369、370页。

后虽然毫无后患,而女人是要受孕的"。

高长虹可谓是现代文坛上比较彻底的虚无主义的个人反抗者,"否定既有的一切"是其精神的突出特征,在他的眼中是没有任何权威的,既包括旧的权威也包括新的权威,这也正是现代虚无主义的突出特征,正如屠格涅夫的小说《父与子》中的虚无主义者所言:"虚无主义者是一个不服从任何权威的人,他不跟着旁人信仰任何原则,无管这个原则是怎样被人们认为神圣不可侵犯。"① 小说中的虚无主义英雄巴扎罗夫和人有这样一段对话:"凡是我们认为有用的事情,我们就依据它行动。目前最有用的事就是否认——我们便否认。""否认一切吗?""一切。""您否认一切,或者说得更正确一点,您破坏一切……可是您知道,同时也应该建设呢。""那不是我们的事情了……我们应该先把地面打扫干净。"②

虚无主义可有多重表现,如文化上的极端反传统、政治革命中的激进主义以及哲学和伦理道德上的虚无主义倾向等等。在虚无主义者看来,道德价值不是由宗教信仰或文化习俗决定的而是由个体决定的,亦即由个人的是非好恶决定,理性主义化减到最后走向彻底的虚无。高长虹与鲁迅等关于"权威"的冲突应视为是现代性文化内部的冲突,它是现代性内部的自我否定的"弑父冲动"的体现,是现代性变动不居逻辑的自然推演,其所承认的唯一不变的原则就是变化本身,因此它将变动推向极致,否定任何的稳定性,这样任何权威也就无从建立,任何秩序也就无从维持,它以不断的变异作为进步的动力。而这种极端的变动性显然也违背了新文化运动力图确立新文化秩序的初衷。极端的进步、变动论者强调世界是在"时时更新、刻刻变化"的,因此"人不可能趟过同一条河流",他以极端的流动性否定与之共生的稳定性,这显然是不智之举。变革时代往往过分强调这种流动性,而忽视了与之相应的

---

① 巴金译:屠格涅夫:《父与子》,人民文学出版社1979年版,第228页。
② 巴金译:屠格涅夫:《父与子》,人民文学出版社1979年版,第262页。

稳定性,所以导致一种急于超越的盲动心态,酿成一种被陀思妥耶夫斯基称为"桎梏性的进步遐想",这也是一种需要加以反思的现代性的极端主义信仰。高长虹可以说是把鲁迅思想情绪中的虚无倾向推到极致的人物,物极必反,他也让鲁迅感到了这种虚无思想的虚妄、悖谬之处,对此有了更深刻的自省。"恶声"的期待、呼唤者如何面对朝向自己的"恶声",从而免于"教猱升木"、"叶公好龙"的尴尬之境,这也是一个值得注意的问题。从20世纪世界范围来看,这种担忧也并非无的放矢。德国20世纪最杰出的思想家之一、"法兰克福学派"的主要创始人阿多诺在1968年欧洲学生运动高潮中的遭遇即极有代表性。阿多诺是当代资本主义制度的激烈批判者,以阿多诺、马尔库塞和霍克海默为代表的"法兰克福学派"通常被视为是20世纪60年代末、70年代初席卷欧美的学生反叛运动的精神领袖,然而当造反的学生冲击占领了他的社会科学研究所时,他只好无奈地向他所反对、厌恶的资本主义的国家机器求救,打电话找警察来解围。在一次课堂讨论中,三名激进的女大学生竟然脱光上身对阿多诺这位"不革命"教授进行了一番"乳房攻势"(大概是在讥笑他像吃奶的孩子一样缺乏"生产力"),这位享有世界声誉的社会批判大师压根没有想到会受到来自青年这样的讥笑和侮辱,当时眼中流下了泪水。阿多诺留下了不少的格言警句,如"思考者不会发怒"、"爱是一种在不相似中感受到相似的能力"、"自由不是可以选择黑或白,而是可以不做出这种选择"、"奥斯维辛之后再来写诗就是野蛮"等等,然而当大众非理性的反叛激情被点燃之后,理性思辨、文化批判等就会变得苍白无力、失去用武之地。

20世纪30年代初,高长虹离开上海,乘船到了日本,开始了他8年多的海外流浪生活。他在日本住了一年多,放弃文学创作,开始经济研究工作,同时也研究俄国文字,并计划在行为主义心理学的基础上建立行动学。1931年年底,他只身赴德国想去系统地研究马克思主义。他后来又到了法国,曾写过一部长篇小说《中国》,1936年,他的名字曾在法国华侨报纸《救国时报》上出现过。同年9月20日,在中共领导下,法国巴黎成立了"全欧华侨抗日救国联合会",发动华侨从事救亡活动,高长虹是该会的宣传部成员。之后高长虹曾到荷兰从事抗日宣传工作,被荷兰当局驱逐出境。在国外漂泊的这8年里,高长虹过的是非常艰辛困苦的生活,常常露宿街头。一杖一囊,浪迹天涯;身无分文,心忧天下,狂狷傲世、直言无忌便是高长虹留给世人的典型形象。抗战爆发后,高长虹回国直接参加抗日救亡工作,1938年6月到达香港。在香港,潘汉年和茅盾偶遇露宿街头的高长虹。茅盾约他写一篇纪念鲁迅的文章,于是1940年在重庆,他写出了《一点回忆——关于鲁迅和我》一文。

在重庆他写了大量文章来宣传抗战,参加了"中华全国文艺界抗敌协会"(简称"文协")的工作。1941年4月,高长虹不满于国统区的腐败和黑暗,奔赴延安。他只身徒步跋涉,于10月初到达当时第二战区司令部所在地陕西宜川秋林镇。阎锡山想用重金留他在二战区工作,他把他写的一部7万多字的书稿——《为什么我们的抗战还不能胜利》,交给二战区出版,因该书稿激烈抨击国民党的独裁腐败,被二战区的大员赵戴文拒绝了。1941年11月初,他徒步走到延安,参加了革命工作。此时他已抛弃了尼采的超人和无政府主义,对朋友说:"我早就站到马克思主义立场上来了,我相信马克思主义。"虽然思想立场变了,但高长虹孤傲、自负的个性并无多少改变。

他初到延安,颇受礼遇,被安排在边区"文协"任驻会作家,享受高级知识分子待遇。周扬同志亲自陪同他到"鲁艺"作报告,但他的报告只说了一句话:"艺术就是暴动!艺术就是起义。"说罢就不言语了,周扬请他再多讲点,他又重复了一遍那句话,便起身告辞了,于是从此在延安得了个外号叫"高起义"①。他拒绝担任

---

① 参见郭桢田:《渐行渐远渐无声》,载《阳泉晚报》2008年3月14日。

边区"文协"筹委会副主任,也很少参与延安文艺界的活动。延安文艺座谈会召开时,他也接到了请柬,但他说自己是研究经济的,文艺只是他的业余活动,拒绝了。

这个时期他根据自己在国外考察和研究的结果,写了一部《什么是德国法西斯蒂》的书稿,要求出版。但有关部门答复,该书的某些观点和斯大林的观点不一致,不能出版。高长虹则认为,我写的书当然应该是我自己的观点,为什么必须和斯大林的观点一致呢?于是他上书党中央,要求中央转交斯大林,还说要跟斯大林辩论。目睹延安的"抢救运动",也使高长虹从不满到反感到愤怒!他曾多次给党中央写信提意见,不仅于事无补,其结果是他本人也差一点被"抢救"。康生诬他"青年党",要逮捕他。多亏了张闻天和博古为他开脱,才躲过这一劫。这样的高长虹在延安显然已成人们眼中的另类,逐渐被人们当做"疯子"来看待了。

1945年8月,抗战胜利了。延安的许多文艺界人士要分散到各个解放区去工作。毛泽东亲自找一些知名作家和艺术家谈话征求意见,高长虹也在被邀请谈话之列。据说在这次与毛泽东的谈话中,高长虹突然提出了他梦想已久的一个愿望:请求到美国去考察经济。结果闹了个"不欢而散"。

1946年春,高长虹独自离延安赴东北。据他说目的是:"全国解放后,很需要建设资金,东北有金矿,我要去开采金矿,开采出来于国家建设有用。"途中在张家口等了一个多月。张家口"文协"所属的业余出版单位"和平野营"为高长虹出版了他最后一个集子《延安集》,收录他在《解放日本》一书中和墙报上发表的诗10首。

1946年5月6日,高长虹从延安赴东北途中,重庆出版的《诗歌月刊》上发表了他最后一篇诗《什么是黑夜》(下716):

什么是黑夜,
什么又是白天?

黑夜也有人清醒，
白天也有人睡眠。

什么是个人，
什么又是群众？
老百姓解不开自由，
先给他找一根拐棍。

什么是落后，
什么又是前进？
老鼠借粮娶亲，
松鼠打仗当兵。

什么是死亡，
什么又是生存？
宁可斗争而死，
不要糟蹋生命。

从中可看出他晚年诗风的变化。

1946年秋，高长虹到达哈尔滨。1946年10月19日，东北成立"文协"时，高长虹也是成员之一。此时的高长虹，已是被养起来的"闲人"，他一天到晚除了吃饭、散步，就是写作。至于写什么，无人过问，更谈不到发表了。罗烽说，他常到附近的吉洪桥去遛弯儿，朗诵诗。他似乎怕见熟人。草明到他的住处看望过他，他的住处很乱，有不清洁的味道，他老在不停地写。草明说："人们都认为他是个'怪人'，但交谈起来他很正常。"1948年11月2日沈阳解放后，高长虹随东北局迁沈，住在设在东北旅社的东北局招待所里。1953年，诗人侯唯动住在这里写作，曾和高长虹相处甚欢，此时他的桌上堆满了各种外文字典和各种文字参考书，他在研究文字,想为中国编出一部最好的字典来。

此时高长虹的精神是否正常也不好说,当时的东北局招待所、东北局宣传部,是拿他当"疯子"看待的,说他常常喊叫,喊叫些什么谁也听不懂。但他的学生侯唯动说他很正常,没有"疯"。关于喊叫的事,他还曾问过高长虹,高哈哈大笑地说:"那是我用外语朗诵诗呢!"高长虹死于1954年春,家人一直不知其下落。直到2005年高长虹的孙女自费到沈阳,居然找到了原来安葬高长虹的已退休的两位旅社员工,才使现代文学史上的这一大谜团终于尘埃落地。

是非审之于己,毁誉听之于人,成败委之于天,高长虹的一生可谓是这种自由、独立人格的忠实践履者,但这也似乎注定了他难以左右逢源的孤魂野鬼似的命运。反感、嘲笑高长虹的人,大有人在,但真正和高长虹有过接触的人,却大都很钦佩他。曾在秋林和高长虹同住一个窑洞一个多月的姚青苗教授就曾说过:"高长虹一生流浪,两袖清风,无私无畏,与名利无缘。他生活清苦,只有一包一棍相伴。但他的思想是自己的,他读书多而不受书的摆布,淳朴自然,从不装腔作势,从不以假乱真。每当我上五台山,看到那个'孤魂野子'的神龛时,我不免总要想起长虹来。我希望自己有生之年,能托拟'孤魂野子'之名,写出一部仿《离骚》来,以象征主义的方法,寄托我对长虹的思念。啊长虹,长虹!你真像一条长虹,从蔚蓝色的天空升起,又从蔚蓝色的天空消失了。然而,你的形体、颜色,已深深地留在人们的印象之中!"①

4."朝花社"和柔石

朝花社是鲁迅晚年在上海所培植的最后一个文艺社团,1928年11月成立。其社团刊物为《朝花》,文艺周刊,1928年12月6日创刊,至1929年5月16日共出20期;1929年6月1日改出《朝

---

① 转引自董大中:《高长虹在抗战中》,载《人物》1998年第12期。

花旬刊》，1929年9月21日出至第12期停刊。这两种刊物立意"扶植一点刚健质朴的文艺"，除登载中国新文学作品外，着重于"绍介东欧和北欧的文学、输入外国的版画"（《南腔北调集·为了忘却的记念》），曾附出《艺苑朝华》画刊，对推动我国新兴木刻艺术的发展起了良好作用。主要撰稿者有柔石、崔真吾、梅川、冯雪峰、楼适夷等。鲁迅在该刊上发表了《一九二八年世界文艺概观》、《面包时代》、《表现主义诸象》、《柔石作〈二月〉小引》等文，共10多篇。

据许广平回忆，朝花社是这样成立的：

> 朝花社的搞起来，初时是从厦门大学来的一位王方仁（又名育和）要求住在鲁迅附近，可以常常讨教便利。因之，鲁迅住在景云里时，他就搬到附近租一个亭子间来住，后来又添了崔真吾，再加进柔石，租住一幢房子，吃饭搭在我们那里，早晚食饭相遇，闲谈到有意译书自行印出的事，鲁迅仍本着以前扶助未名社的态度，替王方仁介绍《红笑》，鲁迅并有一篇《关于〈关于红笑〉》的文章，登在《小说月报》为梅川（即王方仁）辩解；替崔真吾校订《忘川之水》，其目的无非为了帮助青年文化事业，又同意出《朝花旬刊》，出了几本近代世界短篇小说集如《奇剑及其他》等就是，又印了几本木刻选集，名《艺苑朝华》，是从鲁迅所藏版画中编印出来，给木刻界有所参考的。①。

当时王方仁的哥哥在上海开教育用品社，他请求由他哥哥的社代买纸张及代为销售，大家都同意了，于是王方仁、崔真吾、柔石三人连鲁迅四人共同投资，每人一股，鲁迅除借垫柔石，自任一股外，后来又自动再加一股，算是许广平的名义，这样合起来鲁迅担

---

① 山东师院聊城分院编：《鲁迅在上海·二》，内部资料，1979年，第5页。

任五分之三的投资。但王方仁的哥哥所用的纸,多是从拍卖行兜来的次货,油墨也是廉价的,不适于印木刻图用的,印出来效果很差,几乎不能用,完全报废了。这样就导致了亏损,不但书与木刻画都收不回本钱,而且还要赔钱。在这种情况下,许广平说:"却看到柔石的高贵品质,在据说一笔款出去的时候,他毫无怨言,除了出书时的自任校对,奔走接洽都任劳任怨之外,这时又拼命译作,以期偿还欠款,到宣告失败了,还又向鲁迅借垫付出。"柔石的忠厚很令鲁迅等感动,与他恰成对照的则是王方仁,"而王方仁则奔走城乡之间,为他家建立祠堂大忙特忙,看不出他搞出书事业。在一次看到鲁迅先生家中有蔡元培先生在座,他就抓住机会,要鲁迅代他向蔡元培先生请求为祠堂题字,把朝花社的事根本置之脑后了。朝花社结束后,王方仁从德国洗个澡转回来,他们的教育用品社更昌盛了,还听他向人说,是鲁迅误会了他呢,可惜柔石忠心耿耿,为这幻灭了的一个小小的文化事业用尽了一大把力,难道这是能用误会二字轻轻遮瞒得过去的吗?幸而鲁迅率直地在《为了忘却的记念》一文中,给柔石留下了真实的性格,使市侩们千方百计无所遁形"。

许广平对柔石的人品给予了极高的评价,认为:"柔石为人诚实质朴,从不多言。每次相见都是与鲁迅谈创作、文学方面的事,看到《艺苑朝华》要印木刻,他也写信到英国木刻家那里,寄去中国木刻信笺之类,换回一些木刻画,似乎转赠给鲁迅作印书资料了。这和王方仁,恰恰形成了一个强烈的对比。"[①]王方仁的哥哥为朝花社代售书刊,还常常借故不付书款,使朝花社经济上遭受极大损失,最后柔石只得用自己的一点稿费去抵债。鲁迅曾愤慨地说:"我这回总算大上了当",最后鲁迅"以百廿元赔朝花社亏空"。1930年1月朝花社"社事告终"。但鲁迅通过此事也认清了柔石的为人,柔石成为晚年鲁迅最为信任的弟子。鲁迅也十分欣赏柔

---

① 山东师院聊城分院编:《鲁迅在上海·二》,内部资料,1979年,第5页。

石的创作才能,曾说:"我从他的作品中学到了青春的活力。"

柔石(1902—1931),浙江宁海人。原名赵平复,他家门前曾有一块小石桥,上镌"金桥柔石",所以就曾以"柔石"、"金桥"为笔名。代表作有中篇小说《二月》、《三姊妹》,短篇小说《为奴隶的母亲》。1931年1月17日被捕,2月7日深夜,被国民党枪杀于上海龙华警备司令部。终年30岁。

柔石的父亲开小店谋生。因家境困难,柔石10岁才入学。1917年他赴台州,入浙江省立第六中学。不久退学,在家自修。1918年秋,他考入杭州浙江省立第一师范学校。五四运动爆发后,柔石关心国家大事,参加晨光社,从事新文学活动。1923年师范毕业后,柔石在慈溪等处任小学教员,并开始创作。他的短篇小说集《疯人》于1925年在宁波自费出版。内容以恋爱为题材,多为个人情怀的抒发。1925年春他赴北京,在北京大学旁听,常听鲁迅讲课。年底回浙江在镇海中学当教员,后任教导处主任。在这期间,他写了长篇小说《旧时代之死》,对知识分子的脆弱、徘徊有所批判,但调子低沉,表露出"梦醒后无路可走"的时代苦闷。1927年春,北伐军占领浙江,他回到故乡,创办宁海中学,并任县教育局局长。1928年5月参与宁海亭旁农民暴动。暴动失败,宁海中学被解散,柔石避居上海,开始结识鲁迅。当他在十里洋场,无路可走时,有人问他下一步怎样打算,他的回答是:"打算去找鲁迅先

《朝华旬刊》。鲁迅与柔石等合编,朝花社编印发行。

生!"由此可见鲁迅在当时进步青年中的地位和影响。

当时鲁迅住在上海闸北景云里,柔石从家乡避逃上海,也住在景云里,经友人介绍就与鲁迅先生渐渐熟识了。这年冬季,为解决柔石的生计问题,鲁迅先生介绍他任《语丝》杂志的助编。朝花社成立后,合资印行《朝花》周刊,附出《艺苑朝华》这个刊物,这两个刊物都是由鲁迅先生指导,而由柔石负责编校印发的。除发表他们自己的著作外,还介绍了许多外国作品,尤其是北欧、东欧的文学和版画。中国新木刻的复兴,和朝花社的提倡,有非常重大的关系。柔石在这些刊物上写了一些短文和诗,有的用金桥或柔石的笔名发表。

从柔石的日记来看和鲁迅的交往使他感到了极大的温暖,并鼓起了从事文学创作的勇气,如1929年1月11日日记中记载:

> 晚上鲁迅先生问我,明年的(指旧历)《语丝》,要我看看来稿并校对,可不可以。我答应了。同时我的生活便安定了,因为北新书局每月给我四十元钱。此后可以安心做点文学上的工作。

1929年12月20日的日记他这样写道:

> 好几次,我感觉到自己的心是有些异常的不舒服,也不知为什么。可是,在周先生家里吃了饭,就平静的多了……而鲁迅先生底慈仁的感情,滑稽的对社会的笑骂,深刻的批评,更使我快乐而增长智识。

鲁迅使他在异乡感到了一种家庭般的温暖,1929年的除夕,柔石就是在鲁迅家度过的,当天日记中这样写道:

> 我虽偶尔想起自己离开父母妻子,独身在上海,好似寄食

一般在人家家里过年,但精神是愉悦的。去年,因为妻要我送灶司,不是和我口角么? 在三十夜流泪、叹息自己的运命,是不会忘记的。今夜呢,虽则孤零,倒是觉得人间清凉,尘世与我无碍。(1929年2月9日日记)①

鲁迅作为"左联"的盟主,在当时的白色恐怖下,与中国共产党的来往不便,柔石在1930年5月入党后,就成为以后党和鲁迅先生之间的联系人,鲁迅和当时党的联系,一般都由柔石担任。同时,柔石也是鲁迅家的常客,鲁迅出版、送稿以及银钱收支等等,也往往交由柔石代理。每逢和鲁迅先生出外同行,柔石就寸步不离地走在鲁迅先生的身边,正如鲁迅先生在《为了忘却的记念》里所说:"简直是扶住我",由此可见,他对鲁迅的尊重和爱护非同一般。

柔石在政治上非常积极,1930年春,自由运动大同盟成立,柔石为发起人之一。接着中国左翼作家联盟成立,他是基本成员之一,先被选为执行委员,次任常务委员、编辑部主任。同年,参加了中国共产党,并代表"左联"参加全国苏维埃区域代表大会。会后,作《一个伟大的印象》。1931年1月16日,柔石受明日书店的委托,来问出版鲁迅译著的付酬办法。鲁迅便将自己和北新书局订立的合同,抄了一份交给他。他公务忙碌,行色匆匆,把合同塞入口袋便告辞了,不料这一别,竟成了他们的永诀。

就在这时,中国共产党内的何孟雄、李求实、林育南等人反对王明的路线,于1931年1月17日在上海东方饭店召开会议,并由李求实邀请持有相同观点的柔石、胡也频、殷夫、冯铿到会。因叛徒告密,不幸被英国工部局逮捕,被引渡给国民党上海龙华警备司令部。

---

① 《柔石日记》(节录),魏金枝《柔石传略》,载《中国现代文学史资料丛书(甲种)·左联五烈士研究资料编目》。

一时间，谣言四起，传鲁迅被捕的消息也不绝于耳。鲁迅虽然处境危险，但是，他曾想方设法打听柔石的消息，2月7日，柔石等革命者24人被秘密枪杀。听到这样的消息，鲁迅不仅悲叹，中国失掉了很好的青年，自己也失掉了很好的战友，于是吟出一首七律，来寄托这难于排遣的哀思：

惯于长夜过春时，挈妇将雏鬓有丝。
梦里依稀慈母泪，城头变幻大王旗。
忍看朋辈成新鬼，怒向刀边觅小诗。
吟罢低眉无写处，月光如水照缁衣。

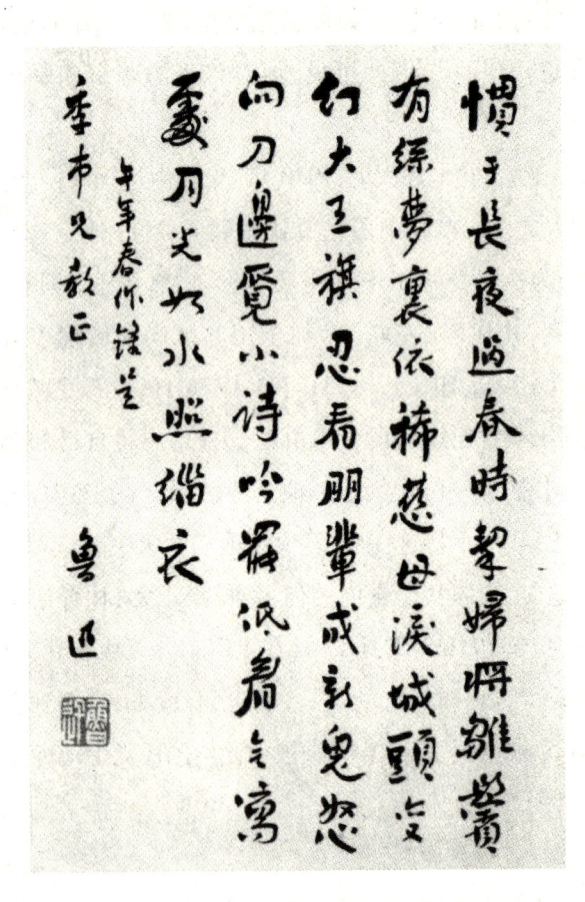

柔石等作家被秘密杀害后，鲁迅于避难中作此诗。

1931年盛夏,鲁迅和冯雪峰主编的《前哨》(纪念战死者专号)出版,发表了鲁迅撰写的《柔石小传》,为柔石短暂而辉煌的一生留下了记录。鲁迅《为了忘却的记念》让"左联五烈士"在人们的心中得以永生,但实际上与柔石等"左联五烈士"同案被害的是24位烈士,"左联五烈士"主要不是由于他们的文学活动而是因为他们的政治活动而罹难的。鲁迅作为党外人士,对这些内情大概知之不详。

　　当时,柔石老家,尚有父母、妻子儿女,生活无着,十分困难。他在上海的同乡,便从亲友处弄些钱去。鲁迅也给予帮助,据柔石的小妹说,鲁迅曾一次寄去200元钱,"真是雪中送炭,一片真情"。但这非长远之计,后来几个朋友又发起捐款,将所得的钱存银行生息,作为遗孤的教育费。朋友们曾咨询鲁迅对所捐款的处理办法,鲁迅复信说:"平复(即柔石)兄捐款,我不拟收回,希寄其夫人,听其自由处置。"许广平说:"鲁迅对有些革命战士,如果生前来不及营救,就在他们死后主动地照顾他们的家属。"对于柔石,就是这许多事例中的一个。

　　柔石为人忠厚、善良,他相信人们是好的,不太懂得人情世故,当鲁迅和他谈到人会怎样地骗人,怎样地卖友,怎样地吮血,"他就前额亮晶晶的,惊疑地圆睁了近视的眼睛,抗议道,会这样的吗?不至于此罢?"由于现实的教训,他才对于鲁迅所言有所认识,但仍然也会叹息说,真会这样的吗? 忠诚来自于对人的信任,没有对人的信任,忠实便就失去了存在的根基,而柔石很大程度上来自他天性的善良,一种己所不欲,勿施于人的传统美德,所以从柔石身上,鲁迅也认识到了道德的根底何在。他看到的柔石是:"无论从旧道德,从新道德,只要是损己利人的,他就挑选上,自己背起来。"鲁迅可谓阅人多矣,而且在与文艺青年的接触中颇吃过些亏,他认为这种人"十之九是感觉很敏,自尊心也很旺盛的",一不小心,就容易发生误解,导致破裂。所以在与他们打交道时颇为小心,但柔石却是他在上海的"一个惟一的不但敢于随便谈笑,而且还敢于托他办点私事的人"。鲁迅留下的三份自传材料中,第二份就是柔石起草,鲁迅定稿的。这种师生间的互相信赖,充分说明他们的关系已非一般的友谊可比。

柔石的代表作有中篇小说《二月》,以他一贯的真挚和诚恳写出了时代的苦闷,在当时的青年知识分子中产生了相当的影响,他的这部成名作还为他赢得了一段颇有浪漫色彩的情缘,这就是他与同为"左联"作家冯铿的红色恋情。大胆的冯铿主动向柔石表达了她的爱意,而柔石则有些犹豫。因为双方都有配偶,柔石17岁就已结婚,结发妻子叫吴素英,勤劳朴实,但没有文化。冯铿观念非常现代,但其实也早有同居数年、同甘共苦多年的男友许峨。许峨当时也在上海参与左翼文化工作。面对冯铿的爱情攻势,柔石真诚地说:"在我,三年来,孤身在上海,我没有恋爱。我是一个青年,我当然需要女友。"但他又强调"但我的主旨是这样想,若于事业有帮助,有鼓励,我接受,否则,拒绝"!

以柔石一贯的为人,他不愿做任何见不得人的事情,所以他专门给许峨写了一封长信,坦白地讲述了他和冯铿之间的感情。信中最后这样写道:"你和冯君有数年的历史,我极忠心地希望人类的爱人,有永久维持着的幸福。这或许冯君有所改变,但你却无用苦闷,我知道你爱冯君愈深,你亦当愿冯君有幸福愈大。在我,我誓如此:如冯君与你仍能结合,仍有幸福,我定不再见冯君。我是相信理性主义的。我坦白地向兄这样说。兄当然不会强迫一个失了爱的爱人,一生跟在身边;我亦决不会夺取有了爱的爱人,满足一时肉欲。这期间,存在着我们三个人的理性的真的爱情,希望兄勿责备冯君。我们的前途是光明的,我们所需要做的是事业。恋爱,这不过是辅助事业的一种次要品。"

而许峨也是一位突破了旧观念的进步青年,在接到柔石的信后,他给柔石写了一封长达4000字的回信,最后声明:"我的态度应该让她完全自由,在不妨碍事业的范围内绝对不干涉她的行动。"

许峨还强调:"为什么我可爱她,汝不可爱她呢?为什么汝既可爱她,就不许她再爱别人呢?我们都是自命为先进者,为什么对这当前的问题便不能很好地来处理呢?我们还有更伟大的任务在!希望汝不要为这事作无畏的苦闷,同时希望她也如此,我也如此!我们三个人作好友吧,以后互相过从,作忘私的好友吧!我们不都是同志吗?"

许峨的这种态度解除了柔石的负疚感,也是他们之间的关系得以在革命的前提下得以发展,由此形成一种共识:"你、我、她三人间都要为事业来牺牲各自的个人利益,对于恋爱,应该不太执着。"冯铿在谈到他们之间的这段复杂的感情时说:"历史的车轮背负了我们生活在这个时代,我们就把它抓住好了","我们大家都是好兄弟,好朋友,我们互相策勉,我们互相搀扶着走上创造和寻求真理的道路!"①

由这段20世纪30年代的红色恋情,两性之间的爱情道德在革命的推动下所发生的重大改变,不管在内涵还是形式上都突破了传统的束缚,但又是在理性和利他基础上的发展。他们在严肃地探索着一条既追求个人自由同时又尊重他人选择的新道德,这是一种艰难的探索,柔石和冯铿在不久之后的共同牺牲,为他们的探索暂时画上了句号。但他们富有传奇性的红色恋情却不会为人们忘却,任凭时光流逝,仍彰显出一种理想主义的赤诚和历久弥新的人性魅力。

与鲁迅交往密切的弟子还有很多,如鲁迅曾为之大量写稿的《申报·自由谈》的编辑黎烈文、和鲁迅一起办《译文》杂志的作家黄源、深受鲁迅赏识的青年木刻家曹白、为鲁迅所肯定的进步青年作家巴金等等,限于篇幅,不再枚举。

---

① 柔石、许峨、冯铿信转引自刘小清的文章:《冯铿:一个让人难以释怀的文学女性(下)》。

第五章 「衣钵弟子」与「精神朝圣」之旅

> 在这里,是屹然站着一个个人主义者,遥望着集团主义的大纛,但在"重上征途"之前,我没有发见其间的桥梁。释迦牟尼出世以后,割肉喂鹰,投身饲虎的是小乘,渺渺茫茫地说教的倒算是大乘,总是发达起来,我想,那机微就在此。
>
> ——鲁迅

> 我是五四后期的人物,正像许多后期的人物一样,没有机会享受五四时代人物的声华,但却遭受着寂寞、凄凉和横逆。
>
> ——殷海光

> 文章信口雌黄易,思想锥心坦白难。一夕尊前婪尾酒,千年局外烂柯山。
>
> ——聂绀弩

1936年10月19日鲁迅病逝,冯雪峰和宋庆龄、蔡元培等,立即组织了治丧委员会。治丧委员会成员有:蔡元培、内山完造、宋庆龄、A.史沫特莱、沈钧儒、曹靖华、许季茀、茅盾、胡愈之、周建人等,共产党的领袖毛泽东也在治丧委员会成员中,但各报不敢登载,只有一家外国人办的《日日新闻》在10月20日登了一则新闻:"鲁迅氏的告别礼,今明两天举行,毛泽东也是治丧委员。"治丧委员会发布了《鲁迅先生讣告》,遗体即日下午移至万国殡仪馆。第一日由胡风、黄源、雨田、周文、田军(萧军)等值夜守灵。第二日上午开始瞻仰遗容。治丧委员会之外还成立了一个"治丧办事处"的组织,承担丧事内部一切事宜,这个组织主要是由当时活跃于上海文坛的进步青年作家组成的,成员有:鲁彦、巴金、黄源、张天翼、靳以、陈白尘、蒋牧良、姚克、萧乾、黎烈文、张春桥、赵家璧、费慎祥、孟十还、欧阳山、周文、聂绀弩、凡容、以群、白危、曹白、周颖、草明、华沙、禾犀公、契命、田军、池田幸子、鹿地亘等。10月20日当天签名瞻仰遗容的一共是4462人,外有46个团体。灵堂上布满了各界群众敬献的挽联和花圈。当天发生的一个小插曲是曾受到鲁迅生前痛击的徐懋庸也送了一副挽联:"敌乎友乎余惟自问,自我罪我公已无言。"结果这副挽联被主办丧事的鲁门弟子很快扔出了灵堂①。10月21日上午仍是瞻仰遗容时间,下午入殓。10月22日下午1点50分举行"启灵祭",由10余位青年作家扶灵柩上车②,关于抬棺人的具体数字曾一直是个谜团,有"12人"或"16人"之说,现代文学研究学者孔海珠经过多次采访和查考,列出了当日从万国殡仪馆启灵时12位抬棺人名单,他们是:巴金、鹿地亘、胡风、曹白、黄源、张天翼、靳以、姚克、吴朗西、周文、萧军、黎烈文③。而巴金的一篇文章解释说,最后放入墓穴时,大家都意识

---

① 复旦大学等编:《鲁迅年谱》(下册),安徽人民出版社1979年版,第745页。
② 因为鲁迅葬礼主要由救国会主持,所以抬棺人最初定的是"各界代表"——主要是救国会成员,是胡风力争,才改为由和鲁迅关系亲密的青年作家抬棺。胡风认为:"先生的棺椁应该由文艺界来抬,而不是其他什么人。先生具有国际主义者的风范,不是民族主义者,他生前反对狭隘的民族主义。"章乃器反驳说:"鲁迅先生不仅是一个伟大的文豪,他超越了任何界别,说出了被压迫大众所要说的话,指点了大众应该走的路。他属于世界被压迫大众,更属于中华民族。失去了他的民族性,国际主义不过是空谈而已。在国难当头的今天,先生精神应该归结为民族求存。"抬棺问题最后由沈钧儒折中为"起灵时文艺界抬棺椁,到公墓安葬时由各界人士来抬"。棺木上的"民族魂"三字是救国会的胡子婴提议,沈钧儒书写的。详情见潘大明:《七君子之死》,河南人民出版社1994年版,第36页。
③ 孔海珠:《痛别鲁迅》,上海社会科学出版社2004年版,第120页。

1936年10月22日举行鲁迅丧仪。胡风、巴金等16位作家扶灵柩上车。

到这是最后的诀别,当抬起灵柩时,很多人跑过来把手伸到灵柩下,其中就有萧军,那个押灵柩车的西洋人也来帮忙,所以萧军说起灵人有16位也是有一定根据的。如果说有16个人,名单似还应包括孟十还、陈白尘、萧乾、聂绀弩等人。总之,能够获得"扶棺人"这个殊荣的一个基本的条件是曾为鲁迅所肯定的而又为文坛公认是一位进步的、有影响的作家。送葬队伍有数万人,其中执绋者6000余人。送葬队伍唱着挽歌前进:"……你的笔尖是枪尖,刺透了旧中国的脸,你的发音是晨钟,唤醒了奴隶的迷梦。……"到达墓地后,由蔡元培、沈钧儒、宋庆龄、内山完造等人作了安葬演说,由上海民众代表献"民族魂"白底黑字旗一面,覆于棺上,仍由起灵时抬棺诸人抬棺徐徐入穴。葬礼完毕,已近向晚时分,一代文豪鲁迅终于告别了他以全部的生命去爱和恨的人间,从此长眠于地下。然而为他送葬的人还要勇敢地活下去,以完成他未竟的事业。

鲁迅于地下长眠20年后,1956年1月,国务院决定在鲁迅逝世20周年之际,迁建鲁迅墓于上海虹口公园内,随之中央拨款90万元为鲁迅建新墓于虹口公园,并由毛泽东主席题写碑文。1956年10月14日上午,鲁迅灵柩移柩仪式在万国公墓礼堂举行。上海市副市长金仲华代表市人民委员会和上海人民向鲁迅献旗、献

送葬队伍

花圈。旗是仿制当年鲁迅丧仪时民众代表所献"民族魂"锦旗,唯一不同之处在于,锦旗将原来的白底换成红底,"以象征中国革命已经取得了胜利"。礼毕,灵柩即移迁。与当年相似,这次起灵人也选了12人,但似乎除了巴金、黄源再获此殊荣外,其余上次的起灵人大多已无缘此盛会,命运最惨的如胡风已以"反革命"重罪,身幽缧绁;萧军也早已落马赋闲,打算后半生靠当推拿师谋生;当年在幕后操办葬礼的冯雪峰也已经遭到最高领袖的一再严厉批评,运交华盖;聂绀弩则在后来先被打成"右派",后又在"文革"中锒铛入狱,以"现行反革命罪"被判无期徒刑。这些鲁迅晚年最为信赖、赏识的弟子为什么会在后来都遭遇如此坎坷的命运,不能不令人慨叹、深思。

1."刑天舞干戚,猛志固常在"——胡风

胡风可以说是鲁迅晚年最信任、最赏识的弟子之一,他对鲁迅最忠诚,年龄较长,理论水平较高,在文坛影响力也较大,其个性疾恶如仇、爱憎分明,颇具人格上的吸引力和号召力,所以鲁迅去世后他俨然成为鲁迅文学事业的第一继承人、鲁迅晚年弟子眼中的

"大师兄"。胡风继承的首先是鲁迅看待文学的那种高度的严肃性和神圣性,他将鲁迅开创的"为人生而且要改造这人生"的"新文学"视为一种神圣的值得为之献身的事业,将文学的生命与个人和大众的解放紧密地结合在一起,从而推动历史的进步,为此他也就成为鲁迅启蒙主义的现实战斗精神的最为突出的继承者、维护者和弘扬者。但胡风的这种继承是付出了巨大的代价的,胡风及胡风派文人"以头颅去撞击命运的岩壁",为五四"新文学"启蒙主义精神的存续留下了沉重的一页,他们的遭际集中代表着后五四集体主义时代的个人抗争者的境遇与命运。

胡风(1902—1985),现代文艺理论家、诗人、翻译家。原名张光人,笔名谷非、高荒、张果等,湖北蕲春人。他出生于湖北农村的一个贫寒家庭,祖父早亡,父亲自小依傍叔父生活,结婚当天被赶出家门,连一粒米都没有。后来他的父亲白手起家,从开豆腐店、家人吃豆腐渣开始创业,靠着经营有道、勤俭持家,家境逐渐富裕。生活在这样家庭里的胡风,从小就干农活,10岁才开始读书。胡风父亲的性格比较专断严苛,母亲则温良宽厚,胡风非常爱她的母亲,"胡"即是他的母姓,这一点与鲁迅颇为相似。"胡风"这个笔名从他1935年写成名作《林语堂论》开始使用,一直延用下来。胡风长诗《光荣赞》中有一段回忆外祖父和母亲的文字,从中可以窥见他幼年家庭生活之一斑:外祖父大老远去看望出嫁的女儿,但从来都不在女儿家吃饭。因为"父亲心里知道/女儿虽然穷苦/她自己就是几天不吃/也不愿他饿着回去/但总是轻声地说/妹!我肚子饱,吃不下去……/女儿心里知道/父亲早上不会吃过什么/回去也不会有够吃的东西/但就是会饿倒在路上/他也不会拿起她的碗来"[①]。胡风对母亲的回忆总是饱含深情,而对父亲的专制则很早就表现出反抗性。但他也不自觉地继承了来自父亲的那种坚忍不拔、争强好胜、从不服输的性格。他幼时最崇拜的人物是他的一位

---

① 《胡风全集》第1卷,湖北人民出版社1999年版,第139页。

堂房叔父,一个高傲的农夫:"看起来有些憨气,但骨子里却韧得很,总不肯认输低头,固执地用他那穷苦的生活所形成的犟劲儿对抗别人、保卫自己。当他肩着农具下田或回家,眼睛不看别人,裤脚卷得高高的脚锤子有力地登登走过的时候,那并不是单纯的肌肉动作,而是他整个人在忿忿地向别人表示他自己的存在。"①这个胡风少年时的偶像可以说影响到了胡风一生的人格认同和自我期许,在以后的岁月里,他也是以这种倔强的农民的姿态行走在波谲云诡的文坛之上的。

与大多出身于小康之家的作家不同,胡风是从底层的贫苦农民家庭中长大的,他对自己的这种底层农民身份有明确的自觉:

> 我从田间来,
> 穿着一身的老布衣,
> 在罗绮丛中走过,
> 留下些儿泥土的气味。
> ……
> 我从田间来,
> 抱着热血满腔——
> 叫我洒向何处呢,
> 对着这无际的苍茫?……②

少年的胡风爱打抱不平、从不服输,成了孩子王,曾自命为宋江,这种天生的豪杰、领袖气质使他后来能将一批个性很强的作家聚拢在身边。胡风最得意的门生路翎在一篇纪念性的文章中曾这样谈到过胡风:"他始终对于中国的工人农民和妇女有着大的敬意和信心。他觉得他们是坚韧的,脊背上负着沉重的苦役劳动。他

---

① 戴光中:《胡风传》,宁夏人民出版社1994年版,第13页。
② 《胡风全集》第1卷,第10页。

始终怀念他的母亲。她善良地、默默地,然而是坚韧地劳动着,他像高尔基所说的一样,是深沉的,沉静的,充满感情的。"这的确是道出了胡风的一个情感特征;胡风是典型的"左翼文化"之子,但他又是五四个性解放文化的忠实继承者,这使他既具有五四人所缺乏的"平民意识"、"阶级观念",又具有意识形态化的革命文学所忽视的个人"主观战斗精神"。

求学阶段的胡风与身边的同学相处得并不融洽,据他自述,18岁的胡风在武昌启黄中学读书时,他的同学多是些富家子弟,而他出身贫苦、土里土气,黝黑的脸上还点缀着不少麻点,成了同学逗乐取笑的对象。对这些"喝着白开水学说英语"的同学,他非常反感,甚少交往。除了用功读书外,他只有同族的S君一个朋友,这个朋友因为对家中父亲专制的不满,经常向胡风倾诉内心的苦恼,而胡风也有相同的苦恼,但他敢于反抗也鼓励朋友起来抗争,令这位同学对他非常钦佩乃至崇拜。中学时期的胡风学习成绩优异,而且对社会问题极为关注,他初中一年级就在《晨报》副刊发表了一篇锋芒毕露的文章,讨论改进湖北教育的问题。他认为湖北教育如此之腐败,只有两个原因:"即武人的阻制与老辈的盘踞。……老辈的庸懦易制,老辈依靠军阀以保住饭碗,这是湖北教育界的情形。"而要改变这种现状,就要赶走军阀、老辈退位,让年轻人来干,这也正是五四"新青年"精神的体现。中学时期,他开始接触新文艺,1921年至1922年在武昌念书期间,他与同乡组织了传播新思想的"新蕲春学会",编辑出版《新蕲春》,宣传新文化。

1923年,他到南京考入东南大学附属中学,是比巴金低两级的同学。在南京,他开始接触到鲁迅的著作,并深深地被吸引,他曾自述:

> 一个刚刚从闭塞的偏僻县城跑到大都市的中学生,就在《晨报》副刊上读到了他的《呐喊自序》。自然,读是没有读懂的,但却本能地感到了,他是沉痛地写着这古国的灵魂。后来

红皮的《呐喊》出版了,马上买了回来,当然也不会怎样读懂的,但也本能地感到了他所写的正是包围着我自己的黑暗和痛苦。从此鲁迅变成了最亲爱的名字。当时的少年人,也正和现在的少年人一样,梦似的向往光明,寻求友爱,对于他认为值得敬爱的友人,总想有所献赠,而最好的东西自然是书,是他认为能够给予(光明)的最宝贵的书,记得那红皮《呐喊》,我就买过四五本,每一本都是和自己的热情一起,赠给了将要别离的或远在异地的挚友。①

1925年秋天,胡风到北京同时考取了北京大学预科和清华大学英文系本科。因为憧憬北京大学这个新文化运动的发源地,他宁愿损失两年时间,放弃清华,进入北大。在北大他曾旁听过鲁迅的课程,但与鲁迅没有更多的接触。这个时候他读到了鲁迅新出的译作厨川白村的《苦闷的象征》,非常喜欢,但他从中发现了一句英译的错误,特意写信给鲁迅指出,大概也是想借此自然地与鲁迅建立起联系。鲁迅日记中确有收到此信的记录,但鲁迅不谙英语,可能那段英文是请别人代译的,故而没有回信,这样,胡风也就没再继续和鲁迅通信。

随后胡风对北大也有些失望,所以1926年,他又转回到清华大学英文系读本科,不久"大革命"爆发,胡风弃学还乡从事革命活动。但在他一生中罕有的这段从事实际工作的经历对他来说并不愉快,他在工作中经常与人发生摩擦,他有点看不起大家。据当时的同事回忆:胡风很少过问日常工作,开会发言就讲大道理,谈大问题,比别人高出一筹,大家是佩服他的。但外地来的几位干部往往不赞成,经常争论起来。胡风的脾气比较急躁,做事锋芒太露,心又高远,觉得小地方没有他施展才华的空间,总想到武汉看看革命的大形势,同高级领导人商谈,争取分配给他更重要的、更

---

① 《胡风全集》第2卷,第675—676页。

有意义的任务。这种种表现也正是像他这样的文学青年革命者的通病。"大革命"的失败与其后左翼文化的兴起有直接的关系,惨烈的牺牲唤起的是更为决绝、英勇的反抗,以血洗血、以暴易暴使得时代的政治斗争趋向白热化,没有妥协的余地,与此相应的是文坛也开始成为反抗国民党暴政的战场,"作家"开始迅速向"战士"转换。

1929年胡风东渡日本,就读于庆应大学。在日期间,他加入了日本普罗文化联盟下属的艺术研究会、日本反战同盟和日本共产党,组织新兴文化研究会,与日本作家江口渔、小林多喜二等交往密切,同时加入中国左翼作家联盟东京支部。1933年3月他以抗日罪名被日本当局逮捕,7月被驱逐回上海。

赴日之初,胡风因为没有必要的毕业文凭,曾经被日本的几所大学拒之门外。后来同学出主意让他请清华的教授钱稻孙给庆应大学校方写推荐信,这才获得了入学考试资格。虽然后来经过考试,他被庆应大学录取,但胡风的高傲个性使其对此感到自责、羞愧,在给朋友的信中他曾这样写道:"近来,我不禁想到我们用了太多的弱者的生活法门。说来当然寒心,但事实无论如何总是事实。为了生活上的便利打算,我们不是有了不少的'浪费'或'糟蹋'么?……露骨地说,要分外赢得他人的好感,而这目的说来无他,图生活上之便利是也。这与'摇尾'只有程度之差,与'卖笑'也并非不是同类,要之,是弱者的生活方法。我们为什么不能爱惜自己的色相如他人之爱惜自己的金银呢?想到未入社会以前的'绚丽'的自己,'严肃'的自己,真不禁'感慨系之'了。"①从人之常情来看,请母校的老师写封推荐信似乎也无可厚非,但胡风为此如此的自责,也自有其缘由,那就是他有着不同于常人的自尊和高傲,不愿意以任何理由向世俗低头,在生存与尊严之间,他也没有或不愿无条件地认同前者。

---

① 《胡风全集》第9卷,第687、688页。

在日本,胡风积极参与了日本左翼作家的活动,在一次讨论中国文学运动的集会上,日本左翼作家藤枝攻击鲁迅、吹捧阿英,这显然是与后期创造社、太阳社同调,从"左"倾庸俗社会学出发做出的判断。这种论调认为既然到了无产阶级革命的时代,那么阿Q就应该死去,无产阶级革命文学应该取代资产阶级人道主义、个人主义文学而成为时代文学的代表。胡风不同意此论,当场予以反驳。后来,他把自己的观点写入《中国无产阶级文学运动的发展》一文,发表在日本普罗作家同盟编的《无产阶级文学讲座》第三卷上。他对创造社和太阳社对待鲁迅的错误态度和宗派主义情绪进行了批评,认为:"如果是出于正确的立场,不管从哪一点来说,都不应该攻击他。"他对鲁迅的评价是:"他无论在创作方面,谈感想方面,还是××方面都一直毫不屈服地向封建势力进行斗争。他以对黑暗势力进行顽强战斗的精神、廉洁的个人生活和一定的艺术高度,集全中国知识分子尊敬于一身。当然,他是个人道主义者,不是共产主义者,但是,他总是对解放运动抱有强烈的同情心并努力去接近。"

这篇文章鲁迅读过,并留下了较深印象,所以胡风从日本回上海不久,鲁迅就亲自到胡风住处登门拜访,请他出来多做些批评工作。此事的背景据冯雪峰介绍说,当时丁玲被捕,并传出已牺牲的消息,"左联"虽然盟员众多,但真正搞文学、能写东西的人很少,所以鲁迅很注意寻找真正有才能的创作和批评人才,予以培养。所以,他才会在胡风到上海不久,就主动去登门拜访一位从不曾谋面的晚辈,而这在鲁迅一生中也是不多见的,令胡风格外感动。胡风对此曾有回忆:1933年6月,胡风从日本回到上海,住在朋友韩起家。"几天后,周扬陪鲁迅先生来见了面。先生亲自来到韩起住的三楼上。他和我们很随便地谈着,他谈到第三种人戴望舒从巴黎寄回的谬论,谈到上海文坛的复杂性,说到了鸳鸯蝴蝶派。并说,将来你在这些方面可以做些工作。我心里感到很惶恐。他扼要而又具体地触到了左翼文学的主要斗争对象,那样平易和坦率,似出意外又在意中。但我有什么能力负担起他提示的斗争呢？"①

周扬当时是"左联"宣传部长和党团书记，任行政书记的茅盾很少关注实际工作，所以周扬是"左联"的实际领导人。他一开始对胡风很信任，两人的关系也很融洽，他先是让胡风担任"左联"宣传部长，后来茅盾辞去行政书记一职，周扬就让胡风接任行政书记，他自己任党团书记兼宣传部长。

初见之后，胡风和鲁迅的关系日渐密切起来。当时"左联"带有注重政治行动而轻文学创作的倾向，作家如果多写东西，就被视为右倾，从事实际工作，如游行示威之类，才算是进步、革命。当时的"左联"作家周文曾经回忆说，"左联"每周要开一次小组会，每次会上都要检查工作，不是检查做了多少文艺工作，而是检查撒了多少传单，贴了多少壁报，发展了多少联盟人员，领导了多少文艺研究会等等，完成得不够，就要受到严厉的批评。在小组会上，有这样的批评意见："鲁迅、茅盾的路，是已经过去了的路，我们不应该再走他们的路。"当有人对此发出疑问时，就有这样的回答："因为他们只能写写文章，不能做实际工作，我们不必重复他们的路。"②据周文介绍，这种倾向曾遭到鲁迅的批评，也遭到"左联"内部一些文艺家的抵制。像"左联"的发起人之一郁达夫，就因为拒绝参加撒传单、游行之类的行动而在1930年年底被"左联"开除。当时郁达夫为此还留下一句名言："I am a writer, not a fighter!"（我是个作家，不是个战士！）鲁迅对"左联"的这种做法也不满意，主张"左联"还是应该通过创作来进行革命，所以他鼓励盟员要多出作品，从事理论研究，这与胡风的想法是一致的。胡风在自己负责的宣传部里，设立了三个研究会：理论研究会、诗歌研究会和小说研究会。出版刊物、鼓励创作，这些做法更得到了鲁迅的肯定，两人的友谊也更为牢固。1935年，胡风发表了《林语堂论》、《张天翼

---

① 胡风：《胡风回忆录》，人民文学出版社1993年版，第19页。
② 周文：《鲁迅先生和"左联"》，载《鲁迅研究月刊》1994年第8期。

论》，轰动文坛。林语堂误以为是鲁迅化名批评他，胡风把此话转告了鲁迅，鲁迅说："要是我写，不会写得那么长！"胡风说："如果把周先生论他的几篇合在一起读，我那篇大可不必写。"鲁迅听罢，"呃"了一声，似乎不满意他的恭维。胡风赶紧解释说："真的！不过，我那篇对没有全读周先生文章的或者读不大懂的青年，也许还有点用处。"① 如此两篇万言大论，使文坛为出现这样一位雄辩滔滔、颇具理论功底的批评家而震动，它们奠定了胡风在文坛作为评论家的地位。

胡风和梅志在上海结婚后，鲁迅和许广平还亲自到其家做客，这也说明他们之间的友谊非同一般。梅志曾回忆，当时他们的住处经常作为"左联"开会场所，有人被捕后，将胡风的住所夸张为"皇宫"。鲁迅看到登载这事的小报后告诉了胡风，胡风和梅志为之哭笑不得。后来鲁迅在给胡写信时，经常用此请"'皇'安"来打趣。1935年初秋，胡风和梅志请鲁迅先生一家来"皇宫"做客，虽然他们搬过家，但"皇宫"的雅号还一直保留着。鲁迅给胡风的儿子晓谷带来了几件小礼物，梅志找来了自己的妹妹做菜。饭后胡风陪送鲁迅先生离开。梅志充满感情地写道："我感到胡风真是太幸福了，能陪伴着鲁迅行走在一起。我望着他们的背影，向前，向

胡风与梅志夫妇。

---

① 《胡风回忆录》，《胡风全集》第7卷，第312页。

前,慢慢地远去。这一幅同行的画面,是永远留在我的心中的。"①

1934年,诗人穆木天因从事左翼文化运动而被捕。在狱中,他写了自首书并登在报纸上,表示悔过。但他出来后,向"左联"党团说,胡风是南京派来的奸细。穆虽已转向,但其揭发还是起作用了,"左联"的实际领导人开始怀疑起胡风了。其实,在这之前,他们对胡风就不那么信任了。他们约鲁迅谈话,把这些情况向鲁迅汇报,要鲁迅疏远和提防胡风。鲁迅在"左联"解散后答徐懋庸的"摊牌信"中,曾一吐胸中的积愤,并态度鲜明地为胡风辩护:"胡风我先前并不熟识,去年的有一天,一位名人约我谈话了,到得那里,却见驶来了一辆汽车,从中跳出四条汉子:田汉,周起应(周起应即周扬),还有另两个,一律洋服,态度轩昂,说是特来通知我:胡风乃是内奸,官方派来的。我问凭据,则说是得自转向以后的穆木天口中。转向者的言谈,到左联就奉为圣旨,这真使我口呆目瞪。再经几度问答之后,我的回答是:证据薄弱之极,我不相信!当时自然不欢而散,但后来也不再听人说胡风是'内奸'了。然而奇怪,此后的小报,每当攻击胡风时,便往往不免拉上我,或由我而涉及胡风。最近的则如《现实文学》发表了OV笔录的我的主张以后,《社会日报》就说OV是胡风,笔录也和我的本意不合,稍远的则如周文向傅东华抗议删改他的小说时,同报也说背后是我和胡风。最阴险的则是同报在去年冬或今年春罢,登过一则花边的重要新闻:说我就要投降南京,从中出力的是胡风,或快或慢,要看他的办法。我又看自己以外的事:有一个青年,不是被指为'内奸',因而所有朋友都和他隔离,终于在街上流浪,无处可归,遂被捕去,受了毒刑的么?又有一个青年,也同样的被诬为'内奸',然而不是因为参加了英勇的战斗,现在坐在苏州狱中,死活不知么?这两个青年就是事实证明了他们既没有像穆木天等似的做过堂皇的悔

---

① 梅志:《在"皇宫"里招待鲁迅先生》,载《鲁迅诞辰百年纪念集》,湖南人民出版社1981年版,第136—141页。

过的文章,也没有像田汉似的在南京大演其戏。同时,我也看人:即使胡风不可信,但对我自己这人,我自己总还可以相信的,我就并没有经胡风向南京讲条件的事。因此,我倒明白了胡风鲠直,易于招怨,是可接近的,而对于周起应之类,轻易诬人的青年,反而怀疑以至憎恶起来了。自然,周起应也许别有他的优点。也许后来不复如此,仍将成为一个真的革命者;胡风也自有他的缺点,神经质,繁琐,以及在理论上的有些拘泥的倾向,文字的不肯大众化,但他明明是有为的青年,他没有参加过任何反对抗日运动或反对过统一战线,这是纵使徐懋庸之流用尽心机,也无法抹杀的。"由此可见鲁迅对于胡风的信任是难以动摇的。

茅盾后来在回忆录里也说,鲁迅对胡风的信任、好感的确非同一般。他本人也曾对鲁迅说过胡风来历可疑的话,鲁迅听了,脸色马上一变,不接话茬。胡风知道了"左联"内部有人对他不信任,为澄清问题,他曾立即赶到沙汀家找周扬,要求为他恢复名誉,并且说,如果不搞清楚,自己的"左联"行政书记职务无法干下去。不料,周扬丝毫没有挽留的意思,也不否定穆木天的诬告,只是对胡风说,因工作需要,他要搬家了,意思是胡风的辞职已被接受,从此以后他们不再保持联系。接替胡风职务的是田汉,在工作交接会上,胡风再次提出要澄清穆木天的谣言,对周扬轻易相信谣言表示不满。最后,他把自己的地址告诉了田汉,要求"左联"对此事有个调查结果和公正的意见。但此后再无消息,从此胡风也就不再参与"左联"的领导工作了。后来中央特科吴奚如选定他为中央和鲁迅之间的联系人,说明党对胡风还是非常信任的。周扬等对胡风的态度大概与他们对鲁迅和冯雪峰的积怨有关,只是对于这两人他们在当时还无法触动,就把胡风根基未固的作为打击对象了。

此外鲁迅还曾对冯雪峰谈起过周扬等人,说"周扬是一个玩弄权术、心术不正,气量又狭窄得很像白衣秀士王伦式的人;夏衍表面上是一个上海绅士,笑嘻嘻,其实诡计多端,是站在背后的军师;而田汉是一条糊涂虫,浪漫蒂克,敌我不分,所以一被捕,就在南京大演其戏,是毫不为奇的"等等①。这说明晚年鲁迅对周扬等的反感已无以复加,而由此引起的种种后果最后都由他晚年最亲近的弟子胡风和冯雪峰承担了。

在"左联"内部论争时通常居间调和的茅盾是这样解释引起左翼作家大分裂的"两个口号论争"的:

> 一九三六年春天,周扬、夏衍等已提出"国防文学"、"国防音乐"等口号,我和鲁迅也是谈过的。鲁迅说国防文学这个口号,我们可以用,国民党也可以用。至于周扬他们的口号内容实质到底是什么东西,我还要看看他们的口号下面卖的是什么货色。不久《赛金花》就出来了。鲁迅说,原来是这个货色,哈哈大笑。
>
> 那时夏衍常找我和郑振铎,我问过他,你们提"国防文学"的口号根据是什么。他说,根据中央的精神,在《救国时报》上有党驻第三国际代表(就是王明)写的文章,其中提到"国防文学",又说看到"INPREGO"(中文应译为《国际时事通讯》,是第三国际出的期刊,用英、德、法、西班牙等文字出版),英文版也有这口号,即"literature of national defense"(中文即"国防文学")。夏衍这样引证,表示"国防文学"这个口号不是他们杜撰的。
>
> 一九三六年四月冯雪峰从陕北到上海。一天我到鲁迅那里去谈别的事,临走时鲁迅谈到口号的问题,认为"国防文学"这个口号太笼统,意义含混不清;又说他们拟了一个新的口号:"民族革命战争的大众文学"。鲁迅说这个新口号和冯雪峰他们都谈过,问我意见如何。我说很好,没意见,并劝鲁迅自己写一篇文章,正式提出这个口号来,这样才有力量。因为周扬他们说"国防文学"这个口号是根据中央指示提出的,

---

① 冯雪峰:《"民主革命战争的大众文学"口号的经过》,载《新文学史料》1979 年第 2 期。

所以我主张鲁迅出面写文章,提出新口号。鲁迅说也可以,但近来身体不大好,慢慢儿来吧。

大约两个星期后,胡风在他们的小刊物上,写了一篇文章,把这个新口号提出来,丝毫不提这口号是鲁迅提的。郑振铎告诉我,我大为惊异,就去找鲁迅。鲁迅说:他昨天才知道。我说:你没有写,为什么胡风写呢?鲁迅说:上次我和你说过之后,胡风自告奋勇,要写这篇文章。但胡风写了后,也不给鲁迅看,就发表了。我说:胡风不应该这样做的,第一,写出文章没有给你看,第二,文章中没有提鲁迅的名字,使读者以为这个新口号就是胡风提的。胡风这个人相当复杂,这篇文章解释新口号也不全面。我仍劝鲁迅写文章,谈这个新口号,纠正胡风的缺点。但后来鲁迅还是没有写,因为那时鲁迅身体已经不太好,经常发低烧。他只用口述,冯雪峰笔录的方式写答托派的信,以及《论现在我们的文学运动》的短论。徐懋庸给鲁迅的信,也是在这时来的,鲁迅写了《答徐懋庸并关于抗日统一战线问题》的信。两个口号的问题在此信中有了详尽的阐述。①

鲁迅认为"'国防文学'这口号太笼统,意义含混不清"②,这个口号"不过是一块讨好敌人的招牌罢了,真正抗日救国的文学是不会有的……"③相对于"国家"、"国防"之类大而化之的中性词,他显然更为青睐像"民族革命战争"之类的提法,这与他对国民党政府和中国现实根深蒂固的敌对、批判态度是分不开的,也与力争左翼对抗日统一战线的领导权有关。

---

① 茅盾:《我和鲁迅的接触》,《鲁迅回忆录·散著》下册,北京出版社1999年版,第1164—1165页。胡风的回忆与此有所不同,他说此事开头茅盾并没介入,只是在胡风文章发表后引起争议时,鲁迅为减轻胡风和冯雪峰的压力,征得茅盾同意,和他一起承担此事,所以茅盾以后一直是按当年和鲁迅商定的口径来讲述此事的。
② 《再读鲁迅——鲁迅私下谈话录》,第44页。
③ 同上,第45页。

鲁迅为什么厌恶"国家"、"国防"之类的词,是其来有自的,鲁迅当然是"爱国的",但是他宁愿做一位低调的、批判性的"爱国者",增田涉曾回忆有一次日本歌人柳原白莲来到中国,想会见中国的文学家,由内山老板安排,邀请了鲁迅、郁达夫一起吃饭,增田涉作陪。席间"鲁迅频频攻击中国的政治,白莲就问他:'那么,你是讨厌生在中国的吗?'鲁迅的回答是:'不!我认为生在中国比生在任何国家都好。'这时,我看到他的眼睛湿润着泪水……"①白莲的提问也代表了很多人的疑问,而鲁迅的回答也代表着中国五四以来的批判型知识分子的典型态度,在两者之间横亘着一个外人不太清楚的"理想中国"与"现实中国"的冲突,所以容易引起误解。作为"理想中国"的热爱者,鲁迅看待中国的眼光是批判性的,对"现实中国"的看法也是比较低调的,所以他在和日本友人谈话时说:"横竖都是被榨取的话,与其让外国人来,那情愿让本国人榨取。总之,与其让别人拿走财产,还不如给自家的小孩用。……归根结底,这是一个感情问题。"②"同样是财产化为乌有,我宁愿让败家子挥霍掉;同样都要被杀,我宁愿死在本国人手里。"③当野口米次郎指出把中国交日本管,中国人可能会幸福时,鲁迅的回答是:"那可不行。这在日本看来即使很有利,但对中国却是绝无好处的。我们的事,要由我们自己来做。"④在回答几个日本学生问中国人为什么排日的问题时,鲁迅这么回答:"还是问你们吧。对于这个问题,你们比中国人懂得多。中国人向来是很良善的,被压迫惯了的。今天为什么要起来反抗呢?——正因为帝国主义的野蛮行动有损中国人的自尊心!"⑤鲁迅这种低调的、批判性的但

---

① 《鲁迅在上海·三》,第96页。
② 1935年10月21日鲁迅与野口米次郎的谈话,录自野口米次郎:《与鲁迅谈话》,载1935年11月12日《朝日新闻》,1992年第4期《鲁迅研究月刊》转载。
③ 鲁迅与浅野要的谈话,录自原胜(浅野要)作,陆晓燕译:《紧邻鲁迅先生》,载《鲁迅研究资料》第14辑。
④ 鲁迅与野口米次郎的谈话,录自儿岛亨:《未被了解的鲁迅》,载《鲁迅研究资料》第3辑。
⑤ 鲁迅与几个日本学生的谈话,录自白危:《回忆鲁迅先生二三事》,转自刘一新:《真的声音,美的言词》,载《鲁迅研究资料》第21辑。

又是深沉的、坚定的爱国情感,正是一种现代国家观念和个人独立意识的体现,它倾向于摆脱个人之于国家、民族的依附、从属关系,在对外关系上,希望别人以"人"而非以"国"的态度来看待自己;在对内关系上,则将个人与国家并列起来,对国家争取其作为公民的权力。从其自身理念来说,个人高出国家,因为个人是"直隶于天"的"天民",具有天赋人权,是谁也不能剥夺的。这种观念显然与卢梭《民约论》的影响是分不开的。个性解放、人格独立是五四的灵魂所在,胡风在其后所继承的也正是这种批判性的、以个人本位为基础的五四精神。传统专制主义时代那种"没有个人的国家"始终是他们反抗、批判的对象,但其困难在于个人与国家之间的矛盾在现实中始终难以统一而又无法截然二分。

"两个口号"的问题也许不在口号本身,而在于由谁来提出这个口号?它与另一个口号的关系怎样?胡风与周扬等人的对立和他自身的资历以及论述这个口号时的排他性态度使矛盾激化了,由此引发了带有宗派主义色彩的对抗和分裂。

鲁迅后来在答徐懋庸信中对此作了这样的解释和补救:"我还得说一说'民族革命战争的大众文学'这口号的无误及其与'国防文学'口号之关系。——我先得说,前者这口号不是胡风提的,胡风做过一篇文章是事实,但那是我请他做的,他的文章解释得不清楚也是事实。这口号,也不是我一个人的'标新立异',是几个人大家经过一番商议的,茅盾先生就是参加商议的一个。"据胡风讲他写的那篇《人民大众向文学要求什么》,是经冯雪峰和鲁迅看后同意①,才交给了聂绀弩,在"左联"盟员马子华等编的《文学丛报》上发表的。后来胡风说没有想到其中有口号制定者个人威信问题,要写文章解释被冯雪峰制止。当时胡风另写了《文学修业的一个基本形态》和《演剧运动短话》,未得到重视。托派以为"左联"

---

① 胡风:《我亲历的文坛往事》,载《新文学史料100期精粹·追诉篇》,人民文学出版社2004年版,第140页。

内部产生矛盾,有机可乘,给鲁迅送来了"拉拢信",鲁迅如遇瘟疫,避之唯恐不及,很快由冯代拟了回信,予以痛击。冯后又以鲁迅问答的形式拟了《论我们现在的文学运动》,鲁迅"略略点了点头"。这两篇都以 OV 笔录为名发表在"左联"盟员尹庚办的《现实文学》上,发表后徐懋庸给鲁迅写了信,鲁迅回了著名的《答徐懋庸并关于抗日统一战线问题》。胡风对"国防文学"口号有自己的看法,但遵从冯的意见表示沉默。这场不了了之的论争为以后的文坛纷争埋下了伏线。

鲁迅去世后,胡风强忍悲痛,操办丧礼、主持一切,直到把鲁迅安葬之后才松了一口气。1936 年 10 月 24 日,胡风来到鹿地亘家。他坐下来,说了一句:"我连可以哭的地方也没有啦!"然后就抽搐着身体啜泣起来。鹿地亘发现,短短几天工夫,胡风那胖胖的圆脸变成了尖脸。胡风这样谈起刚刚失去的先生:"对着他,我是无论什么都可以谈的。无论什么困难的事情,他从来不推诿给别人,而由自己的肩膀来承担。"①与冯雪峰相比,胡风是鲁迅更为虔诚、更为单纯的继承者,他曾回忆起这样一件令他耿耿于怀的往事:冯雪峰代鲁迅拟了《论现在我们的文学运动》的稿子后,约胡风一起去看鲁迅,念给鲁迅听。此时,鲁迅身体很衰弱,只是点了点头,表示同意,但脸上略略现出了一点不耐烦的神情。两人一起出来后,冯雪峰对胡风说:鲁迅还是不行,不如高尔基;高尔基那些政论文,都是党派给他的秘书写的,他只签一个名字就行了。

胡风听了很吃惊,他后来在回忆录中写道:"他的声音惊醒了我,觉得有些意外。并不是苏联这种做法使我意外,而是在这种情况下说这种话,而且是用着那样的腔调。鲁迅病得这样沉重,应该尽一切可能抢救他,应该尽最大的努力避免刺激他打扰他。……其次,鲁迅在思想问题上是非常严正的,要他对没有经过深思熟虑(这时候绝不可能深思熟虑)的思想观点担负责任,那一定引起他

---

① 《鲁迅和我》,载 1936 年 11 月 15 日《作家》第 2 卷第 2 期。

精神上的不安,对病情产生不利的影响。但他对鲁迅的不耐烦的神色,反而用了那样冷淡的口气表示了他自己对鲁迅的不满,不能不使我感到了意外。"①冯雪峰是党员,党性原则是高于个人私谊的,胡风已经脱党,他忠于的对象就是鲁迅,或者说鲁迅就是他要忠于的"宗主"。

1937年抗日战争爆发后,胡风主编《七月》杂志,并编辑出版了《七月诗丛》和《七月文丛》,他悉心扶植文学新人,对现代文学史上重要创作流派"七月"派的形成和发展起了重要作用。他曾任中华全国文艺界抗敌协会常委、研究股主任,辗转于汉口、重庆、香港、桂林等地从事抗战文艺活动。1945年年初主编文学杂志《希望》。这一时期先后出版了诗集《为祖国而歌》,杂文集《棘原草》,文艺批评论文集《剑·文艺·人民》、《论民族形式问题》、《在混乱里面》、《逆流的日子》、《为了明天》、《论现实主义的路》等。1949年起胡风任中国文联委员、中国作家协会理事、第一届全国人大代表。其间写有抒情长诗《时间开始了》,热情歌颂人民领袖毛泽东和新中国的成立,并出版特写集《和新人物在一起》等。胡风的理论批评文章的中心是围绕着现实主义的原则、实践及其发展而展开的。对胡风的一些理论主张,文艺界一直存在着不同意见,展开过批评,发生过论争,但胡风坚持自己的观点,进行了反批评。1954年胡风向中共中央写了《关于几年来文艺实践情况的报告》(即"三十万言书"),被定为"胡风反革命集团"之首,被捕入狱,并开展全国范围的批判、斗争。胡风于1979年获释。1980年平反,后出任第六届全国政协常委、中国文联委员、中国作家协会和文化部文学艺术研究院顾问等职。1985年6月,胡风病逝于北京。

胡风是鲁迅去世之后左翼进步文学界的代表人物之一,他继承鲁迅的遗志,弘扬五四的精神,追求光明和解放,反抗国民党的

---

① 胡风:《鲁迅先生》,载《新文学史料》1993年第1期。

专制统治,为进步文化事业做出了一定的贡献,也赢得了人们特别是一批富有热情的进步文学青年的尊重和拥戴。他参与了多次文学思想论争,在民族形式问题的讨论中极力维护了五四"新文学"外向开放性的文学传统,针对20世纪40年代知识分子主体意识弱化的"颓风"和庸俗社会学的盛行,他提出反对文学创作中的客观主义、公式主义,强调作家应该有的与生活肉搏的"主观战斗精神"。总之,他要将文学从他认为的非个人化和非革命化的歧途中拉回来,走上他所认定的将个性的解放与人民的解放结合在一起的道路,在他的心目中,如果没有了前者,文学就失去了灵魂,如果没有了后者,文学就失去了目标和意义。胡风选择的这条道路在其生活的时代是一条相当艰难的道路,其难度不下于当年鲁迅对第三种人所说的"揪着自己的头发脱离地球"。与鲁迅相比,胡风窄化、简化、政治化、抽象化了鲁迅的传统,他将文学当做一种庄严、神圣的事业,将个人和大众的解放视为终极理想,将绝不妥协的战斗和进击作为实现这一理想的基本途径,由此形成了他将个性解放和人民解放融为一体的张扬个人主观战斗精神的文学化的政治信仰。这种对个人主观战斗精神的张扬导致了他和政党伦理所要求的依从性人格的剧烈碰撞,最终引发了骇人听闻的20世纪文坛的最大冤案。对于这场冤案,此处无法详述,但是列出一个简单的数字就足够让人怵目惊心:胡风1955年入狱,1979年才获释,其冤案经历1980年、1986年、1988年三次平反过程,才彻底平反。胡风在狱中度过了将近24年的艰难岁月,此案成为现代文坛上的最大冤案,受株连的人数众多,根据《关于胡风反革命集团的复查报告》(1980年7月21日)中有关内容:"在全国清查'胡风反革命集团'的斗争中,共触及了2100人,逮捕92人,隔离62人,停职反省73人。到1956年底正式定为'胡风反革命集团'分子的78人,其中划为骨干分子的23人。后来,经过复查,这23个骨干分子中,只有1人当过汉奸,其他人都不能定为特务、反动党团骨干等。"

胡风的文学思想主要来自他对鲁迅的文学遗产的深刻理解和独到阐释,他认为鲁迅的伟大主要体现在这些方面:

> 鲁迅生于封建势力支配着一切的中国社会,但却抓住了由市民社会发生期到没落期所到达的正确的思想结论,坚决地用这来争取祖国底进步和解放。这是他的第一个伟大的地方。
>
> 鲁迅不是一个新思想底介绍者或解说者,而是用新思想作武器,向"旧垒""反戈"的一刀一血的战士。五四运动以来,只有鲁迅一个人摇动了数千年的黑暗传统,那原因就在他的从对于旧社会的深刻认识而来的现实主义的战斗精神里面。
>
> 鲁迅底战斗还有一个大的特点,那就是把"心""力"完全结合在一起。……在冷酷的分析里面,也燃烧着爱憎的火焰。……翻开他的全部作品来,不是充溢着爱心就是喷射着怒火,就是在一行讽刺里面,也闪耀着他的嫉恶爱善的真心。
>
> 鲁迅一生是为了祖国底解放、祖国人民底自由平等而战斗了过来的。但他无时无刻不在"解放"这个目标旁边同时放着叫做"进步"的目标。①

"反传统"和"心力论",是他理解的鲁迅精神的核心,他据此进一步发挥为现实主义文学所不可缺少的"主观战斗精神"。

在胡风的心目中,鲁迅是俯视群伦的"现代革命圣人",他的革命思想是一贯的,战斗精神是始终如一的,他在现代文化中的地位是至高无上的:

---

① 胡风:《关于鲁迅精神的二三基点》,原载上海中国文化投资公司版《希望》1946 年 10 月第 2 集第 4 期。

> 鲁迅先生一生所走的思想路线,是由进化论发展到阶级论。……试一翻他的遗著,在五四前后曾经那么热闹过一时的"新村运动"和"不合作运动"等,在这里找不着一点痕迹,这是今天的我们禁不住惊叹的。他没有想到过创作任何"思想体系",更看不起任何东方式的"思想体系"。
>
> 当然,这只是他的作为思想家的一个要点,这里面的活的过程和丰富的内容,只有在作为战士的他的道路以及作为诗人的他的道路的有机的联系里面,才能构成这个"现代革命圣人"底俯视一代的巨像。
>
> 现在,论者不惜指出和民族解放同志的他对于人类解放的伟大精神,那根底当然要追溯到这个远大的思想要点,把民族底将来和人类底将来联系在一起的,只有在人类底将来里面才能有民族将来这个思想要点上面。问题不仅在此,更在于这一思想的具体内容,以及怎样获得人类的解放①。

他所确立起的是以鲁迅为宗师的永远进击的不断革命信仰,有了这种信仰,他认为文学就获得了永恒的动力,既推动革命又不至于成为政治革命的传声筒,从而保持其自身的独立性和前卫性。这是一种"因信称义"式的具有个人主体性的现代信仰,带有种做"革命的同路人"而非消融于革命之中的倾向。

胡风冤案的产生除了政治历史的原因之外,也与胡风的个人性格气质有关,他的领袖欲颇强,特别是在鲁迅去世之后,他以鲁迅的嫡系传人、文坛领袖自居,这一点很多人都有所察觉,并产生不满。据与他交往很深、后来被划成"胡风分子"而遭受迫害的雪苇回忆,有一件事曾使他深切地感到了鲁迅逝世后,胡风领袖欲的日益膨胀。当时雪苇在《天下日报》编副刊,胡风送去一篇杂文,并且谦虚地说:"我看作头篇不行,你斟酌办吧。"雪苇看了文章,

---

① 胡风:《作为思想家的鲁迅》,《剑·文艺·人民》,泥土社1950年版,第44—45页。

觉得分量不是太够,比较自己的一篇《留声机论》,在所提出问题的重大性和紧迫性方面都不如,就老老实实地将胡风的文章排在第二位。想不到胡风看后大发雷霆,当着聂绀弩夫妇的面,指责雪苇自高自大,眼里没有他胡风。雪苇后来曾对聂绀弩说:"领袖欲这种东西是要害死人的!"但因为他了解胡风的为人,佩服他耿直的一面和在文艺问题上的深刻见解,还是能和他相处的①。

当时冯雪峰作为党的领导人曾对胡风的这种自大作风提出批评,但招来的是胡风对他的极度反感,胡风1937年7月29日在家信中这样写道:"离开上海之前,冯政客(指冯雪峰)和我谈话时,说我底地位太高了云云。这真是放他妈底屁,我只是凭我底劳力换得一点酬报,比较他们拿冤枉钱,吹牛拍马地造私人势力,不晓得到底是哪一面有罪。"胡风喜欢用密语写信,在信中给他厌恶的人大多起了绰号,如冯雪峰是"冯政客"、"冯三花"(戏剧中的"三花脸"),周扬是"马褂",茅盾是"市侩",何其芳是"多么香",舒芜是"无耻"等等,将文人之间的分歧争执涂上了政治密谋的色彩,也可见其意气用事的个性。

胡风身上的确带有一种"唯我独尊"的霸气,除了鲁迅,他看上眼的文坛人物不多,发起议论来无所顾忌,像在民族形式讨论中,他对多个文坛领袖、名流的观点逐个予以了批评,颇有"舍我其谁"的豪杰气概。而他对于姚雪垠的"残酷斗争、无情打击",显然带有浓厚的宗派、极左色彩。这也使他在文艺界除了自己的小团体外,比较孤立。连所谓胡风集团内部的人也看到胡风的这些问题,如贾植芳先生晚年在接受李辉采访时说:"胡风梗直,但太偏颇,爱憎太分明。一次碰到田汉,就不理他。他不喜欢的人,从不爱理。范泉办刊物,约他写稿,他不理睬,他说:'他是什么东西?''三十万言书'中,他说范泉是南京特务,害范泉为此挨整。《新文

---

① 参见《我与胡风·胡风事件三十七人回忆》,宁夏人民出版社1993年版。

学史料》发表时,没有加注,我向范泉赔礼道歉。"①

从比较中立的作家那里,也可以看到胡风的"特别"之处,像巴金就有这样的回忆:

> 从我认识胡风到"三批材料"发表的时候大约有二十年吧。二十年中间我们见过不少次,也谈过不少话。反胡风运动期间我仔细回想过从前的事情,很奇怪,我们很少谈到文艺问题。我很少读他的文章,他也很少读我的作品。其实在我这也是常事……我写文章只是说自己想说的话;我编辑丛书只是把可读的书介绍给读者。我生活在这个社会,应当为它服务,我照我的想法为它工作,从来不管理论家讲了些什么,正因为这样我才有时间写出几百万字的作品,编印那许多丛书。但是我得承认我做工作不像胡风那样严肃、认真。我也没有能力把许多有才华的作家、诗人团结在自己的周围。我钦佩他,不过我并不想向他学习。除了写书,我更喜欢译书,至于编书,只是因为别人不肯做我才做,不像胡风,他把培养人才当作自己的责任。他自己说是"爱才",我看他更喜欢接近主张和趣味相同的人。不过这也是寻常的事。但连他也没有想到建国后会有反胡风运动,他那"一片爱才之心"倒成为"反革命"的罪名。老实说这个运动对我来说是个晴天霹雳,我一向认为他是进步的作家,至少比我进步。靳以跟他接触的机会多一些,他们见面爱开玩笑,靳以也很少读胡风的文章,但靳以认为胡风比较接近党,那是在重庆的时候。以后文协在上海创刊《中国作家》杂志,他们两个都是编委。
>
> 我很少读胡风的著作,对他的文艺观也不清楚,记得有一次他送我一本书,我们谈了几句,我问他:为什么别人对你有意见?他短短地回答:"因为我替知识分子说了几句话。"这

---

① 李辉:《与贾植芳谈周扬》,《摇荡的秋千——是是非非说周扬》,海天出版社1998年版。

大概是在一九四八年,他后来就到香港转赴解放区了。①

即使在"胡风分子"内部也存在分歧,牛汉有这样一段回忆:"(1953年)我从东北回来后常去太平巷看望胡风,一个月至少有两三回吧,有时在太平巷胡宅还见到鲁煤、鲁藜、徐放、绿原、芦甸、严望、谢韬等。但徐放告诉我,他们还有更亲近的人在别的时间约会。"②他和鲁煤、鲁藜等处于比较疏远的圈子,他们"希望少谈政治,多谈诗创作的得失";路翎和绿原、芦甸等与胡风"更亲近的人"则形成了另一个圈子,他们"在政治上"有所诉求,于是"在别的时间约会"。他"得知他们另有一帮人,对此很不理解"。

牛汉还描述了1954年深秋的一次聚会:"当时胡风的处境令人很伤感,他被摆在一边受冷淡。芦甸说:'文艺界对胡先生的意见和胡先生的愿望完全相反。胡先生这么有影响的人来北京后这么受冷淡,真让人气愤。在我的心目中,胡先生的形象很伟大,我一生最敬佩的人就是马、恩、列、斯、毛、胡……'胡风在房里走来走去,没阻拦,没表态。这么高的评价,我不可理解,我不同意,几分钟后说有事,退席了。我很伤心,拂袖而去。我们是普普通通的诗作者,为什么这样提呢?!为什么要追求这些?有几个人拦我,我执意要走,也有几个人跟着出来。严望、徐放他们也走了,态度和我相近,不欢而散。我对胡风这种态度很难过,起码有三四个月再没去看望他,也不通电话。他们也不找我了。"③牛汉"拂袖而去"的心理因素很简单,只是"我确实认为我们不该在政治上谋求什么地位"。

卷入政治漩涡的"胡风现象"不是孤立、偶然的,它也是20世纪世界范围内的知识分子普遍"意识形态化"的趋势的表现。施瓦兹曼特尔(John Schwarzmantel)认为:"任何意识形态都包含着

---

① 巴金:《怀念胡风》,见《巴金七十年文选》,上海文艺出版社1996年版,第439—440页。
②③ 柯启治、李晋西:《我仍在苦苦跋涉:牛汉自述》,北京三联书店2008年版,第104—105页。

三个因素:批判、理想和动力","意识形态"以一种未来社会的理想,批判现实社会的缺陷,并指出实现理想的动力,使之与一个特定的阶级、团体联系起来,使之成为创造历史的"选民"。胡风将"进步"、"大众"、"解放"视为一种富有激情的信仰,为之赴汤蹈火、在所不辞。由此进步知识分子就成为了一种"职业革命家",文学担负起回答诸如"怎么办"这样的重大时代政治命题的责任,由此"笔的政治"获得了和"枪的政治"平行、合流甚或分庭抗礼的地位,这必然使文学与政治的冲突趋于激化。

知识分子普遍"意识形态化"的社会学根源在于知识分子与其固有世界阐释者的疏离,而成为一个走向行动的群体。面对历史的多元性、不确定性和或然性,知识分子已无意在历史相对主义和终极理想之间进行艰难探索和独立的思考、判断;不再以知识和独立思考为基础,审慎分析历史发展的现实条件,在现实的基础上来改造现实,而倾向于以主观认定的终极理想来批判一切、裁决一切,乃至直接投身于社会改造之中。如此的结果是,很少有东西能经得起这样的否定、扫荡留存下来,在胡风的心目中,值得完全肯定的文学家最后就剩下了鲁迅和高尔基,这与历史、文化虚无主义已相差无几。胡风等进行文化批判的基础是一种道德理想主义,这为他们身上笼罩着一种"义者"的光环,而他们一贯坚持的否定态度,又成为一种"勇气"的象征,很少有人能看到这种"正义"和"勇气"背后可能潜藏着的专断、褊狭的后果。这是我们经过了一个世纪的政治文化的激烈动荡,争斗双方都付出了巨大的代价后,才得到的一点应该珍惜的收获。

从此出发,对现代意识形态和现代知识分子的反思也变得很有必要,与鲁迅这一代知识分子相比,胡风这一代无论从文化视野还是从思想深度上都要逊色得多,甚至他们的志趣到了除时代意识形态真理之外,不知其他、不及其余的程度,这就造成了其思想文化内蕴上的匮乏和贫弱。胡风所推崇的路翎创作中非理性的"原始生命强力",也应慎重看待,非理性的反抗毕竟不能与社会进步同日而语,对此张扬失度,实可以引发一场文明的灾难。对此,鲁迅的认识(如"阿Q"、"爱姑"等形象),更为全面、客观。同样,作为"遵命作家"之外的鲁迅对荷兰作家望·蔼覃《小约翰》①这样的"无韵的诗,成人的童话"还能推崇备至,而胡风已对此莫名其妙、无法理解,这也可以看出胡风对鲁迅的理解还是失之片面的。

2. "识得这个雪峰后,人不言愁我只愁"——冯雪峰

冯雪峰是五四时期成名的诗人,也是中共的早期党员,参加过长征,共产党方面的左翼文化运动的领导者,文艺理论家。他是鲁迅的同乡和学生,与晚年鲁迅关系密切,是鲁迅除了瞿秋白之外最为信任的共产党人,新中国成立后他曾担任文化领域的重要领导职务。冯雪峰之接近鲁迅一方面是他所接受的政治任务,另一方面也是他被鲁迅的精神人格熏陶、强化的过程。鲁迅强化了他的个人独立意识,助长了其爱憎分明、疾恶如仇的个性形成。作为诗人,他始终保全了一颗纯朴真诚、晶莹透亮的心灵,这对从事政治的人来说未必有利,但对于一个诗人来说却必不可少。冯雪峰终其一生虽担任过不少领导职务,但其底色仍是一个至性至情的真正的诗人。鉴于冯雪峰这样的为人,聂绀弩预料他在变幻莫测的政治风暴中难以幸免,忍不住为之发愁,所以作诗云:"识得这个雪峰后,人不言愁我只愁。"鲁迅也在生前说过:"雪峰太老实"②,担心他以后会吃亏,事实也证明了他们的担心不是多余的。

---

① 该书曾由鲁迅和齐寿山合作翻译成中文,1934年由生活书店出版。该书以童话形式揭示现代人对自然的遗忘,都市化进程中人性的矛盾和祸福纠缠的悲观,对唯科学主义的世界观、人生观予以质疑和反省,带有反现代的审美主义倾向。鲁迅在1927年9月25日致台静农信中说:"诺贝尔赏金,梁启超自然不配,我也不配,要拿这钱,还欠努力。世界上比我好的作家何限。他们得不到。你看译的那本《小约翰》,我那里做得出来,然而这作者就没有得到。"它表明了鲁迅审美意识、文学观念的多元性和丰富性,不像后人理解的那么单一、简单。有人曾向胡风问及鲁迅为什么特别推重这篇小说,胡风说该作并无什么值得关注的价值及进步意义。

② 吴作桥等:《再读鲁迅——鲁迅私下谈话录》,时代文艺出版社2005年版,第316页。

冯雪峰(1903—1976),原名福春,笔名雪峰、画室、洛扬等,浙江义乌赤岸乡神坛村人。1919年考入金华省立第七中学师范科,接受五四新思潮。1921年因参加反对学监的风潮,被学校当局开除。同年秋,考入浙江第一师范学校,开始写作新诗,并加入文学团体晨光社。1922年与应修人、潘漠华、汪静之以"湖畔诗社"的名义合集出版诗集《湖畔》,内收冯雪峰的诗17首,并加入明天社。1923年他因家庭困难辍学。同年《春的歌集》出版,内收冯雪峰所作新诗11首。1924年他进上海中华学艺社当事务员,并在浙江慈溪县立女子学校代课。1925年他到了北京,在北京大学旁听,并自修日语。后发表作品新诗《原火》、散文《柳影》。这段时期他也旁听过几次鲁迅的课,但与鲁迅的关系并不亲密,因为此时的他认为:"我得了一些印象,又从别人那里听来了一些,我判断他是一个很矛盾的人。我在心里曾经这样的说他:鲁迅,确实非常热情,然而又确实有些所谓冷得可怕啊!我看见他号召青年起来反抗一切旧势力和一切权威,并且自己就愿意先为青年斩除荆棘,受了一切创伤也不灰心;可是我觉得他又好像蔑视一切,对一切人都怀有疑虑和敌意,仿佛青年也是他的敌人,就是他自己也是他的敌人似的。……同时也认为他是很难接近的人……"[①]所以他当时虽然与未名社的人很熟,有接近鲁迅的渠道,但并没主动去接近鲁迅。那时冯雪峰最为崇拜的人是李大钊,"那时我认为李大钊同志才是真正革命的、理想的人,虽然我那时候还不是共产党员。我是受了李大钊同志殉难的刺激,才加入中国共产党的。"李大钊的坚定、朴实、理想崇高而又平易近人的人格吸引着年轻的冯雪峰,所以李大钊牺牲后他在革命的最低潮时期1927年毅然加入中国共产党。不久就遭通缉,避难于未名社近三个月。

1928年,他离开北京到上海,后回义乌,任城区支部书记。11月,受国民党浙江省政府通缉,离开义乌到上海。1933年冯雪峰

[①] 冯雪峰:《冯雪峰忆鲁迅》,河北教育出版社2002年版,第6页。

任中共江苏省委宣传部部长,负责筹备在上海举行的以反对日本帝国主义为主题的远东反战会议。后又奉命调往中央苏区工作,任中央党校教务主任。1934年他参加党的六届五中全会,当选为中华苏维埃政府中央执行委员会候补执行委员。后任中央苏区党校副校长。曾参加长征,任红九团地方工作组副组长。1935年任干部团上干队政治教员。中央红军到达陕北后,调至陕北党校工作。1936年参加东征,任地方工作组组长。后被中央派到上海工作,任中共上海办事处副主任,曾代表党中央主持鲁迅治丧委员会。

1928年12月的一天晚上,冯雪峰在浙江一师时的同学柔石带他去见了鲁迅先生,"从此,我就跟鲁迅先生接近,一直到他逝世之日为止"①。1929年他迁居景云里茅盾家中,与鲁迅家离得很近,过从密切。第一次见鲁迅,给冯雪峰带来的印象并不理想,因为他以前写过一篇《革命与知识分子》的文章,是关于创造社和鲁迅论争的,柔石告诉他鲁迅看了那篇文章很反感,说:"这个人,大抵也是创造社一派!"柔石对此作了些解释,说冯的文章主旨是批判创造社的小集团主义,鲁迅才没有再说什么。鲁迅对夸夸其谈的理论家按照自以为是的教条、原理将他定位为与真正革命者有性质之别的"革命的同路人"是非常反感的。第一次见面,冯雪峰是带了书去求教的,"我记得带了一本日本杂志去,其中有德国蔡特金或别的人关于知识分子问题的论文的译文,有几处附有德文原文,我看不懂,因为鲁迅先生懂德文,我就去问他了。同时也带了我正在翻译的普列汉诺夫的《艺术与社会生活》的日本藏原惟人的译本去,问了几个我疑惑的地方。鲁迅先生对于初次见面的人,话是极少的。鲁迅先生除了回答我的问题之外,就简直不说什么话,我觉得很局促,也很快就告辞了。第二次去见他,话仍然不多,虽然我已经提出请他翻译普列汉诺夫的几篇关于艺术起源的

---

① 冯雪峰:《冯雪峰忆鲁迅》,河北教育出版社2002年版,第1页。

通信体的论文,编在我在发动的马克思主义文艺理论丛书的第一本的意思,而他也当即答应了。但是,以后他的谈话就一次比一次多了。"①

冯雪峰回忆,"那时候,他们之间往往到十二时以至十二时以后的很多晚上的谈话,几乎每一次都触到了鲁迅先生自己的思想状况的……鲁迅先生是并不轻敌,即使敌人很渺小;而听到敌人对他的污蔑,他自然也不会有什么'牢骚'。只有属于进步方面的人,尤其青年,对他也有不正确或不合事实的批评的时候,他才一提起就有一些可说是'牢骚'的话。而最使他不快,提起来就甚至使他愤怒的,是青年或算作进步的人里面也有莫名其妙的说出他'尖酸刻薄',或说他'投降革命',好像跟敌人同一个鼻孔出气似的糊涂人"。显然鲁迅对来自"自己人"对其的"误解"最为在意。

冯雪峰是一个党性原则很强的人,而且当年投身革命也是出于一种对马克思主义真理的自主、自觉的追求和皈依,所以他的思想观念与鲁迅前期的个人主义有较大的区别,他"曾几次对鲁迅说过对于《野草》和《彷徨》的意见的。以为《野草》中的大部分作品,是和他同时写的《华盖集》及其续编的杂文有不同的特点。《华盖集》及其续编,是鲁迅先生及其猛烈的社会战斗的记录,所表现的思想和感情都是很健康的,这是说他反封建主义和反对帝国主义的斗争。但《野草》则更多地表现了鲁迅先生的内心矛盾的交战和痛苦的叫声,其中的思想就不能当作鲁迅先生的社会思想的代表来看,因为它表现的很隐晦,同时,作为思想的著作来看,在鲁迅先生的著作里也并不占那么重要的地位;并且其中好几篇作品,无论在思想上还是在感情上都是个人主义的,而且阴暗的,有虚无感的,悲观而绝望的。自然,这种虚无和绝望的感情,同时又被鲁迅先生自己在否定着,他同自己的虚无和绝望斗争,这是在同一篇作品中都看得出来的,但斗争的结果怎样呢? 还是有些虚无和绝望,

---

① 冯雪峰:《冯雪峰忆鲁迅》,河北教育出版社2002年版,第8页。

总之是矛盾,个人主义本身的矛盾"①。冯雪峰当时就把自己的这种看法,告诉过鲁迅先生。鲁迅的回答大致有这些:

> 怎么可以没有希望呢。否则,人也活不下去了。我不曾看得那么黑暗,以为就没有将来……
>
> 黄金世界,该有的罢,也不能以我不乐意去,别人就不去了。……
>
> 我自然相信有将来,不过将来究竟如何美丽,光明,却还没有怎样去想过。倘说是怎么样才能到达那将来,我是以为要更看重现在;无论现在怎么黑暗,却不想离开。我向来承认进化论,以为推翻了黑暗的现状,改革现在,将来总会比现在好。将来就没有黑暗了吗?到将来再说,现在必须先改革。将来实行什么主义好,我也没有去想过;但我以为实行什么主义,是应该说现在应该实行什么主义的。
>
> 彷徨,我确曾彷徨过,毫不想掩盖!……吾将上下而求索,求索什么呢?不知道!但还要求索!
>
> 积习之深,我自己知道。还没有人能够真正的剖析到我的病症。批评家触到我的痛处的没有。还没有人解剖过我像我自己那么剖析。②

冯雪峰认为,这类话是在真正闲谈的时候才有的话。正是这些闲谈的话,正是这样的情绪,可以看出一方面他在咀嚼着他的某些旧的思想和旧的感情,一方面更多地反映了他的矛盾的心境。尤其可以看出他在分析着自己,并且否定着自己的某些旧的思想,特别是某些以个人主义思想为根基的旧的思想。

冯雪峰能回忆起来的,是鲁迅谈到1927年血的经验以及关于

---

① 冯雪峰:《冯雪峰忆鲁迅》,河北教育出版社2002年版,第13页。
② 冯雪峰:《冯雪峰忆鲁迅》,河北教育出版社2002年版,第14页。

青年、关于阶级斗争、关于人道主义、关于进化论等的谈话,这些谈话就能更直接和明白地说明了鲁迅对革命的关系与态度和他思想发展的情形。

倘若有人问我,可曾预料在"革命"的广州也会有那样的屠杀?我直说,我真的没有料到。姑不论我也是抱着"美梦"到广州去的,在那里,还在"合作"的时候,我就亲眼见过那些嘴脸,听过那些誓言。说我深于世故,一切世故都会没有用的。……还是太老实,太相信了"做戏的虚无党",真上了大当……我终于吓得目呆口瞪……血的代价,得的教训就只明白了这上当。

我只是弄弄文字的人,以为对于战斗的青年有些小帮助,有时还是特意为了满足他们的希望而鞭策自己,政治上的事情不曾怎样去细想过。到我那里来的青年,有的大概真是共产党员罢,但我也只是风闻,他自己不说,我是不去问的。头几天还见过面的,忽然知道他已经不在世上了。……

这回也还是青年教训了我。……我相信进化论,以为青年总胜于老人,世间压迫杀戮青年的大概是老人,老人要早死,所以将来总要好一些。但是不然,杀戮青年的就是青年,或者告密,或者亲自捕人。过去军阀杀青年,我悲愤过,这回我还来不及悲愤,早已吓昏了。我的进化论完全破产。

阶级斗争,你不承认也可以,事实的教训总比理论的宣传有力。

……

马克思主义,倘若不是为的实行和抽去了战斗精神,而只为的谈谈,那就不是马克思主义。

倘若不是一切做的都和工农大众的利益相关,不身为工农阶级的战斗之一的一员,那是不能称为马克思主义者的。①

在冯雪峰看来,前期的鲁迅先生反对帝国主义、反对封建主义、反对旧势力和一切反动势力的战斗的猛烈和坚决,确实一点也不让于他的后期;前期的他,把革命的主要希望寄托在知识青年身上,以青年为革命和一切革新运动的主要社会力量。相信将来总比过去和现在好,而将来究竟如何呢,他的观念却并不明确,他的信念有时就要动摇。在后期,他却是一个马克思列宁主义者,一个站在无产阶级立场上的战士和思想家。在从他的心情看,前后期也有很大的不同。在前期,例如当他渴望着他所说的:"想做奴隶而不得的时代"和"暂时坐稳了奴隶的时代"之外的新时代,并且大声疾呼地号召青年去争取这样的新时代的时候,他的心情的痛苦是看得出来的。这"第三样的时代",到了后期,他才明白它将是怎样的时代和将怎样去达到的了,所以,当他说"将来总归是我们的"这句话的时候,他是显得怎样的欣慰和信任,这前后的不同是很明显的。

1929年,冯雪峰与鲁迅多次谈话,感觉到鲁迅的思想从前期跨到后期了。鲁迅先生不愿意称自己为思想家,而愿意人们将他看做一位战士,一个用笔作战的战士。冯雪峰认为在鲁迅那里,"一切新的和好的思想,一切真理,不是要拿来砌造自己的学说,而是要用真理之光,来照彻现实和照明前进的道路,要把一切新的和好的思想用到现实的战斗上去。他不是像一个理论家似的常常注意到逻辑的完整性,而是更多的注意实际的用处和更多的受事实的教训所影响。所以,在这个基础上,鲁迅的思想绝少是前人的学说或主义的演绎或发展,而基本上是他和中国人民的现实斗争的经验与教训的积累和结晶。总之,现实战斗的意志、需要和目的,决定着和统一着鲁迅先生的全部思想。他的一生的战斗,使他发

---

① 冯雪峰:《冯雪峰忆鲁迅》,河北教育出版社2002年版,第19—21页。

掘和积蓄了那么多丰富的经验与教训,反映与发扬了那么多的人民的思想和智慧,这些就是他的一系列思想,就是使他成为不折不扣的思想家的产业,是一个战士以自己的一生走过来的脚迹所印成的一本思想的书。"①

在冯雪峰看来,鲁迅的思想中是有缺点的,主要表现于"他太被现实的经验和教训所吸引,在对于社会发展的透视上没有最充分地用力,而且比较少科学的分析和科学的预见,因此在理论上就不能提高到最高度"②。冯雪峰认为这是因为鲁迅没有掌握马列主义的世界观和科学方法。的确,与善于构建体系并以此解释世界的理论家不同,鲁迅对社会的看法是基于情感、直觉、经验的艺术家的方式,它的优势恰恰也是理论家所不能及的。冯雪峰也提到,鲁迅的优点是盖过缺点的,在于他思想的基础是中国革命的实际。鲁迅的现实主义的思想方法有它非常坚实的基础,这个优点由他的现实战斗精神所产生,并且保证他的思想始终和人民的现实斗争保持着密切的联系。冯雪峰对鲁迅的这种评价也表现出他作为理论家在理论方面的过于自信,这种自信如过于膨胀,就带有了教条主义的"方脑袋"理论家的倾向,不利于他从现实出发去认识中国社会。冯雪峰虽带有现代知识分子的"理念人"的特征,但他为人的诚恳、质朴和与人为善,使他没有那种自以为真理在手的独断和专横,他对与自己观点看法不同的人还抱一种理解的包容的态度,而不至于成为顺我者昌、逆我者亡、有我无人的彻底排他主义者。他从本质上来说是一个不通人情世故、书生气十足的书生、诗人,朴实善良、不弄权术、不欺暗室,这也是他后来落难的重要原因。但这种老实的本性恰恰也是他能和鲁迅谈得来、为鲁迅所信任喜欢的根本原因。至于其他人,鲁迅就不那么乐观了,他曾开玩笑似的对冯雪峰说:"你们来到时,我要逃亡,因为首先要杀的

---

①② 冯雪峰:《冯雪峰忆鲁迅》,河北教育出版社 2002 年版,第 25 页。

恐怕是我。"①可见鲁迅对那些左的可怕的教条主义者是颇有戒心的,他在当时已经领教了他们口衔天宪、予取予夺时的威焰了。

鲁迅还给人谈过当时共产党的领导人李立三和他谈话的情形:"李立三路线到底是怎么回事,我不明白。一天晚上,人家开好旅馆找我谈话,开门进去一个高高大大的人接待我。他自我介绍说他是李立三,党要在上海搞一次大规模示威游行,搞武装斗争。还说:'你是有名的人,请你带队,所以发给你一支枪。'我回答:'我没有打过枪,要我打枪打不倒敌人,肯定会打了自己人。'"②

鲁迅在和周建人谈话时对此事说得更生动:"李立三找我去,我去了。李立三说:'你在社会上是知名人物,有很大影响。我希望你用周树人的真名写篇文章,痛骂一下蒋介石。'我说:'文章是很容易写的。蒋介石干的坏事太多了,我随便拣来几条就可以写出来。不过,我用真名一发表文章,在上海就无法住下去了。'李立三说:'这个问题好办!黄浦江里停泊着很多轮船,其中也有苏联船,你跳上去就可以到莫斯科去了。'我说:'对,这样一来蒋介石是拿我没办法了。但我离开了中国,国内的情况就不容易了解了,我的文章也就很难写了,就是写出来也不知在什么地方发表。我主张还是坚守住阵地,同国民党进行韧性战斗,要讲究策略,用假名写文章,这样,就能够真正同国民党反动派战斗到底。'李立三没有办法,只好说:'好吧,你自己考虑吧!'我就回来了。"③

晚年鲁迅的心态是非常复杂的,可以说是既不乐观也不单纯,1934年鲁迅在致曹聚仁的信中这样写道:"……多伤感情调,乃知识分子之常,我亦大有此病,或此生终不能改;杨邨人却无之,此公实是一无赖子,无真情,亦无真相也。……(自己早年学医)今幸放弃,免于杀人,而不幸又成文氓,或不免被杀。倘当崩溃之际,竟

---

① 《再读鲁迅——鲁迅私下谈话录》,时代文艺出版社2005年版,第35页。
② 《与胡愈之的谈话》,录自胡愈之、冯雪峰:《谈有关鲁迅的一些事情》,载《鲁迅研究资料》第1辑。
③ 周建人:《关于鲁迅的若干史实》,载《天津师院学报》1977年第5期。

尚幸存,当乞红背心扫上海马路耳。"①这种对于他所置身的中国难以避免的"崩溃"的预感,鲁迅早就有过,1920年五四运动发生不久,他就在给学生宋崇义的信中这样说过:"比年以来,国内不靖,影响及于学界,纷扰已经一年。世之守旧者,以为此事实为乱源;而维新者则又赞扬甚至。全国学生,或被称为祸萌,或被誉为志士;然由仆观之,则于中国实无何种影响,仅是一时之现象而已;谓之志士固过誉,谓之乱萌,亦甚冤也。……中国一切旧物,无论如何,定必崩溃;倘能采用新说,助其变迁,则改革较有秩序,其祸必不如天然崩溃之烈。而社会守旧,新党又行不顾言,一盘散沙,无法粘连,将来除无可收拾外,殆无他道也。今之论者,又惧俄国思潮传染中国,足以肇乱,此亦似是而非之谈,乱则有之,传染思潮则未必。中国人无感染性,他国思潮,甚难移殖;将来之乱,亦仍是中国式之乱,非俄国式之乱也。而中国式之乱,能否较善于他式,则非浅见之所能测矣。要而言之,旧状无以维持,殆无可疑;而其转变也,既非官吏所希望之现状,亦非新学家所鼓吹之新式:但有一塌胡涂而已。中国学共和不像,谈者多以为共和于中国不宜;其实以前之专制,何尝相宜? 专制之时,亦无忠臣,亦非强国也。……"②相距十余年,鲁迅关于这种"崩溃"的预感是始终如一的,因此鲁迅晚年的心境有时也是颇为黯淡、悲观的,"老归大泽菰蒲尽,梦坠空云齿发寒",表达的正是对这种崩溃将临时的忧惧。然而,他还是要勉力而为,尽量满足革新者的愿望,这也是知其不可为而为之而已。作为一个行动者而非单纯的思想者,他必须表明自己的政治态度和立场,但他的内心比这种表现出的明快单纯的态度和立场要复杂得多。他对"左联"的热心与他对冯雪峰个人的信赖是分不开的,他曾说过:"有什么法子呢? 人手又少,无可推诿(指冯雪峰常来约和鲁迅一道工作)。至于他(指冯雪峰),人

---

① 《鲁迅书信三》,人民文学出版社2006年版,第87页。
② 《鲁迅书信一》,人民文学出版社2006年版,第54、55页。

很质直,是浙东人的老脾气,没有法子。他对我的态度,站在政治立场上,他是对的。"①冯雪峰按照当时苏联和共产国际的指示,通过鲁迅做了不少上级要求的事情,如王元化先生就曾指出:当时批判"第三种人"是极左的做法。但是苏联认为中间派最坏,要消灭中间派。冯雪峰的"左"倾思想来自组织,个人是敌不过组织的,天平总要向集体倾斜,这是没有办法的。冯雪峰又以他的"左"倾思想去影响鲁迅,鲁迅喜欢冯雪峰,不抵制冯雪峰的做法。许广平回忆录中也这样写道,冯雪峰要鲁迅先生怎样、怎样做,最后总是冯雪峰达到目的。②

鲁迅病中曾请冯雪峰为他代笔写了两篇文章:《答托洛斯基派的信》和《论现在我们的文学运动》,这都是原则性极强的政治表态文章。与对冯的信任相反,鲁迅对周扬等人则极为不满,曾说过这样的话:

> 照我看来,周扬等人只是空谈,唱高调,发命令,不对敌人认真作战,并且还扼杀不同伙的人的革命力量。照我看来,这些人大抵都是借"革命"以营私的青年,是革命营垒里的蛀虫,许多事情都败在他们手里;"左联"早已布不成一条战线,虽然名义还存在,而我也还每月拿钱给他们。周扬他们以"革命"大旗做虎皮,自命"指导家",故作激烈,吓唬别人,打击不同意见者,他们只长于"内战",分裂战线,对敌人却心平气和,并且有意"取悦"于敌人,同敌人及其叭儿狗们反而常常联在一起,——我认为,他们同那些造谣污蔑的小报是有联系的。周扬是一个喜弄权术,心术不正,气量又狭窄得很像白衣秀士王伦式的人。周扬同我见面时却一副虚伪的面孔,说他同我感情很好,我可不知道他那时心里想的是什么。

---

① 《与友人的谈话》,录自许广平著《欣慰的纪念》,人民文学出版社1982年版。
② 王元化:《我所认识的冯雪峰》,载《文汇报》2008年7月2日。

> 周扬等人还指责我"懒",工作得不够起劲。他们个个是工头,我有时简直觉得像一个戴了脚镣的苦工,不管做得怎样起劲,总觉得背后有鞭子在抽来。
>
> 我有时确实曾感到"独战之苦",有时甚至使我多疑的毛病又起来了,想到要提防同营垒中人设置的圈套和陷阱……
>
> 就是这样一群"战友",一群指挥家!①

这种"左联"内部的矛盾纠葛,是非曲直很难说清,笔者在此只能学鲁迅"立此存照"、"录以备考"。

1936年,中国的政治形势发生了很大的变化,日本已于1935年威胁华北,国共合作的呼声越来越高,鲁迅处于病中,在他的住处,长征归来的冯雪峰把关于红区的、关于党的、关于长征的、关于当时政治形势的政策,都告诉了鲁迅,鲁迅是愿意听的,看不出有任何疲倦或者厌烦。对于抗日民族统一战线政策,鲁迅在当时确实不大明了,并且曾经怀疑过。冯雪峰到上海后,曾经跟鲁迅提过中共的政策,但是,鲁迅仍是有所怀疑的。鲁迅这样说:"也要联合国民党,那些先前投机的分子,是最欢迎的了。"鲁迅的斗争哲学和疾恶如仇使他对这种政治策略很难接受。当冯雪峰谈到党中央关于时局的分析以及关于抗日运动发展前途的预测的时候,鲁迅也都表示同意,表示信任,但他几次又好像替他自己解释又好像保留他的意见似的说:"我不是别的,就只怕共产党又上当。"

关于革命,鲁迅曾说过这样的话:

> 的确不错的,革命要成功,单凭党员英勇,革命者不怕流血牺牲。还是不够的;还要有正确的领导!……要改正一向以为革命就只是牺牲流血的事情,成功不成功在所不计的那

---

① 冯雪峰:《有关一九三六年周扬等人的行动以及鲁迅提出"民族革命战争的大众文学"口号的经过》,载《雪峰文集》第4卷,人民文学出版社1985年版。

种想法。

不怕牺牲,勇敢,都是革命成功的要素;但没有明确的政纲,正确的策略和领导,就要流于所谓"蛮干"。革命的目的不变,战斗的策略是可以变的,这就需要领导!此外也需要坚持、韧战……

我自己一生就很少去想策略、策略的运用这类事情,虽然在打文字仗上,我还是留意敌人的阴谋,还能够拆穿这些东西的挖空心思的诡计,往往能够打中敌人的致命的要害,但我也只留心思想界的事情,又只限于一个角落的斗争,革命全面的策略,很少去想。也确实没有去想过革命怎样才会成功的问题。自然,现在就去想成功,是太早的;但是,老实说,也没有去想过敌人什么时候会失败的事情。就只觉得这样和他扭打下去就是了,没有去想过扭打到那一天为止的问题;自然,胜利在我们,是总明白的,也不必去想了。①

据冯雪峰讲逝世前的鲁迅,显然有这样一种趋向,就是要把某些非常富有他个人的特征的旧的情绪和思想,加以结束,而使自己对许多事情采取新的"想法"。长期在严重的压迫之下战斗的鲁迅先生,对于反动的势力并没有过分地估计,对于革命的胜利是越来越有十足的信心和越来越抱乐观的态度的。即使处于生命的边缘,鲁迅也时刻保持乐观的状态,也影响了他周围的亲戚和朋友,同时,这也使大家对他的病麻痹大意了,冯雪峰想到此,未免还是有所自责的。

冯雪峰性格的率真、耿直、自信、独立、"书生气十足"使他无法完全适应那种严格的政治生活。1937年7月,他奉命到南京参加与国民党的谈判,当时谈判的负责人博古给了他一份名为《中国工农红军将士为卢沟桥事变告全国民众书》的文件。其中有"服

---

① 冯雪峰:《冯雪峰忆鲁迅》,第97页。

1931年4月20日，鲁迅全家与冯雪峰全家合影。

从蒋委员长"、"信奉三民主义"等语，冯雪峰看后拍案而起，指着博古的鼻子，骂他是"新官僚"。而且他一气之下给潘汉年写信请假，回乡写红军长征的长篇小说去了。行前还对胡愈之说："他们要投降，我不投降。我再也不干了，我要回家乡去。"还说："党错了，鲁迅是对的。"

这样，冯雪峰中断与党的组织关系达两年之久，这种个人自由行动显然是严重的"无组织、无纪律"的行为，触犯了作为"党员"的大忌。此后近两年间，他失去党的组织关系，回义乌家乡，写有关长征的小说，有5万字。

1939年冯雪峰恢复了组织关系，任中共中央东南局文化工作委员会委员。1940年基本完成关于长征的小说初稿《卢代之死》，约50万字，后失落。1941年他被金华宪兵逮捕，关押于上饶集中营，达两年。1942年11月，被以治病为名保出。1943年他为《东南日报》副刊《笔垒》审稿。1944年其杂文集《乡风与市风》出版。1945年冯雪峰在重庆见到毛泽东。后由重庆到上海，寓于上海作家书屋直至1949年6月。在此期间他开始写寓言，并有杂文集《有进无退》出版。1946年他在苏联塔斯社上海所属时代出版社任编辑，直到1949年6月。1947年他的寓言集《今寓言》出版，内收1946年12月至1947年7月所写的寓言65篇。1948年《雪峰文集》出版，内选新诗6首，杂文33篇，寓言20篇。1949年6月，冯雪峰赴北京参加第一次全国文代会，为华东代表团团长，当选为中国文学艺术界联合会第一届常务委员。参加中国人民政治协商会议第一次会议，为政协第一届委员。后被任命为华东军政委员会委员，当选为上海市人民政府委员会委员。

1950年，他当选为上海文联副主席，兼任《文艺创作丛书》编辑委员会主任委员，并担任鲁迅著作编刊社社长兼总编辑。1951年，他调任人民文学出版社社长兼总编辑，这期间重新写作关于长征的长篇小说，并著有电影剧本《上饶集中营》、《回忆鲁迅》、《怎样读鲁迅的杂文》等。1952年他兼任《文艺报》主编。1953年他当选为中华全国文学艺术界联合会第二届委员会委员，当选为中国作家协会副主席，后又担任作协党组成员。1954年他由浙江省选为出席第一届全国人民代表大会代表。同年因为关于《红楼梦》研究问题而受到严厉批评，被解除《文艺报》主编的职务，并写检查《检讨我在〈文艺报〉所犯的错误》。从此冯雪峰的厄运开始了，1955年他被卷入"胡风事件"，在党内受到批判、作检讨。1956年他主持编注新版《鲁迅全集》。1957年他参加全国宣传工作会议。在作协党组扩大会议上，在对丁（玲）、陈（企霞）进行批判的同时受到批判，后被文化部党组定为"右派分子"。同年他为《应修人潘漠华选集》写《潘漠华小传》并作序。1958年他被开除党籍，并撰写《郁达夫生平事略》及《郁达夫著作编目》。

1959年他胃病复发，施行胃切除手术。1961年他被摘去"右派分子"帽子，但他要求完成关于长征的长篇小说写作的请求未被允许，因感到自己再也无法写作此小说，愤而焚稿。

1962年他列席全国政协会议，继而请创作假从事关于太平天国的长篇小说写作，断断续续写了15年，终未完成。1965年参加"四清运动"。1966年"文革"开始时即受到冲击。1967年被打成叛徒。1969年下放到"五七"干校劳动。1971年回到北京，被安排在鲁迅著作编辑室工作，但只许在家看稿、答疑。1974年，他开始与孙用合作校订《鲁迅日记》。1975年冯雪峰病重。1976年病逝于北京。

关于冯雪峰的个性、为人，与他熟悉的人有这样的评价：

20世纪30年代就与冯雪峰有所接触的王元化这样说过："冯雪峰很耿直、直率，说话不考虑人际关系。为什么毛泽东后来不喜欢冯雪峰？我听说因为冯雪峰写过文章，说关于文艺的政治性和艺术性要'反问三次……'这是针对毛泽东在延安文艺座谈会上所主张的政治标准第一的观点（注：这篇文章就是冯雪峰在1946年写的《题外的话》，收入《雪峰文集》第2卷。文章中写道：'什么是先生所说的政治性？只要一连反问三次，恐怕说的人也会不知所答的罢。'）。解放后，我也写了一篇有关政治性和艺术性的文章，雪峰对我说，这个问题我已经写过了，你不要再写了。"[①]对如此重大的原则问题表示异议，显然是需要相当的勇气的。

冯雪峰的晚年悲剧与他被夹在鲁迅和毛泽东这两个伟人之间的窘迫处境有关。冯雪峰比毛泽东小10岁，1927年入党，1933年到中央苏区瑞金，结识毛泽东。这个时期毛泽东与冯雪峰的关系很好，两人经常一起交谈、散步、聊天。毛泽东对鲁迅的了解大多是通过冯雪峰获得的。据研究，冯雪峰与毛泽东的关系在1948年左右开始出现问题，据丁玲在《四十年前的生活片断》中的回忆：1946年冯雪峰将他在上海出的杂文集《跨的日子》分送毛泽东和丁玲，丁玲在1948年6月19日的日记中写道："毛主席告诉我雪

---

① 王元化：《我所认识的冯雪峰》，载《文汇报》2008年7月2日。

峰那本书有些教条,我答不上来,因为我没有看。雪峰那本书是寄给我的,同时有一本寄给毛的。"①在经过延安文艺界整风运动之后,"教条主义"已经成为一个很严重的罪名,冯雪峰这个杂感集收的文章有《新的骄傲》、《帝王思想》、《封建的意识与封建的装潢》等,显然还在继续揭示传统造成的"精神奴役的创伤",这已与时代政治的需要出现了偏差。1954年由著名的"小人物"李希凡、蓝翎关于俞平伯《红楼梦》研究的评论引发的政治运动中,身为《文艺报》主编的冯雪峰作为压制"小人物"的官僚、权威的代表受到严厉批判,并迫于压力写了《检讨我在〈文艺报〉所犯的错误》一文,检讨错误。此文被毛泽东看后,作了极为严厉的批示。毛泽东在"反马克思列宁主义的错误"旁批道:"应以此句为主题去批判冯雪峰。"不久,毛泽东又将冯雪峰的诗歌《火》、《三月五日晨》和寓言《火狱》、《曾为反对派而后为宣传家的鸭》、《猴子医生和重病的驴子》等著述,批给当时中央的主要领导人刘少奇、周恩来传阅,同时又嘱陈伯达、胡乔木、胡绳、田家英这些中共党内的秀才看。毛的批件中有一句话:"如无时间,看《火狱》一篇即可。"此后,冯雪峰于1957年与丁玲、艾青等同时成为"右派"②。

这些著述中存在的问题之一是阶级立场模糊,如《火狱》写于1945年,抒发了对二战时苏军攻入柏林后引发大火的联想,是冯雪峰的一篇杂感,开头写道:"苏联红军攻入柏林,柏林立即全城大火,成为人类的'恐怖之城'。"这种描写不无人道主义色彩而丝毫没顾及政治立场,其他诸如:"为了我们现在也拿出了真的恐怖,而历史的胜利就从恐怖的火光里照明了出来。""全世界的人民围绕在优秀的民族及其伟大的领袖周围,却只为了反抗流氓恶棍率领着被恶化了的民族,所首先肆行的横暴。"从政治家的眼光看,"横暴"这样的词具贬义,太无阶级立场,应用诸如"神圣的暴力"之类

---

① 《新文学史料》1993年第2期。
② 此处参考了谢咏:《毛泽东为什么不喜欢冯雪峰》中的相关论述,载《书城》1995年第5期。

的表述才正确等等。总之,毛泽东似乎从这些文章中看到了必须整改的"违章建筑",未亲身经历延安整风的冯雪峰还保留了太多五四知识分子的自由、人道、博爱色彩,所以对他已非常不满。据当事人回忆:"1955年1月,陆定一、周扬和林默涵向毛泽东汇报关于批判胡风的计划。临走时,周扬说:'雪峰同志因《文艺报》的错误受了批评,心里很痛苦。'毛泽东说:'我就是要他痛苦!'"①

冯雪峰是人民文学出版社的第一任社长、总编辑,他本人最初并不愿出任此职,是由周恩来亲自点将,不得已才赴任的,他的理想还是从事自己所热爱的文学研究和文学创作。他曾劝说巴金来出任此职。巴金说:"我不会办事。"请他代为辞谢。冯雪峰说:"你要不肯去,我就得出来挑这副担子了。"巴金说:"你也别答应。"因为他觉得,冯雪峰"太书生气,鲠直而易动感情",也不一定合适。巴金不干,冯雪峰只好走马上任。

在人民文学出版社工作期间,他给人留下的印象是:"秉性豪爽,处事果断,具傲骨,易怒,人不敢近。众人在谈笑间,他一到,便肃然无声。"(许觉民的回忆)据说有一次,他和周扬大吵,大衣也没拿,就怒气冲冲地走了。后来,还是牛汉到周扬的办公室帮他拿了回来。

冯雪峰遭遇批判、众叛亲离、万炮齐轰的最有震撼性的一幕发生在1957年8月14日下午,作协党组在位于王府井大街36号的中国文联大楼小礼堂,召开扩大会议批判冯雪峰。此前他已被放在了"丁玲陈企霞等人反党小集团"之中,被点了名。曾与会的黎辛在《我也说说"不应该发生的故事"》中回忆了这场火药味十足的批斗会:

> 会上,夏衍发言时,有人喊"冯雪峰站起来!"紧接着有人喊"丁玲站起来!""站起来!""快站起来!"喊声震撼整个会

---

① 转引自王培元:《冯雪峰在1957年的风暴中倒下》,载《新闻午报》2007年3月6日。

场。冯雪峰低头站立,泣而无泪;丁玲静立哽咽,泪如泉涌。夏衍说道:"雪峰同志用鲁迅的名义,写下了这篇与事实不符的文章(指1936年8月初冯雪峰根据鲁迅的意见拟稿,经鲁迅补充修改而成的《答徐懋庸并关于抗日统一战线问题》——引者注),究竟是何居心?"这时,许广平忽然站起来,指着冯雪峰大声斥责:"冯雪峰,看你把鲁迅搞成什么样子了?!骗子!你是一个大骗子!"这一棍劈头盖脑地打过来,打得冯雪峰晕了,蒙了,呆然木立,不知所措。丁玲也不再咽泣,默默静听。会场的空气紧张而寂静……爆炸性的插言,如炮弹一发接一发,周扬也插言,他站起来质问冯雪峰,是对他们进行"政治陷害"。接着许多位作家也站起来插言、提问,表示气愤。

当时会场上最有戏剧性的一幕是冯雪峰的老朋友楼适夷的号啕大哭,他曾发表一篇文章《为了忘却,为了团结——读夏衍同志〈一些早该忘却而未能忘却的往事〉》,讲述了此事的原委:

> 一九五七年八月十七日,在作协党组扩大会批判冯雪峰,有一百多人参加的会场上,在听夏衍同志发言中,我突然放声大哭,震动全场,吴组湘同志坐在我对面,忙拿出一块雪白的手帕叫我擦泪,我还记得非常清楚。当然,至今记得的人也还不少。我到底为什么突然痛哭,说法不同。有人说适夷与雪峰关系密切,看到身边倒下了亲密的战友,所以哭了。也有的说,这是演的一场戏,一阵急泪,出卖了这头,投降了那头。幸有此哭,才未编入"集团",划成"分子"。"文化大革命"中革命小将,就是以此理由,把我称为"投降派"的。到底为什么哭,我自己实在也说不清,我这人很笨,演戏的才能是没有的,九一八时在自编《活路》一剧中,当过一次跑龙套式的角色,只有一句道白,也说错了,而且还走错了场子。但大概生为独

子,幼年丧父,随寡母成长,爱哭之性,恐有感染,看戏看电影,也常常会像女孩子似的流泪哭鼻子,惹邻座笑话。大家知道夏衍同志从卅年代以来,一向领导和实践电影戏剧工作,为党立功,受广大群众爱戴,是一名高手。当时他的发言,实在是极其动人的,我这一哭,增加了他的效果,确为事实。他当时说雪峰同志曾叫人可以把他扭送捕房,又说中央交雪峰又一任务,是在离陕北途中找到一支与中央失了联系的游击队,而雪峰不找,那支游击队终于因失却中央联系而被国民党全部消灭!我的哭声,就是在这时候爆发的。在场一百余人,可能不会比我记得那样清楚,但记得的人,一定会有,是可以肯定的。夏衍同志发言完毕,走下主席台,就坐在我的身边,我对他说:"冯雪峰原来是这样一个坏人,我可看错了人。"夏衍同志说:"你读过历史没有,历史上有多少大奸呀!"啊,原来冯雪峰是一个大奸!这时候,邵荃麟同志指名要我上台发言,我的眼泪还未擦干,奉命上台,泣不成声,把雪峰同志骂了一顿,自觉语无伦次,三言两语,就下场了。记得那次大会上,一边哭一边发言的,还有许广平同志。①

接着冯雪峰被冠以"勾结胡风,蒙蔽鲁迅,打击周扬、夏衍,分裂左翼文艺界"的罪名,划为"资产阶级右派分子",又被开除党籍,撤销人文社社长兼总编辑、中国作协副主席、全国文联常务委员、全国人大代表等职。此后的冯雪峰多次请求恢复党籍,至死未能如愿。

成了革命对象之后的冯雪峰在人文社做了一个普通编辑。"文革"中,年逾花甲的冯雪峰先是被关进"牛棚",后又被发配到古称"云梦泽"的湖北咸宁向阳湖畔,劳动改造。他种过菜,挑过

---

① 楼适夷:《为了忘却,为了团结——读夏衍同志〈一些早该忘却而未能忘却的往事〉》,载《鲁迅研究动态》1980年第2期。

粪,插过秧,清扫过厕所,放过鸭子。后来周扬被打倒,造反派让冯雪峰揭发周扬的反党罪行,冯雪峰并没有趁机报复,这令劫后余生的周扬非常感动,在给楼适夷的信中说:"他没有乘'四人帮'恶毒诽谤我的时机,对我落井投石,把一切错误推在我的身上。"①

冯雪峰人格的高尚是得到了普遍承认的,与柔石相似,他也是个"无论从旧道德,从新道德,只要是损己利人的,他就挑选上,自己背起来"的人,这也几乎是鲁门弟子共同的特征,它促使我们去思考什么是真正的人和真正的道德。

与冯雪峰长期一起在人民文学出版社工作的牛汉这样说过:

> 冯雪峰其实是个重感情的人,他内心非常非常单纯,到死都有他非常单纯的一面。我认为他不适于做政治工作。
>
> 他认为:他的起点是1921年晨光社诗人,后来和应修人、潘漠华组成湖畔诗社,到晚年他也说:"我最看重的是诗人的头衔。"其实他就是个诗人。

牛汉写出了"文革"逆境中他所看到的冯雪峰像普通人一样的单纯、脆弱之处:

> "文革"中我和冯雪峰一起睡大通铺,他睡边儿上,我稍靠中间一点儿,两个人合用一个一头沉的办公桌,他开玩笑地把他的景泰蓝烟灰缸往中间一放:"我不侵占你,你也不要侵占我啊。"他要写的材料特别多,几乎天天有人找他写外调材料,每一份材料都要一式三份,外调人员一份,交本单位造反派一份,自己留一份。用复写纸写三层,使劲写,右手写得都僵了。有一次,冯雪峰又表现出了他软弱的一面。当时造反

---

① 楼适夷:《为了忘却,为了团结——读夏衍同志〈一些早该忘却而未能忘却的往事〉》,载《鲁迅研究动态》1980年第2期。

派分成两派,以前交的材料只让其中的一派占了,分出的一派也要他交材料,这样就成了一式四份了,写起来更费劲,更困难了。可能是1967年的二三月吧,我记得造反派来了一男一女,都是二十多岁,他俩是另外一派的,来了就让冯雪峰把所有的外调底稿都交出来,逼他拿出来。我在旁边对他说:"不能交。"冯雪峰也对他们说:"这个材料不能交给你们,因为里面记着好多事,经常有重复的就照抄了,省好多事。我也没有精力再重写了,写起来太困难了,你们就多体谅我吧。"很诚恳的。但是那两个人一直坚持:"不行,非交不行。"后来就要上来抢,没办法,冯雪峰最后还是交出来了。交了以后,冯雪峰当时就号啕大哭起来:你们这样逼得我怎么办呢?什么都交出去了,如果再要重要材料我记不清楚,前后不一致怎么办呢?该说我说假话了。我得有个根据,要体谅我这个,可是他们一点儿也不体谅。冯雪峰在性格上就是这样。当时不能交出去,交了也不用哭,有什么好哭的呢?而且是号啕大哭,我就不哭。这点上我比他野得多,我不哭。冯雪峰就是这样一个人。普通人的感情。回想起来特别感人,那情景我记得非常清楚,坐在那儿,哭得都哭不出来了,哭得真难受。①

"文章信口雌黄易,思想坦白锥心难",聂绀弩的这句诗的确道出了思想同质化时代一代知识者的痛苦心曲。

冯雪峰的寓言《发疯》可以说是对鲁迅《狂人日记》中的"狂人"意蕴的最好的诠释和发挥,于此可见其对五四"新文学"个性解放精神的继承和弘扬。其中写道:

……疯子唯一使人欢喜的,就是他使人莫可如何;就是他的想头,他的行为,他的失常了的神经,都和人们不合,使他们

---

① 摘自王俊义、丁东主编:《口述历史》,中国社会科学出版社2003年版。

大大不安,却已经没有办法说服他,除了打他,将他关起来,或者活活地治死他。

疯子唯一使人憎恶的,也就在此。他从此走到发疯。在他发疯的时候显示疯子的正态,也显出了社会的正态,显出了一切好心人的正态,于是他再肉搏着社会,再走近人们,他想再拥抱这真实的社会。他就不会以为他在发疯。

他就不会以为在发疯,因为他在肉搏着真实的社会。这真实使他大大地欢喜,使他拿出了一切的真诚,他用尽一切的真诚去迎接一切的真实。他爱这样干,这早已使他失常,使他发了疯了,而他也真的拥抱着社会的真实了。

他的确有点不近人情,因为他太爱追求社会的真实,太爱和社会的真实碰击,而且太爱拿出自己的真诚,用了自己的生命去碰击。于是就看见了完全的真实;然而又始终以为还不够真实。

疯子发疯的唯一理由,是以他自己的真实,恰恰碰触着社会的真实。

……①

如此"疯子"的意义在于它是在为人类而发疯,以求突破既有文明的限制,在"诚与真"的基础上去重构文明。所以从这个意义上来说,"疯子"之类的人物正是人类文化的超常轨的极地探险者。从这个意义上来说,冯雪峰对"诚与真"的追求与坚守正是对鲁迅精神的弘扬与继承。而这种精神的源头则可追溯到卢梭的《忏悔录》和法国大革命中的"撕掉假面运动"。对"诚与真"的追求也带有某种道德理想主义色彩,因为它将一切存在的基础都放在个人情感的真诚上,而其结果只能导致社会的瓦解,所以它往往以一种悲剧的方式结束。

---

① 王实味等著,沈默编:《野百合花》,花城出版社1992年版,第143页。

从对现代性的反思眼光来看,"疯子"所发现的"真相",也只是"真相"之一种,而不可能成为绝对的真相和一切的基础。所谓"真相"在很大程度上是由某种社会文化成规所造就的,并不取决于纯粹客观的世界。"疯子"对"常人"眼中的常态世界的颠覆,可以让我们对真与伪、常与变、人性与文明产生更为透彻、全面的了解,从而避免文明的僵化和心灵的偏枯。但如果过于依赖这种"疯子"的眼光、过于尊崇源于卢梭的那种赤裸裸的个人情感的真实,也同样会步入新的误区,法国大革命中的"撕掉假面运动"、现实中的"宁作真小人,不作伪君子"的犬儒主义信条,都提示我们如何在道德理想主义和道德虚无主义之外促成社会共识、进行道德重建的必要性和迫切性。

3. "男儿脸刻黄金印,一笑心轻白虎堂"——聂绀弩

聂绀弩(1903—1986),现代杂文家、诗人、学者,曾用笔名耳耶、二鸦、萧今度等。他前期主要以写杂文为主,其杂文犀利尖锐、老辣生猛、酣畅淋漓,颇得鲁迅真传,被公认为"鲁迅之后的杂文第一人"。晚年他以写作独具一格的旧体诗著称于世,其诗在对人生的感喟中融入杂文的锋芒,议论精警、沉郁顿挫而又乐天旷达、饶有谐趣,真实记录了艰难时世中知识分子的坎坷命运、心灵之痛。聂绀弩之所以成为鲁迅讥讽、戏谑、奇崛、诙谐的文学风格的杰出继承者,与他在个性、心理、气质上与鲁迅有诸多相通之处有关。聂绀弩命运遭际与他狂狷傲世的个人性格密切相关,西方有句名言:"性格就是命运。"那么聂绀弩的这种性格又是如何形成的呢?

聂绀弩,1903 年出生于湖北京山县城关镇一个破落的旧式家庭。其父四兄弟中仅生得他一个男孩,他因而成为聂家共有的一根"独苗"。他不满两岁丧母,穷困潦倒的生父没有再娶,他就由叔婶抱养为子,称叔婶为爹妈,称生父为伯伯。他的生父和养父都是那个时代百无一用的读书人,而且都有吸食鸦片的嗜好,所以家境日趋没落。他的养母(婶婶)申氏是贡生家的小姐,略通文字,

因未生育,抱绀弩作养子。

据聂绀弩回忆:"父亲是个读书人,他的那时代,大概是读书人倒霉的时代,至少他自己就倒霉了一生:满清时候没有考到秀才,祖宗传下来一点产业,坐吃山空,只剩下一幢房子了——这房子一直留到抗战后才被日本强盗炸光;很早就吸上一副烟瘾,不能远走高飞;在地方上做过几回事,也都因为吸烟被人家告发而被撤职。"[1]

这种出身于破落户的飘零子弟,在"新文学"作家中颇为常见,对于他们来说旧的生活已无法继续,只能出外寻找新的出路。这种与固有社会环境的脱离,使他们成为了游离于家庭、社会之外的"游子",这种"游子"身份既带给他们一种失根者的隐痛,也带给他们一种无忌和洒脱,正因为对固有的社会关系的脱离,才使他们具有了反观社会的超然视角。

聂绀弩记忆中的故乡是个封闭保守的小县城:"在那里,人很少,街上走的人是数得清的,差不多全都认得,至少也熟悉彼此的面孔,多数住的祖先传下来的东倒西歪的房子,连衣服也有从祖先传下来的。穿得不好,也很少人见笑,既然谁都清楚谁的祖传三代,生庚年月,人们就不从穿着上看人,也用不着用穿着去唬人。"在这样一个"熟人社会"里,似乎一切都在人们的意料之中,"太阳之下,并无新事",人们都在祖传的仪轨中生丧嫁娶、按部就班地过日子而已,对外部世界的变化并不了解也缺乏了解的兴趣。

对于他们家祖传的老屋,日后的聂绀弩也有传神的刻画:"我的房子,不用说,是祖传的。它矮塌、狭窄、潮湿、昏暗、空气不流通。"最绝的是一间满是"壁画"的厢房,实则是几代人往墙上吐的痰迹。这种别出心裁、情景交融的文学修辞足以引起人心理上强烈的厌恶和恶心,显然作为"旧世界诅咒者"的聂绀弩追求的也正是这种效果:满是痰迹的"老屋",与鲁迅所谓的"绝无窗户、万难

---

[1] 聂绀弩:《聂绀弩自叙》,团结出版社1998年版,第4页。

破毁的铁屋子",柏杨所谓的藏污纳垢、蛆虫乱爬的千年"酱缸"等文学意象一样,在现代文学中都是老中国的象征,从此就可感受到"新文学"作家对旧的一切的极端憎恶和反感。

聂绀弩的童年是寂寞的,他识字后就与书为伴。先是与母亲一起看唱本,后来就读一切能到手的书,聊斋、封神、三国、水浒、西游等等他都爱读,而书不读得滚瓜烂熟决不罢休。他非常聪慧,但"身体瘦弱,不爱玩,尤其不敢同别的孩子打架,因为屄(勇之反面)。每打必输,除了在烟馆里同烟客们撩撩逗逗,就躲在自己房里看闲书。我不知道自己在大人看来是不是很讨厌,但也觉得似乎谁也不喜欢我"。他年龄不大就表现出了犟脾气的苗头,也因此常常成为"家庭暴力"的受害者。像大多激烈反传统的先驱者经历一样,童年饱经"纲伦之厄"的伤痛,及长,他们就成为了纲常礼教的死敌。聂绀弩回忆过数次童年被打的经历,以此告诫为父母者应该怎样来当父母。他曾仿鲁迅《我们现在怎样做父亲》写了一篇《怎样做母亲》,其中可见童年经历所留给他的隐痛:

> 中国许多妇女的日常生活,简直单纯得像沙漠上的景物,一生一世,永久只有那样几件事做来做去。有几位朋友的太太,几乎天天打牌,几乎原是为打牌而生。然而也难怪,不打牌也没有别的事可作,她们也似乎作不出比打牌更好的事。……我的母亲也是打牌党之一。她一拿起牌,就不能再惹她;惹,她就头也不回,反手一耳光。输了钱,自然正好出气,奇怪的是,就是赢了也是这样。据说,一吵,就会输下去的。不幸的是,她几乎天天打牌;然而打牌也有打牌的好处,就是打牌时,她没有功夫管我。凡事,只要她来一管,我就不免有些糟糕的。父亲先是常常不在家,后来是死掉了,别人隔得远,屋里除了她和我,就只有丫头老妈之流,没有说话的资格。也根本说不出什么话,这场合,无论她要把我怎样,你想,我有什么办法呢?把话说回转去,我既无法分辩,就只有耸起脑袋,脊

梁和屁股挨打。

有一次母亲发现少了两个铜板,就认定是儿子偷了,不由分说,痛打一顿。

而且"母亲也真是一个青天大老爷,她从来不含糊地打一顿了事,一定要打得'水落石出'。偷钱该打,不算;撒谎该打,也不算;一直打得我承认是我偷了,并且说是买什么东西吃了,头穿底落,这才罢休。不用说,这都是完全的谎活"。

这种使用暴力对孩子搞逼供的结果是:"从那次起,我知道了两件事:一、钱是可以偷的,二、人是可以撒谎的。"① 聂绀弩另外的两次挨打都与父母迷信鬼神有关,一次是过年的时候母亲让他去上灯油,他认真地去做了,但不知为什么第二天的油壶倒在地上,撒了一地油。这是很不吉利的事,他自己又说不清是怎么回事,自然难逃一顿毒打。第二次被打则与他少年时代就开始自觉"反迷信"有关:有一次,他父亲病了,身体不舒服,母亲就让他在死去的伯伯灵前烧烧香,来保佑爹清吉平安。没想到年幼的聂绀弩竟然说:"我不。""为什么不呢?"母亲和父亲都很诧异。聂绀弩后来追忆当时的心理活动:他那时十一二岁,已读完高小一年级,在学校里是高才生。从学校教育得知人死了之后是没有什么魂魄的。"因之,伯父的灵位也者,其实,不过是一张纸上写的几个字,决不会有什么力量,能够保佑父亲的病好。就算伯父真有魂魄什么的吧,那魂魄也不过和他活着的时候一样;他活着的时候,既然不见有什么了不得,为什么一死,就神通广大,能够作威作福了呢?父亲的病,明明是体质和保养的问题,决不是鬼神所能为力;如果死生有命,疾病在天,伯父纵然有灵,也未必能逆命回天;如果能逆命回天,伯父既然是爱父亲的,那就不必烧香磕头,也会保佑父亲好。我还记得清清楚楚,那时候的确是这样想的。"

---

① 聂绀弩:《聂绀弩自叙》,团结出版社1998年版,第22页。

但当母亲逼问为什么的时候,他又觉得不好解释,不愿回答,或者说他在母亲的棍棒教育下就没有学会如何与长辈进行平等有效的对话,就自己站在那里硬扛,既不照办也不说话。结果母亲更加生气,这一次将一根鸡毛帚都打断了。

对这样蛮横的母教,母亲竟终生毫无愧疚,还在20世纪20年代聂绀弩在南京做了官的时候称功说:"不打不成人,打了成官人,要不是我从前打你,你怎会有今天?"以至于聂绀弩想,"为了证明她的话之不正确,我有时真想自暴自弃一点才好"。

里尔克有一段意味深长的诗如此揭示自居已处于人类发展的最高阶段的现代人的生存处境:"苦难没有认清,爱也没有学成,远远在死乡的事物,没有揭开了面幕。惟有大地上的歌声,在颂扬,在庆祝。"(《献给奥尔甫斯的十四行》)他告诉我们,真正的"爱"不是一种先天的自然的本能,它是需要学习才能领悟的、把握的,它是一种人之为人的精神的生长提升过程。"纲伦"和"棍棒"主宰的地方缺乏真正的爱的生长空间,所以自然会造成鲁迅所说的"哀故国如隆冬",缺少温情、缺少爱、没有歌声、没有鲜花的冷酷局面。在这样的环境下,幸运者成为少数,大多数挣扎于纲伦和棍棒之下的人终生也没能学会如何去爱,以冷漠应对冷酷,甚而以"恨"取代"爱",在"一切人反对一切人"的紧张、敌对、戒备、提防中度过孤独、荒凉的一生。

聂绀弩曾这样反思过他的幼年经历给他带来的心灵的扭曲:

> 有一出戏叫做《甘露寺》,是刘备在东吴被相亲的故事。有年,我也演过《甘露寺》里的刘备那种角色,结果不大佳。据相亲者观察我是没有受过家庭教育的。大概因为我不善周旋应对,对人傲慢少礼等等。我也实在没有受过什么家庭教育,也不知道中国有没有家庭教育,至于身受的,简单得很,就是母亲的一根鸡毛帚。我从小就很孤僻,不爱和人来往,在热闹场中过不惯;这是鸡毛帚教育的结果。我小时候总以为别

人都是有母亲疼爱的孩子,他们不了解我的苦楚;我也不愿意钻进他们幸福者群的圈子里去。纵然有时钻进,快乐了一阵之后,接着是母亲充满"杀气"的脸和她手中的鸡毛帚那实物,马上就想到我和别人是如此的不同。"欢喜欢喜,讨根棍子搬起。"这是一句俗话,意思是快乐之后会接打,也就是乐极生悲。一回乐极生悲。两回乐极生悲。久而久之,就像乐与悲有着必然的因果关系,为了避免悲,就看见乐也怕了。

对于母亲,他并无什么怨恨,还是充满了了解之同情的。晚上母亲忙完了家务,纺完了花,就会在灯下唱书:"这几部书是《再生缘》、《锦上花》、《二度梅》、《梁山伯祝英台》、《柳荫记》,她一辈子轮来转去,读这几部书,这些书不知从哪里来的。未见多一本,也未见少一本。这时,她坐在灯下唱她的陈杏元或孟丽君。读过夜书,我还要坐着听她唱。一面唱,一面还解释,问我懂不懂,其实我前年就懂了。因为只要爹到外地做事去了,只要是冷天,她总会这样唱,解释,问懂不懂。"

后来相信可以用"文学来改造人生"的儿子对这些表现"不伦之爱"的唱本对母亲究竟有什么样的影响感到好奇:"有时我想,母亲读这些书时,心里想什么呢?比如在十八相送时祝英台用种种方法暗示自己是女的,想梁山伯来怎么她,多不要脸!幸而梁山伯是个笨不可及的正人君子。明白她是女的了,又怎么办呢?没有父母之命媒妁之言是肯定的,能够私自成亲么?成了亲家里不认账,谁也看不起又怎么办呢?又如陈杏元和梅良玉,虽是许婚了,但还未成亲,却私自来往,还重台分别,痛哭流涕,其实都是丑事。又如孟丽君,已经许配给别人了,还在朝廷里和皇帝勾勾搭搭,成什么话呀!而母亲却常看这种书,有时似乎还掉过泪。她究竟是同情她们还是反对她们呢?真猜不透母亲的心理。"

这的确是一个有意思的问题,那就是文学对传统时代的人意味着什么?他们怎样看待人性与道德的冲突?怎样看待理想与现实的反差?

然而母亲对儿子的好奇却不以为然,她回答得极简单明白。她说:"若说心里想什么,我是胡里胡涂,未想过什么。多少事想不通,也还不是过了。至于读书,就因为那些书是闲书呵,是混时候的,对它认什么真?孙悟空一个斤斗十万八千里,谁也不相信真有此事。何止梁山伯祝英台、陈杏元梅良玉?不管书上怎么说,日子应该怎么过还是怎么过。且如你读的正经书,你照它办么?'学而时习之',我就没见你'时习之',你不也过了么?"

听了这话的儿子"多年疑团,一朝顿解。反问得我哑口无言"。

不过,他对母亲这样的回答并不满足,所以"后来我又想母亲的这段话,也未必全是真话。她的心里比我想象的复杂得多。生活是不由自主地不得不过,而书则是精神寄托,神游于生活之上的。虽然她自己的话不是这样说的。""新文学"作家是把文学当成一项神圣严肃的事业来看待的,岂能以"游戏"视之?虽然精神与生活难以统一,但精神总会对生活有所影响,因此读没读过这些作品还是会或大或小地有所不同。因此一种改造生活的新精神注入,终会对人生产生潜移默化的影响,这就是"新文学"的为人生的文学信念产生的基础。

聂绀弩在县立高小毕业不久,父亲死了,他无力升学,闲居在家。1919年五四运动的爆发,家乡爱国青年的激昂慷慨、满含热泪的演讲使他"第一次看见的为民族为国家而流的眼泪"。1942年的五四青年节前,聂绀弩写下这样的纪念文章:"多年了,我几乎还能摹拟那流泪人当时的样子,但在当时,我却一点不了解那眼泪怎么会流出来。我以为他说的那些话,并没有什么使人伤心的地方,已经成了大人的人,就是有什么伤心事也很少哭的;至于为了和自己想不出什么真实的关联。只在书上、文章上才看见,感到的国家民族这些莫名其妙的东西而流泪。更是第一次看见,今天实在有许多东西都是第一次看见。人是多么不容易接受陌生的东西，又多么容易把无理的轻蔑投给它呀。"而他自己也很快成为他当初嘲笑的人群中的一员，为民族国家的事业奉献了自己的一生。

被"五四"唤醒的聂绀弩渴望远走高飞，但几次出走都被寡母哭着"抓"了回来。直到1921年他18岁那年，在朋友们的资助下，他终于离开了令人窒息的家乡，到上海找他的塾师、国民党元老孙铁人先生去了。他当时在家乡常向汉口的《大晚报》投稿并时有发表，在上海国民党总部工作的孙铁人在《大晚报》上读到他昔日的学生聂绀弩的诗作，大为惊异，马上致信报社总编、好友胡石庵：此生颇有文才，但尚需开拓视野，这样才不至埋没乡间，并邀请聂绀弩去上海。这样聂绀弩终于摆脱家庭的束缚，到了上海，入上海高等英文学校就读。1922年，由孙铁人介绍，他加入了国民党，不久被介绍到福建泉州国民革命军"东路讨贼军"前敌总指挥部做司书；1923年，他又南下马来西亚当小学教员，后又到缅甸做《觉民日报》等报的编辑；1924年又由孙铁人推荐，考入黄埔军校第二期，在这里，他与周恩来结识，和徐向前等是同学；1925年，聂绀弩参加了国共合作的第一次东征，在彭湃主办的"海丰县农民运动讲习所"担任教官。东征胜利后，他又回到黄埔军校学习；1926年年初，从黄埔军校毕业后，他又考入莫斯科中山大学学习，在这里，邓小平、伍修权以及国民党方面的康泽、谷正纲等都是他的同班同学。在苏联，他在国内结识的文友钟敬文在广州编《国民新闻》的文艺副刊《倾盖》时，专门去函莫斯科向他约稿。他应约寄来两首诗歌，一为《撒旦的颂歌》，诗中歌颂撒旦宁可负隅地狱，而不肯同上帝上天堂。钟将此诗刊登在《倾盖》第一篇。后来聂绀弩说此诗带有点"反革命"倾向，这显然与他青年时代接受的无政府主义影响有关，他是个人自由的绝对维护者。他的另一首诗《列宁的机器》，据他后来说在政治上也不正确，这首诗的灵感来自他在学校晚会上观看同学以人像叠罗汉似的堆成一堆机器的样子，而歌声又响着机器般的节奏，有感而发所写。诗中说："为了列宁主义，我们要做列宁的机器！"这种作革命机器中的螺丝钉角色与他当时具有的无政府思想显然是相抵触的。

他在1934年写的《我与文学》一文中回顾了他青年时代所受的无政府主义的影响："中国有个刘师复先生,他被现在的青年们忘记了么?十几年前,不知怎么样一来,我读到了这位先生的书。我是个失学的孩子,五四以后,才带着一张高小毕业证书离开我的闭塞的故乡,到一个军队里面当录事。在那时候我知道了胡适之,知道了'白话文',差不多同时也知道了刘师复先生。你读过无政府主义的东西么?那浅薄的理论,多么适合那时的一个幼稚的孩子底口味。刘师复先生,就这样成为在思想上,对于我发生影响的第一个人,他的影响支配着我,差不多有十年之久!"

"由于这种影响,我在无论什么地方,都成为一个孤独者,感伤者,怀疑者,虚无者,有多少庄严的悲壮的交实,我不过报之以轻蔑的一瞥。我住的是我独自的世界。不用说差不多有十年之久,我是到处在感受到现实的压迫了。"①在苏联期间,他自修了中国文科大学的主要课程,并研读了胡适著《中国哲学史大纲》、张慰慈著《政治学大纲》、梁漱溟著《东西文化及其哲学》等书,增长了学识,开拓了思路,被同学们誉称为"托尔斯泰"。

1927年大革命失败,对聂绀弩震动很大,他曾表示要加入共产党。回国后,他先任国民党中宣部总干事,又任南京中央通讯社副主任,以后又兼任《新京日报》副刊《雨花》编辑兼撰稿人。"九一八"事变后,他积极宣传抗日,受到当局监视,弃职潜逃上海。1932年他接到在日留学的恋人周颖的来信,决定赴日,在日本,由胡风介绍,加入中国左翼作家联盟,并与胡风、周颖等组织"新兴文化研究会",编印《文化斗争》(后改名《文化之光》),宣传抗日。次年,杂志被封,他在日本被关进监狱几月后被驱逐出境。1933年7月,他回到上海,立即加入"左联",积极从事左翼文化运动。

从日本回到上海后,聂绀弩就参加了"上海反帝大同盟"并成

---

① 《脚印》,人民文学出版社1986年版,第144页。

为"左联"理论研究委员会的主要成员。1934年,他由吴奚如介绍,加入中国共产党。并受周恩来派遣,前往成都,找黄埔同学康泽谋事(康时在四川任参谋团政训处长),这项工作实际上就是长期潜伏做地下情报工作,但到成都后,老同学康泽虽不忘故交,好酒好饭招待,但就是不给事做。而以落拓不羁、自由散漫著称的聂绀弩也明显缺乏做"间谍"的潜质,所以待了几个月,没任何结果,自感无趣,只好又回上海。后来,聂绀弩受聘南京《中华日报》,创办《动向》副刊。《动向》从3月到12月,共发表鲁迅文章25篇,周而复、欧阳山、田间、宋之的、章泯等都是《动向》投稿人。《中华日报》虽受国民党汪精卫改组派控制,但当时汪精卫与蒋介石有冲突,所以报纸时有攻击蒋介石的言论,聂绀弩趁机在该报创办副刊《动向》,成为进步作家继《申报》的《自由谈》之后的又一重要阵地,在反文化围剿中发挥了很大的作用。这期间,鲁迅给予了聂绀弩积极的支持。鲁迅后来将他1934年撰写的杂文编为《花边文学》,共61篇,其中载于《动向》的就有22篇。这时,聂绀弩自己也创作了大量短小精悍、犀利泼辣的杂文,引起了读者注意。

抗日战争时期,聂绀弩在桂林与夏衍、宋云彬、孟超、秦似编辑杂文刊物《野草》。"皖南事变"后不久,他在《野草》上发表了《韩康的药店》,诙谐、辛辣地讥刺国民党掀起的反共逆流,在读者中引起强烈反响。他的杂文集《历史的奥秘》《蛇与塔》,此时列入《野草丛书》出版。前者主要是继承鲁迅的传统,进行社会批判、文明批判,后者主要倡导妇女解放。后又以二者为基础,编为《二鸦杂文》出版。解放战争时期,他的散文集《沉吟》和杂文集《血书》出版。

新中国成立后,聂绀弩历任中国作家协会理事、香港《文汇报》总主笔、人民文学出版社副总编辑等职。1957年被打成"右派",1958年被送往北大荒劳动改造。1960年返回北京。1967年"文革"期间,因被密友告发写反动诗词攻击毛泽东、林彪,而被定为"现行反革命"入狱,1974年被判无期徒刑。1976年借中央公布的"释放国民党县团级以上军警特赦罪犯"特赦令之便,被亲友营救出狱。1986年病逝于北京。

聂绀弩是被朋友称为"放浪形骸第一,自由散漫无双"的现代名士,关于他流传着很多奇闻逸事。如新中国成立后的第一次文代会,聂绀弩和楼适夷作为香港地区的代表参加。会议结束前,他们接到通知,中央首长在北京饭店接见。到了出发时间,聂绀弩仍在床高卧不起,楼适夷三番五次叫他也不起,只得动手揭他的被子。他坐起来,睁开睡眼说:"要去,你就去。""约定的时间到了。""我不管那一套,我还得睡呢。"说完,他又钻进被窝大睡去了。楼适夷只得一人去见首长,还得为聂绀弩找一番托词。直到会见结束,聂绀弩也不见踪影。

聂绀弩调回北京后,人民文学出版社的社长冯雪峰对人说:"这个人桀骜不驯,都嫌他吊儿郎当,谁也不要,我要!"就这样,聂绀弩被安排到人民文学出版社。他自己说:"我这个人既不能令,也不受命,要我做领导工作是不行的。"他一人住在办公楼后的一个大房间里。早上,别人都从远处赶来上班,他才趿着拖鞋在房门外刷牙,有事还得到他的房间去找他。据当时同事回忆,在出版社,他平时对很多事无兴趣,有时开会谈到与他无关的事,他就会不耐烦地走开;有时正在传达别人的话,他觉得与自己无涉,就不愿听下去。他的意思是,这类事什么时候都与他无关,用他常说的话是:"我不在内。"既然不在内,也就不必知道。在此期间,聂绀弩主持整理出版了包括《红楼梦》《水浒传》等古典名著及一批古典文学选本,写了几十万字的古典名著的研究论文,成为颇有影响的中国古典小说研究家。1955年胡风事件中,"胡风分子"大多锒铛入狱,聂绀弩也被隔离审查。但最终没有找到什么他参与胡风"上书"的证据,在给予"留党察看"和"撤职"处分后,1957年上半年又回到了出版社。1957年下半年整风反右中,他被定为"右派",原因是他为周颖修改了一份有关整风的报告,修改和增添了几句话,结果夫妻双双被打成"右派"。但周颖是"民革"的发起人之一,所以政治上还受到关照,聂绀弩则被送往北大荒改造。返京后在周恩来的亲自过问下,他被安排在全国政协文史资料委员会任文史专员,潜心研究中国古典小说。

1962年年初,刚从北大荒回来的聂绀弩找到胡风的夫人梅志,要她设法与不知生死何处的胡风联系。胡风被关押十年回来后,聂绀弩又第一个上门来看望。胡风旋即又被送往成都监外执行,聂绀弩又赶来为他送行。此后两个人还常有书信往来,不断以诗作唱和,给予频临绝境的老友以极大的安慰。

"文革"中因"反革命言论"被判无期徒刑、关在山西大牢中的聂绀弩始终未改其诙谐、豁达的性格,曾作诗云:"鬼话三千天下笑,人生七十号间逢。"1976年出狱后,周颖带聂绀弩上理发店理发,他才"览镜大骇,不识镜中为谁",不相信镜中形如鬼魅的就是自己。他唯一的爱女海燕也在"文革"中自杀身亡,给他的精神造成极大的创痛。他生命中的最后十年基本上都是在病榻上度过的,但他没有虚度,而是创作了大量的诗作,继续为人的解放的终极理想呐喊、奋斗。

聂绀弩对鲁迅精神有极深刻的把握,他1940年写于桂林的《鲁迅——思想革命与民族革命的倡导者》一文,就深刻地阐释了鲁迅精神的本质,他认为:"鲁迅先生根本思想就是人的觉醒","民权的觉醒","如果人民的脑子不从封建文化的束缚之下解放出来,人民不获得人的知识,人的思想,无论什么改革,无论那改革得到怎样的胜利,也将是表面的,形式的,换汤不换药的。"这是他对鲁迅"立人"思想的继承,高度重视的是思想革命的重要性,他的创作基本上是围绕着思想革命的主题展开的。

聂绀弩的杂文曾被夏衍誉为"鲁迅之后第一人",这并非是过誉之词,虽然20世纪三四十年代写杂文的大家比比皆是,说此话的夏衍自己也堪称一位杂文大家,但如就作者个人的才情、禀赋而言,聂绀弩确实可以说是首屈一指的人物,他好像天生就是适合写杂文的作家,心中总是有一种郁勃不平之气,发而为文,嬉笑怒骂皆成文章。个性如此强烈、鲜明的杂文家在鲁迅之后的确少有,后来的杂文家大都习惯了把"自己"隐蔽起来,按着号令与对手交战了,他则是坚持单枪匹马、赤膊上阵的方式。这给他的杂文增加了个人魅力,但无疑也增加了风险。杂文是一种抛开了虚构,以真实直接的社会现象为材料进行"活体解剖"的战斗文体,作家成为白热化的意识形态交战中冲锋陷阵的勇士,在聂绀弩为数并不算多的杂文创作中,他就留下了不少足以使杂文史生辉的佳作。像《韩康的药店》、《我若为王》、《兔先生的发言》等等,都是今天读来仍让人感到虎虎有生气的佳作。

与巴金相似,聂绀弩青年时代曾信奉过 10 年的"无政府主义",他虽然后来放弃了这种"可爱而不可信"虚无缥缈的理想,但"无政府主义"对个性自由的绝对强调无疑给了他深远的影响。他的狂放不羁、蔑视权威的个性是一贯性的,即使是在后来参加革命之后,他也是革命队伍里一位远近闻名的"吊儿郎当的大自由主义者"(周恩来语)。对聂绀弩的一生影响最大的人物当推鲁迅,他的很多杂文甚至直接是鲁迅杂文主题的延伸。鲁迅写过一篇《我们现在怎样做父亲》,聂绀弩则写了《怎样做母亲》,从自己的亲身感受入手,写"专制之毒"如何渗入了这种人类最亲近、最自然的母子关系,催生出了孩子们的暴君、专制者——"母亲"。而且这种摧残孩子的母亲还有种种高论,曰"不打不成人,打了成官人",而她实际上造成的只是儿辈心灵深处的创伤。这种"鸡毛帚的教育",使"我无论对于什么人都缺乏热情,也缺乏对热情的感受力。早年我对人生抱着强烈的悲观,感得人与人之间,总是冷酷得,连母亲对儿子也只有一根鸡毛帚,何况别人"。如此深入地揭示"专制之毒"对人性的戕害,如此严峻地解剖自己,这样的杂文在 20 世纪 40 年代杂文中已不太多见了,启蒙主义的文化批判正日益被激烈的政治斗争所取代,我们从同时期的郭沫若的《沸羹集》《蜩螗集》等作品中已不大能找到这种启蒙主义文化批判的内容了。聂绀弩是为数不多的始终从自己的切身感受出发来反抗一切压抑人性的东西的作家,即使是在政治斗争已处于白热化的时代,他关注的也是一种国民性中的文化病态,如《关于沈崇的婚姻问题》,就是对封建的女性贞节观念的批判;而《确系处女小学亦可》则是从一则报上的"征婚广告"入手,揭示国人的"处女崇拜"的蛮性遗留。

聂绀弩的杂文最大的特点在于诙谐有趣、绝不枯燥,而又着实辛辣、一针见血。他创造性地采用了一种杂文小说化的手法,在一种虚构的情境中,通过戏剧性的情境来讽刺现实、针砭时弊。像《韩康的药店》就是一篇小说化的杂文,通过小说化的手法,使西门庆的巧取豪夺的强盗面目昭然若揭。更妙的一篇是《我若为王》,借"我"的想入非非,来展示"我"若为王之后的种种丑态:"我若为王,我的姓名就会改作'万岁'。我的每一句话都成为圣旨,我的意欲,我的贪念,乃至每一幻想,都可竭尽全体臣民的力量去实现,即使是无法实现的。我将没有任何过失,因为没有人敢说它是过失;我将没有任何罪行,因为没有人敢说它是罪行。"这个"王者"的告白不正道出了一切想要为"王"者秘而不宣的内心隐秘吗?至今读来,仍令人感慨不已。《兔先生的发言》则写的是奉行"弱肉强食"规则的狮大王,为了装点升平,居然制定了"吃掉法",并且把被吃者"兔子"请上了主席台发表演讲。诚惶诚恐的兔先生并不敢"给个棒槌当针",议论朝政,唱了一番赞歌之后,就"装作小解,偷出大门,射出的箭一般跑回家去了"。晚了也难免会被当场吃掉,因为"吃掉法"就如神秘莫测的"第二十二条军规",解释权在狮大王那里。《残缺图》则是另一种版本的《皇帝的新衣》,在这个国度里,1+1不是等于"2"而是等于"2"之外的任何别的数目,答"2"者不得入内。

聂绀弩写杂文时最常用的署名是"绀弩",按字面意思来讲就是"红黑色的弩弓",一种发射弓箭的古代兵器。20世纪三四十年代的聂绀弩确实是属于共产党领导的进步文化阵营里的一名骁勇的射手、斗士。特别是在40年代末50年代初的香港,他刺钱穆(见《论钱穆的"借箸一筹"》等)、斗傅斯年(见《傅斯年与阶级斗争》)、驳张国兴(见《六个文盲卫士当局长》,当时香港有人写文章嘲讽共产党占领广州后任命了六个不识字的警卫员当公安局长),可以说是意气风发,所向披靡。然而聂绀弩对于将要到来的"未来"也抱着过于理想化的幻想。这个时期他还写过一篇今天读来失之天真的妙文——《论悲哀将不可想象》,这也标志着他杂文生涯的终结。他在这篇文章里认为"一切悲哀都有它的社会根源,都是社会制度的反映,将来没有今日以前的那种制度,当然也就没有由那种制度造成的悲哀"。所以"哈姆莱特"、"梁祝"之类的悲剧都将绝迹。他认定将来是欢乐的时代,一切人都欢乐,"那时人所谓的悲哀,在今天的人们看来简直不成其为悲哀"。当了"右派"之后已过半百的聂绀弩可以说是时乖命蹇,运交华盖,先后经历了4年北大荒劳改,之后又有10年大狱,10年病废。在这种情形下所写的旧体诗可以说是形成了他创作生涯的又一个高峰。只不过写作这样独具一格的旧体诗的作者已不是昔日的"绀弩",而已是今日的"散宜生"了。他对"散宜生"这个名字做过这样的解释:"周文王的'乱臣'九人中有名散宜生者,此名了无涵义则已,假定'名以义取'则恰为'无用(散)终天年(适宜于生存)'。"单从"散宜生"这个名字中也可窥见聂绀弩写作这些旧体诗时的心境之一斑,这些诗作隐藏着诗人的生存秘密,那就是人如何面对排山倒海而来的厄运和横逆,而不至于疯狂、崩溃。

聂绀弩写作旧体诗时那种散淡、超脱、沉郁和诙谐,不只是一种情调、趣味,更是聂绀弩沉浮于乱世的一种人生态度,一种生存哲学。这种散淡和超脱,使他把自己遭遇的不幸和悲惨化成了一种必须承受的命运,从而摆脱了怨天尤人的人事纠缠,从一个更高的视界来俯视人间。所以聂绀弩写下了这样的诗句:"不许诙谐唇舌省,无须思考脑筋磨。人间万事皆前定,几个筲箕几个螺。"所谓"筲箕"和"螺",即是指人的指纹,"手相家"据之以卜人的一生休咎。1976年,因骂黄埔军校的"学弟"林彪(聂绀弩是黄埔军校第二期生)而被判无期徒刑的聂绀弩,钻政策的空子,以所谓"在押的国民党县团级人员"的身份(聂绀弩曾做过国民党中央社副主任,但他在20世纪30年代就已加入了共产党)蒙大赦回家。可就在他出狱前的一个月,他的独生女海燕自杀弃世,这种悲痛实在是非常人所能堪,而聂绀弩的表现并非哀痛欲绝,相反颇为沉静。他在《惊世海燕之变后又赠(周颖)》一诗中这样写道:"愿君越老越年轻,路越崎岖越平坦。膝下全虚失母爱,心中不痛岂人情!方今世面多风雨,何止一家损罐瓶?稀古妪翁相慰乐,非鳏未寡且偕行。"老两口能活下来已是非常不易了,怎么能不让人感激"天地之大德曰'生'",整个民族国家都已经如此,个人的恩怨又算得了什么。聂绀弩还有一首《挽同劳动者王君》:"华盖运骄尔自求,乾坤何只两三头?酒逢知己千杯少,泪倩封神三眼流。凉水泉边同饮马,完山顶上赛吹牛。于君鲁迅堪称寿,方得四旬又一秋。"人世间应该为之痛苦的人和事情太多了,两只眼睛流泪如何能够?若要流泪,只好来请《封神演义》里的"三眼神"才能尽情。聂绀弩曾自嘲自己晚年有一种阿Q的观念,在厄运中也曾以"人生天地之间,大概有时也难免会被抓进抓出"之类的话来自宽,但这并不是从"启蒙"立场上的后退,而更像是一种走出幻想者的清醒。他已经从那个狂热的理想时代里找回了自我,已经意识到那个"悲哀将不可想象"的国度的遥远,这就更需要一种超乎一己的悲欢的"超脱"来做"绝望的抗争"。

也正是源于超然于横逆之上的淡定和无谓,所以聂绀弩能够言人所未言,从庄严中看出好笑和荒唐,又从好笑和荒唐中表现出庄重和严肃。如他有首诗是写在北大荒劳动时,削土豆皮割破了手,他就留下了"一点微红献国家"的妙句。"劳改"生活在他这里也成为"将旧世界全砸碎,到新天地作环游"的浪漫之旅。"笑"在某种特定的时代会成为心灵自由的标志,思想专制的大敌。而聂绀弩就有一双首次见面就给人留下深刻印象的"总在讥讽什么似的在笑的小眼睛"(萧军语),世上大概没有第二个人以这样的方式来写1957年的"反右"阳谋:开篇即是"辟户披襟细鱼来,偶思独上妙高台。春风十里征花信,天下一匡扫霸才。……"更为有趣的是聂绀弩如是描写反右"批斗会"上的情景:"洞口迎人桃自夭,青山微以笑相报。美人四座周三匝,秋水千波窘二毛。"所谓"美人"、"秋水",据说就是当时"大辩论"场景的写实,这是一种超然事外的对于引蛇出洞的"阳谋"的写实,因为当时参加大辩论的女同事很多。但即使聂绀弩再超脱,也未必就有闲情逸致在那种情形下,欣赏面露"杀伐之气"的"美人"、"秋水"吧?"笑"未必能改变世界,但它提供了一种在被规定的统一方式之外,以个性的方式来感知世界的可能。聂绀弩面对苦难的"顽皮"、诙谐态度,使他可以一语道出冯雪峰落难时痛苦莫名的心曲:"文章信口雌黄易,思想锥心坦白难";也更能理解胡风命运的悲剧性:"不能垂纶渭水边,头亡身在老刑天。无端狂笑无端哭,三十万言三十年。"也正因为如此,使聂绀弩成为了当代的阮籍、嵇康,具有了一种"无欲则刚"的狂狷不羁和真率自然。他不愿把自己置于一种"辩诬者"的可怜地位,这是他得自于鲁迅的硬气、侠气所在。如《题壁》诗咏林冲正是他的夫子自道:"家有娇妻匹夫死,世无好友百身戕。男儿脸刻黄金印,一笑心轻白虎堂。高太尉头耿魂梦,酒葫芦颈系花枪。天寒岁暮归何处,涌血成诗喷土墙。"聂绀弩的"散宜生"诗作虽并不雅驯,但把这些诗置于中国最优秀的古典诗作中也毫不逊色。他所创作的是一种别开生面的旧体诗,他将旧体诗注入了新生命,对旧体诗与时代的结合开出了一条新路,有起死回生之功。可见诗的形式新旧并不重要,关键在于其是否能放射出穿破时代黑暗的精神之光。

4."传薪卫道庸何易? 喋血狼山步步踪!"——萧军

萧军,1907年7月3日生于锦州府义州沈家台镇下碾盘沟村,原名刘鸿霖,曾用名刘吟飞、刘羽捷、刘蔚天、刘毓竹等。笔名除萧军外,还有三郎、田军等。关于"萧军"笔名的由来,他曾在1980年8月21日致《诗刊社·笔名考释》编辑部的一封信中做过这样的解释:"萧是我喜欢京剧《打渔杀家》中的萧恩,又因我家是东北辽宁义县,这地方曾为辽国京城,辽为萧姓。军是我的出身,以示不忘本。"萧军18岁入伍,在东北军中当过7年兵,是真正的行伍出身。据萧军《我的自传》的陈述:他18岁入吉林城陆军三十四团骑兵营当兵及做见习上士。20岁入辽宁省东北宪兵教练处第七期做学兵,毕业以后被分派到哈尔滨服务,三个月后,又回辽宁东北陆军第九期讲武堂入伍生队第六期教导队,结业后,于当年正式转入炮兵科学习,1930年在讲武堂结业,即去昌图东北陆军二十四旅担任该处学兵的普通军事学讲授及基本军事训练。1931年"九一八"事变后,萧军参加抗日义勇军,失败后结束军旅生涯。1934年他跟鲁迅通信时即使用"萧军"这一笔名,但1935年在奴隶社出版由鲁迅作序的《八月的乡村》时又署名"田军"。据萧军解释,"田军"就是农民军队的意思,在秘密刊物发表文章常用此名,"农民出身的军人",也很切合他的身份。萧军还为他的恋人女作家张廼莹起笔名为"萧红"。据他讲也是"有意识要把'红军'二字连在一起,那时蒋介石正在对红军做五次'围剿'"①。

像萧军这种真正的行伍出身的作家在现代文坛上并不多见,当时还是学生、知识分子出身的作家居多,而且"二萧"还来自已经沦陷的东北"满洲国",这种身份的特殊性也是他们后来引起鲁迅特别注意的原因。实则鲁迅本人也可以说是"军校出身",他一开始就读的"江南水师学堂",就是培养海军军官的学校,后来就读的是"江南陆师学堂"附设的"矿路学堂"。晚清之学习西方,是从"富国强兵"开始的,所以军校成为中国培养第一批西学人才的重要场所,后来这些毕业生中的确出现了一些影响广泛的重要人

---

① 1964年6月28日萧军致研究者铁峰信。

物。像南开中学、南开大学的创始人教育家张伯苓也是行伍出身，曾毕业于"北洋水师学堂"，当过海军，后来退役，从事教育工作。晚清大兴学堂后，倡导"军国民教育"，很多这类毕业生进入学堂担任体育、军事教师，这对现代学校学生"尚武"风气的形成、近代学生整体精神气质的转变也有一种潜移默化的影响。近代以来的学生在现代史上成为"丘八"（兵）之外的谁也不敢小觑的"丘九"群体，一种非常重要的社会力量，是值得关注的一个社会现象，这种读书人由文弱转为强悍的气质转换也是现代社会变迁中的一个重要表征。此外萧军的侠义性格也与鲁迅青年时代就有的"慕侠"之风相投，鲁迅在南京读书时自号为"戛剑生"，又名"戎马书生"，他常和几个同学到旗兵驻防不准汉人骑马入内的明故宫一带纵马、示威。有次还从马上摔下，碰断了一颗门牙，但鲁迅并不气馁，还说："落马一次，即增一次进步。"后来赴日留学，据说还专门学过柔道，并曾回乡寻仇等等。基于上述机缘，和鲁迅素昧平生的"二萧"到上海后，很快与鲁迅亲近起来，并得到鲁迅的热情相助、大力提拔，迅速成为文坛新秀，知名青年作家。萧军是鲁迅晚年最为欣赏的弟子之一，而他对鲁迅的忠诚也超乎寻常，他终身以是鲁迅的学生自豪，而且说别人有没有宗派他不知道，而他是有宗派的，就是"鲁宗鲁派"①。

萧军年轻时有个绰号叫"闯大运的"，他是以一种"闯关东"的农民特有的闯劲，在人世闯荡，不经意间闯进文坛的，他并不以当作家为满足，他最心仪的职业还是做侠客、军人。他的故乡锦州府义州，是个民风强悍之地。萧军曾这样谈起他的故乡："东北有那么句俗话：任蹲十年大狱，不交锦宁广义。……我们家乡出了个张大帅（不是张作霖而是吉林那个张作相），我们那里的风俗是'小子要闯，丫头要浪'，小子就是男子汉，男子汉有两条路：当兵或当

---

① 秋石：《聚讼纷纭说萧军》，学林出版社1997年版，第64页。

土匪,人们都崇拜英雄。"①当地山民尚武成风,以"培养贼子使人怕,不养呆子使人骂"为人生信条,崇尚一种英雄豪杰气质。少年人喜欢使枪弄刀,以当兵和"当胡子"为人生的正当出路。萧军的家族原是农民兼手艺人出身,经营过木工作坊。但后来破产,父亲进了军营,二叔上山当胡子,三叔也在18岁时出外当兵。"九一八"事变后他们兄弟三人都回乡参加了抗日义勇军。

萧军童年所遇到的非常不幸的一件事是他的母亲自杀身亡,他当时才七个月大。母亲是被他父亲用赶驴的鞭子抽打后,愤而自杀的。此事对萧军一生影响甚大,当他幼年的时候,别人问他"你长大了干什么"?他的回答就是"给妈妈报仇"!对此,父亲只能哀叹:"这不是我的儿子,这是我将来的敌人,冤家啊!"这种挑战父辈专制权威的反抗性在其童年就已萌芽,使得萧军与其父的关系一直处于一种紧张对立状态。父亲对这个从小就带有"胡子气"的桀骜不驯的儿子无可奈何,说他是"杀、打全不怕",脾气暴烈,长大肯定是"去学徒,会打死师傅;学生意,会气死掌柜的"!父亲的预言几次差点言中:萧军在东北陆军讲武堂炮兵科学习时,就因不甘受委屈差点用铁锹劈了步兵科一个长官。晚年他还曾这样讲过:"在旧社会,我打架的次数比发表文章的篇数还多!那都是我用拳头写的文章。"这也是他与一般文人不同的地方,他不但用"笔",同时也用"拳头"来书写自己的人生。少年萧军就"喜欢赞成二叔、三叔那样的人,永不流一滴泪,不发一句牢骚,狠狠地但却是显得愉快和冷然地和人生战斗下去"。萧军年轻时还有个绰号叫"滚刀肉",此"肉""非但砍不动,还要让钢刀卷刃,菜板崩裂!"这种刚性人格与五四时期鲁迅对青年的教诲、期许是相通的,鲁迅在《华盖集·忽然想到2》中这样写道:

世上如果还有真要活下去的人们,就先该敢说,敢笑,敢

---

① 秋石:《聚讼纷纭说萧军》,学林出版社1997年版,第284页。

哭,敢怒,敢骂,敢打,在这可诅咒的地方击退了可诅咒的时代!……我们目下的当务之急,是:一要生存,二要温饱,三要发展。苟有阻碍这前途者,无论是古是今,是人是鬼,是《三坟》《五典》,百宋千元,天球河图,金人玉佛,祖传丸散,秘制膏丹,全都踏倒他。

呼唤行动,倡导知行合一,以堂吉诃德式的精神去生存、战斗,这也是现代立意在改造社会的为人生的文学的应有之义。

萧军与萧红的爱情传奇也同样是其侠义性格的一次闪现。萧红,原名张廼莹,1911年出生于呼兰县城一地主家庭。其父早年毕业于黑龙江省立优级师范学堂,长期担任小官吏。萧红8岁丧母,其父再娶,对萧红冷漠无情。给幼年萧红以温情和爱的是她的祖父张维祯,这位慈爱的老人对聪颖的孙女特别喜爱,经常带她到后花园玩耍,并教她古诗词,这为萧红以后从事写作,成为现代著名的女作家打下了基础。

萧红上小学期间,其父把她许配给呼兰县驻军邦统汪廷兰之子汪恩甲。1926年萧红小学毕业,父亲阻挠其继续升学,她进行了顽强抗争,父亲妥协,一年后她才得以入中学继续读书。1929年萧红祖父去世,她失去了家中唯一爱她的亲人,非常悲痛,对家庭也失去了感情和留恋。1930年秋,萧红初中毕业。她不顾家庭反对,在表哥帮助下到北平,进入女师大附中读书。因为得不到来自家庭的支持,不久生活陷入困顿中。

1931年1月,萧红返回呼兰,被软禁在家中。2月底,萧红再次去北平,未婚夫汪恩甲追到北平,3月中旬,萧红与未婚夫一起离开北平回哈尔滨。此时,汪恩甲的哥哥因不满萧红的桀骜不驯,出面代弟弟解除了与萧红的婚约,萧红曾到法院状告其哥哥此举违法。但庭审中,汪恩甲为了维护哥哥声誉,声称解除婚约是自己的主张,与哥哥无关,结果萧红官司落败,张家也大失面子。萧红回到呼兰,后随家搬到阿城县福昌号屯,被软禁在家。1931年10

月,萧红逃到哈尔滨。一个月后,在走投无路、万般无奈的情况下,与她看不上的俗气、软弱的汪恩甲在一旅馆同居。半年后,萧红怀孕,临产期近,两人此时已欠下旅馆600多元巨款,汪恩甲说回家取钱,一去不返,据说也被家里软禁。萧红被当做人质扣在旅馆,面临可能被卖入妓院抵债的绝境。一筹莫展的萧红情急之下写信向哈尔滨《国际协报》副刊编辑裴馨园求助,萧军当时为副刊写稿,并在那里帮忙,于是裴馨园就托萧军前去看望萧红。萧军此时虽已结婚,并有了两个女儿,但"九一八"事变之后,妻儿都已被他送往农村老家,并听凭妻子改嫁。萧军看到萧红虽然带着身孕,形容憔悴、贫困潦倒,但她却是一位既会做诗又会写《郑文公》的"双钩"字的才女,并且有着"一颗晶明的、美丽的、可爱的、闪光的灵魂"①。萧军被萧红深深吸引,而萧红也读过萧军发表在副刊上的作品,结果两人一见钟情,互相爱慕,迅速陷入热恋之中。萧军当即发誓:"我必须不惜一切牺牲和代价,拯救她!拯救这颗美丽的灵魂!这是我的义务!"直到晚年他还记得当时读到的萧红的诗作:

> 这边树叶绿了。
> 那边清溪唱着:
> ——姑娘啊!
> 春天到了。……
> 去年在北平。
> 正是吃着青杏的时候;
> 今年我的命运,
> 比青杏还酸!

另外这段时期的萧红还写有《春曲》6首,可视为两人当时"狂

---

① 李振声编:《我是鲁迅的学生——关于萧军》,北京广播学院出版社2000年版,第96页。

恋"的写照：

> 春曲（三）
> 你美好的处子诗人，/来坐在我的身边。/你的腰任意我怎样拥抱，/你的唇任意我怎样吻，/你不敢来我的身边吗？/情人啊！/迟早你是逃避不了女人！
>
> 春曲（四）
> 只有爱的踟蹰美丽，/三郎，并不是残忍，/只喜欢看你立起来又坐下，/坐下又立起，/这其间，/有说不出的风月。
>
> 春曲（五）
> 谁说不怕初恋的软力！/就是男人怎粗暴，/这一刻心，/也会娇羞羞地，/为什么我要爱人！/只怕为这一点娇羞吧！/但久恋他就不娇羞了。
>
> 春曲（六）
> 当他爱我的时候，/我没有一点力量，/连眼睛都张不开，/我问他这是为什么？/他说：爱惯就好了。/啊，可珍贵的初恋之心①。

从这些情诗来看，萧红"笔致的大胆"也是其来有自的。她是一位只凭借自己纯真的感情来应世的诗人，一种现代"情感主义"的信徒。她以《封神演义》中哪吒那种"剔骨还父、削肉还母"的决绝割断了与父母家族的联系，这种主动叛离和自我放逐虽然使她得到了自主但也失去了任何庇护，从而陷入一种漂泊无依的绝境。鲁迅说"出走的娜拉"只有两条路：不是"堕落"就是"回来"，这话说得还是过分乐观，对萧红来说，"回来"的路也已经堵死，她的父亲因为她的"伤风败俗"被降了官，家族也为之蒙羞，不再认这个

---

① 转引自郝庆军：《在生存需求与浪漫爱情之间——对萧红与萧军及端木蕻良关系的几点考证》，载《甘肃社会科学》2005年第5期。

女儿;她的"夫家"也怕玷污家族门庭,主动与之解除婚约。"回来"的路既被堵死,这就使她能免于堕落的"得救",只能依靠奇迹了。但奇迹果真发生了:1932年8月7日夜,松花江决堤,洪水泛滥市区,萧红在萧军帮助下得以逃出旅馆。不久她住进医院分娩,孩子生下后因无力抚养而送人。萧红当时因为身体虚弱、多病并发,生命垂危,因为无钱付医药费,医院不给治疗,危难之际,又是萧军擎一把牛耳尖刀,逼着医生给萧红打针吃药,进行抢救,才转危为安[①]。出院后,萧红与萧军开始共同生活。当时二人仅靠萧军当家庭教师和借债勉强度日,生活非常困苦。

  1933年萧军与萧红共同出版了小说集《跋涉》,这时他们已是"北满"颇有名气的作家了。萧军当时多用笔名"三郎"。1934年6月中旬,他们离开了已沦为日本殖民地的"满洲国"的东北故乡,来到青岛,萧军、萧红一边编辑《青岛晨报》副刊,一边写作。萧红在这里写出了她的第一部长篇小说《生死场》,萧军在这里也开始写作他的成名作《八月的乡村》。在青岛,他们尝试着给他们敬爱的鲁迅先生写了一封信,没想到很快收到了回信,这使他们决定到上海去,到鲁迅身边从事文学事业。

  1934年的深秋时节,萧军和萧红来到上海。在上海举目无亲的"二萧"很希望能尽快见到他们敬爱的先生,但鲁迅比较谨慎,因为他被政府秘密通缉,一般很少外出会客。所以鲁迅信中建议"见面从缓",等有必要时再说,并警告他们"上海有一批'文学家',阴险得很,非小心不可"。在接下来的通信中,因为一个小插曲,他们之间的关系变得亲密、随便起来:鲁迅的来信末尾有一句"吟女士均此不另",不料萧红对"女士"一词表示抗议,反对鲁迅这样称呼她。这样下次鲁迅回信就拿此开玩笑,发了一番议论:"首先是称呼问题。中国的许多话,要推敲起来,不能用的多得很,不过因为用滥了,意义变成含糊,所以也就这么敷衍过去。不错,

---

[①] 参见骆宾基:《萧红小传》,黑龙江人民出版社1981年版,第73页。

先生二字,照字面讲,是生在较先的人,但如这么认真,则即使同年的人,叫起来也得先问生日,非常不便了。对于女性的称呼更没有适当的,悄女士在提出抗议,但叫我怎么写呢?悄婶子,悄姊姊,悄妹妹,悄侄女……都并不好,所以我想,还是夫人太太,或女士先生罢。现在也有不用称呼的,因为这是无政府主义者式,所以我不用。"如此萧红以她的稚气和天真拉近了鲁迅和他们之间的距离,使得鲁迅开始喜欢起这两位单纯、率直的北方青年。鲁迅一向不喜欢那种少年老成、循规蹈矩的年轻人,还说自己最讨厌的就是那种"江南才子,扭扭捏捏,没有人气,不像人样"[1]。

  1934年11月30日,"二萧"终于等到了与鲁迅相见的日子。根据约定的时间,他们准时来到了内山书店。出人意料的是,鲁迅已在那里等候他们了,这使他们简直有点不知所措。鲁迅迈着缓慢的步子走过来,平静地问道:"是刘先生悄吟女士吗?"二人连忙点头。接着,先生便领二人走出书店到一家不远的咖啡店。不一会儿,许广平也带着孩子来了,萧红和许广平也一见如故,这样会见的气氛就更为轻松、亲热。萧红眼中的鲁迅脸颊消瘦,颧骨突出,嘴上留有浓密的唇髭,头发极富于特征,硬而直立,眼睛喜欢眯起来,但目光却异常锐利。临了,先生又取出20元钱送到"二萧"面前,这使囊空如洗的"二萧"激动万分。鲁迅又帮他们向刊物推荐文稿,很快他们开始拿到稿费,可以自食其力了。不久鲁迅又请他们出席宴会,将叶紫和聂绀弩夫妇介绍给他们做朋友,这样,在鲁迅的引导下,"二萧"进入了上海文坛,并与当时文坛的许多重要人物建立了广泛联系。他们和叶紫一起,在鲁迅先生指导下,自办了"奴隶社",出版了"奴隶丛书",其中包括叶紫的《丰收》、萧军的《八月的乡村》和萧红的《生死场》。鲁迅亲自为他们都写了序,其中称《八月的乡村》:"严肃,紧张,作者的心血和失去的天空,土地,受难的人民,以至失去的茂草,高粱,蝈蝈,蚊子,搅成一团,鲜

---

[1] 鲁迅1934年12月26日致萧军、萧红信。

红的在读者眼前展开,显示着中国的一份和全部,现在和未来,死路与活路。凡有人心的读者,是看得完的,而且有所得的。"称萧红的《生死场》:"叙事和写景,胜于人物的描写,然而北方人民的对于生的坚强,对于死的挣扎,却往往已经力透纸背;女性作者的细致的观察和越轨的笔致,又增加了不少明丽和新鲜。……"这样由鲁迅的荐引和扶持,萧军、萧红很快成为了文坛上的著名青年作家。

鲁迅校订,并作序或作后记,帮助青年作家出版的部分作品。

"二萧"都是幼年时就经"纲伦之厄"、叛离家庭的青年,与鲁迅的相识,使他们又找到了一个新家、一个可敬的"父亲",因此他们不单把鲁迅先生视为文学上的导师,更是把鲁迅视为作人的楷模、真正的"父亲"一样来爱戴的。鲁迅对他们的关怀,也可谓无微不至。如萧军在哈尔滨时学过几天俄语,看到上海霞飞路有许多俄国人,就想和他们说几句"半吊子"俄语。这件事被鲁迅得知后,立即对萧军发出警告,因为那些俄国人几乎全是白俄。他们当中不少人是以告密为生,说俄语会被他们怀疑为从苏联留学回来的革命者。还有一次,"二萧"和胡风在鲁迅家里谈话,深夜出来时电车已经没有了,他们步行回家,因为年轻人容易兴奋,萧红同胡风竟在马路上赛起跑来,鲁迅知道此事,也严肃地告诫他们不要再这样做,弄不好会自投罗网。

萧军的个性比较粗犷、直率、不拘小节,在上海人看来有些"野气",像黄源就这么说过萧军。萧军曾专门写信给鲁迅问该不该改掉自己的这种"野气",鲁迅的回答是:"所谓'野气',大约即是指和上海一般人的言动不同之点,黄大约看惯了上海的'作家',所以觉得你有些特别。其实,中国的人们,不但南北,每省也有些不同的:你大约还看不出江苏和浙江人的不同来,但江浙人自己能看出,我还能看出浙西人和浙东人的不同。普通大抵以和自己不同的人为古怪,这成见,必须跑过许多路,见过许多人,才能够消除。由我看来,大约北人爽直,而失之粗,南人文雅,而失之伪。粗自然比伪好。但习惯成自然,南边人总以像自己家乡那样的曲曲折折为合乎道理。你还没有见过所谓大家子弟,那真是要讨厌死人的。这'野气'要不要故意改它呢?我看不要故意改。但如上海住得久了,受环境的影响,是略略会有些变化的,除非不和社会接触。但是,装假固然不好,处处坦白,也不成,这要看是什么时候。和朋友谈心,不必留心,但和敌人对面,却必须刻刻防备。我们和朋友在一起,可以脱掉衣服,但上阵要穿甲。您记得《三国志演义》上的许褚赤膊上阵么?中了好几箭。金圣叹批道:谁叫你赤膊?所谓文坛,其实也如此(因为文人也是中国人,不见得就和商人之类两样),鬼魅多得很,不过这些人,你还没有遇见。如果遇见,是要提防,不能赤膊的。"

当然萧军的"粗野"也有过让先生动怒的时候,有一次在鲁迅家里闲谈时,萧军手痒,拿一个日本朋友送给海婴的钓竿玩具试手劲,硬把钓竿给摁断了,鲁迅先生当时用他那能使人"感到一个时代的全智者的催逼"(许广平语)的目光望了萧军一眼,萧军当时感到很受伤,好久未去先生家。而萧红照去,先生察觉了,问萧红:"那一位(指萧军)怎么好几天没有来?""他说你瞪他了,他不来了。"鲁迅先生就笑了,说:"告诉他,还是来吧!我没'瞪'他,我看人就是那个样子……还是来吧!"萧红回来转达了鲁迅的话,萧军第二天赶忙跑到先生那里。开始他还有点不自然,但鲁迅压根就不提此事,好像什么事也没有发生过。这样萧军渐渐恢复常态,又同鲁迅先生高谈阔论起来。

从萧军写于此时的一篇散文《我研究着》也可看出萧军的个

人性情,他秉承了鲁迅式"狂人""凡事须得研究,才会明白"的理性精神,对人间是非自有判断,他漫步于上海街头,生发种种感想,在外滩,他写道:

> 只要一看到那每所巍峨得山岳似的建筑物,生了斑锈的铜铸像,更是那个伸展着翅膀的和平的女神,我也常是这样研究:——这要多少个黄色药包呢?才能一个不剩,轰炸得粉粉碎碎……
>
> 这念头象婴儿似的,总是在我的心里生长着。如果我有了儿孙,这也许会要遗传给我的儿孙,要想拔除也是没有用!
>
> 我对那伸着小翅膀的女神,并不存着什么憎和爱。那不过相同铸枪铸炮用的一堆铜或铁!那些砖和瓦也是无辜的,还是应该炸碎享受这些和借用这些名义的臭虫们!
>
> "和平的女神"建立在中国是不应该的,更是那个地方,它的意义很模糊:究竟还是要谁和平呢?是侵略者,还是被侵略者?——我研究着。

与鲁迅主要表现于思想上的反抗不同,萧军是一个行动主义者,更注重反抗的行动。

1936年10月19日晨鲁迅逝世,萧军悲痛欲绝。他发狂般地赶到鲁迅寓所,直奔鲁迅床前,"没有犹疑,没有停歇,没有俗套和应酬,扑倒床前,跪倒在地,像一头狮子一样,石破天惊地号啕大哭"。这种真情流露给守在鲁迅灵床旁的小海婴留下了深刻的记忆。10月22日下午2时,在为鲁迅先生举行的声势浩大的出殡仪式中,萧军担任万人大游行队伍的总指挥。在追悼大会上,蔡元培、宋庆龄诸先生演说之后,萧军情不自禁地站了出来,代表"治丧办事处"和与鲁迅关系密切的《译文》《作家》《中流》《文季》四个杂志社的同人发表演说。萧军哽咽悲愤地说:"鲁迅先生他不应该死,他还没到应该死的年龄,他自己也不想死。他不想用死来逃避自己的责任。他要活，他要用活着的最后一滴血，为中国的整个民族和人民，为世界上被压迫的大众争解放，争平等……可是他的敌人却要他死，三十年不准他活，接连不断的压迫了他！现在他死了，装在棺材里了……

"这是他的敌人胜利了吗？（群众：没有胜利！）不错，他们并没有胜利，鲁迅先生的死，正是为他们点起了最后送葬的火把！鲁迅先生的死是一把刀———一把饥饿的刀，深深地插进了我们的胸槽；我们要用自己和敌人的血将它喂饱，我们要复仇和前进！"[①]

萧军的演讲得到了来自听众的热烈的回响，他对鲁迅的死给予了高度政治化的解读（当时已有传言鲁迅是被日本人害死的），这种由"伟人之死"引发的政治抗议运动还会在革命时代的中国一再重演，"悲情"和"亢奋"被转化成为改变现实的动力。

鲁迅去世后，萧军紧张地投入到编著《鲁迅先生纪念集》的工作，在先生逝世满一月的时候，鲁迅生前指导的三个杂志《中流》、《作家》、《译文》都已出版，萧军在鲁迅墓前焚烧了这三本杂志来寄托哀思。不想这一切被狄克（张春桥）等人看到了，于是他们便在《文坛消息》小报上谩骂萧军是"鲁门家将"，是鲁迅的"孝子贤孙"，烧刊物是"迷信、愚蠢的行为"等等，这激怒了萧军，萧军也懒得和他们打笔仗、口仗，他也没有自己的刊物、报纸，发文章不如他们那样方便，所以他要用拳头来说话、"讲理"。萧军很快就找到了狄克和马吉峰办的小报的编辑部，质问："那篇侮辱鲁迅先生和我的文章，是谁写的？""是我写的！你要怎么样？"狄克的朋友大个子马吉峰站出来应战。"好样的，有种！"萧军轻蔑地一笑，指着他的鼻子说："我没有功夫写文章同你们纠缠。听着，我就是要揍你们，你们若能打败我，以后随你们骂去，如果打不过我，就请免开尊口，否则决饶不了你们！""好吧，奉陪！"狄克故作镇静地说："请你定时间、地点！""明晚八点，徐家汇南草坪！"萧军说完扭头就

[①] 引自张毓茂：《萧军传》，重庆出版社1992年版，第172、173页。

走。第二天晚上,萧军准时来到决斗地点,同去的还有萧红和聂绀弩。不一会儿,狄克等果然应约来到,两个人开始了较量。关于这次较量的经过和结果,流传有很多版本,比如,萧军在回忆中说他两次把马吉峰按倒在地,在他头上打了几拳,使他再无还手之力。这场仗他是绝对赢家。但据这场决斗的见证人聂绀弩说:"当时双方打得不相上下。但后来萧军见人就说他打赢了,但我可以证明马吉峰当场并没有认输。"①"四人帮"被粉碎后,该次较量被演绎成了萧军一对二,捎带着把张春桥也揍了一顿,马吉峰则被打得连连求饶云云。陈漱渝为核实"决斗"真相专门去北京东直门外左家庄新源单九楼采访了当时的见证人聂绀弩,才对真相有了较为全面的了解。

萧军晚年回顾说:"多少年来,我本人是被某些人宣称为'好打架的人'、'不好惹的人'……其实我何尝'好'打架!打起架来并不比吃肉更愉快些。但我也不否认,比起某些不'好'打架的人,平生以来确是打过若干次架的。我打过国民党特务,打过流氓,也打过仗势欺人的旧军官、旧警察……直到现在已七十余岁了,有时'路见不平'还要'挥拳相助'呢!因此我每次上街家人们总要再三嘱咐我:'年纪大了,别管闲事,别和人家打架……'无奈自己的'积习'难改。我也充分明白自己这'匹夫之勇'是没有多大价值,严格说来这对我来说却是一个致命的弱点!"

的确,以眼还眼、以牙还牙,只是以血洗血,无法真正地彰显公义,因为它最终比的还是"力",不是"理"。晚清以来,文人好武,侠风盛行,从谭嗣同、梁启超到章太炎都大力倡导游侠之风。1898年,梁启超在为《意大利兴国侠士传》一书作的序言中,也认为"雪大耻,复大雠,起毁家,兴士国,非侠者莫属"②。章太炎则三作《儒侠》,认为"天下有亟事,非侠士无足属"③。至于鲁迅的慕侠之风

---

① 聂绀弩的说法见《文学自由谈》2004 年第 3 期。
② 《〈饮冰室合集〉集外文》(上册),北京大学出版社 2005 年版,第 14 页。
③ 《章太炎全集》第三卷,上海人民出版社 1948 年版,第 11 页。

也与这种时代风气有关,英雄造时势,时代需要这样一种"豪杰"人格,来挽狂澜于既倒,扶大厦之将倾。近代以来的中国在强邻环伺中,政治、经济、文化实力尽失,可谓"百事不如人",情急之下,急于救世者将目光转向"以匹夫之细,窃杀生之权"的义侠和锄强扶弱的"血气之勇",情有可原,但这毕竟不是什么高明之见、长远之计,只是一种个人英雄主义的浪漫幻想而已,对于人的主观意志力量的夸大,对于文明社会赖以存在的道德、法律、制度的轻蔑,都是这种个人英雄主义的副产品。与一般作家对侠义的倡导止于笔端不同,萧军是用行动来实现侠义的,他一身的好功夫是他行侠仗义的资本。他的道德观与民间也基本一致,那就是"他们爱惜强的,也并不欺凌老实的"。他并不把"强的"就当成"好的",从而主张只有强者才有资格生存的怪论。萧军小说中善良朴实的老实人同样能博得他的认同和好感,如《鳏夫》中的守林人和《同行者》中的主人公,总之是一种兼爱利他、为别人着想的人,他最为看重的是生存的尊严,一种冻死迎风站、饿死不弯腰的硬汉品格。同是表现民众的"原始生命强力",与路翎相比,他表现得更为地道、本色、自然,符合民间的道德、审美期待,但也似乎因此减弱了文化上的冲击力。

1937年抗战爆发后,萧军积极投入到抗战洪流中。1938年1月他同萧红、艾青、田间、聂绀弩去山西临汾"民族革命大学"任教,但不久由于和"民大"校长阎锡山的矛盾而离职,前往西安,途经延安时受到毛泽东、周恩来等中国共产党的领导接见。在西安,他与萧红分手,后在兰州与王德芬相识并相恋,结为夫妻。

对于萧军与萧红的分手,一般人都会以为是件憾事,但两人的分手也具有某种必然性,那就是萧军作为强者、保护者的威压使自尊心和独立意识很强的萧红感到难以忍受;再加上萧军的"外遇"和可能有的家庭暴力,最后导致了这个结果。在最后分手之前,萧红已有离家出走、赴日养病等避开萧军的行动,萧红曾经说萧军"有一个强盗的灵魂"。读萧红的诗《苦杯》也可以看到两人之间出现的感情裂痕：

一

带着颜色的情诗，/一只一只是写给她的，/像三年前他写给我的一样。/也许人人都是一样！/也许情诗再过三年/他又写给另外一个姑娘！

五

往日的爱人，/为我遮避暴风雨，/而今他变成暴风雨了！/让我怎来抵抗？/敌人的攻击，/爱人的伤悼。

六

他又去公园了，/我说："我也去吧！"/"你去做什么？"他自己走了。/他给他新的情人的诗说/"有谁不爱个鸟儿似的！"/"有谁忍拒绝少女红唇的苦！"/我不是少女，我没有红唇了。/我穿的是厨房带来油污的衣裳。/为生活而流浪，/我更没有少女美的心肠。

八

我没有家，/我连家乡都没有，/更失去朋友，/只有一个他，/而今他却对我取着这般态度。

十一

说什么爱情！/说什么受难者共同走尽/患难的路程！/都成了昨夜的梦，/昨夜的明灯。①

萧军也认为萧红"单纯、淳厚、倔强、有才能，我爱她。但她不是妻子，尤其不是我的"。他说："鲁迅先生曾说过女人有母性和女儿性，但没有'妻性'，所谓'妻性'，完全是后天的、社会制度造成的。萧红就是个没有妻性的人，我也从来没向她要求过这——'妻

---

① 萧红：《苦杯》，《萧红全集》，哈尔滨出版社1991年版，第1171—1175页。

性'。"①两位都是拒绝被婚姻伦理束缚的"本色人",自然难以建立起一种稳定的婚姻关系,萧军也只是把他和萧红的结合视为是一种偶然的聚合,他主要是出于英雄救美的行侠仗义才结成了这段偶然的姻缘。

萧军的性格带有一种双刃剑的特性,如他自己所说:"一个不敢于杀人的人,一个连树叶落下来全怕砸到自己头上那种绝对利己的所谓老鼠一般的人……他们是不会冒着任何可见的损害和危险而去救别人的。——虽然敢于杀人的人,不一定就是肯于救人的人。我曾经有自知之明的评价过自己,我是一柄斧头,在人们需要我时,他们会称赞我,当用过以后就要抛到一边而且还要加上一句这样的诅咒:'这是多么蠢笨而蛮野的斧头啊!'"②

1938年4月在西安二人终于分开,萧红与追求她的端木蕻良结合,从此,萧红再也没有见到萧军,成为永诀。1942年1月22日,萧红病逝于战火纷飞、兵荒马乱中的香港,曾留下这样的遗言:"我将与蓝天碧水永处,留下那半部《红楼》给别人写了","半生尽遭白眼冷遇……身先死,不甘,不甘"。

1938年3月,萧军因为想去五台山打游击,曾经路过延安,这次延安一行给他留下了非常美好的印象。他到延安后,毛主席得知他来了延安,特意派秘书到招待所去看望他,表示很想见见这位鲁迅的学生、知名作家。但萧军一开始拒绝了,说毛主席公务繁忙,就不打扰了,他只是路过延安,住一两个星期就走。没想到毛主席亲自到招待所来看望他和其他文化人,宾主相谈甚欢,毛主席很喜欢萧军的坦率直爽,而萧军对毛主席的雄才大略、博古通今而又礼贤下士、平易近人极为佩服。初次见面给双方留下良好印象,这为他们以后的互信和友谊打下了基础。

因为道路阻塞,萧军未去成五台山,只得参加了丁玲领导的西

---

① 李振声编:《我是鲁迅的学生——关于萧军》,北京广播学院出版社2000年版,第101页。
② 李振声编:《我是鲁迅的学生——关于萧军》,北京广播学院出版社2000年版,第83页。

北战地服务团,返回西安。和萧红关系的破裂,使他不想在西安待下去,正好盛世才在招揽人才,所以他准备去新疆,此时巧遇塞克、朱星南、王洛宾、罗珊一行去兰州,随之同行。在兰州,他爱上了房东家18岁的女儿王德芬,迅速发起了猛烈的爱情攻势。王德芬小他12岁,家里父母也不同意女儿嫁给萧军这位"离过两次婚,又没有固定的工作和收入,还是革命的危险的人物"。王家父母对萧军向女儿的疯狂求爱,非常愤怒,对他下了逐客令,王德芬也被父母软禁起来。王德芬的姐姐同情他们,给他们做了红娘,最后王德芬的父母只好让步,成全了他们。

在对王德芬追求中,萧军表现出不顾一切的狂热,正如鲁迅在《华盖集·杂感》中所倡导的那样:"无论爱什么,——饭,异性,国,民族,人类等等,——只有纠缠如毒蛇,执着如怨鬼,二六时中,没有已时者有望。但太觉疲劳时,也无妨休息一会罢;但休息之后,就再来一回罢,而且两回,三回……"他对这位18岁的少女发起一连串的"突然袭击",送花瓶、情书,加之拥抱、热吻,使对方毫无招架之力,乖乖地作了爱情的俘虏。

1940年6月,在八路军重庆办事处帮助下,萧军携妻小与老友舒群一起,途经西安,第二次到延安。萧军夫妇到达延安后,丁玲安排萧到"文协"(陕甘宁边区文化协会)工作。萧军在延安除了续写长篇小说《第三代》,还和其他作家同心协力积极开展延安群众性文艺活动。他们1940年10月19日成立了"文艺月会",每月最少集会一次。1941年元旦创办了会刊《文艺月报》,由萧军和丁玲、舒群、刘雪苇轮流主编。1941年1月15日他们成立了"鲁迅研究会",萧军任主任干事,主编会刊《鲁迅研究丛刊》;4月成立了"星期文艺学园",周日上课,两年结业,由作家们轮流讲课,培养各单位的文艺青年;11月协助各单位成立"文艺小组",作家们参加文艺小组的座谈会,研讨和解答问题。

在延安长住下来的萧军,对于延安的印象,不再像过路的短暂逗留时那么美好,而开始与环境发生摩擦与碰撞,他成为著名的

"延安四怪"①之一,不但与延安负责文化领导工作的周扬、丁玲、艾思奇等人发生过正面冲突,还与嘲笑他的驻地八路军战士、食堂管理员等较劲,几次负气要离开延安,但终被挽留。从萧军当年留下的日记中,我们可以看到他当时的苦闷、烦躁、无奈、孤独的心境,这些日记后来刊载于《新文学史料》2007年第3期和《鲁迅研究月刊》2007年第12期,分别是1940年8月15日到1940年10月1日和1940年12月1日到12月27日的日记。

第一部分日记较多记述了他与丁玲等人之间的交谈、来往以及自己的所思、所感,极具史料价值,如1940年8月15日日记写到他在文学上的理想:

> 夜间和T在她窑洞前,趁着暗暗月色,谈得很久,我们全感到将来出去,一定要弄一个刊物或书店。我告诉T,我是不高兴做别人陪衬而存在这里的。将来文坛的趋势,凡是有些才能和骨气的作家,他们一定不属于国民党……我感觉党的方面,形式主义,机械主义,官僚主义,人情主义的气氛很浓厚。为了一句普通的话,他们可以毫无怜惜地使一个易感的女同志哭两天。
>
> 这里要求攒党的人很多,他们睡不着觉,他们哭!真是可怜得很!……
>
> 我和茅盾我们是在创作上不能走一条路的,他完全是一个小说作者,缺乏一个诗人的灵魂和情感。T也是这样的,她的一切见解等,全是停留在第一级感觉上的,她不能更高一级做哲学上的思考。

在8月19日的日记中,萧军写道:

---

① 这"四怪"指的是王实味、塞克、萧军、冼星海,高长虹虽有"高起义"之称,但在延安已潜心研究经济学,不多出头露面,免于入选。

……下午有点要伤风的样子。忽然想起一个题目：鲁迅先生底"品质"和精神，预备在他的四周年纪念会上讲演。想参酌共产党员的修养和怎样做一个共产党员几篇文章来写。主题是：鲁迅虽然不是一个党员，但是他却具备着革命的最高的品质和精神，想给那些卑俗的和机会主义的党员们一点警惕，当然为了"人情"的关系我的形式是应该委婉些。……

其中还有他对延安存在的某种"不正之风"的极度反感：

> 延安的一些高级干部的女人，他们一嫁了好丈夫，就丧掉了自己的人格，自己工作的岗位，随着丈夫"光荣"去了！我愿意把她们比作"月亮"，她们自身是没有热力也没有光辉的。蓝苹，孟庆树，就是此流人物的代表。
>
> 据说只要那些人物去做报告，她们总要到场，这用意不外两种：一种是表示对于良人底崇拜；一种是分担良人的光荣！
>
> 这和上面那些真正从下层出来的女人们，是不能相比的……
>
> 关于这方面的材料（光明与黑暗）我还要多写一些，将来预备写一篇小说。孟是很庆幸自己嫁了王明那样一个丈夫，既能干又漂亮，又革命。……

日记中的蓝苹即江青，萧军对延安这种靠着男人往上爬的高干太太的反感在 9 月 18 日的日记中表现得更为强烈：

> ……这里的女人有一个普遍的倾向：势力，虚荣，向上爬……她们有高的就不要低的。T 解说这是因为女人不容易造地位，所以必要借助丈夫的光。这只能说是一面的理由，另一面是女人不争气，男人下劣也不能否认。她们爬上去就像一个癞虾蟆似的蹲在丈夫的光荣上，怎样想法肥胖自己，舒服自

己了！M 的老婆是一个例；F 的老婆是一个例子；L 的老婆又是一个例子；W 的老婆是一个例……有些情人和丈夫怨恨着边区占有了他们的情人和老婆，不是没有理由的，这力量对于革命也是一个可怕的反拨！共产党人的德性是建立的日子了。

关于这些问题，我预备归纳起来写一篇小说：《蹲在革命利益上肥胖着自己的动物们》！中国人小私有、小享受的根性特别浓厚的。官僚主义也特别浓厚！有一寸水就要行一只船！为了人民和战士们的利益，我不能忍受这卑丑的现象，一有机会我就要攻伐！容忍丑恶是丑恶！……

在 8 月 30 日的日记中，他又这样写道：

我懂得一切，我不能原谅一切，那就是说：我爱人类我也爱自己；尊重别人，也更尊重我自己！T 日间去见过她的负责人，说了她所要说的话，其间也提到我，他们知道我路上打架的事，夜间唱歌被哨兵禁止的事……他们承认过去理解我有错误的地方。我对于这些没什么感动的，因为我懂得我自己也懂得这一切啊！行在一条小路上我向 T 说："虽然你们党人几次给我伤害！但是我原谅它啊！因为它还年轻。我懂得共产党也懂得共产党人，但是它们并不懂得我啊！我是一个作家，我只有含着泪帮助它们生长……"

"我是个什么呢？"T 狡猾地问我。

"你是个共产党人。"我无思虑地回答。

"我也不了解你吗？"我被她攻击了，我有点为难。

"你……是特殊的……你……"她高兴地笑了，我却又归了沉默。我忽然想起群的一个女友曾给他写过这样几句话：

"我爱你啊！但是不能嫁你！什么时候你想到我的缺点，就把我的名字从你的记忆里抹去。"我也想这样回答 T 说：

"我爱你,同情你……但是我不能娶你!因为我更爱我的自由!……"我不能说,我怕伤了她的心!

萧军在延安遭遇的困境首先表现为一种道德理想主义精神的受挫,他对现实持一种清教徒式的严苛的道德批判立场,这种应然的要求显然与实然的现实是相冲突的,纯真主义的道德与现实主义的政治势必会产生激烈的碰撞,由此使他陷入落落寡合、不得其所的困境之中,成为大家眼中的"怪物"。其次这种矛盾也表现为个人与集团的矛盾,他所理解的人是以个人为本位的人,这种个人越过社会这一中介直达人类,也就是说他认为只有个人和人类是真实的,其余都是虚幻的,因此他无法把某个特定集团的政治要求作为其终极目标,如此他所选择的路也就只能是个人的单打独斗,但他又无法脱离其所处的集体主义的现实环境,这样就会造成他内心的分裂和痛苦。从集体主义的眼光来看,萧军的问题也就是在共同的革命目标下加强组织性、纪律性,克服个人自由主义和个人英雄主义的问题。此外,长期生活于颇为"洋气"的哈尔滨和大都市上海的萧军,自然带有都市人的文化气质和生活情趣,这与延安以农民文化为主的解放区文化产生矛盾和冲突。

作为一个作家,萧军所认定的还是以个人为主宰的方式来进行创作,而不是直接服务于现实政治需要,如他在1940年8月20日日记中所言:"……独坐在河边,想着自己还可以工作四十年,如果我能活到八十岁的话。总之,这个世纪我是活不过去了。在我喜欢用什么方式创作,就用什么方式创作,也不必计较它底成功。艺术固然为了人,主要还是应该为了我自己。无论有月亮,还是稍静的地方,我总要想到 J 那个苍白的孩子!我不能够忘掉她,我感到寂寞和心酸!……"①

文学的"为己"本性以及对于具体的个人的境遇、命运、人生

---

① 萧军日记,载《新文学史料》2007年第3期。

的关注仍是萧军固守的基本原则。文学创作总是必须以个人方式完成的,它源于情感,特别是源于个人内心深处刻骨铭心的情感记忆,所以创作总包含一种个人无意识的成分,它是作家留在作品上的生命印记、基因图谱。所以文学很难被改造成某种可以大批量生产的标准产品,它只能以个人手工方式完成,但这种文学的个体性生产方式显然不符合时代政治对文学的大力需要,所以政治对文学的改造也就难以避免。

作为延安政治体制内的一位文艺工作者,萧军和他的一家都接受着来自边区政府的供养,这种家庭的拖累、"食人之禄"的处境,也形成了对他做一个我行我素的"自由人"的阻碍,如在9月5日日记中,他写道:"我最高的理想是做一个自由的"鳏夫",其他全不是我所希望的。当我自由的时候,我能创造很多的美丽的回忆和有时情的悲哀。"①

萧军与一般文人作家的区别,在于他较少高人一等的精英气和传统等级意识,他鄙夷"君子动口不动手"之类的文人说辞,这与他的底层出身、行伍经历有关,即使是成为了文人,他也并不认为自己应该扮演传统文人的那种社会角色,因此他经常"有失身份"地和没有多少文化的"粗人"发生冲突,甚至闹到高层那里。

萧军在延安所遇到的问题不是孤立的,也是世界范围内的左翼知识分子所共同遭遇的问题,在理想与现实、理论与实践之间总是会产生一些反差和矛盾,从而在左翼知识分子内部掀起一次次的波澜。对20世纪30年代左翼知识界影响较大的一本书是纪德的《访苏归来》,1936年6月17日,法国左翼作家纪德应苏联政府的邀请,以国宾的身份出席高尔基的葬礼,并对苏联进行了为期十周的访问。赴苏之前,纪德心目中的苏联是:"不止是一个遴选的祖国,还是一个榜样,一个向导。我们所梦想的、几乎不敢期望的,但始终致力于追求的,却在那里发生了";"在这片土地上,乌托邦

---

① 萧军日记,载《新文学史料》2007年第3期。

正在变成现实"。然而,访苏归来后的纪德,不久发表《访苏归来》一书,成为苏联现状的激烈批评者,并脱离了共产党。此事在世界进步文化界曾掀起轩然大波,左翼文人纷纷对其口诛笔伐,一夜之间,纪德就从苏联和共产主义的"友人"变成"敌人"。纪德的这本书在20世纪30年代就被翻译成中文出版,萧军在上海就看过此书,值得注意的是,1940年出于现实的感触,他在延安又重读此书,并记下了这样一些感想:

> 近来忽然有一个念头:想要多读点"坏人""敌人"的以及众人所谓"反叛"的作品。
> 这里面固然也存在着"知己知彼"的作用,但这不是主要的。我是要究竟知道知道这"坏""敌"以及"反叛"到什么度数?凭着别人的文章和讲话——即使我最亲近和信任的人——我也不十分相信。总要来自己考察一番。轻易让我赞美人和事,和轻易地让我侮蔑人和事,这习惯还没有养成。
> 从卑污中寻找美丽——发扬它。
> 从美丽中寻找卑污——毁灭它。
> 《切卡的工作》,《从苏联归来》,这是我近来读过的两本书。前一本书我从来没读过;后一本书"八一三"战事起来以后,在上海时曾读过它,记得当时还写过一篇文章——并未发表,大约还存在上海——我是要说一说对纪德写这本书态度底看法。我觉纪德这本书是可以写的,但是不一定急于就出版。既然自己表明和苏联是朋友,不访〔妨〕先把这稿寄给他们负责人看一看,告诉你所闻所见以及真实的感想。这也算尽了一点"朋友"的情谊。因为我们对于这社会以及"恶"人底攻击,是攻击他的"恶",最终也还是希望他去掉这"恶",改正这"恶"的。如果对方是"置之不理"或是"敷衍了事",那么他是在"护恶"了,再出版这书也不为迟。纪德没有这样做,宜〔依〕我看他不会想不到,大约是"不肯"。这"不肯"的原

因,是"个人的尊严"么?是"艺术家的良心"么?还是"感情用事"?我想大概多少全有一点。至于有人说他存着什么"作用",我没凭证,不敢断言。一个人太"感情"太"真实"太顾虑到"个人的完整",常常要弄出与自己的原来目的相反的结果,这却是事实。小的地方撒一点谎,使自己有一点缺陷,为了大的"真实"和"自由",这是无妨的。

《真理报》上那些太不沉着的反驳,我觉得也欠斟酌。只提醒一两句就够了,那就是:

"苏联是存着如您所说的那些缺点的——贫穷,流浪儿,官僚,甚至卖淫妇——但这耻辱要由造成这些货色者去负担的,苏联的责任是在改变他们……再退一步说:这"比"起法国,美国的质和量又如何?——而苏联是正在消灭它;他们却正在生长它……"

那本《切卡的工作》是叙说一个"感情质"不宜于做这类工作的青年人,为了突然的"命令",他担当起这工作来了,而且一做就是十年。终于他忍受不了那各种矛盾和不适于自己的工作,把十年相伴做"切卡"工作的手枪,带着情感沉向了海底,从革命阵营里退败出来,他逃向了土尔〔耳〕其。

纪德为什么写那本书?

《切卡的工作》的作者为什么写这本书?

他们的目的是同的,是不同的?光明的还是卑劣的?在中国译这两本书的人底目的在那〔哪〕里?光明的?卑劣的?……这里是没有多大要紧。在苏联,即使有,也早就过去了!纪德他自己就说过:

"……然而我始终确信:一方面苏联终为要克服我所指出的重大错误,他方面,——这是更重要的,一个国家单独的错误也决不会败坏一种国际的大同的事业之真理。"

我们只是要从各方知道历史和真理——无论是从那〔哪〕方面来的,它的动机是怎么样。

一件事物或人,经过"自己"的思考和认识,历史无论走到那〔哪〕一天,这对于一个"人"是应有的权利。一个人懂得的越多,大概信得也就越少,信得也就越坚实一些。

我是个不会教育人的人,因为我把人全看为平等的;我也是个不容易被教育的人,大概也是为了那个缘故。缺乏自省的人是没有进步的;太自省的人也是没有进步的。①

20世纪上半期是一个行动的时代而非思考的时代,自省会妨碍行动,过于自省也就意味着与时代的脱离,对时代的思考要等时代告一段落、尘埃落定之后才能进行,然而从后来人的眼光来看当时苏联暴露的问题显然不是靠着"知错能改"的精神就能解决,革命意志的衰退、鲜红理想的褪色等也未见得是主因。其间存在的现实人性与制度设计之间、主观动机和客观效果之间的矛盾纠结显然还在萧军当时的考虑之外,萧军作为革命的"同路人",虽然与革命的现实产生些矛盾,但他还是以革命大局为重的革命者,这也是他虽然桀骜不驯但最终仍能为革命队伍所接纳的原因。萧军之所以免于王实味那样的命运原因主要有这么几点:一、他是鲁迅的学生,与国民党势不两立,使他成为党所信任的同路人,因为敌人的"敌人"就是我们的朋友,这是革命年代一个极简单但又极实用的逻辑。萧军初到延安时,社会部治安科陈龙曾专门派人秘密跟踪监视萧军,跟踪者慕丰韵为完成任务还成了萧军形影不离的朋友,而萧军对此全无察觉。后来实在没发现萧军有什么问题,才解除了对他的跟踪调查。二、萧军的问题在党看来主要还是自由散漫、个人主义、目空一切、固执己见等个人问题,这对于一位党外人士、文人作家来说并不是什么严重问题。就高层领导对他的印象来说:他的个性豪爽直率,给人的感觉是实实在在、不会投机;他的单打独斗的个人英雄主义也不足以让人担心,因为他不会拉帮

---

① 萧军:《散步集》,载《鲁迅研究月刊》2007年第12期。

结派跟组织作对。再则萧军是一种鲁智深式的粗中有细的人,并不是李逵式的鲁莽之人,他是喜欢"较真"的人,但关键时刻也能识大局,接受劝导、表示退让。另外他和毛泽东、彭真等人的个人友谊,也使他虽几临绝境但最终化险为夷,免于灭顶之灾。他曾宣称:"鲁迅是我的父辈,毛泽东只能算是我的大哥。"两人的友谊也是建立在对鲁迅高度崇敬基础之上的。

在延安时的萧军虽然过得不顺心,但他仍然没有放弃在文学创作上的勃勃雄心,在9月23日日记中他写道:

> 我缺乏一种丰富的幻想能力,也缺乏一种细腻的耐心。大约这是一个行动的时代了,一切只靠意志来执行。因为一切的路全被那些伟大的先哲指出来了,而且得到证明。现在不是怎样想,应该想什么,而是怎样做,或做什么的时候了。文艺方面也是如此。我是有一颗难驮载的雄心!总感觉到在自己的前面像有一个伟大的冰山似的等待自己去消除;有一片无际的大野似的等待自己去驰驱,在那上面建筑起空前绝后的城堡,辉煌地和世界相终始!有一笔巨大的历史的陈账等待我去结清;有若干前人的,社会的,以及各方面的精英,等待我去吸取。现在我只是准备,潜伏的时期。
>
> 我是具备着两极端的矛盾性格:人性和兽性,动和静,丑和美,善和恶,有趣和无聊,褊狭和宽大,自尊和自卑,动摇和坚定,锐利和模糊,爱和憎,主观和客观,进取与保守,个人和群体……总之我现在正是修炼自己的过程中,由原始的感情到理性,再由兴奋到消沉的过程中。贯穿这过程的铁锁是对压力的愤怒和对弱者的爱!它们使我走向人群,走向革命,走向艺术,走向"人"底大路!……
>
> 偶尔看到两册《文艺阵地》,那里面胡吹乱捧地很使人感到气闷。从无论哪方面看,他们是全要企图抹杀我在中国文学的路程上的功绩!中国文学的质,在一般看去是一天天地

低落着。那文坛上的苍蝇和小无赖们,他们总是时时寻找一块痰污或垃圾把自己聚集起来,来现示自己,等到这痰污干了,再去寻找另一片……我一定要不和他们合作,我不在这些刊物上投稿,我可以沉默地走自己的路。我要等到他们疲乏了,无能挣扎了,我给他们一个恶毒的扫荡!他们要捧出C做主帅,对于这个小市侩,我无论如何也不能对他尊敬或赞美。

我要单身独马行走,一枝笔,一个头颅,两只拳头,我要冲毁这个市侩的雾圈。不怕与一切人为敌,做一个光荣的孤立。现在我要退隐和沉默!1.聚集资本。2.修炼技巧和获得一切学问和知识。3.准备战斗。我应该像成吉思罕或拿破仑那样,虽然以剑征服世界我无望了!但是我却要以笔征服这世界!至少是中国。……

我的一切工作要切实,重质不重量。万不能为了一些虚浮的毁誉所动摇。要沉着地一步一步自信地走自己的路。最后的胜利一定属于我,我要用脚踢那些市侩们的下巴!我不需要爱人、朋友、同伴……以及一切可以软弱我的东西。

我只需要敌人,我爱它……我要杀死它……只有从这战斗中,我才能看见我生命的价值和力量!

……我近来总浮浮沉沉有一种厌世和虚无的感觉,无情少趣的。

我要同运命来决战,它不至于就完全征服了我,人生是如何的优美啊!我要聚千古生命于一身地生活下去。

萧军心头累积的苦恼到了一定程度,使他无法再忍耐下去,所以1941年7月他决定离开延安,临走前到毛泽东那里辞行,经过劝解又留了下来。后来又给毛泽东写过两封信,得到这么一封回信:

萧军同志:

两次来示都阅悉,要的书已附上。我因过去同你少接触,缺乏了解,有些意见想同你说,又怕交浅言深,无益于你,反而引起隔阂,故没有即说。延安有无数的坏现象,你对我说的,都值得注意,都应该改正。但我劝你同时注意自己方面的某些毛病,不要绝对的看问题,要有耐心,要注意调理人我关系,要故意的强制的省察自己的弱点,方有出路,方能"安心立命"。否则天天不安心,痛苦甚大。你是极坦白豪爽的人,我觉得我同你谈得来,故提议如上。如得你同意,愿同你再谈一回。敬问近好!

毛泽东
八月二日

萧军接信后,非常感动,马上写了回信,承认"缺乏信心"、"走极端"、"不善于调理人我关系"是自己四处碰壁的主要原因,对毛泽东诚恳地揭出了自己的病根,表示由衷地感谢,又心悦诚服地表示,"我是很羡慕你那样从容宽阔的,但这一时是不容易学习的"。并向毛主席提出请求:"如果可能,将来可以随时寻你去谈谈。"之后一段时间,两人来往较多,关系融洽,萧军成为毛泽东住处的常客。

1945年日本投降后,毛泽东派彭真、陈云、林彪、高岗、张闻天等去东北收复失地,建立东北局和民主政权,并派遣大批干部去各个解放区开展工作。"鲁艺"成立了文艺工作团,8月荒煤带队首批去太岳地区。"鲁艺"又和"文抗"联合组队,一团由舒群带队去东北,二团由艾青带队去华北。党中央又决定延安大学迁往东北办学(包括"鲁艺")。

"鲁艺"准备11月出发,萧去向毛辞行,毛鼓励他积极工作并可向东北局提入党要求。11月15日,延安大学"鲁艺"骡轿队从延安桥儿沟出发,12月30日到达张家口。国共开战,大队暂留张家口。萧在张家口与邓拓、成仿吾等人建立了"鲁迅学会"、"东北同乡会",举办了"鲁迅文艺讲座"、"暑期讲谈会",参加了几次座谈会,作了几次演讲,为《晋察冀日报》和《北方文化》写了不少文章。1946年5月1日,萧军的第四个孩子出生,王德芬为她取名萧小红以纪念已去世的萧红。8月7日《东北日报》刊出消息,东北局任命萧军担任东北大学鲁迅艺术学院院长。彭真派人到张家口接萧家去东北,他们于9月21日到达哈尔滨。从1934年夏季离开哈尔滨到1946年秋季回来,萧军离开东北12年终于还乡,其心情的激动是不言而喻的,当即赋诗一首:"金风急故垒,游子赋还乡;景物依稀是,亲朋半死亡;白云红叶暮,秋水远山苍;十二年如昨,杯酒热衷肠。"当年的故人金剑啸、萧红、黄之明等都故去了,此时的萧军也已年近四旬。回首往事虽有感伤,但抗战胜利也令萧军非常振奋,从9月30日起,他被多个单位邀请去演讲或座谈,反响强烈,极大地增强了东北人民对共产党的了解和拥护。萧军的工作得到了上级党组织的充分肯定和表扬,乘此东风,萧军提出了埋藏于自己心中很久的一个梦想,那就是成立自己的出版社,自主经营,这是作家能够自主创作、安身立命的重要保障。萧军于1939年11月22日在给胡风的信中就说:"我常常幻想要自己弄个出版社,一面出自己的书,一面出几本自己所喜欢或者朋友们底书,我对于书商们,真不想和他们再打交道了,养肥了他们,他们在你面前还装'孙子',真可恶,等着吧,一定要有这一天,让他们连我一个屁也捡不着。自己写文章,看看别人打天下或摆擂台,也是快事之一。"萧军这个愿望当时得到了东北局领导的大力支持,东北局宣传部副部长凯丰给了萧军三两半金子做本钱,并批示东北银行贷款70万,作为启动资金。

11月11日萧军结束了在哈尔滨的工作,来到佳木斯东北大学赴任。萧军一直惦记着他要创办的出版事业,很快向东北局辞去了东北大学"鲁艺"院长职务,于1947年3月21日回到哈尔滨,在东北局的资助下成立了"鲁迅文化出版社",自任社长兼东北"文协"研究部部长,徐定夫是萧军的助手,负责日常工作。

当时哈尔滨只有两家大报:《东北日报》和《哈尔滨公报》,以新闻报道为主,文艺方面文章很少。萧军在 1947 年 5 月 4 日创刊了《文化报》周刊,刊载文艺内容,受到群众欢迎。

1947 年 5 月中旬,"鲁迅社会大学"开学,讲师只萧军一个,每周两次,面向社会,不记名不收费,来去自由。一开始讲通俗易懂的革命道理,解答群众的问题,群众很感兴趣,听众越来越多。

1947 年 6 月,凯丰派萧军到黑龙江富拉尔基参加"土改",《文化报》暂停,"鲁迅社会大学"停课。鲁迅文化出版社本来是在东北局支持下由萧军和徐定夫二人办起来的私人出版社,与东北"文协"无关,不料"文协"在萧军下乡期间派了两个同志进驻出版社,不让出版萧军的著作,还停止了徐定夫的工作,徐定夫到富拉尔基向萧军汇报了种种情况,萧军给凯丰写了信,凯丰予以纠正,并撤走了"文协"进驻出版社的人。尽管如此,萧军很不放心,徐定夫也气闷地生病了。

1947 年 9 月 15 日,萧军将家属从富拉尔基接到哈尔滨,女儿萧小红夭折。回到哈尔滨后,全家住到出版社楼上,以社为家,萧军既是社长又是《文化报》主编,妻子王德芬当了萧军的助手。《文化报》自 1947 年 5 月 4 日创刊,到 1948 年 11 月 20 日停刊,发刊 72 期,《半月增刊》8 期,共 80 期。《文化报》是萧军自办的报纸,当时东北解放区尚无新闻审查制度,所以萧军的报纸虽在大方向上与党是一致的,但也在可能的范围内有意无意地发出了一些不协调的音响,发出某种萧军个人和来自民间的声音。如 1948 年元旦《文化报》的"新年献辞"本应是代表"本社"立场大同小异的官样文章,萧军却别出心裁,假托一位老学究,用文言文写了篇杂文作为"新年献辞",文中"老学究"讲述了自己由不了解、由敌意到拥护共产党和人民政府的思想转变过程,但最后又向党和政府提意见,列出 125 条他认为应该改正的"主义",供共产党参考改正。这种拿虚构的文学性写作当"新年献辞"的做法的确别致,但在党的眼中可能是不严肃的、欠规范的,且不说"老学究"的观点是否正确或过分低调。再如在纪念苏联红军出兵东北的"八一五"三周年纪念时,各报都应登一篇向苏联红军致敬的社论,而《文化报》没登这种社论,登的是《三周年"八一五"和第六次劳动"全代表大会"》,文中还有可能让人产生误读的"各色帝国主义"的说法。此外《文化报》还登过一篇写当地小孩与俄侨冲突的外稿《来而不往非礼也》,也被认为有"反苏"色彩。再如萧军在1945年抗战胜利写的旧体诗中有"萁豆相煎何太急"一语,也被解读为反对解放战争等等。东北局的宣传部门显然认为这些都是不能容忍的,所以1948年5月,由东北局宣传部副部长刘芝明领导、戏剧家宋之的主编的《生活报》创刊伊始就针对萧军的《文化报》摆开了批判架势。《生活报》先是刊出了署名邓森的《今古王通》借讽刺隋代的一个"妄人"王通,来警告"借他人名望以帮衬自己,以吓唬读者"、"迷惑""群众"的"今之王通",明显是影射萧军。萧军则针锋相对,写了《风风雨雨话王通》,为古之王通说了几句公道话。8月份,萧军递交了申请书并被同意入党后,《生活报》开始向萧军大举兴师问罪,不由分说地给他扣上"反苏、反共、反人民"的帽子,萧军对此大感不解:"我刚要入党参加小组生活,怎么一进门就打我呢?是不是要先给我来个下马威呢?我犯了什么罪过了?为什么要采取这种非同志式的五雷轰顶的手段对付我呢?算了,我也别进去了,入了党仗着人多势众还不开除我!进进出出反而麻烦,我还是待在外面当我的自由民吧!"他入党的问题就搁下了①。

《生活报》讽刺萧军的"时论"是与时代隔绝的"古潭里的声音",萧军感到忍无可忍,从9月1日起连续发表了《古潭里的声音——驳〈生活报〉的胡说》进行反驳,这场论争一直持续到11月,一时造成了文化界声音的混乱。刘芝明最后利用行政手段向萧施加了压力,切断了《文化报》和出版社的命脉,其中包括银行不再贷款、纸厂不再供应纸张、各机关单位不准订阅也不准售报处

---

① 相关史实参见王德芬:《我和萧军风雨50年》,中国工人出版社2004年版,第203页。

和报贩子代买《文化报》、已有订户退订、吉林佳木斯两处分社停业等等。萧军在这种情况下无路可走，只能关社、停报，将报社的附属产业果园、农场、面粉厂、铅笔厂等也都交给了东北局宣传部，自己两手空空离开了出版社。萧军的失败及其所遭遇的前所未有的大批判极具前兆意义，他标志着知识分子个体对社会现实进行自主批判来改造社会、推动影响历史进程的道路已临近终点、走到尽头。

萧军 1948 年 12 月 17 日动身从哈尔滨赴沈阳，后去鞍钢，1949 年 4 月去抚顺。到抚顺后，刘芝明在东北地区向各单位布置了"萧军思想批判"学习讨论会，并于 5 月在《东北日报》上发文将萧军定为"反苏、反共、反人民"分子。萧军并不认罪，拒绝在处理他的文件上签字。他在离开沈阳去北京时还对刘芝明说："咱俩的账没完！不过今天不跟你算了。二十年后咱俩再算。你的报纸白纸黑字，油墨印的，擦不掉，抹不去，我的也一样，二十年后再看！"从沈阳临来北京，老友舒群估计萧军受了批评只有三条路走：一是自杀，二是得精神病，三是从此再也写不出作品。这明显小瞧了萧军，萧军的回答是："不可能！谁想让我少吃一顿饭，少睡一个钟头都不可能！"萧军为了争气，决心写歌颂工人阶级的长篇小说来回答那些攻击他的人。

抗美援朝战争爆发后，王德芬疏散到北京，萧军也随后前来，但东北局不同意他调到北京工作，所以他处于失业状态。1951 年萧军写了《批评与自我批评》，回顾了"两报论争"的经过，寄给了毛泽东。他在北京续写《第三代》，并开始创作《五月的矿山》。萧军把写出的剧本《武王伐纣》和长篇小说《五月的矿山》送到人民文学出版社，结果被拒绝。他给彭真市长写信要求安排工作，最后被安排到北京市政府文化教育委员会文物组当了考古研究员。

经毛泽东过问，1954 年 9 月萧军旧作《八月的乡村》由人民文学出版社再版，但印数很少。11 月《五月的矿山》由作家出版社出版，印数也很少。《第三代》的第一部《过去的年代》虽和人民文学出版社订了出版合同,却一直未出版。萧军感到写现代题材的小说难免有人"对号入座"找茬生事,就决心改写历史小说。他从1955年6月6日开始写《吴越春秋史话》。为专心从事创作,他辞去了考古研究员的工作。

《五月的矿山》出版后,在《文艺报》上出现了多篇文章批判《五月的矿山》是"大毒草",丑化了工人阶级等,作家出版社借此不予再版,该书在图书馆也成了"禁书"。

1956年4月12日萧军的《吴越春秋史话》结稿,但无处出版。

1958年1月《文艺报》刊出了《再批判》的文章,将王实味的《野百合花》、萧军的《论同志的"爱"与"耐"》都列入批判材料。在1955年的"肃反"和1957年的"反右"两次政治运动中,萧军与已被打倒的反革命、"右派"胡风、丁玲、陈企霞、艾青、江丰等人排在一起,受到批判,不但所有的出版社拒绝出版他的各类作品,连他所在的街道办事处也将他当成"坏分子"对待。

一连串失败和打击使萧军对当作家感到无望了,他想弃文从医、自食其力。于是他学习了针灸和正骨,并写了《简要针灸疗法》和《正骨学辑要》,研究医术,并申请挂牌行医。后来还是彭真过问,1959年安排他到北京市戏曲研究所工作。

虽然身处逆境,但萧军仍在继续写作,他改编了《吴越春秋》京剧本,写了《卧薪尝胆》、《卧薪尝胆前记》、《毁灭与新生》等,还为荀慧生写了传记《菊海云烟录》在《戏曲报》上连载,直到"文革"爆发中断。

"文革"开始,萧军受到武斗并被关押、劳动,参加集训班、学习班等。1967年姚文元在《红旗》上发表《评反革命两面派周扬》提到萧军,说萧军和周扬是"一丘之貉"。萧军表示抗议,写了长信上交江青、陈伯达,但未得到回音。1974年10月21日,萧军被撤销了公职,离开了学习班,让他回家当了一名退休人员。萧军女儿萧黛因长期受压抑刺激,得了精神分裂症,又患了急性肾炎并发展成尿毒症于1975年1月死亡。萧军8个子女,萧小红1岁多夭折,萧黛死的时候正值17岁的花季年华,她的死令萧家伤恸欲绝。

1976年10月19日,在鲁迅先生逝世40周年的时候,萧军抚今追昔、无限感慨地写下了这样两首七律:

一

四十年前此日情,床头哭拜忆形容:
嶙嶙瘦骨馀一束,凛凛须眉死若生!
百战文场悲荷戟,栖迟虎穴怒弯弓。
传薪卫道庸何易?喋血狼山步步踪!

二

无求无惧寸心忝,岁月迢遥四十年。
镂骨恩情一若昔,临渊思训体犹寒!
啮金有口随销铄,折戟沉沙战未阑。
待得黄泉拜见日,敢将赤胆奉尊前。

"文革"结束后,萧军说"我是有窝就下蛋,有水就行船,绝不等什么好条件好环境才能工作",他把1925年以来的自己的诗编成10集,取名《五十年故诗辑存录》,又写《鲁迅给萧军萧红信简注释录》。1979年萧军成了北京作协专业作家并参加第四届文代会。1980年北京市委为萧军平反,恢复名誉。1981年以后,萧军先后访问美国、新加坡、日本等国家,参加鲁迅诞辰100周年纪念、"国际华文文艺营"、"内山完造诞辰百周年"等活动,为中外文化交流做出了贡献。1988年6月22日夜,萧军去世。

结语

1929年鲁迅为叶永蓁的《小小十年》作了序言,郑重地将一部在艺术上比较稚嫩但在个人思想情感、心理展示上比较真切、动人的自传性小说介绍给文坛,在序中,鲁迅表达了他自己对这个一切处于"方生未死之间"的时代的思考。首先,他认为这是一部"以一个现代的活的青年为主角,描写他10年中的行动和思想的书。旧的传统和新的思潮,纷纭于他的一身,爱和憎的纠缠,感情和理智的冲突,缠绵和决撒的迭代,欢欣和绝望的起伏,都逐着这'小小十年'而开展,以形成一部感伤的书,个人的书"。然后他进而指出了存在于主人公思想演变过程中的矛盾和断裂,那就是主人公没能成功地搭建起从个人主义到集团主义的桥梁:"从旧家庭所希望的'上进'而渡到革命,从交通不大方便的小县而渡到'革命策源地'的广州,从本身的婚姻不自由而渡到伟大的社会改革——但我没有发见其间的桥梁。一个革命者,将——而且实在也已经(!)——为大众的幸福斗争,然而独独宽恕首先压迫自己的亲人,将枪口移向四面是敌,但又四不见敌的旧社会;一个革命者,将为人我争解放,然而当失去爱人的时候,却希望她自己负责,并且为了革命之故,不愿自己有一个情敌,——志愿愈大,希望愈高,可以致力之处就愈少,可以自解之处也愈多。——终于,则甚至闪出了惟本身目前的刹那间为惟一的现实一流的阴影。"这种思想上的矛盾和断裂同样也是鲁迅自己在苦苦思索的问题,个人的解放需要从直接的压迫入手,从自己做起、当下做起,对一切压迫说"不",它面临的将是一场个人与家庭、社会之间的漫无止境的持久战、拉锯战,而集体主义的革命则放过了这些对于个人的直接的压迫,诉诸一场集体主义的政治变革,并通过投身于这种政治变革来最终实现解放一切的目标,它是否能够最终实现其承诺吗?这种由个人主义向集团主义的转变是争取自由的必由之路,还是自由的逃避?这对于每一个真诚地寻找人生的价值和意义的人来说都是值得探究、思考的问题,所以鲁迅进而指出:"在这里,是屹然站着一个个人主义者,遥望着集团主义的大纛,但在'重上征途'之前,我没有发见其间的桥梁。释迦牟尼出世以后,割肉喂鹰,投身饲虎的是小乘,渺渺茫茫地说教的倒算是大乘,总是发达起来,我想,那机微就在此。"①鲁迅之所以肯定此书在于作者敢于袒露内心矛盾的诚实:"因为文艺家至少是须有直抒己见的诚心和勇气的,倘不肯吐露本心,就更谈不到什么意识。"②该书的确真实揭示出一个个人主义在四处碰壁后陷入的怀疑一切的迷茫、愤懑和虚无颓废情绪,如关于主人公在遭遇爱情幻灭之后的一段心理描写:

> 我不但以为茵茵在欺骗我,连这整个的社会现在也正在欺骗我呀!何必呢,我在这社会里讲漂亮话!这社会将什么给与我?幼小的时候,死了父亲,死了祖父,自己努力地企求自己的上进,结果却一切都受人欺骗!父亲欺骗我作他的儿子,而他自己又不尽作父亲的责任,就死掉了!祖父同母亲欺骗我替我订婚,而把我一生幸福葬送。读书欺骗我多认识几

---

① 《鲁迅全集》第四卷,第150页。
② 《鲁迅全集》第四卷,第152页。

个字,而使我更知道社会上一切的冷酷。革命则竟欺骗我做了"革命领袖"的走狗。

现在茵茵又欺骗我了!我还有什么趣味?在这社会里还有什么意思?唉,不要太愚蠢了罢!赶快在目前快乐了自己,这才会得到现社会现实的享乐。①

这种个人主义的虚无、怨恨、颓废情绪在其时代具有一定的普遍性,它也是五四之后觉醒了的新青年陷入梦醒后无路可走的境地中的一种典型症状。

20世纪20年代后期的中国开始进入一个由个人主义向集体主义转换的时代,鲁迅在此时强调佛教的"小乘"和"大乘"的区别,颇有寓意,因为"小乘"的特征就在于它极端重视个人的苦修、苦行,以追求个人灵魂的救赎为目标。这种"由自不由他"、身体力行、以身证道的修行方式,是为鲁迅所肯定的。大乘佛教则强调佛法大慈大悲,普度众生,以成佛救世,建立佛国净土为目标,所以其强调,除消除自己的一切烦恼外,更应以救脱众生为目标,因此它将注重个人修为的小乘称为是"自了汉",相对放松和忽略了个人修行的重要,这就有可能出现在普度众生的宏大叙事下无所不可、无所不为的弊病。其次,从教理方面来说,小乘佛教总的倾向是"法有我无",即只否定人我的实在性,而不否定"法我"的实在性。而大乘佛教则不仅主张人无我,而且认为法无我,即同时否定"法我"的实在性,这也就消除了个人去求索、验证佛法的必要性和可能性。鲁迅在这个时代强调小乘和大乘的区别,其意盖认为不能简单接受现成的超验的真理,而舍弃自己对于真理的探求和检验;即使在集体主义的时代,也不能简单地相信只要将"自我"、"个人"完全托付给"集体",就可以大功告成。集体解放的基础还是在于个人,不能轻易放弃个人的独立性、丢掉"依自不依他"这

---

① 叶永蓁:《小小十年》,上海书店1985年版,第276页。

一基本原则。即使是时代公认的"真理",也要经过自己个人的心证、检验,才能接受,从而转化成自己的信仰,他认同"法我"的实在性,不相信人可以通过完全地放弃自我而得到救赎,个人的自主性仍是获得真理的不可省略的中介。也就是说,在个人主义和集体主义的冲突中,鲁迅既不赞成极端的唯我独尊的自我中心主义,也不赞成完全的集体本位、放弃自我。这种在集体主义盛行的时代对于自我的固守和坚持,也正是五四新文化的精义所在,这也是现代性的基本要求,正如贡斯当所说:"个人独立是现代人的第一需要。"①

在鲁迅去世后的岁月里,鲁门弟子尽最大的努力坚持了鲁迅的这一原则,如胡风的文艺思想、聂绀弩等为代表的"野草派"的杂文以及路翎等"七月派"的创作。他们力图将"人民的解放"与"积极的个性解放"结合起来,并将个人的解放视为是人的解放的终极目标,因而去努力挖掘表现民众中的个体反抗的"原始的生命强力"。这是鲁迅将"个性至、自觉张"作为目标的"立人"思想在新的时代的延续和发展。

路翎的成名作《饥饿的郭素娥》,通过一个承受着肉体饥饿和精神饥饿的双重煎熬,而又固执、坚定地追求自我生存的权利的女人的惨烈命运,控诉了那个"把人烧死、奸死、打死、卖掉"的社会。路翎对其之所以要写这类人物做过说明:"我企图'浪漫'地寻求的,是人民底原始的强力,个性底积极解放。但我也许迷惑于强悍,蒙住了古国底根本的一面,像在鲁迅先生的作品里所显现的。"1945 年 7 月,路翎的长篇小说《财主底儿女们》即将出版时,胡风极其庄严地宣布:"时间将会证明,《财主底儿女们》的出版是中国新文学史上一个重大的事件。"②他认为路翎具有强烈、鲜明的主观战斗精神的现实主义创作方法有极强的示范意义:"路翎所要的

---

① 贡斯当著、阎克文等译:《古代人的自由与现代人的自由》,商务出版社 1999 年版,第 38 页。
② 《路翎文集·胡风序》第一卷,安徽文艺出版社 1995 年版,第 1 页。

并不是历史事变的记录,而是历史事变下面的精神世界的汹涌的波澜和它们的来根去向,是那些火辣辣的心灵在历史命运这个无情的审判者面前搏斗的经验。"小说中的蒋纯祖始终不苟同于流俗和教条,而企图"在自己内心里找到一条雄壮的出路",为此他四处碰壁。临终前的他还在呼喊:"我们中国也许到了现在,更需要个性解放吧,但是压死了,压死了!一直到现在,在中国没有人底觉醒,至少我是找不到。"蒋纯祖不管是在武汉到重庆的演剧队中,还是在四川穷乡僻壤的乡村小学里,都以其孤傲的个性、强烈的爱憎,向现实中的权威、教条、僵化、流俗挑战,最后在"独战多数"和"困兽犹斗"的激昂和悲怆中死去。路翎的创作对胡风有极大启发,他曾说过:"别人都说路翎的文艺创作,受我的文艺理论的影响,岂不知我的文艺理论,正有不少地方受路翎文艺创作的影响呢,正是从他的创作中,形成了我的一些理论观点。"胡风倡导的主观战斗精神就是强调作家要以强烈的激情去融化生活,而不能为生活所吞没,失去自我。他反对公式主义和客观主义,也就是主张作家要靠自己去挖掘真相、发现真理,而反对非个人的、不动情的教条主义的图解和客观主义的实录。路翎激情冲撞式的创作正切合了胡风的理论需要。它也正如小乘佛教一样,是用个体生命来杀身成仁、以身证道的。胡风的文艺理论拒斥先验的理念,反对"凭借'思辨的头脑'去把握世界",他强调的是"感性的机能"、"实践的生活意志"、作家的"自我扩张"和"自我斗争"。他也认同作家应该深入人民、与工农结合,但这种结合应该既包括知识分子向大众的启蒙也包括大众对知识分子的教育、改造,从其本心来说,他坚持认为民众身上带有严重的、因袭的"精神奴役的创伤",需要知识分子去批判和启蒙。"民意"不等同于"公意",而"公意"才是绝对真理和正义的化身。而"公意"的代表者并非是现实中的常为私欲所蔽的升斗小民,他们并不知道自己的真正利益所在,因此要真正使大众得到解放,还需寄希望于真正能够掌握"公意"的精英阶层。

胡风的自我定位首先是一个"革命者",其次才是文学家。在他那里文学与政治是密不可分、合而为一的,所以他的文学理论也带有浓厚的政治意味,突出表现为一种解放主义的文学政治,他所追求的"解放"是包括"个人解放"在内的"人民解放",两者之间是不设中间站的直通车,也就是由个人解放直达人民解放,这种理想究其实质而言,也就是"自由人的联合体"的理想。这种为解放而解放的解放主义显然与集团主义时代的政治目标、政党伦理是有冲突的,胡风对这种冲突显然缺乏足够的省察,比如他认为毛泽东的"实践论"与他的文艺思想是相通的,那就是文艺真理也是需要在实践中得到发展验证的,因此他也成为文艺领域"实践论"的主张者,也就是要在个人性的文艺创作的实践中来探索文艺的规律和真理,而不是直接接受现成的、先验的来自政治的真理。所以他批判"只把记住的政治概念当作尺度",强调"人物是不能把个性消融到原则里面去的东西"。同时他又强调文艺的社会功利性,认为"不要文艺从自己的道路上为政治服务,那就是解除了文艺的武装"①。这也是五四以来文学要以自己的方式干预现实的思路的延续。胡风对延安"文艺整风"的政治象征意味缺乏深入的理解,只是一厢情愿地从文学、哲学自身的发展上来考虑问题,而解放后的作家则已在开始学习从政治角度来要求自己、改造自己。舒芜1945年发表的《论主观》一文,强调不能把"主观"看成对现成政治命题的接受,因而是完成的,不能再"征服、收摄客观",只能"运用着那已经'完成'了的自己之已经'完成'了的主观作用,机械地一方面地去和客观势力作战,而不能在对客观势力的作战里面同时改造自身"。他认为:"要反对它,只有发扬不'完成'的主观作用",也就是强调真理的过程性和开放性,真理是需要人去不断探索的对象,不是已经完成了的封闭的思想体系和现成结论。这显然与胡风"发扬主观战斗精神"和反对"机械教条主义"的文艺理

---

① 胡风:《学习,为了实践》,《胡风全集》第六卷,湖北人民出版社1998年版,第46页。

论是一致的,所以胡风对此文非常重视,在"编后记"中说"《论主观》是再提出了一个问题,一个使中华民族求新生的斗争会受到影响的问题"。这篇文章发表在胡风主编的1945年《希望》的第1集第1期上,被"进步文艺界"认为是有意与《在延安文艺座谈会上的讲话》的反主观主义唱对台戏,这使得解放后急于想在政治上进步的舒芜陷入了惶恐之中,他的争取主动之举就是自我批判,否定自己,来获得政治上的新生。所以他写出了《从头学习〈在延安文艺座谈会上的讲话〉》等一系列文章,开始了对自己和胡风文艺思想的批判。舒芜强调实践就是政治实践,就是"参加人民革命的实际斗争",因此"正确的计划和方案,即是人们的主观能动性的最高度最集中的表现"。他开始意识到"小资产阶级的革命性"同"无产阶级的革命性"的不同和不容混淆,开始了对前者的批判:"凡是密切联系群众的骨干分子和领袖人物,久经革命锻炼的老干部,各级负责同志,都有一种共同的作风:那就是朴实、谦虚、谨慎、把稳、虑而后动、谋而后行、不突出个人、不张扬自己、崇高的热情纳入清明的理智、伟大的理想凝为钢铁的决心,总之就是'平凡的伟大'。而自己和其它一些新参加工作的知识分子,则是虚矫、浮夸、疯狂、偏激,时而剑拔弩张,时而萎靡不振,时而包办一切,时而超然事外,需要高度策略性的时候往往来一场歇斯底里的破坏,需要坚决斗争的时候偏又来一套歇斯底里的温情,结果造成工作上的巨大损失。"①他开始从政治的立场上来给个性解放定性:"所谓'个性解放',或如我把它改装以后的所谓'主观作用的发扬',在实际工作当中,无非就是自由散漫,对抗组织,脱离群众,自高自大,孤芳自赏,这些恶劣的作风。"②从其理论的自身逻辑而言,舒芜的这种批判和反省并非无的放矢、刻意贬损,他所描述的正是个人主义的文学政治的典型表现,让各自为政的文学家去搞政治犹如让猴子拉车,本来就是非其所长的事情,问题在于文学如何丧失

---

①② 舒芜:《回归五四》,辽宁教育出版社1999年版,第278页。

了主体性,落入了只能靠政治来制定其规范、赋予其意义的窘境。文学的这种寄人篱下状态一方面源于大变革时代政治对文学的征召,一方面源于追赶时代的文学以政治追求取代了文学追求,双方互动共同促成了这种局面的出现。

　　文学自主空间的消失是社会"公共领域"消失的一种先兆,所谓公共领域,按照哈贝马斯的说法指的是介于国家与社会(即国家所不能触及的私人或民间活动范围)之间、公民参与公共事务的地方,它凸显了公民在政治过程中的互动。公共领域出现的意义主要在于培育了现代政治意义上的"公众",从而促进了西方政治的民主化进程。现代公共领域的最初形态就是文学公共领域,进而发展为政治公共领域,在此过程中,市民社会中的"市民"成长为具有理性批判意识的"公众"。西方公共领域最先是在17、18世纪的英格兰和法国出现的,随后与现代民族国家一起传遍19世纪的欧洲和美国。其最突出的特征,是在阅读日报或周刊、月刊评论的私人当中,形成一个松散、开放的交往网络,通过私人社团和学术协会、阅读小组、共济会、宗教社团等机构,人们自发聚集在一起,就一些公共问题展开讨论和对话。剧院、博物馆、音乐厅以及咖啡馆、茶室、沙龙等为这种交流和对话提供了公共空间。这些早期的公共空间逐渐沿着社会的维度延伸,并且在话题方面也越来越广泛:聚焦点由起初的艺术和文学转到了政治。公共领域的建构是欧洲18世纪启蒙运动的产物,它为人们不受干涉地发表自己对公共事务的意见提供了场所和条件,由此形成了一个自主性的公共空间。

　　韦伯认为现代性特征之一即是分化,文学艺术的自主性就来源于审美领域与政治、道德等领域的分化之上,但这种分化也引发了人们的不安,因为失去了政治道德意味的文学有可能陷入一种无法承受之轻的状态,从而被社会彻底地边缘化;而且政治道德在中国传统中素来都是文学表现的重心,变革时代的中国更需要文学承担起这种政治、道德变革的重任,所以与西方文化的分离断裂趋势不同,20世纪中国文学走的显然是与此相反的另一条道路,集中表现为让一切领域都服从于政治的需要,以政治标准去统领、改造文化和经济领域,结果是经济和文化的自主发展都受到极大的抑制,无法按各自的规律行事,留下了沉痛的教训,这是值得我们深刻反省的。

近代中国的文学公共领域在晚清时期率先形成,并异常活跃,其对现代中国社会进程的推动作用是不言而喻的,但也存在着一些明显的问题。由于身处一个意识形态兴盛的时代,公共领域中进行的往往不是平和理性的切磋和交流,而是相互攻讦的意识形态的碰撞。知识分子对公共领域存在的重要性尚缺乏明确的认识,因此对于公共领域的维护也缺乏自觉,往往出于一种价值一元论的信念,把自己视为是公理、正义、良心的化身,将对手必欲置于死地而后快,无视、剥夺对方说话的权利。这种过于强烈的意识形态热情,最终会导致对其自身赖以立足的舞台——公共领域话语场存在的威胁。公共领域的存在需要的是一种"厚德载物"的公共性和包容性,而它的倾覆和只允许一种声音的"倾斜化",最终导致的是冲突双方的终结。鲁迅及鲁门弟子所代表的"立人"、解放、人格独立的文学精神是现代文学公共领域的精义所在,但其也存在着一种浪漫主义的自我中心主义倾向,其对自由的理解也偏于主观和个人,甚少考虑自由如何可能的制度保障。人生的枷锁无所不在,但去除枷锁,并不就能得到自由,因为自由不只是一个主观意愿的问题,而是一个制度安排、权力保障的问题,因此没有保障自由的秩序,也就没有自由。公共领域存在的意义就在于它为人对自由的探索提供了不受干涉的规则和秩序,在这里论证双方的意见都能得到充分的表达,从而为探索真理提供了必要的前提条件。故而,知识分子的首要责任也许并不在于去发掘和维护绝对真理,而是在于提供和维护使真理得以呈现和不断得到修正的条件和舆论环境。公共领域的存在需要一种超越个人的情感来作为共同体的基础,只有唯我独尊的个人信念是不足以形成共同体的,因此,在坚持个人的信念的同时,也要充分"认识到一个人的信念的相对有效性"①,所以一个意识到自我的有限性、不再把自我的情感直接提升到价值和真理的高度的自我,也是使自由的秩序得以建立和维护的必要条件。这也是我们从鲁迅和鲁门弟子的经历和命运中应该得到的启示。文学的健康发展,也必须建立在这种对既往文学的经验和教训的总结之上。

鲁迅和鲁门弟子为我们留下了弥足珍贵的文化遗产,随着岁月的流逝,鲁门弟子也相继离开人世,特别是进入21世纪后,先后两次为鲁迅抬棺、在晚年"以说实话"和"重回五四"的《随感录》号召完成"反封建的思想革命"的新时期文坛领袖巴金,也于2005年10月17日在上海逝世,享年101岁。最后一位健在的鲁迅葬礼抬棺人——木刻家曹白(本名刘平若)也于2007年4月13日在上海逝世,享年93岁。至此,曾趋庭受教、馨咳亲闻的鲁门弟子们基本上都告别了人世,但他们以其顽强的努力,极大地延续了鲁迅的精神生命,为现代中国文学文化做出了重要而独特的贡献。

如何在一个变化了的时代重新认识和评说这项遗产,是一个聚讼纷纭的话题,笔者认为应该注意的有两点:一是如何由"照着讲"向"接着讲"的转换,也就是把握其真谛并推动其发展的问题。作为中国启蒙主义的大师,鲁迅存在的意义就在于康德所说的"要有勇气运用你自己的理智"这个启蒙主义的真义之上,"凡是派"恰恰在这个根本问题上走向了鲁迅的反面,将打破偶像的大师,重新变成了偶像,这显然也就背离了鲁迅及其同道所开启的启蒙主义运动的初衷。二是如何将评说鲁迅的"第一人称叙事"转换成一种"多人称叙事",促进一种鲁迅研究的多元化局面的形成。所谓"第一人称叙事"也就是从"我"和"我们"的主观性立场、角度进行的叙事,研究者与研究对象合而为一,甚或完全移情于研究对象,或借研究对象来表达"我"的现实感触、价值判断,这种研究自

---

① 以赛亚·伯林:《两种自由概念》,《自由论》,译林出版社2003年版,第246页。

有其价值,但只有这一种研究方式显然是不够的,鲁迅弃世已有70多年,中国社会也早已发生了海立山飞、天翻地覆之变,如果我们还完全停留在鲁迅那个时代的心智情怀、认识水平之上,难免会给人以刻舟求剑、缺乏长进之感。古人言:"奇文共欣赏,疑义相与析。"以一种平和从容的心态去阅读鲁迅,也许可以领略到我们在急于事功的心态下予以忽略的启示和乐趣。

后记

记得是在33年前(1976年)一个赤日炎炎的盛夏的午后,我在故乡的新华书店里第一次买了一本鲁迅的小说集《呐喊》,其时正值"文革"末期,我13岁,小学毕业,正等待升入初中。第一次阅读鲁迅的小说对我来说并不是什么愉快的经历,其小说氛围的阴冷,使我在盛夏之中都感到了丝丝寒意。这显然不是适合少年人读的书,我很快将它抛开,去读浩然的《艳阳天》和《幼苗集》去了。在"文革"造就的文化焦土上,除了鲁迅,也就只有浩然了,其他还能生长的文学很少,没有可供选择的余地。

真正开始喜欢鲁迅,是在1978年我上了高中之后,1979年的春天成为我记忆中永远的"春天",人们的思想情感随着对"文革"的彻底否定而开始解冻、活跃起来,但也随之开始产生极大的困惑,人们想弄清过去的这一切是如何发生的?而鲁迅也就成为人们可以找到解决这疑问的一大资源。我开始阅读鲁迅的杂文,我所读到的鲁迅是为一切反叛者作强有力的辩护的鲁迅,他的作品让我领略了否定、批判的快意和独立思考的魅力。

我最迷恋鲁迅的时代是在1981年上大学之后,我通读了《鲁迅全集》,最喜欢的是鲁迅的《野草》,熟读到了能够背诵的程度。

如此,对于鲁迅的迷恋,最终使我从一个英语系的学生变成了中文系的现代文学专业的硕士生,那是在1985年我本科毕业之后。硕士毕业我被分配到位于沿海城市的一所高校任教,那时的硕士生还不多,颇受重视,一位公社干部出身的单位领导还曾亲自到宿舍看望,第一次聊天,我就郑重向他推荐去读《鲁迅全集》和马克思的《1844年经济学哲学手稿》,结果是所谓的"话不投机半句多",该领导托词"头疼",不欢而退。

西哲卡莱尔有言:"不曾痛哭长夜的人,不足以与言人生。"我对自己的偏嗜鲁迅有所觉察、有所反省是在其后经历了一些令人无法忘怀的事情,一次次返回"原点"进行重新思考之后,那时我已经人到中年,又重新作学生,到外地读博士学位。我所谓的"原点"也正是T.S.艾略特所说的:"问题的核心在于什么是人?什么是他的局限?什么是他的苦难?什么是他的伟大?而究竟什么是他的命运?这些问题任何政治、哲学都不能逃避,而根据对这些问题的回答,一切政治的、文学的和社会的思想都将得到最终的裁断。"①关于鲁迅存在的价值和意义,我不欲多言,研究鲁迅的名家极多,我所说的充其量只是"门外之谈",如要说的话,我认为鲁迅对于现代中国文化的意义主要在于他对于中国文化中"永不被发现的个人"(梁漱溟语)的发现之上。在鲁迅这里,这个个人是以自我扩张的方式特别标举出来的,他是以一己之力对抗社会的浪漫主义、英雄主义的个人,从蔑视世俗的意义上来说,他与庄子"举天下皆誉之而不加劝、举天下皆非之而不加沮"的"真人"相似,但他的出现不是去做超然出世的"逍遥游",而是走到十字街头,向世人预言一个从未有过的"人的时代"的到来,并催促人们在"苏生与死亡"之间作选择,为彻底地改造现实全力以赴、孤注一掷。作为一个精神的探险者,鲁迅的心灵逾越了所有的边界,他于"一

---

① 转引自张英进等译:《现当代西方文艺社会学探索》,海峡文艺出版社1987年版,第367页。

切中看到无所有,又从无所希望中得救"。他试图通过无限的否定开出一条生路,正如本雅明所说:"他将存在的事物化为瓦砾,并不总是为了瓦砾本身,而是为了那条穿过瓦砾的道路。"由此他也就成为了一切僵化和停滞的死敌,一位人类精神的极地探险者。这种孤行独往、永远进击的否定、探索精神为现代中国文化提供了不可替代的精神动力。

人生在世有两种基本的需求:一是"遂生",一是"安所"。"遂生"即是满足人的生命欲求;"安所"即是指人安心立命的需要,一种可以使心灵驻足的家园。变革时代的中国,首先唤起的是人的"遂生"的需要,将人从一切束缚中解放出来,以推动社会的变革,鲁迅正是这种时代的变革、解放精神的代表,他坚定地站在一切权威、秩序的对立面,将反叛、破坏、锐意求新,变成了时代的美德、文化的主调,由此他也就成为了"现代中国的圣人"。如果评选以思想、言辞影响中国的文化巨人,鲁迅显然会成为首选,要理解现代中国的变迁,跳过鲁迅的存在,显然是不可能的。唯一不变者即"变"本身,这是时代主张不断变革者的基本信仰,在这种时代精神宰制下,人的"安所"的需求就被搁置起来了。因此只读鲁迅的书显然是不够的,它可能会造成一种单向度的精神人格,导致一种文化的单一化倾向的出现。时代造成了我们精神食粮的单一,这种精神文化上的过度偏食,显然有悖于"均衡营养"之道,从而影响到我们的精神成长和心智成熟。这种偏食和单一当然不能由鲁迅来负责,但走出精神文化上的偏嗜,看看其他与鲁迅的精神向度不同的书在当今也就显得很有必要。我曾经选择了陀思妥耶夫斯基的书来与鲁迅做比较,因为我发现这是两个面临几乎相同的时代困境但做出了非常不同选择的作家①。

鲁迅说过使他看不下去的有两个人的书:一个是但丁,一个是

---

① 参见拙文《两种伟大与两种激情——现代性历史文化语境中的鲁迅与陀思妥耶夫斯基》,载《外国文学研究》2002年第3期。

陀思妥耶夫斯基。但他认为这二位都是堪称"伟大"的作家。在谈到陀思妥耶夫斯基的时候,他认为陀氏很"伟大","就因为伟大的缘故,但我自己却常常想废书不观"[1]。这是一个很有意思的问题,从中可以反推出一些东西出来。与此恰成对照的是鲁迅对于尼采著作的偏嗜,据知情者回忆,德文本的《查拉图斯特拉如是说》曾是鲁迅案头常供之书,他也曾翻译过其中的片段,以飨同好。

就鲁迅和陀思妥耶夫斯基相比,差异的确很明显:青年时代的陀氏是傅立叶式的空想社会主义的崇信者,他积极参加了当时进步的社会团体彼特拉谢夫斯基小组的活动,并因此被沙皇政府判处死刑。只是在临刑前的最后时刻才戏剧性地被赦免,改为服酷役四年,以后再罚为士兵。苦役期满后的陀氏,思想由明朗转向复杂,正像他的《卡拉马佐夫兄弟》中的人物所说:"在我们这样的时代,要求人们有明确性,是很奇怪的。"在《地下室手记》中,主人公这样表达他成熟的、40年来的信念:"是啊,十九世纪的人,应该是,并且在道德上必须多半是一个意志薄弱的人;而性格刚强的人,活动家,则多半是浅薄的人。"正是这种思想上的矛盾和复杂性,使陀氏写出了世界文学史上独具一格的"复调小说";他所采取的方式是将"现代性"的救世伦理推到极致,来质疑其合理性。如《罪与罚》中的拉斯柯尔尼克夫,所信服的是尼采的"超人哲学"。这种哲学的独特性在于它是在一种"施恩与人"的动机下进行的,他坚信世界是应该为不平凡的人所统治的,为了实现这种统治可以准许放手干一切事情,包括犯罪和除掉无辜者。陀氏将此视为别的一种形式的"个人放纵",一种带有典型的现代救世主义特征的"个人放纵"。在陀氏此书的原稿中,有这样一段关于主人公的笔记:"在小说里,通过他的形象,表现过分的骄傲、狂妄和对这个社会的蔑视。他的思想:支配这个社会(画掉了下面一句:以

---

[1] 鲁迅:《鲁迅杂文全集》,河南人民出版社1994年版,第830页。

便造福社会)。专横是他的特征。"①这种超人主义的信念伦理的特点在于信念就是一切,他使人除了他的信念之外,再也看不见别的什么了。在其后的一系列小说中,陀氏都继续了对这种"现代性"的信念伦理的质疑,而将希望寄托在一种宗教性的个人道德的完善上。在社会由传统向现代转型之际,他既反对个人主义的自我中心,也质疑社会改革者的火与剑的救世激情,由此表现出为其所处的"时代"所不乐见的复杂的态度。

虽然有这样巨大的不同,鲁迅对于陀氏还是有一种深刻的同情之了解的,所以他虽不赞成陀氏,但还是说了这样的话:"但是,陀思妥耶夫斯基式的忍从,终于也并不只成了说教或抗议就完结。因为这是挡不住的忍从,太伟大的忍从的缘故。人们也只好带着罪业,一直闯进但丁的天国,在这里这才大家合唱着,再来修炼天人的功德了。只有中庸的人,固然并无堕入地狱的危险,但也恐怕进不了天国的罢。"②他们两个的文化思想分歧在于鲁迅受近现代西方人本主义思想的影响,将生命的意义界定为对生命自身的发挥极致,否定在此之外还有什么目标。而陀氏则相信人的本然生命之外另有一个神圣的目标,以超验的"神性"来作为丈量人的生存的价值尺度。鲁迅不能接受陀氏式的忍从——对于横逆之来的真正的忍从。"因为在中国,没有俄国的基督,在中国君临的是礼,不是神。百分之百的忍从在未嫁就死了订婚的丈夫,艰苦地一直硬活到八十岁的所谓节妇身上,也许偶然可以发现吧,但在一般的人们却没有。忍从的形式是有的,然而陀思妥耶夫斯基似的追下去,我以为恐怕也还是虚伪。因为压迫者指为被压迫者的不德之一的这虚伪,对于同类是恶而对于压迫者却是道德的。"③鲁迅这段话的确道出了鲁迅与陀氏的一大分歧,即鲁迅是执著于现世的一重世界,希望在现世就把一切账结清,主张"拳来拳去、刀来刀

---

① 鲁迅:《鲁迅杂文全集》,河南人民出版社1994年版,第171页。
②③ 鲁迅:《鲁迅杂文全集》,河南人民出版社1994年版,第830页。

挡"、"用更粗的棍子对打"、"一个都不饶恕",这是一种立足于现实而寄希望于未来的社会改革者的态度,支撑他的人生奋斗的意义来自一种历史进步主义的信念。所以,鲁迅接着用上等人和下等人的道德对立,化解了陀氏宗教式的忍从的意义。但鲁迅并不是完全无视这种宗教性道德的意义,所以,他于市侩主义的中庸态度之外,也关注到人之为人的良知和信仰的问题。鲁迅也曾意识到某种超验价值的存在的意义,他虽然没有畅想过天国,但却是时常谈论阎王、地狱和鬼魂的。他关注过《玉历钞》这类民间宗教的读物,对于无常鬼的不徇私情和"那怕你铜墙铁壁、那怕你皇亲国戚"颇有好感,人世实现不了的公正在地狱就能实现,这也是一种超验的价值寄托。只是鲁迅对此并不认真,只是姑妄言之而已,他是执著于现世的生存的,是呼唤立意在反抗、指归在行动的精神界之斗士的出现的,这是一种"是非审之于己、毁誉听之于人"的率性任情的人生态度。而陀氏则认为正是人们对自由的滥用才导致了人类的罪与罚。自由使人带有神性,但并不是使人成为"超人"或"神化",而是为了最终完成世界的。

在人类文化中存在两种"爱"的类型:一种是宗教圣徒之爱,它是为爱而爱,没有特定对象,不讲条件没有前提的;另一种是社会改革者之"爱",它是在憎恨推动下表现出来的对于憎恨者的对立面的"爱",正如《铸剑》中"宴之敖者"对眉间尺的表白:"我一向认识你的父亲,也如一向认识你一样。但我要报仇,却并不为此。聪明的孩子,告诉你罢。你还不知道么,我怎么地善于报仇。你的就是我的;他也就是我。我的魂灵上是有这么多的,人我所加的伤,我已经憎恶了我自己!"是由于共同的敌人的存在,由于复仇的需要,才有了这种同盟者的爱。这种"爱"实则是"恨"的延伸,由此推动了一场天翻地覆的社会变革。这两种爱的方式各有其渊源、功用和表现方式,且后者在近现代中国明显占据了主导地位,从而深刻地影响到了20世纪中国历史的走向。这也是鲁迅被称之为现代中国的"民族魂"的重要原因。

陀氏笔下的人物表现出与鲁迅非常不同的另一种人生态度，如《卡拉马佐夫兄弟》中的阿辽沙对待人生的态度是：生活着，一切都看见却不加任何责备。他不愿意做人们的裁判官，不愿意责备，也决不去责备人家。在这部小说里陀氏特别区分了两种人类之爱：幻想的爱和积极的爱。书中有一个人说过这样一段话："我爱人类，但是自己觉得奇怪的是我对人类爱得越深，对单独的人，也就是说一个个别的人就爱得越少。我在幻想中屡次产生为人类服务的热情，也许真的会为了人类走上十字架，如果忽然有这个必要的话，然而经验证明我不能同任何一个人在一间屋里住上两天。他刚刚和我接近一点，他的个性就立即妨碍我的自爱，束缚我的自由。我会在一昼夜之间甚至恨起最好的人来，恨这人，为了吃饭太慢，恨那人，为了他伤风不断的擤鼻涕。只要人们稍微碰我一下，我就会成为他们的仇敌。然而事情常常是我对于个别的人越恨得深，那么我的对于整个人类的爱就越见炽烈。"①这种幻想的爱显然是"他人就是地狱"的个人主义伦理观的先声。"积极的爱"则是无条件、无区别、不求回报的爱。即并不因为爱而提出自己的权利要求，而是要通过对整个生活的屈从，终于能够达到完全的自由，也就是摆脱自己的自由。

陀氏是在现代性的社会改造之外来思考人的生存问题的：在《卡拉马佐夫兄弟》中，他否定了"大审判官"依靠"世界上仅有的三种力量……奇迹、秘密和权威，抛弃妨碍他的基督，用火与剑来建立全人类幸福的理想"。在陀氏的作品中则充满着不同于鲁迅的另一种对立，它是一种唯理主义的"现代性"与俄罗斯本土、传统的宗教文化的对立，正如小说《少年》中的人物所说："日内瓦思想是一种与基督无关的美德，是一切现代文明的思想。因为你现在向往的正是轰轰烈烈的生活，要点燃什么东西，粉碎什么东西，要站在整个俄国之上像雷雨前的乌云似的疾驰而过，使大家又害

---

① 陀思妥耶夫斯基：《卡拉马佐夫兄弟》，第75页。

怕又钦佩,自己却躲到北美合众国去。"陀氏认为这种唤起风暴的文化,将使俄罗斯陷入未可知的灾难和恐怖之中,这是在他看来的威胁人的生存的最大隐忧,也就是担忧对至善的追求最后带来的可能是至恶的结果。其次它表现为一种"温柔的人"和"冷酷的人"之间的对立,一种饱经苦难,然而毫无怨尤的逆来顺受的受难者与清醒理智、坚定无情、自作主张、不择手段的反抗者和解放者的对立。这在索尼亚和拉斯柯尔尼克夫(《罪与罚》)、伊凡和阿辽沙(《卡拉马佐夫兄弟》)等之间的对立中可以清楚地看到这一点。同时它也是下等人与上等人,愚人、卑贱者与能人、精明者之间的对立,像《白痴》中的"白痴"——梅斯金,就是俄罗斯宗教文化传统中的"圣愚"的化身。总之,这种对立是陀氏立足于俄罗斯本土的、传统的、宗教的文化资源,对西方的、现代性的理性主义文化冲击的一种抗拒和防御。同样面对人类的、民族的苦难,与占据时代主导地位的进步主义者不同,他认为苦难的根源不只在于外在的社会制度,更在于人的内心深处的恶,所以人世的罪恶并不会因社会制度的改变而绝迹,陀氏从每个人(包括救世者)内心深处寻找恶的根源,从而进行灵魂的拯救。在唯理主义的社会整体性重建遭遇整体性挫折之后,人们不能不对曾唤起了人们无限美好的希望而又将一切希望毁灭的现代历史予以重新的思考。

如果将鲁迅与看起来和他大相径庭的卡夫卡作比较,我们也会得益匪浅:鲁迅是现代中国的第一代纯文学作家,与晚清政治小说、谴责小说作家群不同,鲁迅对西方的纯文学有深刻理解,并有意以此为自己一生的志业,他的小说以"狂人"的感知颠覆了常态的世界,这种使世界内化于个人体验和价值判断之中的写作方式,开辟了文学史上的一个新的时代,其性质可称之为一种现代性的"解放主义叙事"。鲁迅是一位具有极高的艺术天赋的作家,然而终其一生,他并未能在小说创作上充分展示其才华、发挥其潜能,这是因为这种"解放主义叙事"将他的兴趣迅速地从文学审美转向了社会政治文化批判,由此他将他的主要精力投向了具有直接功效性的杂文写作,成为了一位罕见的杂文大家。卡夫卡则完全不同,他比鲁迅小三岁,与鲁迅挑战社会、颠覆传统、轰轰烈烈、死而后已的一生相比,卡夫卡一生灰色低调、乏善可陈,他在保险公司做了一辈子枯燥乏味的小职员,业余从事文学创作。就其个性来说,卡夫卡在强悍专断的父亲的阴影下度过了一生,缺乏自信、害怕生活,不愿与人交往,三次解除婚约,终生未婚,41岁就死于肺病。卡夫卡曾将巴尔扎克手杖上的"我能摧毁一切障碍"的格言改成了"一切障碍都能摧毁我",这可以说是他的人生的写照。卡夫卡一生的作品并不多,但对后世文学的影响却是极为深远的。与鲁迅相似,他的《变形记》走的也是将世界内在化、感觉化的路子,只不过他走得更远,他没有用"狂人"来取代"圣人",为世界重新立法,而是让人变成了"甲壳虫",以被排斥出人类的"甲壳虫"的视角来体验人的生存的荒谬和虚妄;他虽然欠缺狂人的"义勇和正气",没能喊出"救救孩子"之类惊心动魄的口号,但却发起了一场对于解放主义政治视野之外的人的生存的荒谬性的关注,在总体性、普遍性、确定性、同一性之外,让人看到了个体生存的偶然性、或然性、差异性、多元性,极为鲜明地表现出了文学之不同于政治、道德的"别趣"所在。

  与鲁迅对自己的"遵命文学"的创作定位不同,卡夫卡表现出的是游离于一切之外的不得其所状态,正如德国文艺批评家龚特尔·安德尔所言,卡夫卡"作为犹太人,他在基督徒中不是自己人。作为不入帮会的犹太人,他在犹太人中不是自己人。作为说德语的人,他不完全属于奥地利人。作为劳动保险公司的职员,他不完全属于资产者。作为资产者的儿子,他又不完全属于劳动者,因为他把精力花在家庭方面。而'在自己的家庭里,我比陌生人还要陌生'"。这种游离和脱位造成的距离感,也成全了卡夫卡,使他的创作只忠实于自我的感受和艺术的要求就可以了,不必考虑他人的反应和社会的效果。

  就对于世界的厌恶程度而言,卡夫卡丝毫不亚于鲁迅,但他并没有走向鲁迅的道路,而是形成了他独有的"苦涩哲学",他说:"摧毁这个世界只有在两种情况下才是我们的任务:一、如果它是邪恶的,也就是说是为我们所厌恶的;二、如果我们有能力摧毁它。第一种情况在我们看来已经具备,第二点我们没有能力。我们摧毁不了这个世界,因为我们不是把它作为某种独立的东西建造起来,而是我们误入其中,说得更明确些,这世界是我们的迷误。"① 摧毁世界并不困难,困难的是重建一个世界,因为世界比我们所能想象和理解的更为复杂。鲁迅的老师章太炎在晚清时代就已经意识到:"进化之实不可非,进化之用无所取",即人不可能通过"进化"②进入一个至善无恶的世界,坚信进化论的鲁迅显然没有或不愿理会乃师这个关于进化的奥义。

同样,另一位欧洲当代作家米兰·昆德拉看待世界的眼光及其关于小说存在意义的思考,也会给我们带来一些新的启示。他认为小说之所以重要在于它所特有的不同于政治与道德的"小说的智慧",他认为"小说家不是代言人。严格说来,他甚至不应为自己的信念说话。当托尔斯泰构思《安娜·卡列尼娜》的初稿时,他心中的安娜是个极不可爱的女人,她的凄惨下场似乎是罪有应得。这当然跟我们看到的定稿大相径庭。这当中并非托氏的道德观念有所改变,而是他听到了道德以外的一种声音。我姑且称之为'小说的智慧'。所有真正的小说家都聆听这超自然的声音。因此,伟大的小说里蕴藏的智慧总比它的创作者多。认为自己比其作品更有洞察力的作家不如索性改行"③。

他认为:"欧洲历史最大的失败之一就是它对于小说艺术的精神,其所提示的新知识,及其独立发展的传统,一无所知。小说艺术其实正代表了欧洲的艺术精神。这门受上帝笑声启发而诞生的艺术,并不负有宣传、推理的使命,恰恰相反。它像佩内洛碧(Pe-

---

① 卡夫卡:《卡夫卡日记书信选》,载《外国文艺》1986年第1期。
② 章太炎:《俱分进化论》,载《民报》1906年第1期。
③ 米兰·昆德拉著、安丽娜译:《生命不能承受之轻》,青海人民出版社1998年版,第2页。

nelope)那样,每晚都把神学家、哲学家精心纺织的花毯拆骨扬线。"①

昆德拉眼光之独到在于他对现代人本主义唯情论和唯理论世界观的超越,在他的作品中发出了那种在现代日渐消沉的"上帝的笑声",他认为:"那些不懂得笑,毫无幽默感的人,不但墨守成规,而且媚俗取宠。他们是艺术的大敌。正如我强调过的,这种艺术是上帝笑声的回响。在这个艺术领域里没有人掌握绝对真理,人人都有被了解的权利。这个自由想象的王国是跟现代欧洲文明一起诞生的。当然,这是非常理想化的'欧洲',或者说是我们梦想中的欧洲。我们常常背叛这个梦想,可也正是靠它把我们凝聚在一起。这股凝聚力已经超越欧洲地域的界限。我们都知道,这个宽宏的领域(无论是小说的想象,还是欧洲的实体)是极其脆弱的,极易夭折的。那些既不会笑又毫无幽默感的家伙老是虎视眈眈盯着我们。"②

正是由于对这种"笑的精神"的认同,米兰·昆德拉对陀思妥耶夫斯基的小说持排斥态度,他说:"陀思妥耶夫斯基令我反感的东西,是他的书的氛围;一个什么都变成感情的世界;换句话说,一种感情被提升至价值和真理的位置。"③这种将情感和态度看得高过一切的文学态度在受浪漫主义影响极大的中国现代文学中表现得也极为突出。鲁迅和鲁门弟子身上都有着这种极为浓厚的浪漫主义情感色彩,因此将这种极端和简单的两极判断搁置起来,以源自理性超脱和幽默的"笑的精神"来补充纠偏,也有其必要。

总之,将鲁迅和鲁门弟子放在整个现代性的历史文化格局中来考察其价值和意义,是该书的主要目的之一。所以除了对于基本史实的梳理、陈述、评析之外,该书也对鲁迅和鲁门弟子所代表的文化精神、价值取向、心理状态等予以了较多的关注和评述。本

---

① 米兰·昆德拉著、安丽娜译:《生命不能承受之轻》,青海人民出版社1998年版,第3页。
② 米兰·昆德拉著、安丽娜译:《生命不能承受之轻》,青海人民出版社1998年版,第6页。
③ 米兰·昆德拉著、郭宏安译:《雅克和他的主人》,上海译文出版社2003年版,第2页。

书初稿的写作开始于2008年下半年我在英国牛津大学访学时期，我的研究生王晏殊、张谷鑫、孙连山、崔玲曾帮助查阅资料并写出部分初稿，在此向他们表示感谢。此外，该书属于我2008年入选教育部"新世纪优秀人才支持计划"的一个初步成果，我还将继续从事此项研究，以更为学术化的形式将研究推向深入。另外还需指出的是，该书的写作是建立在学界已有的、丰富的研究基础之上的，在此向在该领域辛勤耕耘的中外学者表达诚挚的谢意。没有他们的辛勤劳作，该书的写作是无法完成的。鲁迅和鲁门弟子的研究工作涉及面广，难度较大，本书只是一个初步的尝试，存在的问题和谬误一定不少，欢迎大家的批评、指教。

            2009年7月1日完成初稿
           2010年8月修订于天津南开龙腾里